I0877331

CCE 1

Rappel du sommaire

Cahiers de la CÉRAMIQUE égyptienne

Responsable de la publication : Pascale BALLET

Cahiers de la CÉRAMIQUE égyptienne

CCE

2

PUBLICATIONS DE L'INSTITUT FRANÇAIS D'ARCHÉOLOGIE ORIENTALE

LE CAIRE — 1991

© INSTITUT FRANÇAIS D'ARCHÉOLOGIE ORIENTALE, LE CAIRE, 1991
ISBN 2-7247-0106-2
ISSN 0259-7381

SOMMAIRE

ZUR HERKUNFT KERAMISCHER DEKORATIONEN DES SPÄTVORGESCHICHTLICHEN UNTERÄGYPTEN

Thomas VON DER WAY

Eines der ersten Resultate der Arbeiten, die das Deutsche Archäologische Institut seit 1983 auf dem Tell el-Faraʿin und dessen Umgebung durchführt, war die Lokalisation von Schichten der ägyptischen Frühzeit und der unterägyptischen Vorgeschichte [1]. Während der Grabungen des Jahres 1985, bei denen erstmals Hinterlassenschaften der Vorgeschichte innerhalb des Deltas freigelegt werden konnten [2], überraschte eine im unterägyptischen Kulturkreis bis dahin nicht bekannte Gefäßdekoration: Zweifellos durch die Verwendung eines Zahnstocks bzw. Kamms waren Muster punktförmiger Eindrücke erzielt worden, welche offenbar über die gesamte Oberfläche verliefen [3]. Der Fortgang der Grabungen erbrachte zwischenzeitlich nicht nur einen erheblichen Zuwachs der Beleg an sich [4], sondern vor allem auch eine Zunahme verschiedener Dekorationsmuster wie unterschiedlicher Techniken. Es erscheint daher gerechtfertigt, nunmehr einen Überblick über die Charakteristika des Dekors zu geben und die verschiedenen Möglichkeiten ihrer Herkunft zu diskutieren.

Wesentlich ist zunächst, daß die fragliche Dekoration ausschließlich für die Schicht II der butischen Vorgeschichte typisch ist [5], d.h. für die spätere prähistorische Stufe, die — entsprechend oberägyptischer Chronologie — in die Zeit Naqada IIc-d zu datieren ist [6]. Auf sie folgen innerhalb der Schicht III unmittelbar die Lagen der oberägyptischen Naqadakultur [7].

Bei der Dekoration handelt es sich um eine Eindruckverzierung, die mit gezähnten oder glatten Werkzeugen hergestellt wurde, wodurch zahnförmige Zickzackbänder entstanden, die entweder horizontal oder vertikal die Gefäße vom Rand bis zum Boden umliefen (Wiegeband, s. Abb. 1.2.5. 6.7) [8]. Bei kammartigen Werkzeugen (« rocker combs ») sind auch unterbrochene Zickzackmuster

1. Von der Way, *MDAIK* 40, S. 297ff., *MDAIK* 41, S. 269ff.
2. Von der Way, *MDAIK* 42, S. 191ff.
3. *Ibidem*, S. 199, Abb. 4, a, b; *MDAIK* 43, S. 242f., Abb. 1, 2.
4. So ist allein der soeben skizzierte punktförmige Kammstich auf 272 Belege angewachsen.
5. Zum Schichtaufbau vgl. von der Way, *MDAIK* 45, Abb. 2.
6. Von der Way, *MDAIK* 43, S. 255ff.
7. Von der Way, *MDAIK* 44, S. 299; *MDAIK* 45 (im Druck).
8. Die Tonbeschreibung folgt dem « Vienna System », vgl. Do. Arnold, *MDAIK* 38, S. 43-8. Abb. 1 : Randscherbe mit punktiertem Wiegeband, Werkzeugbewegung vertikal, nass geglättet, 10R 6/6, NT B1, Ø Rand 11,0 cm; Abb. 2 : Randscherbe mit punktiertem Wiegeband, Werkzeugbewegung horizontal, nass geglättet, 7.5YR 6/4, NT B1, Ø Rand 10,0 cm; Abb. 5 : flache Bodenscherbe mit punktiertem Wiegeband auf Wandung, Werkzeugbewegung horizontal, nass geglättet, 2.5YR 6/4, NT B2, Ø Boden 4,5 cm; Abb. 6 : flache Bodenscherbe mit liniertem Wiegeband auf der Wandung, Werkzeugbewegung vertikal, nass geglättet, 7.5YR 6/4, NT B2, Ø Boden 10,0 cm; Abb. 7 : Wandscherbe mit liniertem Wiegeband, Werkzeugbewegung horizontal, nass geglättet, 10R 6/6, NT B2.

belegt (s. Abb. 4) [9], und in einer Reihe von Fällen können die punktierten Muster auch in parallelen Reihen — vertikal wie horizontal — verlaufen (s. Abb. 3) [10]. Die Einstiche der Zahnstockverzierung haben einen Durchmesser von etwa 1-2 mm und eine Tiefe von etwa 2-3 mm.

In der gleichen butischen Schicht gibt es weiterhin auch Muster mit länglichen oder kleinen dreieckigen Eindrücken, die reihenförmig nebeneinander angeordnet sind (s. Abb. 8) [11]. Wegen der recht gleichmäßigen Abstände der Abdrücke innerhalb der jeweiligen Reihen und einer Anordnung der einzelnen Reihen zumeist jeweils « auf Lücke » der anderen darf angenommen werden, daß sie zumindest teilweise in einer dem Wiegeband vergleichbaren Technik hergestellt worden sein könnten [12], nämlich durch die Verwendung eines Gerätes, das in zwei Spitzen auslief (« Zweizack »), die man bei der Bewegung über das Gefäß abwechselnd eindrückte (« alternately pivoting stamp ») [13].

Dekorationen der beschriebenen Arten sind an den Fundplätzen der Buto-Maadi-Kultur südlich der Deltaspitze, insbesondere in Maadi, nicht belegt [14], hingegen bei den jüngst entdeckten Fundplätzen im Ostdelta, dem Tell el-Farcha [15], dem Tell Ibrahim Awad [16] und vor allem dem Tell el-Iswid [17]. Ihr offenbares Fehlen an den südlichen Fundplätzen dürfte chronologisch bedingt sein : In der Stufe Naqada IIc, zu der der Dekor in Buto auftritt, werden die Fundplätze im unteren Niltal bereits nicht mehr existiert haben [18].

Darüber hinaus finden sich auch eine ganze Reihe einfacherer Muster, die offenbar — wie das Wiegeband — die gesamte Oberfläche der Gefäße bedecken konnten und teils mit Fingerkuppen, Fingernägeln oder auch verschiedenen, zugespitzten wie gerundeten Werkzeugen hergestellt wurden (s. Abb. 9-11) [19].

9. Wandscherbe mit punktiertem Wiegeband, Werkzeugbewegung vertikal, nach Zickzackbewegung jeweils Neuansatz, nass geglättet, 2.5YR 5/2, NT C.

10. Wandscherbe mit Randansatz (?) und vertikal verlaufender, linienförmiger Kammstichverzierung, nass geglättet, 2.5YR 6/4, NT B2.

11. Wandscherbe, Oberfläche bedeckt mit gereihten, keilförmigen Eindrücken durch wiegende Bewegung eines Gerätes mit doppelter Spitze, 3 Reihen erhalten, Länge der Eindrücke ca. 1,2 cm, Tiefe bis 0,15 cm, nass geglättet, 5YR 6/4, NT B2.

12. Oder in einerweise die diese Technik nachzuempfinden versuchte.

13. E.C.M. van den Brink sei für die Diskussion über dieses Thema gedankt; zur Technik vgl. Caneva, *El Geili, The History of a Middle Nile Environment 7000 B.C. - A.D. 1500, Bar. Int. Series* 424, 1988, S. 94ff.; *dies.*, in : Barich, *Archaeology and Environment in the Libyan Sahara, BAR Int. Series* 368, 1987, S. 242ff.

14. In Maadi mit rd. 40.000 m^2 gegrabener Fläche bzw. 20.000 m^3 bewegten Volumens fand sich bestenfalls ein vielleicht entfernt vergleichbares Stück, s. Rizkana-Seeher, *Maadi* I, *The Pottery of the Predynastic Settlement, AVDAIK* 64, 1987, pls. 63, 6; VII, 6.

15. Persönliche Kommunikation mit R. Fattovich.

16. Van den Brink, *MDAIK* 45 (im Druck), fig. 11, 7.

17. *Ibidem*, figs. 10f.

18. Dort fehlen beispielsweise Gefässe mit Wellenhenkeln als herausstechende Merkmale der mittleren Naqadakultur; zum Vordringen der Naqadakultur nach Norden vgl. Kaiser, *MDAIK* 41, S. 70f.

19. Abb. 9 : Wandscherbe, Oberfläche bedeckt mit Eindrücken eines runden, stumpfen Werkzeugs von 4 mm Ø, nass geglättet, 2.5YR 5/4, NT B2; Abb. 10 : Wandscherbe, Oberfläche bedeckt mit Eindrücken von Fingernägeln, nass geglättet, 5YR 6/3, NT B1; Abb. 11 : Wandscherbe, Schuppenmuster auf der gesamten Oberfläche durch Nageleindrücke und Verschieben des weichen Tones, nass geglättet, 7.5YR 5/4, NT B2; zu den Fundstellen im Ostdelta s. van den Brink, *o.c.*, fig. 12, 1-5. 10. 11.; die polierten Scherben der fig. 12, 12.13 dürften hingegen vom Schulterbereich großer Krüge stammen und einen aus Kanaan inspirierten Dekor tragen, vgl. Rizkana-Seeher, *o.c.*, pls. 40f., sowie von der Way, *MDAIK* 43, S. 242, Abb. 1, 1; bei den Scherben der fig. 12,6.7 handelt es sich um Randstücke von Scherben, die nicht in Maadi, aber in Buto belegt sind; sie sind regelmässig innen und aussen poliert und

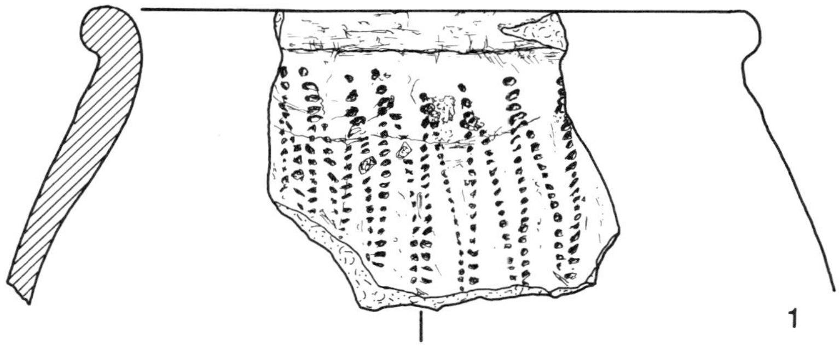

1

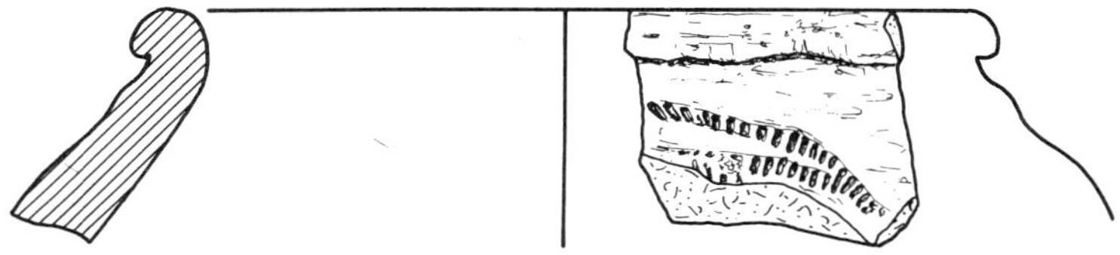

2

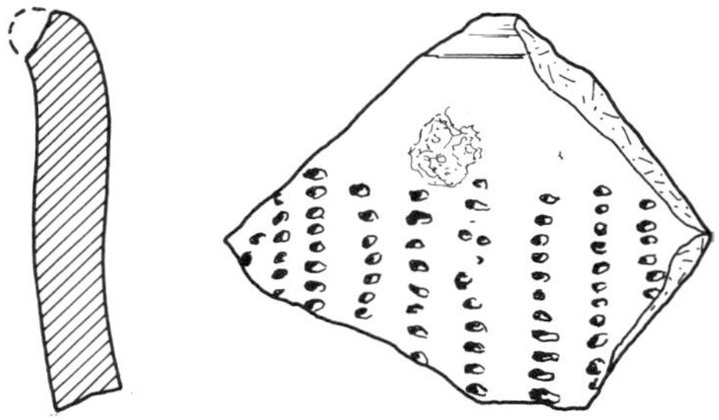

3

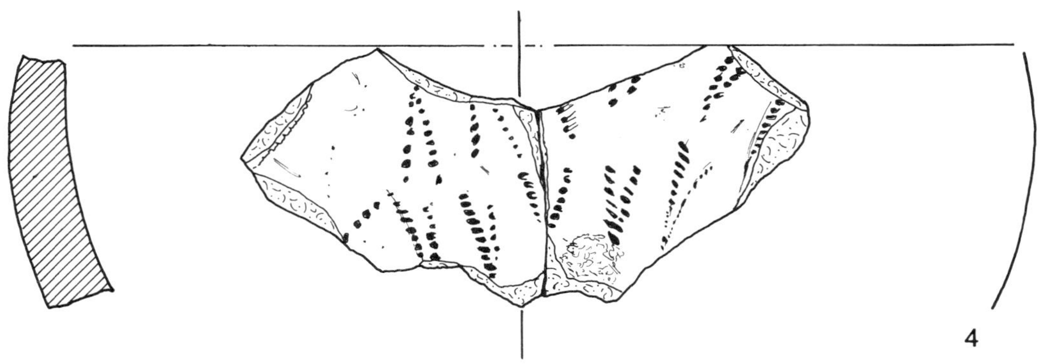

4

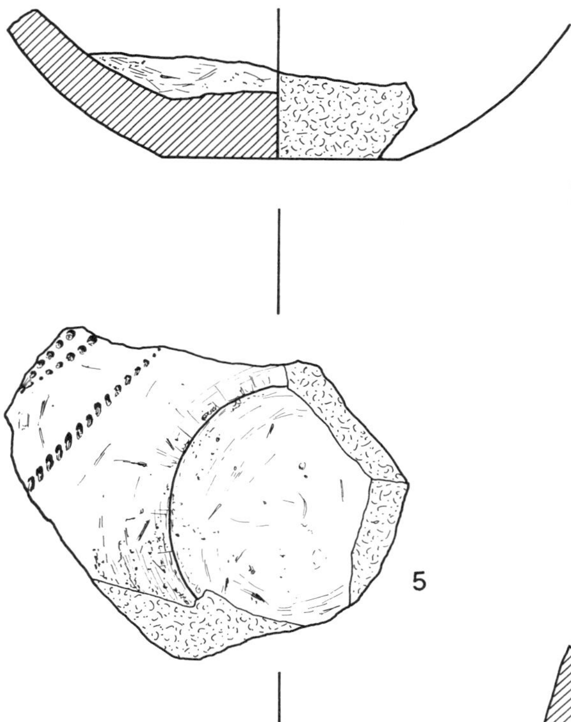

5

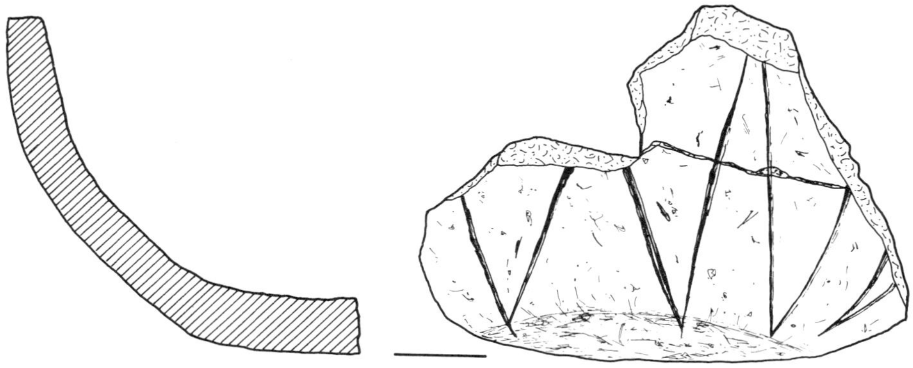

6

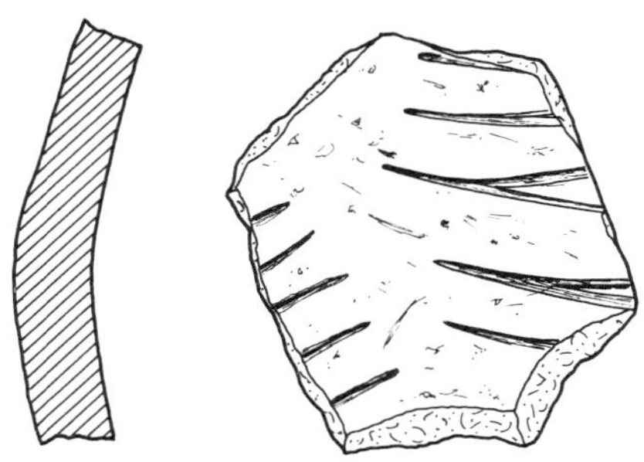

7

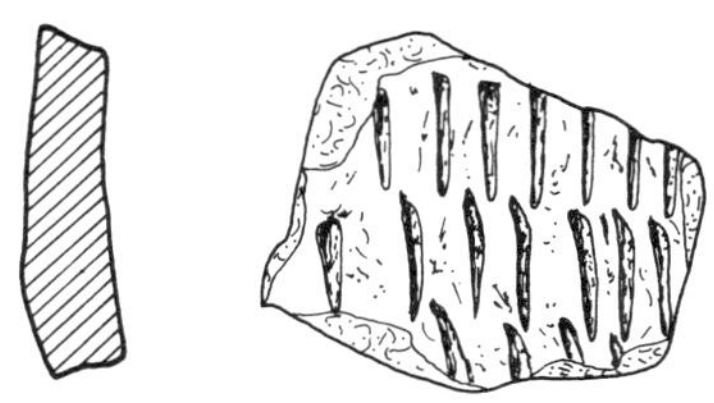

8

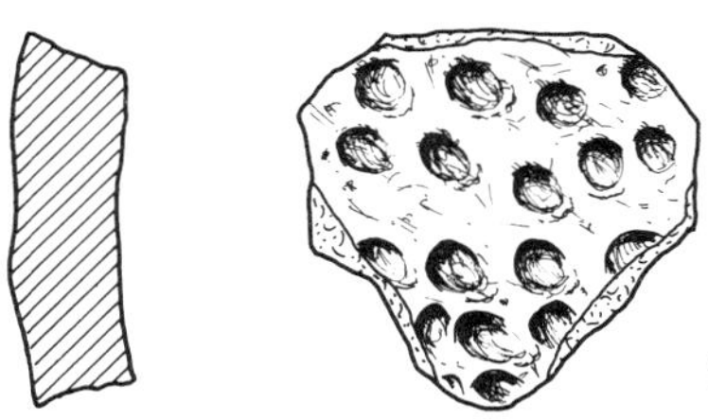

9

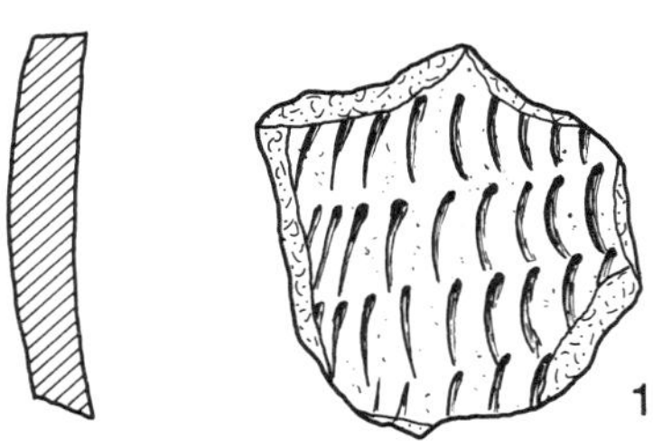

10

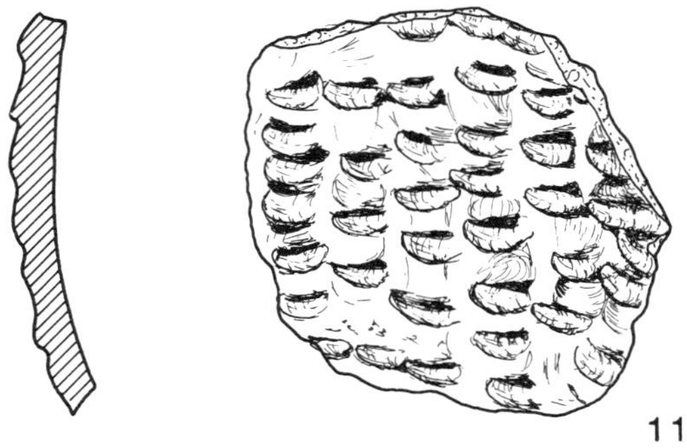

11

12

Zumindest für die Gefäße mit Wiegeband sind die Formen aufgrund der Fragmente rekonstruierbar. Es handelt sich um geschlossene [20], ovoide Gefäße mit leicht ausschwingender Randlippe und Flachboden, deren Oberfläche lediglich naß geglättet wurde. Das Wiegeband reicht regelmäßig von der Lippe bis zum Bodenansatz hinunter (s. Abb. 5.6).

Am Rande sei erwähnt, daß zwischen Buto und den östlichen Fundplätzen offenbar quantitative Unterschiede innerhalb der Dekorationsvarianten bestehen. In Buto überwiegt das punktierteWiegeband bei weitem [21], während im Ostdelta umgekehrt das linierte Wiegeband verbreiteter ist [22]. Mehrheitlich sind dort horizontal verlaufende Werkzeugbewegungen belegt [23], während die Werkzeuge in Buto wiederum weit häufiger vertikal geführt wurden [24].

Bei dem Versuch, die Herkunft jener für die butische Schicht II und die Fundorte des östlichen Deltas so charakteristischen Dekorationsweisen zu bestimmen, dürfte es zweckmäßig sein, das Wiegeband in seinen punktierten wie linierten Ausführungen in den Vordergrund zu stellen. Zum einen nämlich erscheint es — im Gegensatz etwa zu einen wahllos dis ganze Oberfläche bedeckenden Muster aus Fingernagelkerben — als eine relativ entwickelte Technik, zum anderen überwiegt es zahlenmäßig alle anderen — ganzflächigen — Dekorationen bei weitem. Im Umfeld Unterägyptens soll also nach einem spezifischen Dekorationsmuster gesucht werden, das durch die Verwendung bestimmter Geräte und den Einsatz einer besonderen Technik erzielt wurde [25].

Kammstichverzierung, die im nördlichen Delta als Untergruppe des Wiegebandes erscheint, stellt klärlich ein Phänomen sowohl mittelmeerischer Küstenkulturen [26] wie auch des saharisch-sudanischen Raumes dar [27]. Mit beiden könnte das Delta als Teil Nordostafrikas grundsätzlich in Kontakt gestanden haben [28]. Liniertes Wiegeband (« rocker stamp ») ist darüber hinaus in der frühsumerischen Kultur Mesopotamiens wie auch wiederum in der nubisch-sudanischen Region belegt. Daß das vorgeschichtliche Buto Kontakte mit Mesopotamien besaß, darf aus charakteristischem Fundmaterial, insbesondere einem Grubenkopfnagel und einer Reihe von Tonnägeln, geschlossen werden [29].

Gegen einen Zusammenhang mit Kammstich führenden Kulturen anderer Küsten spricht freilich grundsätzlich deren Zugehörigkeit zu neolithischen Stufen, die regelmäßig bis ins 5. Jt. zurückreichen [30]. Da in Buto die Schicht II jedoch den Stufen Naqada IIc-d zugewiesen wird, scheint

weisen bogen- oder nierenförmige Dekorationen auf, die ebenfalls aus dem Kanaanäischen stammen dürften; hierzu demnächst ausführlich von der Way, *Tell el-Fara'in, Ein Beitrag zur Vor- und Frühgeschichte Unterägyptens*, *AVDAIK*.

20. Nur in einem Fall ist Wiegeband in Buto auf einem offenen Gefäss belegt.

21. In einer der zuletzt gegrabenen Flächen betrug das Verhältnis 143:30.

22. Auf dem Tell el-Iswid mit 54:33 Stücken, s. van den Brink, *o.c.*

23. Van den Brink, *o.c.*, fig. 10.

24. In einer zuletzt untersuchten Fläche wurde vertikale Orientierung etwa 15 mal haüfiger angetroffen.

25. Vgl. Caneva, in : Barich, *o.c.*, S. 232ff.

26. Vgl. Schachermeyr, *Die Ägäische Frühzeit* 1, *Die Vormykenischen Perioden*, 1976, S. 46.

27. Vgl. Gabriel, in : Roubet et alii (Hgg) : *Préhistoire Africaine*, *Mélanges offerts au Doyen Lionel Balout*, 1981, S. 197f.

28. Zu überregionalen Zusammenhängen vgl. Eiwanger, in : Assmann-Burkard-Davies (Hgg), *Problems and Priorities in Egyptian Archaeology*, 1987, S. 82f.

29. Vgl. von der Way, *MDAIK* 43, S. 248, Abb. 3, 5-7, Taf. 40. Zu den dort abgebildeten Stücken sind inzwischen weitere hinzugekommen.

30. Zum Jungpaläolithikum/Altneolithikum s. Schachermeyr, *l.c.*; Müller-Karpe, *Handbuch der Vorgeschichte* II, 1968, S. 88f., 182ff.

eine direkte Verbindung aus chronologischen Gründen schwerlich möglich. Selbst ein mittelbarer Anschluß über eine in Buto ansässige, noch nicht bekannte ältere, neolithische Stufe erscheint ausgeschlossen, da schon die nächst ältere Schicht Ib der bislang aufgedeckten butischen Siedlung diese Dekoration nicht mehr besitzt.

Eine Ausnahme in der Zeitstellung bildet hingegen das sogenannte « Neolithikum in Capsientradition » Algeriens. Den Radiokarbondaten zufolge datiert es in die Mitte des 4. Jts., daher steht es der fraglichen butischen Schicht zeitlich sehr nahe [31]. Andererseits zeigt der dortige Impresso keinerlei Ähnlichkeiten zu dem für Buto so charakteristischen Kammstich in Wiegebandtechnik, kleinster gemeinsamer Nenner wäre also das Vorkommen von Kammstichverzierung schlechthin [32].

Dafür aber, daß eine Beziehung zwischen dem westlichen und östlichen Mittelmeerraum grundsätzlich existiert haben könnte, sprechen weit stärker sogenannte Plattensilexabschlaggeräte und Großklingen, die in Algerien als offensichtliche Fremdformen gefunden wurden und im südlichen Kanaan bzw. dem Sinai beheimatet waren [33]; erstere sind sowohl für Maadi wie Buto belegt [34]. Bindeglieder einer Bewegung entlang der nordafrikanischen Küste könnten ein Plattensilexabschlaggerät aus der Haua Fteah in der Cyrenaika sein [35] und das bei Marsah Matruh gefundene Grab mit deutlichen Bezügen zur Buto-Maadi-Kultur [36]. Die Zeitstellung der Fundorte wie Verbreitung der genannten Gerätetypen ließe daher eine Beziehung zwischen den Küstenregionen des nordwestlichen und nordöstlichen Afrikas grundsätzlich als möglich erscheinen. Gegen eine Beeinflussung der Dekorationen dürfte jedoch sprechen, daß eine Übereinstimmung bestenfalls nur für einen kleinen Ausschnitt der im Delta belegten Verzierungen und Techniken, nämlich den Kammstich, festzustellen ist.

Andererseits ist auch ein Zusammenhang mit dem Kammstich des östlichen Afrikas in Erwägung zu ziehen. Gegen einen direkten Zusammenhang zur räumlich vergleichsweise nahestehenden nordöstlichen Sahara spricht allerdings wiederum die zeitliche Lücke. Fundplätze westlich des großen Sandmeeres, die einen dem butischen Kammstich vergleichbaren Dekor mit Wiegeband aufweisen, datieren in das 7., günstigstenfalls 5. Jt. [37]. Die Zahnstockverzierung dieses Raumes ließe sich chronologisch nur unter einer Reihe von Prämissen anschließen [38] : So hätten im Verlaufe der Wüstenbildung die westlichen Oasen als Rückzugsgebiete dienen müssen, in denen die Technik erhalten geblieben wäre. Erst mit größerer zeitlicher Verzögerung hätte sie dann — während der letzten Phase der unterägyptischen Vorgeschichte — das Delta erreichen dürfen. Bestätigen ließen sich diese Überlegungen jedoch erst durch positive Ergebnisse aus den Oasen. Neolithische Anschlüsse an den Oasengürtel wie zur Fayûmprovinz und weiter zum oberägyptischen Niltal lassen sich bislang

31. Roubet, *Économie pastorale préagricole en Algérie orientale : le néolithique de tradition Capsienne*, 1979, S. 102.

32. Roubet, *o.c.*

33. Schmidt, *MDAIK* 44, S. 299, Anm. 64.

34. *Ibidem.*

35. *Ibidem.*

36. Rizkana-Seeher, *Maadi* II, *The Lithic Industries of the Predynastic Settlement*, *AVDAIK* 65, 1988, S. 74.

37. Zum Fundplatz « Willmann's Camp » s. Kuper, *AKorrBl* 18, 1988, S. 133; zum Sahara-Neolithikum s. auch Banks, in : Krzyzaniak-Kobusiewicz, (Hgg), *Origin and Early Development of Food-Producing Cultures in North-East Africa*, 1984, S. 149ff.

38. R. Kuper und F. Klees sei vielmals gedankt für Diskussionen zu dieser Frage.

jedoch nur aufgrund lithischer Herstellungstechniken und Formen aufzeigen [39]. Die Möglichkeit einer Wanderung auch des Dekors sollte zwar grundsätzlich nicht ausgeschlossen werden, doch erscheint die Theorie vor allem angesichts der weiteren Überlegungen zur afrikanischen Herkunft (s.u.) an zu viele Voraussetzungen gebunden und daher nicht sehr wahrscheinlich.

Ein Dekor, der dem linierten Wiegeband Unterägyptens grundsätzlich vergleichbar scheint, ist in der frühsumerischen Kultur Mesopotamiens belegt [40]. Zumeist verlaufen die zickzackförmigen Bänder in mehreren randparallelen Reihen nebeneinander [41]. Sie treten häufig auf relativ kleinen Fläschchen und Henkeltassen auf, deren Oberfläche sie dann meist fast vollständig bedecken. Auffällig ist jedoch die recht starke Krümmung der einzelnen Zacken wie die geringe Breite der Zickzackbänder von durchschnittlich etwa 1 cm [42]. Form und Größe erklären sich dadurch, daß keine speziellen Werkzeuge, sondern zumindest überwiegend Fingernägel verwendet wurden. Diese Einschätzung wird auch durch Dekorationen bestätigt, die nicht aus Zickzackbändern, sondern aus unverbundenen kleinen, jeweils gleichgerichteten Bögen bestehen, die in randparallelen, diagonalen oder senkrecht verlaufenden Reihen die Gefäßoberfläche überziehen können [43]. Daß dem einzigen, in Mesopotamien vergleichbar erscheinendem Dekor eine gänzlich andere Technik zugrundeliegt, spricht entschieden gegen einen Transfer nach Ägypten.

Darüber hinaus erscheint auch ein Synchronismus mit der butischen Schicht II eher unwahrscheinlich. Der fragliche Dekor gehört in die mittelurukäische Stufe Uruk-Eana VIII-VI, deren Beginn zwar mit der Naqadastufe IIa/b anzusetzen sein dürfte [44], deren Ende jedoch spätestens in das frühe Naqada IIc fällt [45]. Weil die butische Schicht II in die Zeit Naqada IIc-d datiert, hätte die Dekoration — wenn überhaupt — nur während einer verhältnismäßig kurzen Zeitspanne Eingang nach Unterägypten finden können.

Da in der frühsumerischen Kultur Mesopotamiens von einer Wiegebandtechnik wie in Unterägypten nicht die Rede sei kann, zudem auch die in Unterägypten verbreiteten Variationen mit Zahnstöcken nicht belegt sind und schließlich ein synchronismus auf eine bestenfalls relativ kurze Zeitspanne eingeschränkt ist, dürfte eine Herleitung aus der fraglichen Dekorationen aus Mesopotamien schwerlich in Frage kommen.

39. Kuper, *o.c.*, S. 133; einen Überblick zu den Forschungen in den Oasen gibt Holmes, *The Predynastic Lithic Industries of Upper Egypt*, *BAR Int. Series* 469, 1989, S. 350ff.

40. D. Sürenhagen sei vielmals für Hinweise zu diesem Thema gedankt; zum Begriff s. Orthmann, *Propyläen Kunstgeschichte* Bd. 14, 1975, S. 17ff.

41. Sürenhagen, *BaM* 17, 1986, S/39, S/63, S/194; *BaM* 18, 1987, O/33; *Acta Praehistorica et Archaeologica* 5/6, Tab. 36, Nr. 50; Hansen, in : Ehrich (Hg), *Chronologies in Old World Archaeology*, 1965, S. 201, fig. 1,2; Le Breton, *Iraq* 19, figs. 10,5; 14,1.5; McC. Adams-Nissen, *The Uruk Countryside*, 1972, fig. 41,16.

42. Z.B. Sürenhagen, *BaM* 18, O/13 : das Fläschchen von rd. 10 cm Höhe weist 11 Reihen des Zickzackdekors auf.

43. Le Breton, *l.c.*, fig. 11,11; de Genouillac et alii, *Fouilles de Telloh*, 1934, pls. III, 5389; 21,1a.b; 22,2.3.

44. In Habuba Kabira, einer im Tal des mittleren syrischen Euphrat gelegenen Kolonie der frühsumerischen Kultur Mesopotamiens, ist ägyptische N-Ware belegt, die in Ägypten bis in die Stufe Naqada IIb reicht, vgl. Kaiser, in : *Archeologia Geographica* 6, 1957, Tf. 21f.; Sürenhagen, in : Weiss (Hg), *The Origins of Cities in Dry Farming Syria and Mesopotamia in the Third Millennium B.C.*, 1986, S. 20.

45. Sürenhagen, *l.c.*; die Angabe « Negada IIc » ist entsprechend zu korrigieren.

Gegen einen Zusammenhang mit der in zahlreichen Varianten belegten eindruckverzierten Keramik des sudanischen Raumes bestehen zunächst einmal keinerlei grundsätzliche, chronologische Einwände. So ist Wiegeband bereits im sogenannten « Mesolithikum »[46], vor allem aber an einer Reihe neolithischer Fundplätze, namentlich Shaheinab[47], Geili[48] und Kadero[49], belegt und selbst noch bis in das 2. Jt. hinein zu finden[50]. Die vor allem im älteren Material des Sudan weit verbreiteten Dekorationen mit bogenförmig verlaufenden Linien (« wavy lines ») oder Reihen aus Punkten (« dotted wavy lines ») passen fraglos nicht zu dem Material des Deltas, daneben — und offenbar vermehrt in jüngerem Kontext[51] — aber findet sich Wiegeband aus Punkten wie auch Linien (« zig-zag of curved continuous lines »)[52], das ausgezeichnet mit den im Delta belegten Eindruckverzierungen vergleichbar scheint, ferner ist hier auch die Verwendung des Zweizacks (« alternately pivoting stamp ») gut belegt[53]. Darüber hinaus gibt es auch Muster, die mit Fingernägeln erzeugt wurden[54] und runde Eindrücke[55]. Beim Vergleich der Dekorationen ist ferner noch ein Scherben aus der butischen Schicht II anzuführen, der ein Muster von Dreiecken trägt, die aus parallelen Linien gebildet werden (s. Abb. 12)[56]. Schraffierte Dreiecke dürfen aber als ein unverwechselbar nubisch-sudanisches Muster gelten[57], das sich auch im Inventar der Pfannengräber noch bis weit in das 2. Jt. verfolgen läßt[58]. Als ein genereller Unterschied zur sudanischen Dekoration läßt sich hingegen feststellen, daß die Dekoration an den Deltafundplätzen nie auf dem Gefäßrand angebracht wurde[59].

Den vorhandenen Radiokarbondaten zufolge fallen die Fundplätze von Shaheinab und Kadero in das letzte Drittel des 4. Jts.[60], entsprechen demzufolge etwa der Zeit, die auch für die Schicht II von Buto zugrunde zu legen ist.

Bei der Annahme einer Beeinflussung der Dekoration aus dem nubisch-sudanischen Raum schließt sich sogleich aber die Frage ihrer Verbindung zum Delta über eine relativ große räumliche

46. Arkell, *Early Khartoum*, 1949, S. 81ff., pl. 65, 3; 90, 2; Caneva-Zarattini, in : Krzyzaniak-Kobusiewicz, *o.c.*, S. 301ff; zur Kritik an der Terminologie s. Kommentar von Balout in : Arkell-Ucko, *Current Anthropology* 6, 1965, S. 156.

47. Arkell, *Shaheinab*, 1953, S. 71ff., pl. 32, 3-6.

48. Caneva, in : Krzyzaniak-Kobusiewicz, *o.c.*, S. 353ff., figs. 4; 5,3.7.

49. Mit einem Anteil dekorierter Keramik von rd. 80 %, darunter auch liniertes und punktiertes Wiegeband, s. Chlodnicki, in : Krzyzaniak-Kobusiewicz, *o.c.*, S. 340ff.

50. S. Dunham, *Excavations at Kerma* VI, *passim*, 1982, speziell zum Wiegeband figs. 70, X5n; 163, 1; 180, 3; 233, 1; Gratien, *Saï* I, *La Nécropole Kerma*, 1986, figs. 12e; 100b (Grab 93 SKC3, Datierung Ende 3. Jt.); 114d (Grab 9, SKC3 B, Datierung wie zuvor); 116d; 297i; (zu Werkzeugen :) fig. 289.

51. Chlodnicki, *l.c.*

52. Arkell, *l.c.*; Chlodnicki, *o.c.*, S. 341, etwa : ID2-3, IE1-2; ferner Caneva, *o.c.*, S. 355ff.

53. Caneva, *l.c.*; Chlodnicki, *l.c.*, etwa : IA, IB1.

54. Arkell, *Early Khartoum*, pl. 82, *Shaheinab*, pl. 35.

55. Chlodnicki, *l.c.*, etwa : IVA.

56. Wandscherbe mit linienförmigen Eindrücken, die zu Gruppen zusammengefaßten parallelen Linien stehen winklig zueinander, die nicht vollständig erhaltene Mittelgruppe weist 10 Linien auf, naß geglättet, 2.5YR 6/4, NT B1.

57. Arkell, *Early Khartoum*, pl. 90, Gratien, *o.c.*, fig. 313e bzw. 201k (Grab 12 SKC6, etwa Beginn 2. Jt.); Chlodnicki, *l.c.*, etwa : IIB; I1.

58. S.z.B. Petrie, *Diospolis Parva, The Cemeteries of Abadiyeh and Hu*, 1898-9, pl. 40.

59. Vgl.z.B. Arkell, *Shaheinab*, pl. 37; Chlodnicki, *l.c.*, « rim top decoration » / « rim bands », Caneva, *El Geili, The History of a Middle Nile Environment*, *BAR Int. Series* 424, 84.

60. Chlodnicki, *o.c.*, S. 342.

Distanz an [61]. Als Transportschiene käme hierbei sicherlich einzig der Nil in Frage, an dessen Ufern also nach Beweisen zu suchen wäre.

Über einen sahara-sudanischen Zusammenhang der so auffälligen, rundbodigen und geriefelten Keramik der Badari-Kultur wurde bereits spekuliert [62]. Dieses Problem braucht hier jedoch wegen fehlender chronologischer Anschlußmöglichkeiten zum spätvorgeschichtlichen Delta nicht weiter erörtert zu werden [63].

Der folgenden Zusammenstellung einer Reihe von Belegen, welche auch die Zusammenfassungen von W. Needler und vor allem E.C.M. van den Brink berücksichtigt [64], ist voranzuschicken, daß bei Stücken aus älteren Grabungen ihre genaue Bewertung dadurch erschwert wird, daß detaillierte Beschreibung von Material und Technik meist fehlen und Herkunft und Datierung häufig nicht gesichert sind.

Die in jüngster Zeit durch die amerikanische Grabung in Hierakonpolis in Naqada II-Kontext gefundenen Scherben mit Eindruckverzierung werden mit dem nubischen Raum in Verbindung gebracht und dürften im Gefolge von Handelsbeziehungen dorthin gelangt sein [65]. Ein schwarzes Gefäß mit zickzackförmigen Einstichlinien entstammt — undatiert — dem Friedhof H von Haraga [66]; seine rundbodige Gestalt scheint nubisch-sudanischen Formen verwandt zu sein. Reihenförmige Kammstichverzierung trägt auch ein weiteres Gefäß aus der gleichen Gebiet, dem die Staffeldaten 47-58 zugewiesen wurden [67], mithin ist es etwa der mittleren Naqadastufe II zuzuordnen. Gleichfalls punktiertes Wiegeband ist auf einem Gefäßscherben aus Hemamieh erhalten [68]. Kammstich trägt womöglich auch ein dunkelroter Scherben aus Badari [69].

Liniertes Wiegeband wie auch Schuppenmuster sind auf Scherben des Friedhofs T von Armant belegt [70], Schuppenmuster und rundliche Eindrücke des weiteren auch auf — zumindest teilweise rundbodigen — Gefäßfragmenten aus Naqada II-Kontext in el-Târif [71]. Rundliche oder längliche Eindrücke befinden sich auf kugeligen Gefäßen von Kôm el-Ahmar/Hierakonpolis [72] bzw. Matmar [73] und wiederum Badari [74]. Verwandt mit den erwähnten Dekorationen mag weiterhin auch ein Gefäß aus Matmar sein, das eine Kombination aus senkrecht verlaufenden länglichen und darin einbezogenen punktförmigen Einstichen besitzt [75]. In Übereinstimmung mit den Belegen, die einerseits aus Unterägypten wie andererseits aus dem Sudan stammen, zieht sich die Dekoration aller aufgezählten Beispiele über die ganze Oberfläche der Gefäße.

Belege für Keramik, die als Bindeglieder zwischen dem Sudan und Unterägypten in Frage kommen dürften, sind im ägyptischen Niltal, zwischen Hierakonpolis und Haraga, also tatsächlich

61. Zu Überschneidungen mit ostsaharischen Fundplätzen s. Schuck, *AKorrBl* 18, 1988, S. 143ff.

62. Brunton-Caton-Thompson, *The Badarian Civilisation and Predynastic Remains near Badari*, *BSAE* 46, 1928 S. 20ff.

63. Vgl. Trigger, *Beyond History*, 1968, S. 79f.

64. Needler, *Predynastic and Archaic Egypt in the Brooklyn Museum*, 1984, S. 389; van den Brink, *o.c.*, Anm. 26.

65. Persönliche Mitteilung von R. Friedman.

66. Engelbach, *Harageh*, *BSAE* 28, 1923, pl. 26, Nr. 91N.

67. *Ibidem*, Nr. 91G.

68. Brunton-Caton-Thompson, *o.c.*, pl. 75, Nr. 249.

69. *Ibidem*, pl. 16, Nr. 5500.

70. Mond-Myers, *Cemeteries of Armant* I, 1937, pl. 54, 6, Nr. 54 I C 5; 58 I J 14; 59 I L 10.

71. Eggebrecht, *MDAIK* 30, 1974, S. 188, Taf. 58.

72. Needler, *o.c.*, pl. 88, 6.7.

73. Brunton, *Matmar*, 1948, pl. 13, 1.

74. Brunton-Caton-Thompson, *o.c.*, pl. 40, 93a2.

75. Brunton, *o.c.*, pl. 13, 2.

vorhanden, wenn auch zahlenmäßig beschränkt, wobei zu berücksichtigen ist, daß soeben alle weitestgehend passenden Belege angeführt wurden, ohne exakte Kenntnis ihrer genauen Machart, Herkunft und Datierung. Dies mag die Zahl der tatsächlich zutreffenden Belege noch weiter einschränken.

Die geringe Zahl von Parallelen mit Wiegeband bzw. Kammstich oder anderem, ganzflächigem Dekor könnte aber trotz der vergleichsweise intensiven archäologischen Untersuchungen des Niltales dadurch erklärbar sein, daß das Fundmaterial überwiegend Gräberfeldern entstammt [76], die Verpackung einer vermutlichen nubisch-sudanischen Handelsware bzw. deren lokal hergestellte Imitation aber schwerlich Eingang in das Inventar der Beigabengräber Oberägyptens gefunden haben dürfte.

Wenn wir unter dieser Prämisse eine Verbindung durch das Niltal annehmen wollen, so ist weiterhin zu bedenken, daß das Transportgut wegen seines Fehlens vor allem in Maadi das Delta erst nach Ende der Siedlung, frühestens also gegen Ende der Stufe Naqada IIb, oder auch erst im Verlaufe der folgenden Stufe erreicht haben kann [77]. Es wäre mit anderen Worten zu einer Zeit eingetroffen, ab der in Buto generell Anzeichen vermehrter Kontakte mit Oberägypten vorliegen [78]. Die Koinzidenz müßte somit zu der Annahme führen, daß eine nubische Verpackung — oder deren Imitation — durch die Naqadakultur selbst nach Norden verhandelt worden wäre, ohne sich in deren Bereich in einem (bislang nachweisbaren) nennenswerten Umfang niedergeschlagen zu haben. Die Vermutung eines Handelswegs, auf dem von Nubien/Sudan bis ins Delta entsprechend dekorierte Keramik weitergegeben wurde, dürfte wegen der allmählichen Ausdehnung der Naqadakultur im Verlaufe der Stufe II auch nach Nubien wahrscheinlich werden und dadurch noch bestärkt werden, daß zur Inspiration der Unterägypter bereits wenige Gefäße ausgereicht haben könnten.

* * *

Der Vergleich mit Fundstellen des nubisch-sudanischen Raumes zeitigen mithin die meisten Übereinstimmungen nach Muster, Geräten und Technik, zudem ist ein Synchronismus zwischen Buto Schicht II und einigen der oben erwähnten Fundplätze gegeben. Außerdem läßt sich das relativ späte Auftreten innerhalb des Deltas durch die Vermittlung der Naqadakultur erklären. Aus diesen Gründen dürfte eine Herleitung der späten Dekorationen Unterägyptens aus dem sudanischen Raum von allen untersuchten Möglichkeiten die größte Wahrscheinlichkeit besitzen. Der Dekor erlangt freilich in der unterägyptischen Kultur bei weitem nicht die Verbreitung, die er in seiner Heimat erfahren hatte. Während an sudanischen Fundplätzen zumeist rd. 50 % — oder noch mehr — aller Keramik Zahnstockdekor (rocker comb) trägt [79], weisen innerhalb der butischen Schicht II durchschnittlich nur etwa 0,4 % aller Gefäßscherben Kammstichverzierung, liniertes Wiegeband oder durch Zweizack hergestellten Dekor auf.

76. Vgl. van den Brink, *l.c.*

77. Theoretisch hätte der Dekor auch schon früher spurenlos Maadi passieren können; dann aber wäre zu erklären, warum er im Delta in lokalen Imitationen erst mit der Stufe IIc belegt ist.

78. Bislang hierzu von der Way, *MDAIK* 43, S. 244ff., 255.

79. Caneva, *o.c.*, S. 112, ferner auch oben Anm. 49.

UN ENSEMBLE CÉRAMIQUE DU NOUVEL EMPIRE — VALLÉE DES REINES : TOMBE 18

Anne-Marie LOYRETTE et Magdi FEKRI

Un ensemble céramique du Nouvel Empire, récemment mis au jour dans la vallée des Reines, provient de la tombe nº 18 [1]. Cette sépulture est située dans le secteur sud-est du ouadi principal, au milieu de tombes de la XVIIIᵉ dynastie [2]. Elle se compose, comme ses voisines, d'un puits profond (1,05 m × 1,40 m; H. 5,90 m) et d'un caveau rectangulaire (L. 6,25 m; l. 2,70 m; H. 1,80 m).

Le caveau avait été pillé, brûlé et visité à maintes reprises. Ses déblais, formés de poussière, d'éclats de calcaire et de pierres de blocage, contenaient de très nombreux tessons. Malgré leur dispersion à tous les niveaux du remplissage, nous avons pu reconstituer plusieurs de ces poteries dont la majorité peut être attribuée au dépôt funéraire d'origine. Quelques autres, en revanche, sont contemporaines de l'occupation de la tombe à la Troisième Période intermédiaire [3]. À ce matériel s'ajoutent de rares tessons de l'époque romaine mais qui ne semblent avoir pénétré dans le caveau que fortuitement [4].

Parmi les jarres et les amphores, petites et grandes, les coupes d'offrandes à décor cordé, les coupelles et les vases à marques de doigts qui constituaient la vaisselle d'origine, figuraient deux grandes jarres d'apparat. La première, très fragmentaire, appartient par son décor à dominante bleue à la famille des vases de la XVIIIᵉ dynastie trouvés à Malqatta, Amarna et Deir el-Medineh [5] :

VASE À DÉCOR FLORAL. (Cf. fig. 1, entre p. 14 et 15)

Matière. Argile marneuse beige rosé. La pâte renferme d'assez nombreuses inclusions minérales.
Morphologie. Épaule carénée et conique; col légèrement concave.
Dimensions. Ø max. 28,7 cm; Ø col 10,0 cm; H. conservée 21,0 cm.
État de conservation. Vingt fragments jointifs donnant la forme de l'épaule et l'amorce du col.

1. Les travaux sont effectués dans le cadre de l'URA 1064 au CNRS, directeurs : J.-L. de Cénival, inspecteur général des Musées de France, conservateur en chef du département des Antiquités égyptiennes du musée du Louvre et Ch. Leblanc, chargé de recherche au CNRS, — et du CEDAE-Caire, directeur général : Dʳ Fathy Hassanein.

2. Parmi ces sépultures, deux d'entre elles appartiennent à l'époque d'Aménophis III, à savoir la tombe nº 17 attribuée aux filles royales Ourmeroutes et Meryt-Rê, cf. Loyrette, *Archéologia* nº 228, oct. 1987, p. 38-42, et la tombe nº 22 étudiée par R. Antelme.

3. Nous n'étudierons pas la céramique de cette période qui se compose d'une grande et de deux petites amphores, de cinq jarres, d'un vase fermé à fond pointu et de deux coupelles. Nous nous limiterons à la description du matériel du Nouvel Empire.

4. En effet, les tessons de l'époque romaine se trouvaient dans les couches supérieures des déblais et les seules formes complètes relevées étaient celles de deux cruchons, également découverts en surface.

5. Brissaud, dans *BdE* 81, 1, p. 19 et, pour le décor, p. 25; Hope, *Cahiers de la Céramique égyptienne* 1, p. 110.

Décor. Le décor, peint avant cuisson, se compose de deux frises, chacune délimitée par des bandes concentriques noires, rouges, bleu clair. La première consiste en traits noirs verticaux, la seconde en pétales de lotus stylisés peints en bleu et rouge avec une dominante de bleu.

VASE DÉCORÉ DE CHEVAUX. (Cf. fig. 2)

La seconde jarre, patiemment reconstituée, présente un décor de trois chevaux, motif connu mais rarement attesté dans l'iconographie céramique [6].

Matière. Argile marneuse beige rosé avec des inclusions minérales. Engobe beige-jaune lissé.

Morphologie. Fond cassé, probablement arrondi, corps convexe, col concave évasé, lèvre en bourrelet.

Dimensions. Ø ouv. 16,5 cm; Ø max. 29,0 cm; H. conservée 57,5 cm.

État de conservation. Fragmentaire et sans fond. La forme est quasi complète avec des lacunes surtout dans les parties non décorées. Certains tessons sont érodés ou altérés par le feu. Néanmoins, le décor reste tout à fait lisible.

Décor. Le décor est peint avant cuisson.

— *Col.* Le col est décoré dans sa partie supérieure d'une bande rouge entre deux bandes noires et dans sa partie inférieure d'un motif de pétales de lotus stylisés [7] encadré d'une bande rouge entre deux bandes noires. Le haut des pétales est barré de quatre lignes noires.

— *Épaule.* Trois chevaux mâles [8], regardant vers la droite, occupent le registre principal. Courts sur pattes, bien croupés, avec le poitrail développé, la robe tachetée et la queue rouge, ils ne se différencient les uns des autres que par la disposition des taches sur le corps et le traité de leur crinière. Cette dernière apparaît entièrement rouge pour l'un, à stries rouges et cernée d'un trait noir épais pour le second et, pour le troisième, à stries noires contourées de rouge. Leur harnais se limite à la garniture de tête sans mors et à la longe peintes en rouge. Tous trois sont représentés dans la même attitude, celle d'un arrêt brusque reconnaissable à une certaine dynamique de l'arrière-train, freinée par l'immobilité des pattes avant et le mouvement de recul imprimé à l'avant-corps. La courbe décrite par la queue accentue encore cette image d'une force contenue [9]. Le sol, effleuré par leurs sabots, est matérialisé par une bande rouge cernée de deux bandes noires. La représentation de chevaux cabrés est assez fréquente dans les tombes de la XVIIIe dynastie. Parmi les exemples, citons la scène de recensement de la sépulture de Tjanouni où l'on peut voir un jeune « lad » tenant à la longe sept à huit chevaux [10] ou encore ce fragment peint d'une tombe thébaine conservé au British Museum (n° 37892) [11]. Dans ce cas, le cheval, attelé à un char, est freiné dans son élan par son conducteur.

6. Hope, *o.c.*, p. 105. À côté des jarres existaient également des coupes comme l'attestent p. ex. trois tessons du musée du Louvre n° E 12968 *a-c*, cf. Letellier, *La Vie quotidienne chez les artisans de Pharaon*, musées de Metz, 1978-1979, p. 78, n° 116.

7. Hope, *o.c.*, p. 106 et note 29, p. 118.

8. L'équidé représenté, toujours un mâle, semble appartenir à la même race que les chevaux dont les squelettes ont été découverts à Bouhen — cf. Emery, *Kush* 8, pl. 3 *b* —, à Deir el-Bahari — cf. Boessneck, *MDAIK* 26, p. 43 et suiv. — et à Saqqarah — cf. Quibell et Olver, *ASAE* 26, p. 172-176.

9. Cette attitude cabrée qui ne peut être confondue avec celle de la marche — cf. tombe de Khaemhat —, est bien définie dans la tombe d'Amenmose (n° 42) - époque Thoutmosis III / Aménophis II : la scène de la paroi nord, côté ouest représente des chevaux arrêtés dans leur élan par les hommes qui les conduisent à la longe — cf. N. de G. Davies, *The Tombs of Menkheperasonb, Amenmose, and Another*, Eg. Expl. Soc., London 1933, pl. 35.

10. Brack, *Das Grab des Tjanuni, Theben Nr.* 74, DAI Abt. Kairo 1977, pl. 29 *b* et 39.

11. Nibbi, *ZÄS* 106, Heft 2, pl. 2 *b*.

Malgré des similitudes, les vases à chevaux présentent dans leur décor des variantes. Les équidés peuvent être ou non accompagnés de motifs floraux ou d'emblèmes et apparaissent aussi bien cabrés qu'au galop. Un exemple nous est proposé par Nagel dans la reconstitution d'une jarre ornée de deux frises de coursiers galopant [12]. Plus fréquemment rencontre-t-on sur le même vase un cheval cabré et un cheval au galop [13].

Le choix du cheval mâle comme élément décoratif d'un récipient n'est certainement pas fortuit si l'on considère que l'iconographie véhicule généralement un message [14].

Lorsqu'à côté des chevaux figurent des fleurs, bouquets montés et signes *ankh* animés, nous disposons d'un ensemble thématique devant permettre de mieux interpréter la portée religieuse de cette représentation et par là de l'objet.

Quelles sont les fleurs s'épanouissant entre les chevaux et même, sous leurs pas? Elles varient d'un vase à l'autre. Un papyrus et une plante grimpante complètent le décor de la jarre du Caire SC 12077 [15]; sur la jarre de Berlin nº 14412, en revanche, les chevaux alternent avec un bouquet monté couronné d'un lotus bleu et un signe *ankh* tenant des sceptres *ouas* [16]. Jumelé avec des plantes — en particulier le lotus —, et avec les chevaux, cet emblème, image d'une force divine pourrait évoquer la déesse Astarté [17] dont un des principaux attributs est précisément le cheval [18], Astarté étant nommée la « régente des chevaux » [19]. Le rapprochement de ces éléments avec la déesse syrienne nous est suggéré par le décor du manche d'un rasoir en bronze BM nº 36314 [20] où l'on voit un cheval au galop volant monté par une cavalière. Mais c'est avant tout la présence d'une fleur accrochée aux pattes arrières du coursier qui, par sa ressemblance avec la plante couchée sous le cheval galopant du vase du Caire SC 12077, nous fournit un indice précieux. D'autres exemples concourent à étayer cette hypothèse dont une hache de guerre en bronze BM 36766 [21] figurant une cavalière et deux corolles florales accolées, ainsi qu'un ostracon à l'image du roi Menkheperourê offrant un bouquet monté à une déesse, probablement Astarté, à cheval [22].

Si telle est l'interprétation de l'iconographie des vases de Berlin et du Caire, peut-on l'appliquer aux vases où les chevaux figurent seuls? En l'absence de toute indication, nous devons, dans le cas présent, nous contenter d'assimiler le thème du cheval, animal tant apprécié par Aménophis II [23], à l'évocation de Pharaon [24].

12. Nagel, *BIFAO* 30, p. 191 et fig. 7, p. 192.

13. Vase de Berlin nº 14412 — cf. Nagel, *JEA* 35, fig. 1, p. 131. Vase du Caire JE 28942 — cf. Nagel, *BIFAO* 30, fig. 1-3, p. 186-188. Trois fragments d'une coupe, musée du Louvre E 12968 — cf. Letellier, *o.c.*, nº 116.

14. Brissaud, *o.c.*, p. 26.

15. Nagel, *BIFAO* 30, fig. 1-3, p. 186-188.

16. Nagel, *JEA* 35, fig. 1, p. 131. Le tesson conservé au musée du Caire sous le nº 2754 porte le même emblème — cf. Nagel, *BIFAO* 30, fig. 4, p. 189.

17. Leclant, *Syria* 37, p. 36. Pour le lotus — cf. Edwards, *JNES* 14, p. 50, n. 9.

18. Leclant, *LÄ* I, col. 502 et *Syria* 37, p. 1-67.

19. Leclant, *LÄ* I, col. 503; cf. également Störk, *LÄ* IV, col. 1009-1010.

20. Leclant, *Syria* 37, p. 37-38, doc. 6 *b*, fig. 15.

21. Leclant, *o.c.*, p. 35-37, doc. 6 *a*, fig. 12-14.

22. Schulman, *JNES* 16, p. 265; Petrie, *Six Temples at Thebes*, Londres 1897, pl. 9.

23. Decker, *Die physische Leistung Pharaos*, Köln 1971, 128 et suiv.

24. Desroches-Noblecourt, dans *RdE* 7, p. 39, n. 4 « le cheval figure le roi » au sujet des représentations du cheval passant sur les scarabées.

Nous ne pouvons cependant oublier qu'Astarté en tant que maîtresse des chevaux et protectrice, à l'instar d'Anat, du char de combat royal, est investie de la protection de Pharaon [25]. Cette protection divine devait également s'étendre à la cavalerie royale et il n'est pas impossible que les vases décorés de chevaux aient été l'apanage de hauts dignitaires de l'armée — dans le cas présent d'un prince royal — comme semblent l'être les représentations des équidés dans les tombes d'officiers supérieurs ayant servi sous Aménophis II et Thoutmosis IV [26].

Datation.

Le décor bichrome (rouge et noir) du vase à chevaux provenant de la vallée des Reines le range dans la catégorie qui, d'après Colin A. Hope [27] et plus récemment Karol Myśliwiec [28], est attestée sous les règnes d'Aménophis II / Thoutmosis IV. Cependant la présence, dans la tombe n° 18, du vase fragmentaire au décor floral stylisé bleu, rouge et noir, très répandu sous Aménophis III (cf. *supra*, note 5, p. 11), époque à laquelle appartiennent certaines des tombes de la nécropole, rend la datation difficile, surtout en l'absence de tout autre indice, la tombe n'ayant pas fourni d'éléments de mobilier funéraire autres que la poterie.

Doit-on, dans ces conditions, considérer que le décor bichrome des vases à chevaux s'est maintenu jusque sous le règne d'Aménophis III ou doit-on reconsidérer la datation du vase à décor floral? Nous retiendrons la seconde hypothèse; le décor peint avant cuisson du vase à décor floral comporte aussi bien des motifs floraux que des dessins géométriques et il s'inscrit, par sa sobriété, dans sa première phase, connue avant Aménophis III [29]. De surcroît, notre vase à chevaux est très proche de celui qui figure dans la tombe d'Ouserhat (cf. fig. 3) et la représentation des équidés s'apparente à leur image reproduite sur les parois des tombes de l'époque d'Aménophis II / Thoutmosis IV [30].

Ces remarques nous amènent à dater ces deux vases des règnes d'Aménophis II / Thoutmosis IV. Cette datation est étayée par la présence dans la tombe, de vases non décorés et attestés dans des sépultures contemporaines.

LES VASES NON DÉCORÉS DE LA TOMBE N° 18.

a. Récipients en terre cuite grossière avec inclusions minérales.

— Onze grandes jarres, dont deux rouges et neuf beiges :

Matériau. Argile limoneuse rouge à cœur noir; engobe rouge à l'extérieur — ou argile limoneuse marron à cœur noir; enduit beige à l'extérieur [31].

25. Stadelmann, *Syrisch-Palästinensische Gottheiten in Ägypten*, 1967, p. 102.

26. En ce qui concerne les vases à chevaux, l'évocation d'Astarté ne peut être conçue que sous son aspect de divinité protectrice de la royauté. En effet, le pouvoir guérisseur de cette divinité n'est reconnu qu'à partir du règne d'Aménophis III lorsque celui-ci retrouve la santé grâce à l'image de la déesse (confondue avec l'Ishtar hourrite) qui lui est adressée par le roi du Mitanni : cf. Stadelmann, *o.c.*, p. 106-107.

27. Hope, *o.c.*, p. 109.

28. Myśliwiec, *Keramik und Kleinfunde aus der Grabung im Tempel Sethos'I. in Gurna*, DAI 6 Abt. Kairo, 1987, p. 34, pl. 3, 2.

29. Hope, *o.c.*, p. 110-111.

30. Cf. *supra*, p. 12 et notes 10 et 11.

31. Pour ces jarres rouges et beiges — cf. Nagel, *FIFAO* 10, p. 107, fig. 86, n° 16, tombe n° 1176; Brack, *o.c.*, pl. 27.

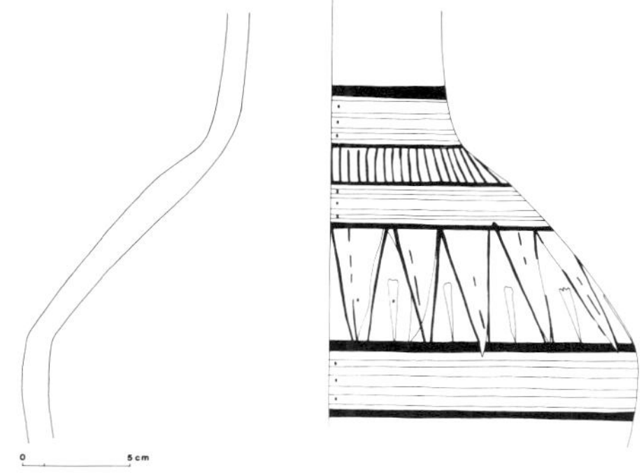

Fig. 1. — Vase fragmentaire à décor floral.

Fig. 2a. — Vase décoré de chevaux.

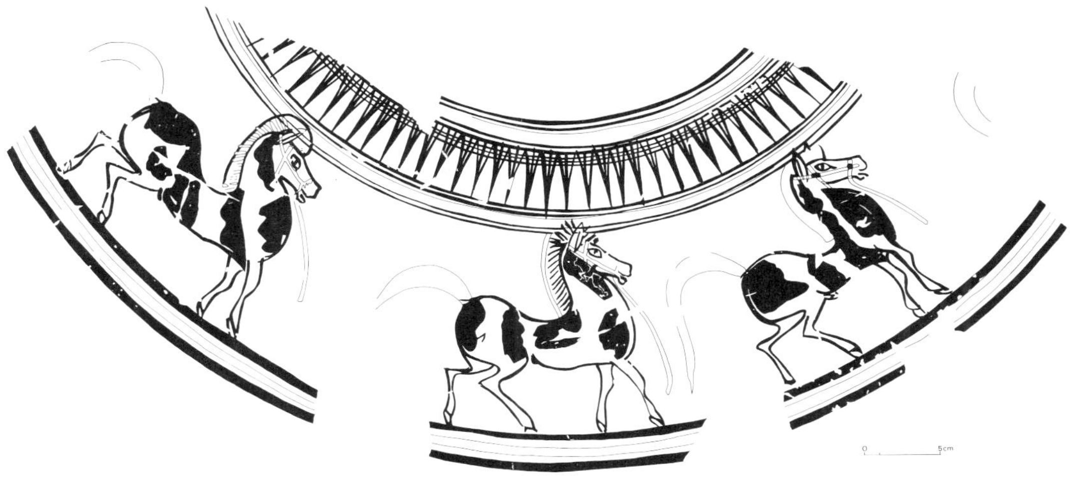

Fig. 2b. — L'ornement du vase à chevaux.
(Dessins G. Lecuyot.)

Fig. 2c. — VdR. Vase décoré de chevaux provenant de la tombe n° 18. (Photo M. Kurz.)

Fig. 3. — Tombe d'Ouserhat n° 56 : Vase à chevaux figurant dans la scène d'offrandes.
(Photo J.-L. Clouard.)

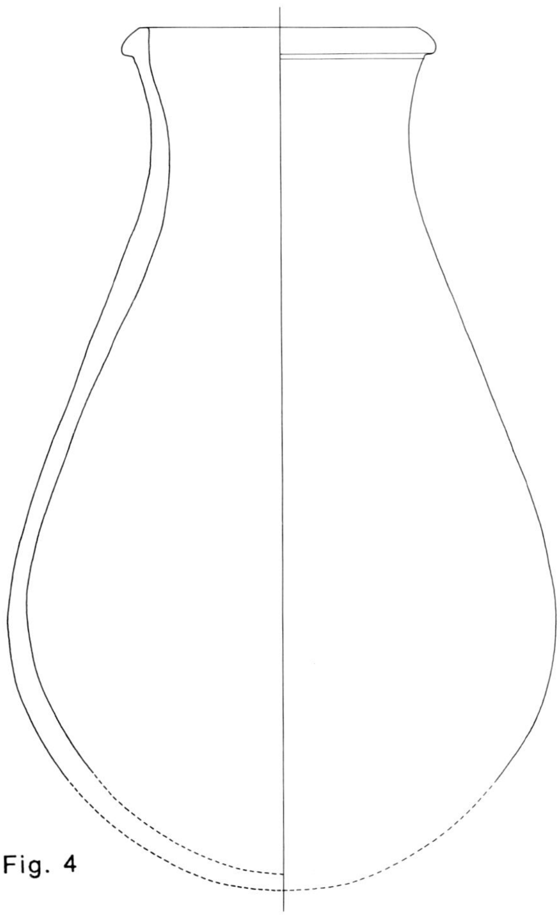

Fig. 4

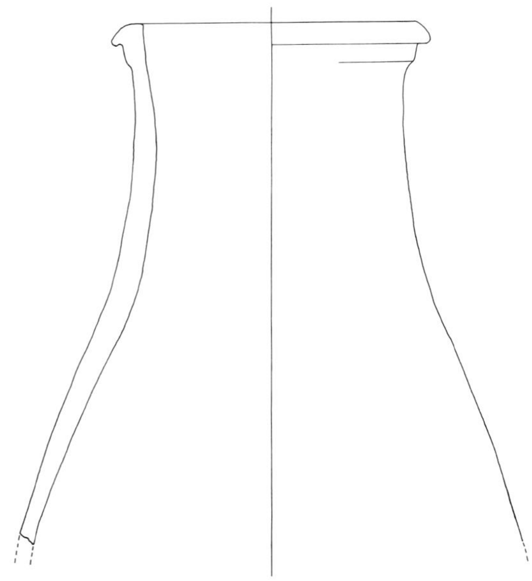

Fig. 5

Grandes jarres.

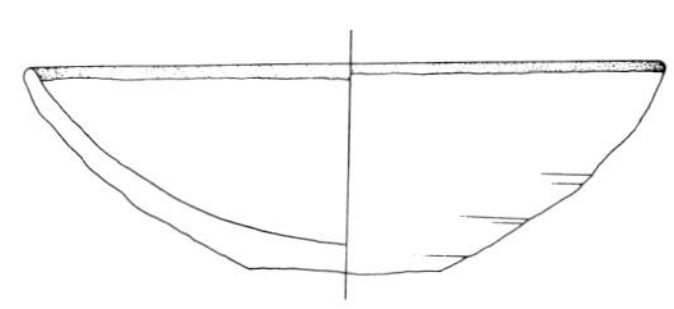

Fig. 6. — Coupe à la lèvre peinte en rouge.

(Dessins M. Kalos.)

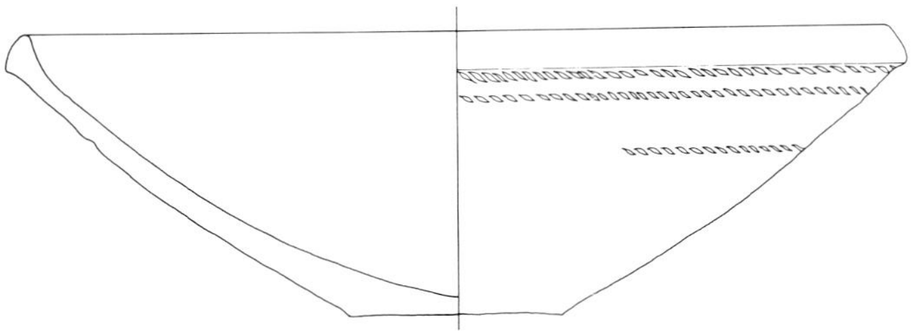

Fig. 7.

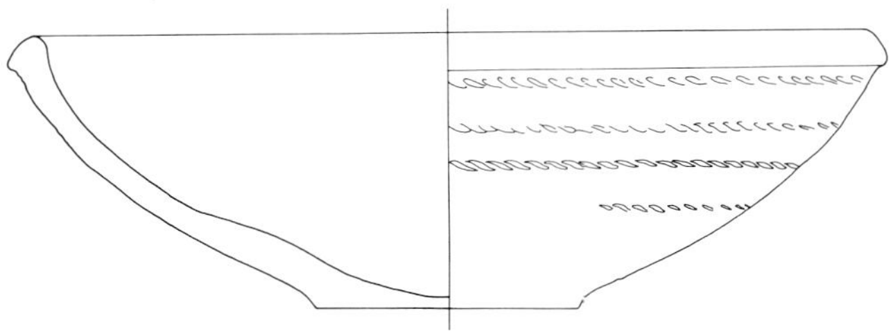

Fig. 8.
Grandes coupes au décor cordé.

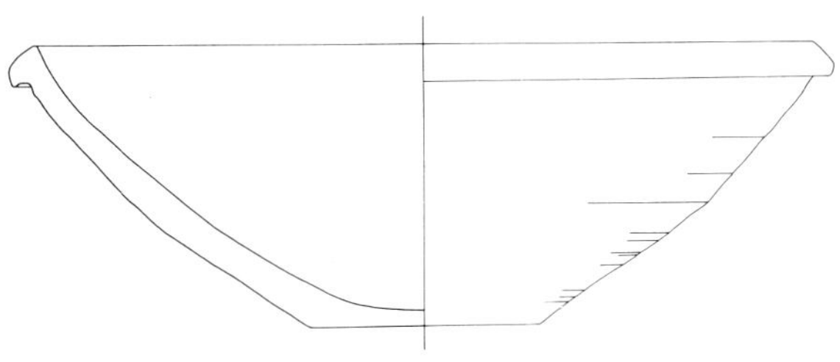

Fig. 9.
Grande coupe à la lèvre peinte en rouge.

0 1 5 Cm.

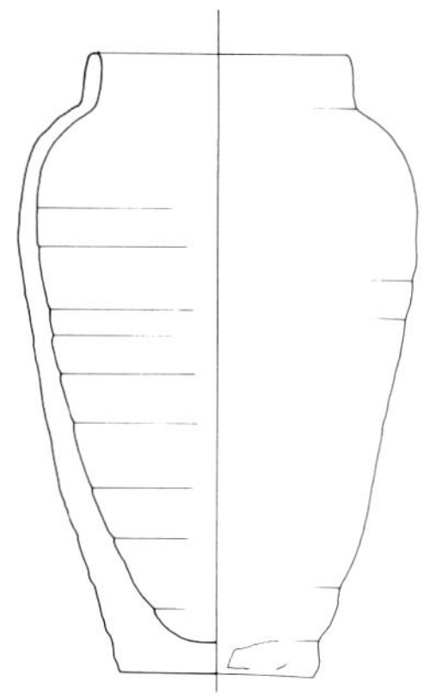

Fig. 10.
Vase à marques de doigts.

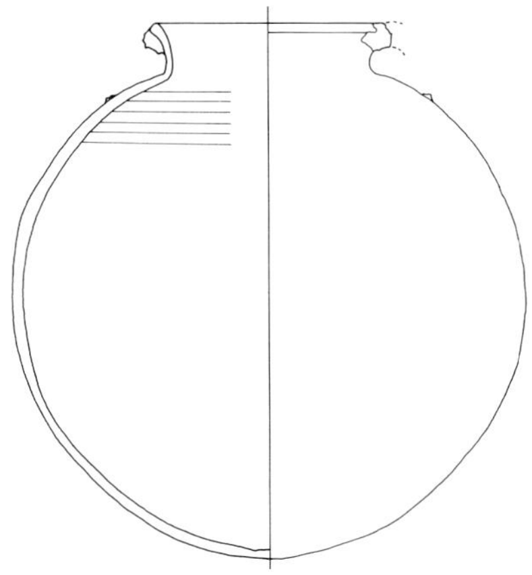

Fig. 11.
Grande marmite.

(Dessins M. Kalos.)

(Photo Chuzeville.)

Fig. 12. — Fragment peint provenant d'une tombe thébaine, XVIIIe dynastie.
Musée du Louvre n° N 3318.

(Photo J.-L. Clouard.)

Fig. 13. — Tombe d'Ouserhat n° 56 : grandes jarres rouges figurant dans la scène d'offrandes.

État de conservation. Très fragmentaires. Une seule jarre a pu être reconstituée (fig. 4-5).
Dimensions. Ø ouv. 19,0 cm; Ø max. 35,4 cm; H. 58,5 cm.

Les jarres de ce type contenaient habituellement de la bière ou des céréales [32].

— Quatre grandes coupes (fig. 7-8) :
Matériau. Argile limoneuse marron.
Décor. Cordé. Lèvre peinte en rouge [33].
État de conservation. Bien que très fragmentaires, elles ont pu être en grande partie reconstituées.
Dimensions. Ø ouv. 41,5 cm; Ø fond 10,5-12,7 cm; H. 14,0-15,2 cm.

— Deux grandes coupes (fig. 9) :
Matériau. Argile limoneuse rouge à cœur noir. Lèvre peinte en rouge [34].
État de conservation. Fragmentaires et reconstituées.
Dimensions. Ø ouv. 36,2-36,6 cm; Ø fond 10,5-10,2 cm; H. 12,5-13,1 cm.

— Deux coupes (fig. 6) :
Matériau. Argile limoneuse rouge. Engobe corail à l'extérieur et à l'intérieur. Lèvre peinte en rouge [35].
État de conservation. Fragmentaires et reconstituées.
Dimensions. Ø ouv. 20,5-21,0 cm; Ø fond 6,2-7,0 cm; H. 6,5-7,6 cm.

— Vases fermés à petit col et à marques de doigts. Deux de ces vases ont pu être reconstitués (fig. 10) :
Matériau. Argile limoneuse rouge [36].
Dimensions. Ø ouv. 10,8-10,0 cm; Ø fond 7,5-9,0 cm; H. 12,5-11,7 cm.

b. RÉCIPIENT EN TERRE CUITE FINE.

— Une grande marmite portant une inscription en hiératique (incomplète) [37] (fig. 11) :
Matériau. Argile limoneuse rouge. Coulures noirâtres. Résidu noir à l'intérieur.
État de conservation. Forme reconstituée avec, cependant, une lacune au niveau de l'inscription. Les anses qui joignaient à l'origine la lèvre à l'épaule ont disparu.
Dimensions. Ø ouv. 11,3 cm; H. 27,0 cm.

Un récipient comparable à cette marmite est reproduit avec d'autres poteries sur un fragment peint provenant d'une tombe de la XVIIIe dynastie, conservé au musée du Louvre (n° N 3318) (fig. 12).

32. N. de G. Davies, *The Tomb of Ken Amon at Thebes*, vol. I, The M.M.A. Eg. Expedition, N.Y. 1930, pl. 58 et p. 51. Une jarre du même type portant la mention « bière » a été trouvée dans un autre secteur de la vallée des Reines (VdR 32). Ces récipients pouvaient également contenir du blé — cf. N. de G. Davies, *The Tomb of Rekh-Mi-Rê at Thebes*, vol. II, P.M.M.A., N.Y. 1943, pl. 38; dans la même tombe, scène de brasserie, pl. 41. Ces jarres apparaissent dans d'autres sépultures comme, par exemple, dans la scène d'offrandes à Osiris de la tombe de Tjanouni — cf. Brack, *o.c.*, pl. 20 *b* et 27 *c*.

33. Nagel, *FIFAO* 10, pl. 10, tombe n°s 1172-4, 32, type XV, p. 183; Brissaud, *o.c.*, p. 20; Myśliwiec, *o.c.*, p. 39, pl. p. 38, n° 58 : même lèvre, mais fond légèrement arrondi.

34. Nagel, *o.c.*, pl. 10, n° 1169.109, type XV, p. 183.

35. Nagel, *o.c.*, pl. 9, n° 1164.56, type XIV, p. 181-182.

36. Nagel, *o.c.*, tombe n° 356, p. 4, fig. 2, n° 48 et p. 46, fig. 29, tombe n° 359 v., n° 246. Brack, *o.c.*, pl. 57 *c*, *d* = « Malertopf mit Weiss », p. 80; Kelley III, pl. 70.8 Riqqeh, 52°, XVIII-XIX Dynasty; Myśliwiec, *o.c.*, p. 49, pl. p. 48, n° 268.

37. L'inscription est très détériorée — la lacune dans ce vase que nous avons reconstitué se situe au niveau de l'inscription.

La poterie non décorée du Nouvel Empire dégagée dans la tombe n° 18 demeure, en somme, très conventionnelle. Elle se retrouve aussi bien dans le matériel funéraire mis au jour dans des nécropoles autres que la vallée des Reines que dans les scènes qui ornent les parois des tombes de hauts fonctionnaires de la XVIIIe dynastie à Thèbes-Ouest. Outre les représentations déjà mentionnées (cf. *supra,* note 32, p. 15), celle de la tombe d'Ouserhat (époque d'Aménophis II) [38] retient particulièrement notre attention puisque, parmi les récipients figurant dans la scène d'offrandes, nous trouvons non seulement un vase décoré de chevaux (fig. 3), mais également les grandes jarres beiges et rouges (fig. 13), ainsi que les grandes coupes en terre cuite marron qui constituaient l'essentiel de la vaisselle de la tombe n° 18.

Cette étude nous permet de formuler plusieurs remarques. Sur le plan chronologique, nous pouvons dater la tombe n° 18 de la vallée des Reines du règne d'Aménophis II ou, au plus tard, de celui de Thoutmosis IV. Quant à son propriétaire, seul le vase à chevaux pourrait fournir un indice sur sa situation sociale — peut-être un membre de la famille royale, officier supérieur de l'armée de Pharaon.

Dans le domaine de la céramique et, en particulier dans celui des vases décorés de chevaux, la découverte d'une telle pièce dans la vallée des Reines confirme l'hypothèse émise par Colin A. Hope [39] de l'existence d'une manufacture thébaine de ce type de récipients.

38. *P.M.* I, 1, tombe n° 56, cf. p. 113.

39. Hope, *o.c.*, p. 116. Sur la céramique de la vallée des Reines = cf. Lecuyot, *La céramique de la vallée des Reines*, à paraître dans les Actes du 5e congrès international d'Égyptologie, Le Caire, 1988.

BLUE-PAINTED AND POLYCHROME DECORATED POTTERY FROM AMARNA: A PRELIMINARY CORPUS.

Colin A. HOPE
Department of Classical, Studies,
Monash University.

One of the most important and diagnostic ceramic products of the New Kingdom is the blue-painted pottery known to have been manufactured from the mid-XVIIIth dynasty (Hope 1987*b*) until sometime during the XXth dynasty (Hope 1989*b*) [1]. Ornamented with a wide range of motifs in a variety of techniques amongst which painting in blue, red and black predominates, this is the most elaborate and frequently occuring decorated ware family known from the Pharaonic Period. Even so, it accounts for only a few percent of the total ceramic repertoire of its time, as is indicated by a study of the material excavated at Malkata by the University Museum expedition (Hope 1989) and recent work at Amarna (Rose 1984, 1986 and 1987). Associated with this type of pottery is another which may be termed polychrome decorated. Manufactured for the same length of time (Bell 1987; Hope 1987, 1989 *b* and 1989 *c*), it was less common than blue-painted pottery and can be distinguished from it by the use of a wider range of colours and in the application of painted decoration after firing (Hope 1987, 110) [2]. Its motifs are executed mainly in painting, though modelled and applied motifs also occur.

Possibly the largest quantity of this painted pottery has been excavated at Amarna, whence the most complete range of forms also derives. The name « Amarna ware » has often been applied to blue-painted pottery, somewhat misleadingly. The amount from Amarna is only equalled by that from Malkata belonging to the reign of Amenophis III, which is less well preserved (compare Hope 1989). The Amarna material can be dated to the reigns of Akhenaton and Tutankhamun, coinciding with the main period of occupation at the site (Kemp 1985). There is scant evidence for activity in the main parts of the site thereafter and its demolition certainly began early in the XIXth dynasty, possibly the reign of Seti I, if not even under Horemheb during whose reign the

1. I wish to acknowledge my gratitude to all museum and gallery staff who have facilitated my research into the painted pottery of the New Kingdom, not only that from Amarna. I am indebted to those institutions and their staff which have provided me with photographs of Amarna painted pottery and permitted their reproduction herein. I thank especially the Committee of the Egypt Exploration Society for permission to reproduce so many line drawings from the *City of Akhenaten* volumes, and also photographs from their archives. For information on the latter and for checking the negatives I am most grateful to Barry J. Kemp. For their assistance with the photographic illustrations I am indebted to Photographic Services, the Museum of Victoria, Melbourne. As always, in the preparation of this study I have been assisted by my research assistant Bruce Parr, without whose efforts it would not have been completed. The manuscript of this study was submitted for publication in 1989.

2. Examples of this type do not all necessarily have the full range of colours, i.e., white, red, yellow, green, blue and black. For convenience vessels with monochrome or bichrome decoration executed after firing may be subsumed under this heading.

dismantling of the Aten temples at Karnak commenced. While the excavators of the so-called River Temple documented activity there until the Late Period *COA* I, 128-130) [3], the only painted pottery they found, with the exclusion of one blue-painted sherd, were fragments from amphorae in room 35 coated after firing with blue, which they dated to the Ramesside Period (*COA* I, 133). It is unlikely that the manufacture of blue-painted pottery continued at the site after the reign of Tutankhamun, requiring as it did the rare cobalt aluminate pigment (Hope 1987, note 55) which would not have been available to the type of farming community which remained (*COA* I, 130). The decoration of amphorae with blue may have continued, the blue pigment used being a frit. However, it must be remembered that the type of amphorae so decorated and found at the River Temple is known to occur from the reign of Amenophis III onwards (e.g., Hope 1989) [4].

It may be noted that the manufacture of blue-painted pottery at Amarna may have been by the same potters who were responsible for its production during the last decade of the reign of Amenophis III and the first years of the reign of Akhenaten before the court took up residence at Amarna. Most pre-Akhenaten material derives from Thebes, particularly Malkata, but it is highly likely that it was common at Memphis also. For a discussion of early examples see Hope 1987. Following the abandonment of Amarna these same potters, or their immediate successors, were probably transfered back to Thebes and/or Memphis to continue production. It is within the vicinity of these two cities that most blue-painted pottery of the end of the XVIIIth dynasty and the XIX dynasty has been found. The use of a blue pigment which does not appear to have been widely available, possibly originating in the oases of Dakhleh and Kharga, the apparent standardisation of the decorative schemes upon particular vessel shapes and the limited distribution pattern all bespeak a manufacture by a restricted number of artisans at certain major centres (Hope 1982). Whether the same was the case in the manufacture of polychrome decorated pottery is not certain, though possible.

Contents of the Study.

The corpus of decorated pottery from Amarna presented here is based upon data accumulated during the years 1973-1980 while undertaking research for a Ph. D. at University College, University of London, into the blue-painted pottery of the XVIIIth dynasty. In subsequent years additional information has been gathered. While it aims at being comprehensive there are certain notable, inevitable, omissions. Examples excavated by the German expedition to the site are being published by Professor Holthoer [5] (see also Borchardt and Ricke 1980) and material from the recent Egypt

3. The material of late New Kingdom date and onwards is presumably to be connected with the settlement at the so-called « River Temple » (Kemp 1985) or possibly with other neighbouring sites (French 1986).

4. A detailed discussion of the evidence concerning the length of the occupation at Amarna will be found in my Ph. D. thesis entitled « The Blue-Painted Pottery of the XVIIIth Dynasty », submitted to University College London in 1980, which may be supplemented by comments in *Amarna Reports* I-IV by Barry J. Kemp et al., London 1984-1987.

5. I am grateful to Professor Holthoer for sending to me copies of his drawings of the pottery from this work.

Exploration Society work by Pamela Rose. The corpus, therefore, is based upon the finds made by Petrie and the earlier Egypt Exploration Society excavators, plus a few other finds and purchases at the site. From the Egypt Exploration Society's work the sherd material in Swansea, originally part of the Wellcome Collection, and Birmingham has not been examined and the collection in Liverpool, derived from the Wellcome Collection and Norwich Castle Collection, was studied only briefly. In the *City of Akhenaten* volumes much of the material was simply described as « painted » or «coloured», and there is, therefore, some doubt as to the exact nature of the decoration. Every attempt has been made to exclude those vessels so described which are known only to have carried red and/or black decoration. Many of the examples referred to in the volumes of that publication have not been located, while others not mentioned have been traced. Frequently classification was simply as a painted example of a general shape group and not a specific form. Much of the material from both expeditions is in the form of sherds which can only provide information upon the occurrence of decorative motifs [6] and only a few such pieces are included herein. There is undoubtedly material in museum and gallery collections which has not been traced. Finally, pieces believed to be from Amarna or for which such a provenance can be suggested have been included in a separate section.

CLASSIFICATION OF THE MATERIAL

The blue-painted pottery and polychrome decorated pottery are presented separately. Thereafter they are each divided into two groups according to ware family, *i.e.,* Blue-Painted Nile Silt Types and Blue-Painted Marl Clay Types, Polychrome Decorated Nile Silt Types and Polychrome Marl Clay Types. Within these ware families the vessels are grouped into basic families of related shapes and then into sub-families. Individual types are identified as the occurence of a particular shape in one ware. This system and the terminology used are based upon those published by Nordstrom (1972) and Holthoer (1977) and adopted by the International Group for the Study of Egyptian Pottery (*Bulletin de Liaison* I (Cairo 1975)) [7].

Morphology.

No detailed analytical system for the classification of vessel morphology has been adopted. The shape families employed are deliberately broad and individual shapes are grouped together on the

6. Such material is to be found in the Petrie Museum and the Ashmolean Museum from Petrie's work, and The University Museum, University of Pennsylvania (fragmentary vessel E 17889) and the Allard Pierson Museum, Amsterdam (ex Lunsingh Scheurleer and Amherst Collections) from the Egypt Exploration Society's excavations, in addition to those collections cited in the text of this article.

7. A detailed account of the procedure, which is a simplified version of that adopted in the publication of the XVIIIth dynasty pottery from The University Museum, University of Pennsylvania excavations at Malkata, will be found in my publication of that material, *The XVIIIth Dynasty Pottery from Malkata* currently in preparation.

basis of obvious similarities. The material is all wheelmade with the exception of figures 13 a, 18 f and 20 q. The former was partly handmade and the latter two entirely so. The following are the shape families: Bowls, Jars, Handled Vessels, Spouted Vessels and Lids.

The *Bowls* are divided into five sub-families, three based upon the zonal composition (see Holthoer 1977, 43-44), one on the presence of an applied foot and one upon possible functional grounds. Whether an example is restricted or unrestricted can be determined from the dimensions given in the type descriptions. The sub-families are:

- Simple Bowls — one zone;
- Composite Bowls — two zones;
- Complex Bowls — three zones;
- Footed Bowls — one to three zones, in small or large sizes;
- Ornamental Bowls — a group of three examples of very deep bowls (figure 2 *c-e*), two of which have openwork sides and which could not, therefore, have been used as containers. The third example has solid sides but in general morphology is similar to the other two.

The *Jars*, which are all restricted, are divided into neckless and necked sub-families. For the purposes of this division the body is defined as the lowest two zones and the neck all others. The *Handled Vessels* are all necked and are sub-divided according to the number of handles (either one or two) and whether they are vertical or horizontal. There is only one *Spouted Vessel*, which possesses a neck and an applied foot (figure 15 *a*). The *Lids* are all of either simple or composite structure, made as bowls and then inverted, and all except one (figure 18 *f*) had applied handles.

Wares.

As mentioned above four basic ware families have been created, two for each of the two decorative groups. A specific ware is here defined as the combination of a certain pottery fabric and surface treatment, excluding decoration. The classification of the fabrics is based upon the so-called « Vienna System » outlined by Nordstrom (1985) and Bourriau (1981, 14-15), and which is to be detailed in *An Introduction to Ancient Egyptian Pottery*. For the fabrics utilised in the manufacture of the material discussed in this article the following terminology has been employed, based upon the descriptions provided by Nordstrom:

A. Nile Silt Fabrics.

A1 Fine Nile silt tempered with abundant inclusions of fine-textured sand; Vienna System Nile Silt A1.

A2 Medium Nile silt tempered with abundant fine- to medium-textured sand and fine straw; Vienna System Nile Silt B2.

A3 Medium to Coarse Nile silt tempered with medium- to coarse-textured sand and straw and also limestone; Vienna System Nile Silt C and D.

B. Marl Clay fabrics.

B1 Dense marl clay fabric, fired pale grey or greenish, with voids from decomposed limestone and straw; Vienna System Marl Fabric A3.

B2 Sand- and limestone-tempered marl clay fabric, fired light red, often zoned and with a greyish exterior surface; Vienna System Marl A2.

B3 Gritty clay fabric with abundant limestone temper and sand, fired reddish-brown with greyish-brown zones; Vienna System Marl D.

The following is a list of the wares encountered, to which are added figure/plate references to the shapes utilising them to indicate their relative frequency, excluding the commonest ware (cream-coated Nile silt A3):

— *Blue-Painted Nile Silt Wares.*

Fabric A1 Uncoated. — Fig. 1a.
Fabric A2 Cream-coated. — Figs 1m and 20b; pl. 1a.
Fabric A3 Cream-coated.
Cream-coated outside and red, polished coating on interior — pl. 1c.
Cream-coated outside and red-coated inside. — Figs 1i, 2c-e.
Red-coated. — Fig. 5d.
Red, polished coating with decoration on cream coating and partly upon the red. — as Fig. 8e.
Red, polished coating with decoration on cream coating — Figs 9b, 10a, 14a, 16b; pl. 20b.

In the case of those wares listed with both red and cream coatings, the red coating occurs only upon the undecroated surface and does not underly the cream coating.

— *Blue-Painted Marl Clay Wares.*

Fabric B? Uncoated. — Fig. 18a.
Fabric B1 Uncoated. — Figs 18b-c and 20a.
Fabric B2 Uncoated. — Fig. 20l, 20n and unillustrated fragments Fitz EGA. 6027, 6189, 6192, 6194, and 6197.1943.
Fabric B1/2 Uncoated — Unillustrated fragments Fitz EGA. 6011-13, 6016, 6019, 6025-26, 6028-30. 1943.

— *Polychrome Decorated Nile Silt Wares.*

Fabric A3 Red-coated and polished, decoration on white — Fig. 18e
White-coated — Figs 18f, 19a and 20c.

— *Polychrome Decorated Marl Clay Wares.*

Fabric B3 Cream-coated and polished — Fig. 18g.
Cream-coated and polished, decoration on white — Figs 18h and 19c.
Cream-coated and polished — Fig. 19b; pl. 17d.

The Decoration.

For present purposes the description of the decoration has been restricted to a listing of the motifs encountered, for reasons of space. No discussion of the structure of the decoration is included nor of its general features; these have been touched upon briefly elsewhere (Boston 1982, 88-89; Hope 1977, 9-10, 1981, 1987, 20-27 and 1989) and will be dealt with in detail in the publication of the pottery from the University Museum, University of Pennsylvania expedition to Malkata.

The list of decorative motifs, (Appendix I), includes all those identified upon the blue-painted and polychrome pottery examined from the early work at the site for convenience, including that excavated by the German expedition. They are divided first into those found upon blue-painted pottery and those upon polychrome decorated pottery, then according to technique of execution and source of inspiration.

The techniques of execution are:

— *Blue-Painted Pottery.*

A. Painted.
B. Applied, either previously hand modelled or made in a mould.
C. Modelled from the vessel wall.
D. Cut Out from the vessel wall.
E. Parts of the motif Applied and others Painted.
F. Parts of the motif Applied and others Modelled.
G. Parts of the motif Modelled and others Painted.

— *Polychrome Decorated Pottery.*

H. Painted.

It may be noted that all vessels have painted motifs in combination with those executed in other techniques.

The sources of inspiration for the motifs are:

Flora, Fauna, Humans and Divinities, Hieroglyphs and Abstract. Nearly all vessels include in their decorative scheme floral and abstract motifs, the former being the single most common source of inspiration for the motifs.

As the corpora of types of both families of decorated pottery are arranged according to shape families, to facilitate the use of this study the following lists give the types employing the various decorative techniques, except painting, and those upon which the types of motif, except floral and abstract, are to be found.

— *Occurrence of Decorative Techniques.*

Applied : Figs 1d, 2c-e, 6f, 14h-l, 15l; pls 16d and 22b;
unillustrated fragments Fitz EGA. 5999, 6001, 6027 and 6185. 1943.

Modelled : Figs 1f, 1k, 2b, 5h, 6h, 6k, 7c-d, 15k and 20l; Pl. 22b; unillustrated fragments Fitz EGA. 6010 and 6023. 1943.

Cut Out: Figs 2c-d, ? 6k, ? 15l and ? 20q.

Applied and Painted : Figs 5h and 14m; unillustrated fragment UC 24671.

Applied and Modelled : Fig. 6j-k; unillustrated fragment UC 24672.

Modelled and Painted: Figs 1l, 2e and 7a; unillustrated fragments Fitz EGA. 4684, 6191, 6195 and 6199. 1943.

— *Occurrence of Non-Floral and Non-Abstract Motifs.*

Fauna : Birds — Figs 10b, 13a, 20d, 20o-p; Pls 1c and 20b.
Fish — Figs 1b and 7d; Pl. 20b.
Gazelles/Ibexes — Figs 14k-m and 16e; Pls 16d, 19f, 20b and 22b.
Ponies — Pl. 1a.
Calves/Bulls — Figs 15l and 20g; Pl. 17d; unillustrated fragment Fitz EGA. 6010. 1943.

Humans : Figs 15l and 16c; Pl. 19a.

Divinities : Figs 1d, 5i, 6j-k, 7a, 16a and 20f; unillustrated fragments Fitz EGA. 4684, 6001, 6027, 6185, 6191, 6195 and 6199. 1943, UC 24671 and 24672.

Hieroglyphs : Figs 1n, 11a, 11c, 13a, 16i, 18b, 20a and 20e; Pls 19b and 19e; unillustrated fragments Fitz EGA. 5999, 6011-13, 6016, 6019, 6023, 6025-26, 6028-30, 6189, 6192, 6194 and 6197. 1943.

The identification of the motifs given in the type descriptions is in code form referring to the list of motifs. In the types of uncertain Amarna provenance the lack of such a code indicates that the motif is not attested upon a piece definiltely from the site. Unless particularly dominant, the abstract motifs which are used to delineate the decorative horizontal panels in which the motifs occur are not cited. These delineators may frame either a single panel of motifs or define the decorative field upon one part of the vessel. The following symbols are used to indicate the sequence or position of the motifs:

— followed by, in the next panel
> to the right of which is, in the same panel
< to the left of which is, in the same panel
∧ below which is, in the same panel
] facing right
[facing left

The sequence is given from top to bottom.

The Type Descriptions.

A type is here defined as the occurrence of a particular shape with specific morphological features in a single ware. The information on each type includes: illustration reference/references which are used in place of type designations, ware, dimensions, type of transition from one part of the vessel to the other, examples, decorative motis, bibliography and comments. In the list of examples, where there is more than one entry the example drawn to illustrate the type is indicated in italics. For the abbreviations employed for museum/gallery collections see Appendix III. All dimensions are given in centimetres.

During the course of studying the painted pottery from Amarna it was not always possible to prepare detailed drawings of all pieces [8]. Some are presented as section drawings without decoration made from the originals or reproduced from publications, others are outline drawings only taken from photographs or composed from measurements. Where the decoration is not indicated upon the drawings an attempt has been made, where practical, to include photographs of these pieces.

In the presentation of the dimensions, the description of the decoration and the bibliography the following abbreviations are used:

RD Rim diameter Ht Height ND Neck diameter NHt Neck height
AHt Location of narrowest aperture below rim when not coincident with ND
AD Diameter of aperture BD Maximum body diameter
BHt Location of maximum body diameter below begining of neck
SD Side diameter SHt Side height
Base D Diameter of base
x Extant Int. Interoir Ext. Exterior
COA City of Akhenaten

For convenience, two additional appendices are included. The first indicates the distribution of the pottery discussed in this study at the site of Amarna, including examples described simply as « painted », which are indicated by? As the study does not include all such pottery known from the site [9], this appendix can serve only as a starting point in the discussion of the distribution of painted wares, to be supplemented when material from the German excavations is fully published and the surface survey of pottery currently underway is complete (Rose 1987). Even then it will always be hampered by the incomplete record kept by the earlier excavators, a factor which also affects any description of the range of shapes known from the site. In general, it appears that painted wares were more common in domestic quarters than official buildings (*COA* I, 140; *COA* III, 236). This appendix excludes the Petrie material which, although from the central and main city (Petrie 1894, 30), lacks more specific provenance. This also applies to many other vessels. The second is a concordance of the museum/gallery numbers of pieces cited in this article with figure/plate references.

8. Those presented here are mostly the work of the author. In drawing pieces in the Ashmolean Museum I was assisted by Dr. Marion F. Oakeshott, and in the Fitzwilliam Museum by Michael Coultas. The drawings of the pieces in The Royal Ontario Museum were supplied by Alan F. Hollett, of those in The Hunterian Museum by Michael Jones and of those in The National Museum of New Zealand by Ross B. O'Rourke; to all of these I am most grateful.

9. The author has not been able to undertake a thorough search amongst the archival material in the Egypt Exploration Society's possession of the details of work at the site as yet unpublished.

TYPE DESCRIPTIONS
BLUE-PAINTED POTTERY

Blue-Painted Nile Silt Types

Bowls

A. Simple Bowls

Figure 1a
Ware: Uncoated A1
Dimensions: RD = 15.0 Ht = x3.5
Examples: UC 24609
Decoration: AVb. 19
Bibliography: Hope, Blauer and Riederer 1981, passim
Comments: The base was probably direct and round.

Plate 1a
Ware: Cream-coated A2
Dimensions: RD = 16.0 Ht = x4.0
Examples: Ash 1924. 74
Decoration: AVb. 5 — AId. 37 — AIId. 1b] > AIId. 1a] — AIa. 10
Bibliography: Boston 1982 no. 77
Comments: The base was probably direct and round.

Figure 1b *Plate* 1b
Ware: Cream-coated A3
Dimensions: RD = 42.0-60.0 Ht = x10.0
Examples: *Ash 1931.496*; Vienna 8169/8170 and 8171
Decoration: Ash 1931.496: Rim top AVa. 18 Int AIIb. 1]
Vienna 8169/70: Rim top AVd. 11 Int AIb. 24 + AIIb. 2]
Vienna 8171: Rim top AVd. 4 Int?
Comments: Ash 1931. 496 is from house T. 36.56, object number 30/185 (*COA* II, 87). All three examples preserve only part of the rim and body; on the basis of undecorated parallels it may be suggested that the base was direct and flat. It is possible that the « Fragment of rim of pottery trough painted with fishes », object 30/70 from house T. 36.46 (*COA* II, 57) may have been from this type of bowl.

B. Composite Bowls

Figure 1c
Ware: Cream-coated A3
Dimensions: RD = approximately 17.0 Ht = x2.0 SHt = 1.5
Transitions: Side = angular
Examples: UC 24582; Amsterdam 3765
Decoration: UC 24582: Ext side AId. 4 Int AId. 4 — AIo. 2 — ?
Amsterdam 3765: Ext side AId. 4? Int AId. 4 — AIe. 5 — ?
Comments: Both examples preserve only part of the rim and body; the drawing used to illustrate the type is of a piece from Malkata, MMA 11.215.461. The dimensions cited are for UC 24582.

Plate 1c
Ware: Cream-coated A3 with a red polished coating on the interior of the sides.
Dimensions: RD = approximately 18.0-20.0

Transitions: Side = angular
Examples: FOS 31. 1101
Decoration: AVb. 17 — AIIa. 3]
Comments: The fragment preserves part of the sides and body only. It is marked TA/30.31 212 T 35.27. No house T.35.27 is listed in the description of the houses in the North Suburb (*COA* II), in which section grid square T. 35 occurs. The General Object Catalogue number 30/212 is listed as from house T. 3b. bl and described as « Painted sherd showing flying duck. », (*COA* II, 48), which would suit this piece. Further, in the distribution list the piece is stated as having been sent to Cambridge University Museum of Archaeology and Ethnology (*COA* II, 118) which was the previous location of the sherd described here. Egypt Exploration Society Amarna Archive Negative No. 1930-31/0.77.

Figure 1d
Ware: Cream-coated A3
Dimensions: RD = 31.5 Ht = x10.0 SHt = 4.5 SD = 31.5
Transitions: Side = angular
Examples: *UC 24649*; Sydney 62.1004
Decoration: Rim top blue Ext AId. 3 ⟨BIIIa. 1⟩ AId. 3
Comments: UC 24649 has 5 lines of string impression at the carination; it probably possessed a direct round or flat base. The fragment preserves only one applied head; the original number is unknown. Sydney 62.1004 preserves only a small part of the rim and side and no complete dimensions are ascertainable; it carries the General Object Catalogue number 24.217. It may have come from a larger type, see Boston 1982 no. 82. A fragment of a bowl with a Hathor head was found in house T.36.78 (*COA* II, 89 object 30/353); it is not specified whether it was painted.

Figure 1e
Ware: Cream-coated A3
Dimensions: RD = 19.5 SHt = 3.0 SD = 19.0
Transitions: Side = round/angular
Examples: UC 24580
Decoration: AId. 2?

Figure 1f
Ware: Cream-coated A3
Dimensions: Ht = x6.0 SHt = 3.5
Transitions: Side = round
Examples: *Ash 1893.1-41.290* and 304
Decoration: Rim top blue Ext CIa. 2 + AId. 2
Comments: The fragments preserve one section where the rim is modelled and a body sherd, probably from the same vessel. The rim modelling renders estimation of the original diameter impossible.

C. Complex

Figure 1g
Ware: Cream-coated A3
Dimensions: RD = 20.0 Ht = 5.1 SHt = 2.0 SD = 20.5 BD = 21.1 BHt = 0.5
Transitions: Side = angular Body = angular
Examples: UC 24591
Decoration: Rim top blue Ext AId. 45.

Figure 1h

Ware: Cream-coated A3
Dimensions: RD = 15.5 Ht = x5.6 SHt = 1.5 SD = 15.5 BD = 16.0 BHt = 0.75
Transitions: Side = angular Body = angular
Examples: UC 24603
Decoration: Rim top blue Int side AVb. 5 Ext side AId. 47 — AVb. 5.

Figure 1i

Ware: Fabric A3, cream-coated outside and red-coated inside.
Dimensions: RD = 13.5 Ht = x3.0 SHt = 0.8 SD = 13.0 BD = 13.0 BHt = 1.0
Transitions: Side = round Body = round
Examples: UC 24602
Decoration: AVb. 6 — AVb. 5
Comments: Figure 1j illustrates a restricted type very similar to figure 1i with a direct round base. It is from the Embalmer's Cache of Tutankhamun found in the Valley of the Kings; MMA 09.184.105 (Winlock 1941, 16 and pl. X).

Figure 1k

Ware: Cream-coated A3
Dimensions: Ht = x7.5 SHt = 3.0 BHt = 2.5
Transitions: Side = angular Body = angular
Examples: UC 24627
Decoration: Rim top AVb. 5 Ext CIa. 1 + AVd. 8 — AVb. 17
Comments: None of the horizontal dimensions of the fragment could be determined; the base was probably direct round.

Figure 1l

Ware: Cream-coated A3
Dimensions: Ht = x4.5
Transitions: Angular
Examples: UC 24592
Decoration: GIa. 1
Comments: The details of the original complete shape of this fragment are uncertain.

D. Footed Bowls

Figure 1m

Ware: Cream-coated A2
Dimensions: RD = 17.0 Ht = x4.0 SHt = 3.0 SD = 16.0 BD = 16.5 BHt = 0.3
Transitions: Side = angular Body = angular
Examples: UC 24604
Decoration: AId. 2 ^ AIh. 17 ⟨ AIo. 3 + painted hieroglyphic motif ⟩ AId. 2 ^ AIh. 17
Comments: The type of base possessed originally by this fragment is that of the similar bowl illustrated on figure 20a. The complexity of the contour was produced during the manufacturing stage when the sides were added to the basal section. The part of the bowl with the motif AIo. 3 + painted hieroglyphic motif (now missing) is undoubtedly to be regarded as the front.

Plate 1d, bottom right.
Ware: Cream-coated A3
Dimensions: RD = approximately 26.0 Ht = x4.0
Transitions: Side = round Body = angular
Examples: Ash 1929. 416
Decoration: AId. 60 — AVb. 17.

Figure 1n *Plate* 1f
Ware: Cream-coated A3
Dimensions: RD = 26.0-28.0 Ht = 25.2, examples without foot 21.5-24.0 BD = 27.3-31.0 BHt = 2.5-5.0 Foot Ht = 5.0 Base D = 9.0
Transitions: Body = round
Examples: *Ash 1893.1-41.278*; Bolton 26.29.6; Liverpool 56.21.603.
Decoration: Ash: Rim top blue Sides AVb. 5 — AVb. 1 — AId. 2 — AVb. 17 — AIa. 3— AVb.1
Bolton: AIa. 5
Liverpool: Rim top blue Sides AVb. 5 — AVb. 1 — AVa. 8 — AId. 2 — AVb. 17 — AIa. 6
Bibliography: Liverpool 56.21.603: Boston 1982 no. 76.
Comments: Bolton 26.29.6 is from house V. 36.6 but is not mentioned in *COA* II, 28 and 118 where the house and its contents are described. The dimensions quoted for Foot Ht and Base D are those of Ash 1893.1-41.278. This vessel carries the black painted potmark (cf. p. 35). The Liverpool vessel was formerly part of the Norwich Castle Collection. The shape imitates that of the white lotus flower.

Figure 1o
Ware Cream-coated A3
Dimensions: RD = 24.0 Ht = x21.0 BD = 24.7 BHt = 5.0
Transitions: Body = round
Examples: BM 57420
Decoration: Rim top blue Sides AVb. 5 — AVa. 11 — AId. 2 — AVb. 5 — AIa. 6
Comments: The stem of the foot, now missing, measures only 5.2 where it joins the bowl. The shape of the foot undoubtedly resembled that of figure 1n. The vessel is an imitation of the shape of the white lotus flower; its decoration is almost identical to that of Liverpool 56.21.603, an example of figure 1n. Egypt Exploration Society Amarna Archive Negative No. 1928-1929/126.

Figure 2a
Ware: Cream-coated A3
Dimensions: RD = 27.2 Ht = 26.6
Transitions: Round
Examples: *BM 58461* and BM 57421
Decoration: BM 58461: AVb. 22 — AIa. 8 BM 57421: AVb. 22 — AIc. 9
Bibliography: BM 58461: Hope 1987, ill. 66. BM 58461: *British Museum Quarterly* 2, no. 3, pl. 39b.
Comments: An example from house 19 West Street in the Workmen's Village is listed in *COA* I, 89 and the type illustrated on pl. LII. The foot on BM 58461 has been restored with plaster. The vessel shape is an imitation of that of the blue lotus flower.

Figure 2b *Plate* 1e
Ware: Cream-coated A3
Dimensions: RD = 18.0 Ht = x27.2 SHt = 14.0 SD = 23.0 BD = 23.5 BHt = 15.0
Transitions: Body = ledge
Examples: Cairo 48137

Decoration: AVb. 22 — AIo. 2 — gap — AVb. 22 — AVa. 4 — AId. 2 — AVb. 22 — AVa. 4 — AVa. 12 — AVa. 4 — CIa. 4 — AIa. 7b

Comments: The diameter of the stem of the foot, now missing, where it joined the bowl is 5.5. The vessel is marked Q 46/39 in pencil; no details of this house have been published. The vessel was certainly used for the drawing of pottery New Type IX. 8 published in *COA* II, pl. LI. The only example of this type listed in that volume is from house T. 36.67 (*op. cit.,* 88), though it is not stated that it was painted; the house was excavated in 1930. The shape of the vessel may be in imitation of a lotus flower in bud or partly opened. Egypt Exploration Society Amarna Archive Negative No. 1924/131.

E. Ornamental Bowls

Figure 2c

Ware: A3, Cream-coated outside and red-coated inside.

Dimensions: RD = 29.0 Ht = 36.0 SHt = 14.0-17.5 SD = 25.7 BD = 32.7 BHt = 5.0-7.5 Base D = 23.0

Transitions: Side = round Body = ledge

Examples: OI 12017

Decoration: Rim top blue + BIa. 6 Sides AVb. 26 — DIa. 1 — AVd. 16

Bibliography: *COA* I, pl. XLIV. 4; Woolley 1922, 58

Comments: The ledge at the transition from the lower to the upper body is formed by the junction of the two sections from which the body is made. The upper part may have been wheelmade and, when at a green hard stage, the open-work designs cut into it. Their edges are quite angular and the sides display vertical scoring/cutting marks. The rosettes on the rim were made as separate discs and applied. The lower body has a series of string impressions, and around the edge of the base are finger impressions. The original base may have been round and this was converted into a flat base by the addition of an outer layer. The two basal layers can be detected quite clearly and are separated by a narrow gap. The outer base is extremely rough and may have been handmade.

Figure 2d

Ware: A3, cream-coated outside and red-coated inside

Dimensions: Ht = x34.0 SHt = x23.5 SD = 26.0 BD = 33.0 Base D = 14.5

Transitions: Side = round Body = angular

Examples: OI 12018

Decoration: DIa. 2 — AVb. 22 — AVb. 17 (on ledge) — gap — BIVa. 3

Bibliography: *COA* I, pl. LIV type LXXXII/256; Woolley 1922, 58.

Comments: The vessel has a more elaborate contour than figure 2c. The sides are divided into two zones by a wide, rectangular ledge which was produced when the upper and lower parts were joined. The lower section is convergent concave and the upper divergent concave. The upper body is almost flat. The lower body and base were formed as though a bowl to which a section was added from which the upper body and lower sides were fashioned. The crenated effect around the maximum body diameter was produced by the addition of separately formed pieces of clay. The surviving fragments preserve only a small part of the open-work sides. A fragment possibly from a type similar to figure 2c or 2d is reported from house T. 34.3, object number 30/641 (*COA* II, 80) and described simply as « Fragment of openwork vase ».

Figure 2e

Ware: A3, cream-coated outside and red-coated inside

Dimensions: RD = 36.4 Ht = x28.0 SHt = 18.0 SD = 31.0 BD = 33.0 BHt = 5.5

Transitions: Angular

Examples: *UC 24605-6 and 24647-8*; Ash 1893.1-41.291

Deroration: BIVa. 1 — AVb. 22 — AId. 3 — AVb. 22 — BIVa. 2 — AVb. 17 — GIIIa. 1 — AVb. 16

Comments: The drawing on figure 2e is a suggested reconstruction of fragments in the Petrie Museum which do not all join. It is probable that these pieces and those in the Ashmolean Museum are from the same vessel; they have an identical decorative scheme.

Jars

A. Neckless Jars

Figure 3a

Ware: Cream-coated A3

Dimensions: RD = 6.0-6.3 Ht = 10.8 BD = 7.5 BHt = 7.0

Transitions: Round/angular

Examples: Cairo 55521

Decoration: AIo. 2 — gap — AId. 2

Comments: The vessel is recorded as from house T. 35.24 and is perhaps to be identified with object 30/157 described as « miniature clay vase » on *COA* II, 83.

Figure 3b

Ware: Cream-coated A3

Dimensions: RD = 15.9 Ht = 30.0 BD = 22.0 BHt = 18.0

Transitions: Angular

Examples: Ash 1893.1-41.285

Decoration: AIo. 2 — gap — AId. 2

Comments: There is a line of string impressions around the maximum diameter; the lower body is unusually coarse.

Figure 3c

Ware: Cream-coated A3

Dimensions: RD = 15.5 Ht = 30.0 BD = 21.5 BHt = 23.0 Base D = 10.5

Transition: Angular

Examples : Otage E 47.60

Decoration: A series of blue bands flanked by black lines, with one black band, terminating at a thin black band

Comments: The vessel is accompanied by a simple lid with a reclining calf as a handle, however its provenance is uncertain. The jar has several holes piercing the wall below the rim, made post-firing. Its decoration is extremely simple and not typical of late XVIIIth dynasty blue-painted pottery.

Figure 3d

Ware: Cream-coated A3

Dimensions: RD = 21.7 Ht = 42.8 BD = 24.0 BHt = 27.0

Transitions: Round

Examples: Cairo 57358

Decoration: AIo. 9 — gap — AId. 4 — gap — AId. 4

Comments: The vessel is marked TA/30.31 767. There are traces of two lines of string impressions below the maximum diameter.

Figure 3e *Plate* 2a

Ware: Cream-coated A3

Dimensions: RD = 22.4-23.0 Ht = 46.9-48.0 BD = 30.0-31.5 BHt = 26.0-27.0

Transitions: Round

Examples: *Sydney 62.627*; Bolton unnumbered vessel; Bristol H 2696.

Decoration: Sydney: AIo. 2 — gap — AId. 40 — gap — AId. 40
Bolton: AIo. 2 — gap — AId. 21 — gap — AId. 5
Bristol: AIo. 2 — gap — AId. 3 — AVa. 19 — AId. 3

Comments: The dimensions listed are those of the Sydney and Bolton vessels; the only dimensions available for the Bristol vessel are Ht = 45.2 and BD = 27.8. Both the Sydney and Bolton vessels have string impressions at the maximum diameter. The Bristol vessel carries the number xxxv/24/123.

Figure 3f *Plates* 2b and 3a
Ware: Cream-coated A3
Dimensions: RD = 29.0-34.0 Ht = 59.5-60.5 BD = 41.0 BHt = 34.0
Transitions: Round
Examples: *Glasgow D 1924.37*; Cairo 13356 (temporary number)
Decoration: Glasgow: AIo. 2 — gap — AVa. 8 — AId. 2 — AVe. 2 — AId. 2
Cairo: AIo. 2 — gap — AId. 2 ^ AIi. 4 — AIo. 14 ^ AId. 22 — AVd. 15 ^ AId. 2 — gap — AId. 2
Comments: Plate 3a shows what may be Glasgow D 1924.37 at the time of its discovery, as the two appear to have identical decoration. It is reproduced from Egypt Exploration Society Amarna Archive Negative No. 1924/81.

B. Necked Jars

Figure 4a
Ware: Cream-coated A3
Dimensions: RD = 5.5-5.9 Ht = 13.7-14.1 NHt = 3.0-3.1 ND = 2.6-3.0 AD = 2.6-2.8 AHt = 2.5 BD = 6.5 BHt = 4.0
Transitions: Round
Examples: *Cairo 55522*; NZ 1932/5
Decoration: Cairo: Rim edge AVd. 12 Upper body AIo. 1
NZ: Rim edge AVb. 5 Upper body AId. 2
Comments: The New Zealand vessel bears the General Object Catalogue number 30/645 and its find spot is given as house T. 34.3. However, in the publication of the finds from this house 30/645 is described as « two small painted vases of type XVII. 5 found in vase, XI. 3 », (*COA* II, 80). Type XVII. 5, illustrated upon plate LIII of that volume, is a small jar similar to the two examples cited above but with two small handles. In the published distribution list object number 30/645 is cited as having been sent to New Zealand and the packing slip which accompanied NZ 1932/5 confirms that it is 30/645. No two-handled jars of type XVII. 5 are in the National Museum of New Zealand. Obviously an error was made in the classification of the pieces and only one was sent to New Zealand, the other being given to the Egyptian Museum, Cairo.

Figure 4b
Ware: Cream-coated A3
Dimensions: RD = 7.9 Ht = 15.0 ND = 5.0 NHt = 3.0 AD = 4.5 AHt = 1.7 BD = 11.0 BHt = 7.0
Transitions: Round
Examples: UC 24548
Decoration: Neck AVb. 12 — gap Body AVb. 11 — gap — AVb. 9
Comments: The decorative scheme, comprising entirely linear motifs, is rare during the late XVIIIth dynasty.

Figure 4c

Ware: Cream-coated A3

Dimensions: Ht = x14.2 AD = 2.45 BD = 12.0 BHt = 8.5

Transitions: Round

Examples: NZ G1784

Decoration: AVb. 5 — gap — AVb. 5 — gap — two blue bands edged with black lines flanking a series of black lines.

Comments: The entire neck of the vessel is lacking. It may have resembled that of figure 4b or have been much taller and thinner.

Figure 4d

Ware: Cream-coated A3

Dimensions: Ht = x11.0 ND = 5.5 NHt = x1.4 BD = 7.6 BHt = 4.0-5.0

Transitions: Neck = ledge Body = round/angular

Examples : UC 24546

Decoration: Neck AIc. 2? — gap Body AIo. 2 — gap — AId. 2

Comments: The ledge is not present around the full circumference of the neck; where it occurs it stands in relief upon the exterior of the wall leaving no trace upon the interior.

Figure 4e

Ware: Cream-coated A3

Dimensions: RD = 16.0 Ht = 27.7 ND = 13.0 NHt = 4.5 BD = 16.7 BHt = 13.5

Transitions: Round

Examples: BM 57418

Decoration: Neck-Upper body AIo. 2 — gap Upper body AIg. 5 > AIb. 15 > AIb. 27

Comments: The outline drawing on figure 4e is of a similar type now in East Berlin.

Figure 4f *Plate* 4a, centre left

Ware: ? Cream-coated A3

Dimensions: RD = 12.5 Ht = 30.0 ND = 11.5 NHt = 4.5 BD = 18.5 BHt = 13.5

Transitions: Round

Examples: Houses T. 34.1 (*COA* II, 80), U. 33.1 house D (*COA* II, 90), Clerk's Houses 4-8 (*COA* III, 128) and Main Court of the Coronation Hall (many examples, *COA* III, 85).

Decoration: Plate 4a: Neck-Upper body AIo. 2 Body AId. 30 — gap — AId. 2

Bibliography: *COA* I, pl L. type XXV/183 (= new type XV. 6)

Comments: None of these vessels has been located; the dimensions are taken from the published type drawing which is reproduced here. It is probable that one of those published in *COA* II is to be identified with the vessel shown in plate 4a, centre left. Plate 4a is Egypt Exploration Society Amarna Archive Negative No. 1928-1929/129.

Figure 4g

Ware: Cream-coated A3

Dimensions: RD = 13.3 Ht = 30.5 ND = 12.9 NHt = 4.4 AD = 12.8 AHt = 2.0 BD = 18.4 BHt = 13.0

Transitions: Round

Examples: ROM 1927. 751

Decoration: Rim blue Neck-Upper body AIo. 2 — gap Body AId. 2 — AIa. 2

Comments: This vessel and the example of the next type have the same shape characteristics and vessel proportions and could be classified as the same type. The neck of ROM 1927/751 flares more distinctly than that of figure 4i. It is possible that ROM 1927.751 was classified as an example of type XXV/183 and may be one of the examples of figure 4f.

Figure 4h-i
Ware: Cream-coated A3
Dimensions: RD = 12.7 Ht = 33.5 ND = 12.8 NHt = 6.0 AD = 11.5 AHt = 4.0 BD = 19.5 BHt = 12.5
Transitions: Round
Examples: *Edinburgh 1922.377*; *COA* I, pl. XLIV. 3
Decoration: Edinburgh: Rim blue Neck-Upper body AIo. 6 — gap Body AId. 2
COA I : Rim blue Neck-Upper body AIo. 6 — gap Body AId. 2 — gap — AIa. 4
Comments: *COA* I, pl. XLIV. 3 (figure 4i here) has not been located and its identification as of this type is therefore uncertain. The published drawing has no scale; its relative proportions appear to be similar to the Edinburgh vessel, the dimensions of which are those cited. The latter is from house P. 46.13. The publication lists a vessel of type XXV (*COA* I, 32) and, though it is not specified as being painted, it is probably the Edinburgh piece which bears the register number XXV/203.

Figure 4 j
Ware: Cream-coated A3
Dimensions: RD = 10.7 Ht = 23.5 ND = 10.3 NHt = 6.1 AD = 9.5 AHt = 2.5 BD = 14.3 BHt = 8.9-10.4
Transitions: Round
Examples: Cleveland 32/33
Decoration: Rim AVb. 5 Neck-Upper body AIo. 2 — gap Body AVe. 5 ^ AId. 2
Bibliography: Cooney 1968, 17
Comments: The vessel is from house T. 36.54. In the publication (*COA* II, 87) a painted vessel of type XIV is referred to as a « vase decorated in blue », object 30/154 which is listed as having been sent to Cleveland (*COA* II, 119).

Figure 5a *Plate* 4a, centre right
Ware: Cream-coated A3
Dimensions: RD = 13.7 Ht = 28.0-30.0 ND = 13.1 NHt = 3.5 BD = 18.7 BHt = 13.0
Transitions: Round
Examples: Bristol H3862 and ?H3820; Copenhagen AEIN 1642
Decoration: Bristol H3862: Neck-Upper body AIo. 2 — gap Body AIm. 2 > AIb. 4 > AIb. 5 > AId. 2 ^ AId. 2 > AIb. 5 > AIb. 4 — AIa. 1 (? triangular)
Bristol H3820: Neck-Upper body AIo. 2 — gap Body AId. 37 — gap — AId. 37
Copenhagen: Neck-Upper body AIo.2 — gap Body AVa. 8 ^ AId. 2 — gap — AId. 59 — gap — AId. 2
Bibliography: Bristol H3862: Grinsell 1972, 46-7 and fig. 25
Bristol H3820: Grinsell 1972, 47
Copenhagen AEIN 1642: Mogensen 1930, 70 A 542 and pl. LXIX
Comments: The drawing on figure 5a is of an example of this type from Malkata. While the range of dimensions cited for Ht is for the Copenhagen vessel and Bristol H 3862, the other dimensions are those of the Copenhagen vessel. Unfortunately, the Ht is the only dimension which has been supplied for this Bristol piece. The dimensions available for Bristol H3820 are Ht = 36.8 and BD = 28.5. It is taller than the other two examples of the type and considerably wider. It may represent a type intermediary between figures 5a and 5c. The Copenhagen vessel carries an ink number of XXV/24/43 indicating that it was excavated in the 1924 season and was ascribed to type XXV; 43 is its pottery

catalogue number. Bristol H3820 carries the number XXV/23/?. Plate 4a is Egypt Exploration Society Amarna Archive Negative No. 1928-29/129. Bristol H3862 occurs on Egypt Exploration Society Amarna Archive Negative No. 1928-29/70 also.

Figure 5b
Shape: Similar to figure 5a but possibly with a wider body and a ledge in the neck.
Ware: ? Cream-coated A3
Dimensions: None available
Transitions: Body = round Neck = ? ledge
Examples: *COA* I, pl. XLIV. 2
Decoration: Rim AVe. 5 Neck AVb. 22/AVb. 24 — gap Body AIo. 2 — gap — AId. 37 — gap — AIb. 19 — AVb. 14 — AId. 37 — AIa. 2
Comments: The vessel has not been located and is not referred to in the text of the publication other than for a brief description of its decoration (*COA* I, 140). The published drawing lacks a scale so that the dimensions cannot be determined. Egypt Exploration Society Amarna Archive Negative No. 1922/185.

Figure 5c *Plates* 3b-c
Ware: Cream-coated A3
Dimensions: RD = 22.3 Ht = 45.5 ND = 22.2 NHt = 3.8 BD = 29.5 BHt = 25.7
Transitions: Neck = round Body = round, angular/ledge
Examples: House M. 50.13; Brooklyn 27.958; plate 3c and Amsterdam 6284 (?)
Decoration: Brooklyn: Neck-Upper body AIo. 1 — gap Body AId. 2 — gap — AId. 2 — gap — AIe. 8
Plate 3c: Neck-Upper body AVb. 22 — gap — AIo. 2 — gap Body AId. 19 — gap — AId. 3
Amsterdam: Neck-Upper body AIo. 2 — gap Body AId. 14 — gap — AId. 4
Bibliography: House M. 50.13: *COA* I, 19 and pl. XLIX XXV/26
Comments: The vessel from house M. 50.13, excavated in 1922, has not been located and, therefore, its ware type is uncertain. Brooklyn 27.958 is very irregular. The transition from the body to the neck is round though in places a slight ledge can be detected. Its transition from the upper to the lower body also has a tendency to become a ledge. This has resulted from the uneven luting together of the two pieces from which the body is made. It carries a painted potmark in the form of an *ʿnḫ*. Plate 3c illustrates an example marked XXV/24/70 or 74, indicating that it was excavated in 1924 and is pottery register number 70/74 of type XXV. It has not been located. Amsterdam 6284 lacks most of its lower body; its preserved dimensions are: RD = 28.0; Ht = x38.0; ND = 29.0; NHt = 5.5; BD = 34.5; BHt = 32.0-34.0. It may represent a type larger than fig. 5d. Plate 3c is Egypt Exploration Society Amarna Archive Negative No. 1924/90

Figure 5d *Plate* 5a
Ware: Red-coated A3
Dimensions: RD = 10.3-10.8 Ht = 30.8 ND = 7.5 NHt = 8.5 BD = 11.5 BHt = 12.0
Transitions: Round
Examples: Cairo 57348
Decoration: Neck AVb. 17 — gap — AVb. 17 Body AVb. 17
Comments: The body is asymmetrical and the rim top undulates.

Figure 5e-f *Plate* 4b
Ware: Cream-coated A3
Dimensions: RD = 8.25-9.1 Ht = 42.5-43.5 ND = 6.25 NHt = 13.0 BD = 13.6-14.0 BHt = 17.0-18.0
Transitions: Neck = ledge Body = round

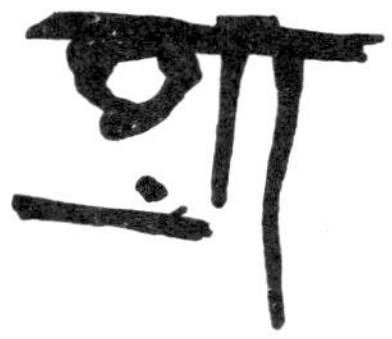

ASH 1893.1-41.288/9
GLASGOW D1925.158 & D1934.6
HAGUE 3768.1-2
UC 24585, 24621 and 24658

UC 24378

UC 24622

UC 24624

UC 24600

UC 24625

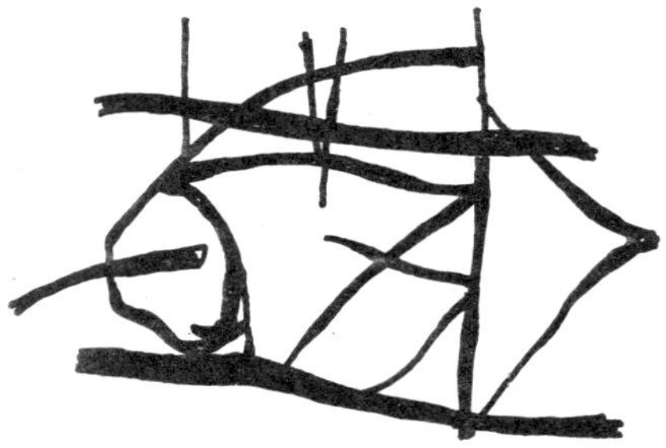

UC 24615

HAGUE
3749

HAGUE
3753

ASH
1893.1-41.306
(3 EXAMPLES)

UC 24616

UC 24617

Examples: *House U. 33.1* (*B*); BM 57419 and UC 24547.

Decoration: BM: Neck AId. 2 — gap — AIo. 2 — gap Body AVa. 3 ^ AId. 2 — gap — AId. 2
UC: Neck AId. 2 — gap — AIo. 2 — gap Body AIo. 2/AId. 2

Bibliography: House U. 33.1, house B: *COA* II, 90 and pl. LIII type XV/19
BM 57419: British Museum 1930, 140 fig. 69.

Comments: The vessels have a series of three ledges modelled into the neck at the transition from the body. The dimensions of U. 33.1 and BM 57419 (pl. 4b) are extremely close. However, the former was excavated in 1931 and the latter in 1924. The ware type of the U. 33.1 example is uncertain; it has not been located. The dimensions of UC 24547 (fig. 5f), not given above, are: RD = 9.1; Ht = x24.5; ND = 10.1; NHt = 20.4; AD = 6.5; AHt = 9.5. The neck is taller than the other two examples and it may represent a distinct type. It carries a painted potmark of two undulating vertical lines. Figure 5e reproduces the type drawing published in *COA* II.

Figure 5g

Ware: Cream-coated A3

Dimensions: RD = 15.5 Ht = 38.0 ND = 13.9 NHt = 12.5 BD = 16.5 BHt = 13.5

Transitions: Round

Examples: Otago E45.67

Decoration: Rim blue Neck AVb. 17 — gap — AVb. 17 — gap — AVb. 17 — gap Body AVb. 29

Comments: The linear decorative scheme of this vessel is atypical of the late XVIIIth dynasty.

Figure 5h

Ware: Cream-coated A3

Dimensions: None available

Examples: NZ G2361

Decoration: CIa.4 — EIIa.1

Comments: Figure 5h illustrates an unprovenanced vessel in the Musées Royaux d'Art et d'Histoire, Brussels, the occurrence of the shape of which at Amarna is attested by a small sherd in New Zealand. It measures only 4.0 × 4.5 cm and preserves part of the rim and a ridge, separated by 1.75 cm, below which is attached a crudely modelled female head wearing a heavy wig. The head may be identified as a representation of Hathor. In size the piece is identical to the relevant part of the Brussels vessel. It is ascribed to house T. 35.4, but is not mentioned in the publication (*COA* II, 43 and 81).

Figure 5i

Ware: ? Cream-coated A3

Dimensions: RD = 11.0 Ht = 33.0 ND = 10.0 NHt = 3.0 BD = 20.0 BHt = 8.5-10.0
Base D = 5.5

Transitions: Neck = angular Body = round

Examples: House R. 43.2, grounds

Decoration: No information available

Bibliography: *COA* III, 142

Comments: Figure 5i reproduces *COA* I, pl. XLIX type XXVIII/1017 against which the vessel from the grounds of R.43.2 (House of the King's Statue) was classified. It is simply described as painted in the publication. It has not been located and the ware type is, therefore, uncertain.

Figure 5j *Plate* 4a, right

Ware: Cream-coated A3

Dimensions: RD = 10.0-18.0 Ht = 29.0-34.5 ND = 9.0-12.0 NHt = 2.0-3.2 BD = 15.6-20.0
BHt = 10.0-15.0

Transitions: Neck = round/angular Body = round

Examples: Glasgow D1925.158 and D1934.6; UC 24545; Ash 1936.672; Hague 3749, 3753, 3768/1-2; pl. 4a. Probably also the body sherds UC 24373, 24378, 24576, 24585, 24598, 24600, 24608, 24615-18, 24621-22, 24624-25; Ash 1893.1-41.270, 288/9 and 306 (5 sherds).

Decoration: Ash 1936.672 and UC 24617: Body AIo. 2 — gap — AId. 7
Ash 1893.1-41.306 (1 sherd):
Body AIo. 2? — gap — AId. 4 — gap — AId. 4
Glasgow D1935.158: Body AIo. 1 — gap — AId. 38
UC 24576: Body AIo. 2? — gap — AId. 54 — gap — AVb. 25
Plate 4a ; Body AIo. 2 — gap — AVa. 7/8 ^ AId. 7
Remainder: Body AIo. 2/AIo. 4 — gap — AId. 2/4/12

Bibliography: The Hague pieces: *Corpus Vasorum Antiquorum*, Pays-Bas, Musée Lansingh Scheurleer, La Haye, II and IB appendix pl. 14 nos 14-17.

Comments: Glasgow D1934.6 is from house Q.42.3. The plate 4a example has not been located. Plate 4a is Egypt Exploration Society Amarna Archive Negative No. 1928-29/129; fig. 5 j reproduces a drawing of a vessel from Malkata, M73/J/6701. The black painted potmarks shown on page 36 occur.

Figure 6a

Ware: ? Cream-coated A3
Dimensions: RD = 18.5 Ht = 38.5 ND = 17.25 NHt = 4.5 BD = 25.5 BHt = 11.0-13.0
Transitions: Neck = angular Body = round/angular
Examples: Houses T. 36.60 and Q.42.23
Decoration: No information available
Bibliography: T. 36.60: *COA* II, 87 Q.42.23: *COA* III, 127
Comments: Both houses yielded a painted example of type XIV. 10, the corpus drawing of which is reproduced here (*COA* II, pl. LII). They have not been located.

Figure 6b

Ware: ? Cream-coated A3
Dimensions: RD = 12.0 Ht = 39.0 ND = 9.0 NHt = 8.5 BD = 23.0 BHt = 10.5
Transitions: Neck = angular Body = round
Examples: House U.32.1
Decoration: No information available
Bibliography: *COA* II, 90
Comments: This house yielded a painted example of corpus type XIV. 13 (*COA* II, pl. LII), the drawing of which is reproduced here. It has not been located.

Figure 6c *Plate* 4d

Ware: Cream-coated A3
Dimensions: RD = 10.7-16.3 Ht = 21.0-34.7 ND = 8.6-14.6 NHt = 4.1-8.1 BD = 13.0-22.2 BHt = 6.1-9.0
Transitions: Neck = round/angular Body = round
Examples: *Ash 1893.1-41.277*; Copenhagen AEIN 1611; MFA 37.11; NZ, un-numbered vessel and House T. 36.30.
Decoration: Ash: Body AId. 2 ^ AIj. 4 (separated by black and red lines) — gap — AId. 17
Copenhagen: Body AIo. 2 — gap — AVa. 8 ^ AId. 2
MFA: Body AIo. 2 — gap — AId. 9
NZ: Body AId. 1
House T. 36.30: No information available

Bibliography: Copenhagen AEIN 1611: Mogensen 1930, 70 no. A 541 and pl. LXIX.
MFA 37.11: Boston 1982, no. 73.
House T. 36.30: *COA* II, 85

Comments: The Copenhagen vessel may represent a type smaller than the other examples of figure 6c, though its relative proportions are the same. The New Zealand vessel is less broad in relative terms than the others; it carries a black painted potmark in the form of an *ʿnḫ*, similar to that shown on plate 3b. MFA 37.11 carries the black painted potmark: (cf. p. 35, upper left). The vessel from house T. 36.30 is stated as being a coloured example of type XIII.13 (*COA* II, pl. LII), which resembles both figure 6c and 6e.

Figure 6d
Ware: ? Cream-coated A3
Dimensions: RD = 16.0 Ht = 26.0 ND = 14.0 NHt = 5.0 BD = 20.0 BHt = 7.5
Transitions: Neck = angular Body = round
Examples: House R. 41.6 and Clerks' House 23
Decoration: No information available
Bibliography: *COA* III, 112 and 128 respectively
Comments: Both houses preserved painted examples of type XV. 2, the corpus drawing of which (*COA* II, pl. LII) is reproduced here. They have not been located.

Figure 6e
Ware: Cream-coated A3
Dimensions: RD = 15.5 Ht = 34.3 ND = 13.0 NHt = 9.8 BD = 19.2 BHt = 9.5
Transitions: Neck = angular Body = round
Examples: ROM 948.34.55
Decoration: Body AIo. 2 — gap — AId. 42
Comments: There is some uncertainty concerning the provenance of this piece; it was a gift from Sir Robert Mond, probably from the EES work at Amarna in 1926-1927. The potmark between the two panels of decoration is painted black.

Figure 6f
Ware: Cream-coated A3
Dimensions: RD = 17.0 Ht = 29.7 ND = 14.3 NHt = 7.9 BD = 18.0 BHt = 11.5
Transitions: Neck = ledge Body = round
Examples: BM 57432
Decoration: Neck AVb. 17 — gap — AVb. 17 — gap Neck-Body BIVa. 7 + AVa. 13 — AVb. 17 — AId. 2
Comments: The ledge at the transition to the neck is unusually large; it is modelled from the wall and coincides with a thickening on the interior. These two features undoubtedly mark the junction of the separately made neck and body. This vessel resembles Amarna pottery corpus XXV/137, new type XIII. 15, (*COA* I, pl. L), a painted example of which is reported from house Q. 42.19 (*COA* III, 126).

Figure 6g *Plate* 4c
Ware: Cream-coated A3
Dimensions: RD = 17.5 Ht = 36.5 ND = 11.5 NHt = 11.3 BD = 16.5 BHt = 13.5
Transitions: Neck = ledge Body = round
Examples: Cairo 66107
Decoration: Rim blue Neck AVb. 17 — AIc. 5b — AVb. 17(very narrow) — gap
Neck-body AVb. 17 — AVa. 3 ^ AIo. 1 — AVb. 17 — AVd. 20 ^ AId. 2 — AVb. 17 — gap
Body AId. 2 — AVb. 17

Comments: The ledge at the neck is hardly visible. The vessel carries the object number 132 from the 1931-1932 season of excavations. The linear motif AVb. 17 is perhaps to be regarded as a panel delineator, though because of its width it has not been so treated in the analysis above.

Figure 6h *Plate* 5d

Ware: ? Cream-coated A3

Dimensions: RD = 16.0 Ht = 39.5 ND = 8.2 NHt = 16.0 AD = 7.0 AHt = 13.7 BD = 16.2 BHt = 8.4

Transitions: Neck = angular Body = round

Examples Frankfurt 12570

Decoration: Neck AIc. 2 — CIa. 4b — narrow gap — AIb. 32 Body AIo. 2 — gap — AId. 39

Bibliography: Frankfurt 1956, no. 1 and pl. 1; Komorzynski 1961, 121 no. 173

Comments: The neck of the vessel is complex and comprises two concave divergent zones separated by a ledge modelled out from the wall. The shape so produced simulates that of an open blue lotus flower on a stem, a suggestion supported by the motif painted upon the upper part of the neck.

Figure 6i *Plate* 5c

Ware: Cream-coated A3

Dimensions: RD = 6.8 Ht = 35.0 ND = 6.35-6.70 NHt = 14.0 AD = 5.0 AHt = 7.0 BD = 14.0 BHt = 5.0

Transitions: Neck = angular Body = round/angular

Examples: WB 14613

Decoration: Rim blue Neck AVb. 18 — gap — AVb. 21 — gap Body AVb. 28

Comments: There is some uncertainty concerning the provenance of the piece; it was acquired from C. Reinhardt in 1899. The wall is extremely thick and the base type extremely rare.

Figure 6j

Ware: Cream-coated A3

Dimensions: Ht = x8.0 ND = 15.0

Transitions: Neck = angular

Examples: UC 24638

Decoration: FIIa. 1

Bibliography: Boston 1982, 95

Comments: This neck fragment comes from a type which would have resembled figure 6g, and was probably of a similar size. It is likely that this section with the facial features of the Bes-image was topped by another either decorated with a feather motif or tall upwardly tapering petals, as are all surviving examples of blue-painted Bes jars with modelled decoration (Boston 1982, no. 75; West Berlin 1967, 60 and plate; Bruyere 1937, 111-6 fig. 48 and pl. XV). The latter, from Deir el-Medineh tomb 1348 of Ramesside date (for which see also Brissaud 1979, 20-21 and pl. IV; Hope 1989b,58 and fig. 21a), and the West Berlin example resemble UC 24638 in having the facial features modelled/applied at the neck whereas the other two have them at the upper body. Whether the body of UC 24638 supported the arms and legs of this deity as does the Deir el-Medineh jar is uncertain. They all belong to a rare class of vessel.

Figure 6k

Ware: Cream-coated A3

Dimensions: RD = ?36.0 Ht = x23.0 NHt = 15.5

Transitions: Neck = ledge

Examples: Ash 1893.1-41.292 A and B

Decoration: Neck FIIa. 2 + D? Body CIa. 3d — AId.11

Bibliography: Boston 1982, 95

Comments : As with figure 6j the head and head-dess of the Bes-imae are modelled into the neck of the jar. The shape of the complete vessel is uncertain. Decorated Bes jars seem in general to have been of either slender or medium broad shape (examples cited in discussion of figure 6j), whereas this example would appear to have been broad. The initial shape of the vessel would seem to have been that of a neckless jar with a pronounced modelled rim to which was added the neck section with modelled decoration. The rim thus became the ledge transition to the neck. The modelled head of the Bes-image is flanked by cut away sections, and on the left side there is part of some fuıther modelled decoration. As the rim diameter may have been in the region of 36.0, it is obvious that the neck contained an elaborate decoration of which the preserved Bes head was only a part. Whether there was a series of Bes heads only, or Bes heads with other motifs, is indeterminable.

Figure 7a *Plate* 5b

Ware: Cream-coated A3

Dimensions: RD = 20.4 Ht = 50.8 ND = 11.0 NHt = 21.0 BD = 28.3 BHt = 13.0

Transitions: Neck = angular Body = round

Examples: BM 58460

Decoration: Neck AVb. 20 — GIIa. 1+?— gap — AVb. 20 — gap Body AIo. 6 — gap — AVa. 10 ^ AId. 2

Bibliography: *British Museum Quartely* 2, no 3, 63 and pl. XXXIX a

Comments: The neck consists of three zones: a straight divergent zone, a convex divergent zone and a concave divergent zone. The central zone contains the modelled Hathor face decoration. The body is almost spherical, causing the vessel to appear very broad. The excavations at Amarna yielded numerous potsherds with Hathor heads: 888 are mentioned from house T. 34.1 (*COA* II, 79 object numbers 30/409, 30/475, 30/562 and 30/576), two from house T. 34.2 (*COA* II, 80 objects 30/470 and 30/496) and one from houses T. 34.4 (*COA* II, 81 object 30/683), T. 36.64 (*COA* II, 88 object 30/253) and T. 36.76 (*COA* II, 89 object 30/369; now in the National Museum of New Zealand). Unfortunately it is neither specified whether they were blue-painted nor whether they were from vessels, however such was probably so in many cases if stet of their occurrence at Malkata is any indication. Whilst there are no modelled Hathor heads from vessels without blue-painted decoration from Malkata, examples are known from Amarna. In the Petrie Museum are fragments from a medium-sized jar (UC 24544) with a neck formation similar to that of figure 7a here and which is decorated with a Hathor face modelled out from the wall and painted designs in red and black. Versions of figure 5h here are known from various sites in small and large sizes with decoration in red and black only and some vessels bearing Hathor heads have no painted decoration (Boston 1982, 69; Hope 1989b). The piece from house T. 36.76 is undecorated. It must be borne in mind that Hathor heads were used to decorate bowls as well as jars (see figure 1d). Examples from blue-painted jars are Ash 1893.1-41.306, NZ G2361 from T. 35.8 and Sydney 62.998. The latter carries the number 24-5/126. For illustrations of slender Hathor-headed jars from Malkata see Hayes 1959, fig. 150 and Hope 1987, ill. 54 and 1989, figs 10e and 11b.

Figure 7b

Ware: ? Cream-coated A3

Dimensions: RD = 18.5 Ht = 46.5 ND = 20.0 NHt = 13.5 AD = 16.0 AHt = 7.5 BD = 30.5 BHt = 16.0

Transitions: Neck = ledge Body = round

Examples: House 1, East Street, Workmen's Village; houses T. 35.18 and T. 36.36

Decoration: No information available

Bibliography: *COA* I, 71 and pl. LIV type LXXX/252 and *COA* II, 82 and 85 respectively

Comments: The vessel from the Workmen's Village was found in a cupboard under the stairs; no example has been located. Figure 7b reproduces the pottery corpus drawing from the publication, the dimensions of which are cited.

Figure 7c

Ware: Cream-coated A3

Dimensions: Ht = x48.0 ND = 21.5 NHt = x5.5 BD = 30.5 BHt = 21.6

Transitions: Neck = ledge Body = round

Examples: Ash 1893.1-41.284

Decoration: Neck AIc. 2? — AVb. 20 — gap — AVb. 22 — gap Body CIa. 3b — AVb. 30

Comments: The ledge at the neck is modelled out from the wall and there is a pronounced concavity on the interior. It carries an incised potmark in the shape of an X.

Figure 7d *Plate* 13

Ware: Cream-coated A3

Dimensions: Ht = x43.0 ND = 19.0 NHt = x2.75 BD = 28.8 BHt = 17.5

Transitions: Neck = ledge Body = round

Examples: Ash 1927.4105

Decoration: Neck AIc. 2? — gap Body CIa. 3b — AIo. 2 — gap — AIIb. 3 > AIIb. 6 > AIIb. 5 > AIIb. 7 >

Comments: The ledge at the neck is modelled out from the wall with a pronounced concavity on the interior.

Figure 7e

Ware: Cream-coated A3

Dimensions: RD = 20.1 Ht = 43.0 ND = 17.4 NHt = 6.0-7.5 BD = 26.0 BHt = 15.0

Transitions: Neck = ledge Body = round/angular

Examples: Cairo 43619

Decoration: Neck AVb. 17 — gap — AVb. 8 — gap Body AId. 56

Comments: The ledge at the neck is modelled out from the wall, which is concave on the interior; it has a diameter of 18.0. There are traces of three lines of string impressions on the lower body. The vessel carries a pencil mark which ressembles a house number, either O. 44.16 or Q. 44.16.

Figure 7f

Ware: ? Cream-coated A3

Dimensions: RD = 16.0 Ht = 45.0 ND = 16.5 NHt = 9.5 BD = 34.5 BHt = 17.0

Transitions: Neck = ledge Body = round

Examples: House T. 35.17

Decoration: No information available

Bibliography: *COA* II, 82 and pl. LII type XIV/1

Comments: The vessel has not been located; figure 7f reproduces the published corpus drawing.

Figure 8a

Ware: Cream-coated A3

Dimensions: RD = 16.3 Ht = 35.5 ND = 13.9 NHt = 14.6 BD = 22.6 BHt = 14.4

Transitions: Round

Examples: UC 24553

Decoration: Neck AIc. 2 — gap Body AId. 37 ^ AVc. 5 — gap — AIo. 2 — gap — AId. 37

Comments: There is a low modelled ledge on the upper body immediately below the transition to the neck. The motif AIo. 2 is unusually low on this vessel; it normally occurs in the first panel on the upper body.

Figure 8b

Ware: Cream-coated A3

Dimensions: RD = 22.5-26.0 Ht = 55.0-66.0 ND = 18.2-21.3 NHt = 17.5-21.0 BD = 29.5-33.2 BHt = 17.5-23.0

Transitions: Neck = ledge, angular and possibly also round Body = round
Examples: House R. 42.7; Ash 1893.1-41.276 and Vienna 8041
Decoration: House R. 42.7: no information available
Ash: Neck AIc. 2? — gap Body AIo. 2 — gap — AId. 2 — gap — AIa. 2
Vienna: Neck AIc. 2 — gap Body AIo. 1 — gap — AId. 2 — gap — AVc. 4 ^ AId. 2
Bibliography: House R. 42.7: *COA* III, 127; Vienna 8041: Vienna 1975, no 95
Comments: Figure 8b reproduces the corpus drawing from *COA* I, pl. LIV type LXXVIII/236. The identification of a vessel of this type from house R. 42.7 is a little uncertain. A painted vessel of pottery corpus New Type XIII.10 is referred to. In the original corpus in *COA* I the New Type XIII.10 is the equivalent of type LXXXVIII/236 (*COA* II, 112). However, no such type/example appears in the plates in *COA* I, but there is a type LXXVIII/236 (*COA* I, pl. LIV). The two are probably identical. The identification of Ash 1893.1-41.276 as of this type is tentative as it lacks its neck zone.

Figure 8c *Plate* 7a
Ware: Cream-coated A3
Dimensions: RD = 25.0-30.0 Ht = 63.7 ND = 22.6 NHt = 22.4 BD = 32.7 BHt = 23.0
Transitions: Neck = angular Body = round/angular
Examples: Brooklyn 25.858
Decoration: Neck AIc. 2 — gap Body AIo. 2 — gap — AId. 25b — gap — AId. 3
Bibliography: Brooklyn 1971 no 25
Comments: The vessel is extremely asymmetrical and poorly finished.

Figure 8d
Ware: ? Cream-coated A3
Dimensions: RD = 30.0 Ht = 64.5 ND = 22.5 NHt = 19.0 BD = 41.5 BHt = 22.5
Transitions: Neck = ledge Body = round
Examples: Main Court of the Coronation Hall, two examples.
Decoration: No information available
Bibliography: *COA* III, 85
Comments: Neither of these vessels has been located; figure 8d reproduces the published corpus drawing of type XIII.2 (*COA* II, pl. LI) of which the two painted jars are said to be examples.

Figure 8e
Ware: Cream-coated A3
Dimensions: RD = 26.7 Ht = 68.5 ND = 21.9 NHt = 19.6 BD = 42.1 BHt = 26.1
Transitions: Neck = ledge Body = round
Examples: ROM 933.11.2
Decoration: Neck AIc. 5 — gap Body AIo. 2 — gap — AVa. 7 ^ AId. 2 — gap — AId. 57 — gap — AId. 37
Comments: See Egypt Exploration Society Amarna Archive Negative No. 1923/40.

As figure 8e
Ware: A3, decorated areas on a cream background or upon the red polished coating and undecorated areas red coated and polished
Dimensions: RD = 27.0 ND = 25.0 NHt = 19.0
Transitions: Neck = ledge Body = round
Examples: Ash 1925.680
Decoration: Neck AIc. 6 — gap Body AVd. 16 ^ AVd. 16 ^ AId. 2 ^ AId. 1 — gap — AId. 58 — gap — AVd. 16 ^ AId. 2 ^ AId. 2 ^ AId.2/AIo. 1

Comments: The vessel is in fragments, hence only some of the dimensions could be determined. The base is neither red coated nor polished, which is an unusual feature. The main floral motifs (prefixed AI) are applied on a cream background while the abstract motifs (prefixed AV) are upon the red polished coating.

Figure 9a *Plates* 6b-c and 12

Ware: Cream-coated A3

Dimensions: RD = 28.5 Ht = 75.0 ND = 23.0-24.5 NHt = 21.0 BD = 34.0-42.8 BHt = 21.0-22.0

Transitions: Round

Examples: *Penn E16157*; WB 15352 and plate 6b

Decoration: Penn: Neck AIc. 2 — gap Body AIo. 2 — gap — AId. 44 — gap — AId.3

WB: Neck AIc. 2 — gap Body AIm. 1 > AIn. 19 > AIn. 13 > AIg. 7 > AIb. 2 > AIn. 19 >

Pl. 6b: Neck AIc. 8 — gap Body AIo. 2 — gap — AId. 2? — gap — AId?

Bibliography: WB 15352: Hope 1987, ill. 19

Comments : Penn E16157 (plate 6c) carries the field number LXXVIII 24/75, indicating that it was excavated in 1924, was classified as of pottery corpus type LXXVIII and was pottery catalogue number 75. The published pottery corpus drawing of type LXXVIII has been reproduced in this study on figure 8b. The vessel illustrated on plate 6b has not been located and no dimensions are available; the identification of the motifs in the second and third panels upon the body is uncertain. WB 15352, plate 12, lacks the upper part of its neck and has an extant height of 55.0; its original height may have been approximately 65.0. It was acquired by Borchardt in 1901. Plate 6b is Egypt Exploration Society Amarna Archive Negative No. 1924/89 and plate 6b Negative No. 1924/86.

Figure 9b *Plate* 6a and 7b

Ware: A3, decoration upon a cream background, undecorated areas red coated or red coated and polished

Dimensions: RD = 27.0 Ht = 68.0 ND = 23.8 NHt = 17.6 BD = 44.0 BHt = 25.0

Transitions: Neck = angular, ledge Body = round

Examples: *Bolton 57.25(12)*; ROM 933.11.1 and Sydney 62.628

Decoration: Bolton: Neck AId. 2 — gap Body AId. 49 — gap — AIa. 1

ROM: Body AVa. 7 ^ AId. 2 — gap — AId. 2 — gap — AId. 2

Sydney: Body AId. 2 — gap — AId. 2

Comments: The ledge at the transition to the neck on Bolton 57.25(12) is barely discernable. The identification of the other two vessels as examples of this type is uncertain as they lack either all or part of the neck. They preserve the following dimensions respectively: ND = 24.8 and 23.7, BD = 42.5 and 35.0. The decorative schemes of all three vessels are extremely simple and those of Bolton 57.25(12) and Sydney 62.628 unusually spare. In addition, the motifs used in the particular panels on the Bolton vessel are not those which might have been expected upon such a jar, nor is that which occurs in the first upper body panel of the other two vessels. Against the norm are: the use of a motif of class AId upon the neck and in the first body panel, and a motif of class AIa at the maximum body diameter.

Figure 9c

Ware: ? Cream-coated A3

Dimensions: RD = 19.5 Ht = 45.0 ND = 17.0 NHt = 8.5 BD = 34.5 BHt = 16.5

Transitions: Neck = ledge Body = round

Examples: House K. 51.4

Decoration: No information available

Bibliography: *COA* I, 18

Comments: Figure 9c reproduces the pottery corpus drawing of type XXIII/1039 (*COA* I, pl. XLIX) of which the painted fragments from house K. 51.4 are said to be an example. They have not been located. The dimensions given above are those of the published drawing.

Figure 9d

Ware: Cream-coated A3

Dimensions: RD = 29.5 Ht = x43.4, restored in drawing to 62.5 ND = 25.7 NHt = 14.7 BD = 46.0 BHt = 26.0

Transitions: Neck = ledge Body = round/angular

Examples: BM 58188

Decoration: Neck AVb. 3 — gap Body AVa. 9 ^ AIj. 6

Comments: The difference in shape of the transition from the lower to the upper body at various places on this vessel is quite pronounced. There are three ledges at the transition to the neck which are modelled into the exterior of the wall and which have no effect upon the interior. They are very angular and may have been produced with a sharp tool.

Figure 10a

Ware: A3, decoration upon a cream background, undecorated areas red coated and polished

Dimensions: RD = 25.4-26.3 Ht = 50.0 ND = 23.5 NHt = 15.5-17.0 BD = 36.0 BHt = 14.0

Transitions: Neck = ledge Body = round

Examples: BM 58456; house T. 35.23

Decoration: BM: Neck AVa. 8 ^ AId. 2 — gap Body AVa. 7 ^ AId. 2 — gap AVa. 8 ^ AId. 2 — House T. 35.23 : No information available

Bibliography: *COA* II, 83 type XIII.7 and *COA* I, pl. LI type XLIV/1061

Comments: The ledge at the transition to the neck of BM 58456 is very low and cannot be detected in certain places. The sparseness of the decorative scheme and the use of such repetitive motifs is unusual on such a vessel. The vessel from house T. 35.23 is simply described as coloured.

Figure 10b *Plate* 6d

Ware: Cream-coated A3

Dimensions: RD = 30.0-32.0 Ht = 53.0 ND = 28.0 NHt = 18.4 BD = 45.7 BHt = 12.6

Transitions: Neck = ledge Body = round/angular

Examples: Fitz E 25.1929

Decoration: Neck AIb. 18 ^ AIc. 14 — gap Body AIo. 2 — gap — AIIa. 1] > AIg. 4b > AIIa. 1] > AIg. 4b > AIIa. 1] > AIg. 4 > AIIa. 1 [> AIIa. 1] > AIg. 4b >

Comments: At the maximum body diameter there is a series of identifications or « chatterings » and a slight flattening of the profile; at this point on the interior there is a ledge. Four of the ducks (motif AIIa. 1) face to the right and alternate with four papyrus clumps (motif Alg. 4); a fifth duck breaks this pattern and faces to the left. It is back-to-back with one duck and faces another across a papyrus clump (plate 6d). Plate 6d is Egypt Exploration Society Amarna Archive Negative Nos 1928-29/69; a sherd from the vessel is on Negative Nos 1928-29/126.

Figure 10c

Ware ? Cream-coated A3

Dimensions: RD = 38.5 Ht = 51.0 ND = 34.0 NHt = 20.0 BD = 42.0 BHt = 13.5

Transitions: Neck = angular Body = round

Examples: Houses T. 36.37 and R. 41.6

Decoration: No information available
Bibliography: *COA* II, 85 and *COA* III, 112 respectively
Comments: Neither of these vessels has been located. Figure 10c reproduces the published corpus drawing for type XIII.3 (*COA* II, pl. LI) of which the two are said to be examples. The dimensions listed above are those of the published type drawing.

Figure 11a *Plate* 8
Ware: Cream-coated A3
Dimensions: RD = 33.0 Ht = 76.0 ND = 15.6 NHt = 28.0 BD = 38.0 BHt = 28.0
Transitions: Neck = angular Body = round
Examples: BM 56841
Decoration: Neck AIc. 11 — gap Body AIo. 2 — AIm. 4 > AIb. 9 > AIg. 2 > AIb. 9 >
Bibliography: Bachmann, Everts and Hope 1980, pl. 21a
Comments: There is a distinct indentation in the upper body and a line of string impressions around the maximum body diameter. Figures 17a-b reproduce drawings of the decoration on this vessel made at Amarna in 1923 from Egypt Exploration Society Amarna Archive Negative No. 1923/51-2; 17a shows the design upon the neck and 17b that upon the body. See also Egypt Exploration Society Amarna Archive Negative No. 1923/36-38 and 50.

Figure 11b *Plate* 14a
Ware: Cream-coated A3
Dimensions: Ht = x67.5 ND = 15.6 NHt = x10.0 BD = 43.5 BHt = 32.5
Transitions: Neck = ledge Body = round
Examples: Brooklyn 16.244
Decoration: Neck AIc. 1/2 ^ Body AIo. 2 — gap — AIh. 10 ^ AVa. 9 — gap — AVa. 9 ^ AId. 2 — gap — AId. 3
Comments: The vessel was purchased by Wilbour at Hagg Qandil in 1894.

Figure 11c *Plate* 11b
Ware: Cream-coated A3
Dimensions: Ht = x70.0 ND = 17.7 NHt = x15.0 BD = 39.7 BHt = 30.0
Transitions: Round
Examples: Brooklyn 16.245
Decoration: Neck AIc. 2 — gap ^ Body AIo. 2 — gap — AIm. 5 > AIe. 12 > AIb. 11 > AIg. 16 >
Comments: The vessel was purchased by Wilbour at Amarna in 1890. A ledge at the transition to the neck is barely discernable.

Figure 12a
Ware: ? Cream-coated A3
Dimensions: RD = 19.5 Ht = 59.0 ND = 12.0 NHt = 14.5 BD = 34.0 BHt = 27.0
Transitions: Neck = ledge Body = round
Examples: House T. 33.1
Decoration: No information available
Bibliography: *COA* II, 68 and 78
Comments: The vessel has not been located. Figure 12a reproduces the pottery corpus drawing for type XIII.9 (*COA* II, pl. LII) of which the piece is said to be an example. The dimensions are those of the published drawing.

Figure 12b
Ware: Cream-coated A3
Dimensions: RD = 41.0 Ht = 82.0 ND = 22.0 NHt = 30.0 BD = 46.0 BHt = 30.0

Transitions: Neck = angular Body = round
Examples: BM 57416
Decoration Neck Too fragmentary for identification Body AIo. 2 — gap — AId. 59 — gap — AId. 2 — gap — AId. 2 — gap — AId. 2
Comments: The neck of the vessel has an irregular profile varying from straight to concave and convex.

Figure 12c *Plate* 14b
Ware: Cream-coated A3
Dimensions: Ht = x50.5 ND = 19.0 NHt = x8.0 AD = 18.0 BD = 36.5 BHt = 21.0
Transitions: Round
Examples: Sydney 62.629
Decoration: Neck AIc. 2? ^ Body AIo. 1 — gap — AId. 18 — gap — AId. 15
Comments: A ledge at the transition to the neck is barely discernable.

Figure 13a *Plates* 9-11a
Ware: Cream-coated A3
Dimensions: Ht = x90.0 ND = 33.9 NHt = x15.0 BD = 71.0 BHt = 35.0
Transitions: Neck = ledge Body = round
Examples: Ash 1926.109
Decoration: Neck AIc. 10 — gap — Body AIf. 9 — gap — AIVb. 6 > AIn. 10 > AIIa. 4 > AIn. 9 > AIb. 36 > AIn. 8 > AIg. 10 > AIn. 11 > AIb. 36 > AIn. 7 > AIIa. 4 > AIn. 9 > — AIi. 2 ^ AId. 2 > AVd. 12 (rear of vessel only below AIb. 36) > — AIa. 9
Bibliography: Hope 1985, 78 note 7
Comments: This is undoubtedly the largest blue-painted vessel located or published. The size of the body is such that it would preclude its having been wheelmade; it comprises a series of sections which make up both its height and girth. The indentation in the upper body may have resulted when the wheelmade neck was luted to the body. The ledge at the transition to the neck is very low. See Egypt Exploration Society Amarna Archive Negative No. 1924/105-8.

Figure 13b
Ware: Cream-coated A3
Dimensions: RD = 22.5 NHt = x9.5
Examples: UC 24628
Decoration: AIc. 13
Comments: The complete shape from which this neck fragment originated may have resembled figure 6g. A rim sherd from a similar but larger type is Liverpool 1973.1.425, see plate 19e.

Figure 13c *Plate* 7c-d
Ware: Cream-coated A3
Dimensions: RD = 38.0 Ht = x57.5 ND = 18.0 NHt = 24.0
Transitions: Neck = ledge Body = round
Examples: Cairo 55421
Decoration: Neck AIc. 6 — gap — Body AIm. 7 > AIb. 13 > AIn. 20 > AIk. 1 > AIg. 15
Comments: When complete this vessel may have been as tall as 1.00 metre. The ledge at the transition to the neck is very low. The sequence of motifs between the floral collar (AIm. 7) and the papyrus clump (AIg. 15) was observed to the right of the collar only; it is assumed that they occurred on the left also.

Handled Vessels

A. Horizontal Handles

Figure 14a *Plates* 4a, left and 15b

Ware: A3, decoration upon a cream background, undecorated areas stet.

Dimensions: RD = 21.8 Ht = 23.2 ND = 19.8 NHt = 9.5 BD = 29.6 BHt = 4.0 Base D = 10.0

Transitions: Neck = angular Body = round/angular

Examples: Ash 1929.418 from house U. 36.33

Decoration: Neck AIo. 2 — gap Body AIk. 2

Bibliography COA II, 94 and pl. LIII type XX.2

Comments: The vessel carries the excavation General Object Catalogue number 1929.371. Plate 4a is Egypt Exploration Society Amarna Archive Negative No. 1928-29/129; the vessel is also on negative No. 1928-29/70. Another possible example, simply described as painted, is reported from house R. 42.2 (*COA* III, 137), which is classified as type XX.2 (*COA* II, pl. LIII).

Figure 14b

Ware: Cream-coated A3

Dimensions: RD = 18.0 ND = 12.6 NHt = x23.5

Examples: BM 57422

Decoration: AVb. 4

Comments: The original shape from which this neck derives may have resembled figure 18h. However, the British Museum register indicates that part of the shoulder was once preserved, and this was quite flat.

B. Vertical Handles

Figure 14c

Ware: Cream-coated A2

Dimensions: Ht = x6.0 ND = 1.7 BD = approximately 15.0

Examples: UC 24584

Decoration: Edge AVb. 17 to which is attached another similar motif radiating out from the centre front; where the two join there is no black line. The original number of such motifs radiating from the centre is unknown; the base of the handle and the neck are edged in black

Comments: Body fragment from a two-handled lentoid flask (« Pilgrim Flask »); made from two bowls luted together, neck and handles added. The wall was pierced from the outside to from an opening for the neck.

Figure 14d *Plate* 15a, right

Ware: Cream-coated A2

Dimensions: Ht = x11.0 BD = approximately 15.0

Examples: Ash 1893.1-41.301/306

Decoration: Body AIn. 15 — AVb. 5 — AIn. 14 — AVb. 5 Base AIc. 2

Comments: A fragment from the body and base (?) of a Ring Vase. The neck and handles would have resembled those of a lentoid flask. Undecorated examples of this type of vessel do not have elaborate base formations; the base of this example may have imitated the shape of an open lotus flower. No exact parallels to this piece have been found. Several body fragments from the vessel exist. It was made from a rectangular sheet of clay which was folded to form a hollow tube and the ends joined together. The neck, handles and decorative base piece were added.

Figure 14e

Ware: ? Cream-coated A3

Dimensions: RD = 12.5 Ht = 42.0 ND = 9.5 NHt = 8.0 BD = 28.5 BHt = 13.0-15.0 Base D = 7.5

Transitions: Round

Examples: House 23, West Street, Workmen's Village

Decoration: No information available

Bibliography: *COA* I, 90

Comments: The vessel has not been located. Figure 14e reproduces the published corpus drawing of type LXX/130 (*COA* I, pl. LIII) of which it is said to be an example. The dimensions quoted are those of the published drawing.

Figure 14f *Plate* 15c

Ware: Cream-coated A3

Dimensions: RD = 15.8 Ht = 49.4 ND = 12.4 NHt = 15.0 BD = 23.0 BHt = 14.0

Transitions: Neck = ledge Body = round

Examples: Cairo 2671

Decoration: Front Neck AVb. 17 ^ AVa. 9 ^ AIo. 1 ^ AVb. 17 — gap — AVb. 17 — AVd. 12 ^ body : AVb. 17 — gap — AVb. 34 — AIc. 8 — gap — AVb. 17 Back Neck AVb. 17 ^ AVa. 9 ^ AVb. 6 ^ AVb. 17 — gap — AVb. 17 — AVd. 12 ^ body : AVb. 17 — gap — AVd. 10 — gap — AVb. 6 — AVb. 17 Handles Blue.

Comments: There are two ledges modelled into the vessel wall at the transition to the neck; the handle section is oval. It has a mouldmade, pointed base of a type normally found on marl clay amphorae. Vertical blue painted bars separate the front and the back; all of the panel delineators of motif AVb. 17 are very wide and have therefore been listed in the motifs. The third body panel at the back is the blue band which forms the third at the front but without the overlaid petal outlines.

Figure 14g

Ware: ? Cream-coated A3

Dimensions: RD = 4.5 Ht = 13.5 ND = 2.0 NHt = 3.5 BD = 6.0 BHt = 4.0

Transitions: Neck = angular Body = round

Examples: Two from house T. 34.3

Decoration: No information

Bibliography: *COA* II, 80 and pl. LIII type XVII.5

Comments: The existence of this type is uncertain; see discussion under figure 4b.

Figure 14h-j

Ware: Cream-coated A3

Examples: UC 24644 (fig. 14h), UC 24657/24642 (fig. 14i), UC 24637/24641 (fig. 14j), UC 24639, UC 24640; Ash 1893.1-41.302 and 303

Decoration: UC 24644: Blue with central red bar and AVb. 31

UC 24657/42: Blue with AVb. 32 — BIVa. 6

UC 24637/41 and Ash 1893.1-41.302: Blue with AVb. 32 — AVb. 13 and red edges

UC 24639: Blue with AVb. 32 — AVb. 17; the edges have two red and brown bars

UC 24640 and Ash 1893.1-41.303: Blue with black vertical lines upon the ribs; edges AVb. 18

Comments: These handle fragments attest the occurrence of types similar to figures 14k-l in smaller sizes, as do the following gazelle/ibex heads: Ash 1893.1-41.283, BM 58778, Liverpool 56.21.631, UC 24683, and possibly object 30/158 from house T. 35.24 A/B (*COA* II, 83) and object 35/422 from the Great Palace rooms to the east of the Central Halls (*COA* III, 72). An apparently complete example was found in house R. 43.2 (House of the King's Statue; *COA* III, 236) with a gazelle head; this has not been located. This smaller variety is common at Malkata (for a complete example see Hayes 1959, figure 150 and Hope 1987, ill. 16) and is attested by an unprovenanced vessel in the Petrie Museum, UC 8695 (Bourriau 1981 no. 57). It is possible that the animal head painted in blue, red and black and identified as that of a camel (?) in Liverpool (1981.2111.9; Bourriau 1986, no. 62) is to be identified as a gazelle or ibex. Such may also apply to the « pottery head of a dog » from house T. 35.24 object 30/159 (*COA* II, 83) and « fragment of a bull's head in pottery » from house T. 36.42 (*COA* II, 86), etc.

Figure 14k *Plates* 15d and 16c, right

Ware: Cream-coated A3

Dimensions: RD = 22.9 Ht = x25.0 ND = 13.4 NHt = 19.4

Transitions: Round

Examples: Ash 1893.1-41.293-4

Decoration: Neck BIIa. 1/2 (missing) > AIn. 6 > AIc. 3 > *?* AIn. 6 > Body AId. 20 Handles Blue

Bibliography: Boston 1982, 90

Comments: The drawing on figure 14k is a suggested reconstruction of the nineteen fragments from the upper body and neck of this vessel which survive, but not all of which join. The handles are formed from four pieces; two are joined vertically to form the bar of the handle and the other two form the rolled attachments to the neck and body (motif BIVa. 5). Such handles are very rare. The positioning of the gazelle/ibex head which once adorned the neck is clearly visible upon the neck sherd (plate 15d).

Figure 14l *Plate* 16a-b

Ware: Cream-coated A3

Dimensions: RD = 22.8 Ht = x25.0 ND = 16.5 NHt = 21.5

Transitions: Round

Examples: Cairo 66739

Decoration: Rim edge AId. 2 Neck AIc. 2 — BIIa. 2 < AIe. 12 Body Large floral, ? shrub motif — AId. 13 Handles : Edges AVd. 10 Outer side AIe. 4 Scrolls AVd. 9

Bibliography: Boston 1982, 90

Comments: The handles have a rectangular horizontal section and each was made from a single piece. They are very similar to those on the intact amphora shown on plate 22. The head and neck of the ibex attached to the neck were made from one piece, to which the ears, beard and horns were added. The Nicholson Museum possesses a large gazelle head which undoubtedly derives from a vessel similar to either figure 14k or 14l (Sydney 62.1026). Negative 1924/230 of the Egypt Exploration Society's Amarna archive illustrates what may be a scroll from the attachment to the neck/body of a handle similar to those of this vessel.

Figure 14m and *Plate* 16d

Ware: Cream-coated A3

Examples: UC 24631-3 (fig. 14m); BM 59276 (pl. 16d)

Decoration: UC: EIa. 1 BM: BIIa. 3 ^ AIk. 6 > AIk. 7

Bibliography: Boston 1982, 90

Comments: These upper body fragments undoubtedly originate from a vessel similar to either figure 14k or 14l (also plate 22). BM 59276 preserves the applied and hollow body of a gazelle or ibex in high relief. The excavators of this piece believed the representation to be that of a cow (distribution list for 1928-9 in the Egypt Exploration Society's office). This identification is unlikely as only the gazelle, ibex and possibly barbary sheep or Amman's goat have been definitely identified from surviving head fragments. Although no trace remains, the neck of the vessel from which UC 24631-3 originate would have supported an applied gazelle/ibex head. BM 59276 carries a black painted *nfr* in the space between the animal's body and the floral motif AIk. 6.

Spouted Vessels

Figure 15a
Ware: Cream-coated A3
Dimensions: RD = 7.8 Ht = 20.8 ND = 4.5 NHt = 3.8 BD = 9.7 BHt = 4.0-5.0 Base D = 6.55 Foot Ht = 4.7
Transitions: Neck = angular Body = round Foot = angular
Examples: UC 24552
Decoration: Rim Blue Body AIo. 1 — gap — AId. 2
Comments: The spout, now missing, was probably S-shaped; the hole pierced through the wall over which the spout was added is only 0.15-0.20 in diameter.

Lids

Figure 15b
Ware: Cream-coated A3
Dimensions: RD = 8.9 Ht = 3.8 Handle Ht = 1.25
Examples: Ash 1893.1-41.297
Decoration: AId. 2

Figure 15c *Plates* 5a and 16f
Ware: Cream-coated A3
Dimensions: RD = 13.9-17.0 Ht = 5.2-5.5 Handle Ht = 1.8-2.0
Examples: *UC 24636*; N.M. Copenhagen 7925 and Cairo 66740
Decoration: UC: Top of Handle Blue AVb. 2 — gap — AIa. 11
Copenhagen: AId. 2 Cairo: AId. 33b
Comments: The Copenhagen lid preserves only a small part of the handle; that on Cairo 66740 has a concave top with central peak, flat sides and a distinct ledge, similar to that of figure 15d.

Plate 17a
Ware: Cream-coated A3
Dimensions: RD = 16.1 Ht = 5.5 Handle Ht = 2.0
Examples: Ash 1893.1-41.281
Decoration: Handle Blue — AVb. 16 — gap — AId. 33

Figure 15d *Plate* 17a
Ware: Cream-coated A3
Dimensions: RD = 20.6 Ht = 10.4 Handle Ht = 2.1
Examples: BM 57424
Decoration: Top of Handle Blue and Sides Red — gap — AVb. 1 — gap — AId. 32

Figure 15e
Ware: Cream-coated A3
Dimensions: RD = 28.0 Ht = 14.3 Handle Ht = 2.9
Examples: UC 24550
Decoration: Handle Blue — gap — AId. 3

Figure 15f
Ware: Cream-coated A3
Dimensions: RD = 14.0-15.5 Ht = x4.0-5.1
Examples: *UC 24549* and Bolton 28.29.7

Decoration: UC: AVb. 17 — gap — AId. 11 Bolton: AId. 34
Comments: The Bolton fragment is from house V. 36.10 (*COA* II, 28).

Figure 15g *Plate* 16e
Ware: Cream-coated A3
Dimensions: RD = 28.1 Ht = x10.3
Examples: *UC 24551*; UC 24646
Decoration: AIa. 11
Comments: The fragments are probably from the same lid.

Figure 15h-i
Ware: Cream-coated A3
Dimensions: RD = 30.0-35.0 Ht = x8.9-12.5
Examples: *UC 24650* (fig. 15h); *Fitz 17.1926* (fig. 15i)
Decoration: UC: AId. 3 Fitz: Part of a large lotus clump > AIb. 12 > part of a large papyrus clump; lotus and papyrus clumps inverted
Comments: Fitz 17.1929 has the most elaborate decoration of the lids published herein.

Miscellaneous Fragments (Probably all from Jars)

Figure 15j
Ware: Cream-coated A3
Dimensions: Ht = x12.0
Examples: UC 24630
Decoration: AIo. 1 — gap — AIo. 1 — AIo. 1 — gap — AIa. 1
Comments: The elaborate body formation was produced during the initial stages of formation; its original complete shape is unknown. The fragment is covered in blue down to the fourth panel and the motifs added in red outelines. The identification of the motifs of panels one to three is uncertain as only vertical lines remain. The red lines separating the panels coincide with, and emphasise, the edges of the ridges.

Figure 15k
Ware: Cream-coated A3
Dimensions: Ht = x11.0 Ledge D = approximately 40.0
Examples: *UC 24557* and Ash 1966.1205
Decoration: CIa. 3+AVc. 8 — gap — AVb. 5 — AId. 34
Comments: The ledge would seem to have been formed by folding the wall.

Figure 15l *Plate* 19d
Ware: Cream-coated A3
Dimensions: Ht = x18.0 Ledge D = 56.5
Examples: Cairo 62804
Decoration: Ledge Top Blue Ledge Sides AVc. 6 > AVc. 9 Wall AIId. 2
Bibliography: *COA* III, 22; Hope 1985, 78 note 6
Comments: The fragment is object 33/51 from S. 39.1, a dependency of the Great Temple and possibly storerooms. The small part preserved above the ledge indicates that there were open-work designs cut into the upper part. This type of decoration is documented only upon Ornamental Bowls (fig. 2c-d) at Amarna, though this fragment is much larger than that of the other examples of that family. The ledge would seem to have been applied.

Figure 15m
Ware: Cream-coated A3
Dimensions: Ht = x7.0

Examples: UC 24597

Decoration: AIa. 7

Comments: This base sherd, probably from a jar, is included because of the unusual nature of the decoration on the lower body. The motif of petals tapering upwards is not normally encountered upon this position. The potmark below the decoration is painted in black. The interior is not coated and is rough, indicating the identification as a jar, or closed form the interior of which was not visible.

Figure 16a

Ware: ? Cream-coated A3

Transitions: Neck =ledge

Examples: House P. 46.13

Decoration: Neck Blue band with a black line — gap Body AIo. 2 — gap — AIIIb. 3 > papyrus clump with umbels on stems of differing heights > AIIIb. 2 > papyrus clump > AIIIb. 1 > papyrus clump >

Bibliography: *COA* I, 141 and pl. XLV. 4

Comments: Upper body and neck from a funnel-necked jar; not located. Egypt Exploration Society Amarna Archive Negative No. 1922/142. The restoration of the decorative scheme is hypothetycal; the structure of the papyrus clump motif cannot be reconstructed with certainty and it is uncertain whether the differences between the representations of the Bes-image were intentional.

Figure 16b

Ware: Red-coated and polished A3, decoration upon a cream ground.

Dimensions: RD = 24.0

Examples: UC 2299

Decoration: Vertical black lines on a blue ground > AVc. 2 on blue, possibly alternating.

Comments: Fragment from the neck of jar with convex sides, compare figures 8-10. Picked up at Amarna by Starkey.

Figure 16c *Plate* 19c

Ware: Cream-coated A3

Examples: UC 24595

Decoration: AIIIa. 2

Comments: Sherd from upper body of a medium or large jar.

Figure 16d

Ware: Cream-coated A3

Examples: UC 24634-5

Decoration: AIg. 6 > flowers of the blue lotus flanking a bud, all on long stems > floral collar

Comments: From the upper body of a large jar; the motifs cannot be identified with certainty.

Figure 16e

Ware: Cream-coated A3

Examples: Fitz E. 26.1927

Decoration: AIIc. 2

Bibliography: Bourriau 1981, no. 139

Comments: From excavations in the North Suburb. As the fragment has a surface coating on the interior also it may derive from either the side of a bowl or the neck of a jar.

Figure 16f

Ware: Cream-coated A3

Examples: UC 24623

Decoration: AId. 2 — gap — AIj. 5
Comments: From the mid- to low body of a jar.

Figure 16g
Ware: ? Cream-coated A3
Decoration: AIb. 33 > AIg 12
Comments: From the upper body of a large jar.

Figure 16h
Ware: ? Cream-coated A3
Examples: House N. 49.11
Decoration: AIe. 3 > AIg. 13 > ? blue lotus flower on a tall stem > AIg. 13 > AIe. 3
Bibliography: *COA* I, 140-1 and pl. XLV. 1
Comments: From the upper body of a large jar; not located.

Figure 16i
Ware: ? Cream-coated A3
Decoration: AIm. 3 > mandrake/mimusop upon a blue lotus flower > AIn. 25 > mandrake/mimusop upon a blue lotus flower > AIm. 3
Bibliography: *COA* I, 141 and pl. XLV. 2
Comments: From the upper body of a large jar; not located.

Figure 16j
Ware: ? Cream-coated A3
Decoration: AIo. 1/2 — gap — AIb. 37 > AIb. 35
Bibliography: *COA* I, 141 and pl. XLV. 5.
Comments: From the upper body of a large jar; not located.

(Figure 17a-b, see figure 11a above)

Figure 17c *Plate* 20a
Ware: ? Cream-coated A3
Decoration: AIo. 2 — gap — panel containing the motifs ? AIn. 22 > AIg. 14 > AIn. 21 > AIg. 14 > AIn. 22 plus others or with additional repeating of these motifs
Comments: Sherds from the upper body of a large jar; not located. Figure 17c is Egypt Exploration Society Amarna Archive Negative No. 1923/49 and plate 20a is No. 1923/39.

Plate 1d, upper left
Ware: Cream-coated A3
Examples: Ash 1893.1-41.306
Decoration: AVa. 13 ^ AVa. 13 — AIb. 28

Plate 1d, upper right
Ware: Cream-coated A2
Examples: Ash 1893.1-41.282
Decoration: ? shrub > AIg. 9 > AIn. 2 > AIo. 16 > ? shrub — AVb. 17 — gap — AVb. 17
Comments: Possibly a body sherd from a short-necked jar of the type shown on figure 5k.

Plate 16c, left
Ware: Cream-coated A3
Examples: Ash 1893.1-41.306
Decoration: AIb. 6 > AIe. 11 > long intertwined and bound stems which probably supported lotus flowers (AIb. 6).
Comments: From a large jar.

Plate 19a

Ware: Cream-coated A3
Examples: FOS 31.1102
Decoration: AIIIa.1
Bibliography: Hope 1985, 78 note 6.
Comments: Sherd from the upper body of a small jar from house T. 36.33.

Plate 19b

Ware: Cream-coated A3
Examples: FOS 31.1103
Decoration: AIVb. 9
Bibliography: *COA* II, 57 object 30/118
Comments: Sherd from the upper body of a small jar from house T. 36.46. Object 30/118 was described in the publication as « Fragment of pottery showing part of a figure carrying a tray of vases ».

(Plate 19c see figure 16c and plate 19d see figure 15l above)

Plate 19e

Ware: Cream-coated A3
Examples: Liverpool 1973.1.425
Decoration: AIn. 5 > AIVb. 5 > AIVb. 7
Comments: Rim and neck sherd from a large funnel-neck jar with sharply flaring neck and low modelled rim.

Plate 19f

Ware: Cream-coated A3
Examples: Liverpool 1973.1.425
Decoration: AIo. 2 — gap — [AIIc. 1 > AIb. 34 > ? papyrus/lotus clump
Comments: Fragment from the upper body of a medium-sized jar.

(Plate 20a see figure 17c above)

Plate 20b

Ware: Cream-coated A3 with a red polished coating on the lower body.
Transitions: Body = ledge
Decoration: pl. 20b right centre (2 sherds) ; AIo. 1/2 - ?
pl. 20b lower left: AIIb. 10 > ? AIn. 1b > AIIb. 8
pl. 20b upper centre: lotus clump > AIn. 1b > AIIb. 9
pl. 20b upper right: AIIc. 3 > AIk. 8 > papyrus clump
pl. 20b lower right: AIIa. 2
Comments: These sherds have not been located; all appear to come possibly from the same jar. This has been determined by the occurrence of the red polished coating on what remains of the lower body and the range of decorative motifs employed. The sequence of motifs in the original decorative scheme cannot be reconstructed in full. How the gazelle/ibex standing upon its hind legs, presumably eating from a shrub originally on its left, and shown with a shrub and papyrus clump behind it, visible on the two joined fragments on the upper right, was incorporated into a predominantly aquatic scene is unknown. It is the only example of this motif. Plate 20b is Egypt Exploration Society Amarna Archive Negative No. 1930-31/0.100.

Blue-Painted Marl Clay Types

Bowls

A. Complex Bowls

Figure 18a

Ware: An exceptionally fine-grained; dense clay almost entirely « fine particles of burnt lime »; uncoated.

Dimensions: RD = 19.0 Ht = x3.0 SD = 18.2 SHt = 0.8 BD = 18.5 BHt = 0.3

Examples: *UC 24612*; Ash 1893.1-41.306

Decoration: Int Rim Blue Sides Blue — AId. 3 — AVe. 3 — ? AIa. 1

Bibliography: Hope, Blauer and Riederer 1981, 160 calcareous group type I.

Comments: The fragments are probably from the same bowl. The fabric is unusually dense and it has not been possible to equate it with any of the marl types of the « Vienna System ».

B. Footed Bowls

Not Illustrated

Ware: ? B1/2, uncoated

Dimensions: Length = x4.8

Examples: South Court of the Great Palace, object 35/285

Decoration: AIo. 3 + unidentifiable hieroglyphic motif

Bibliography: *COA* III, 74 and pl. LXXIV. 2.

Comments: The sherd has not been located and it is impossible to determine the ware from the very small published photograph, though it appears to be a marl. The piece undoubtedly originates from the type illustrated by figure 20a, an example possibly from Amarna as are other fragments in the Fitzwilliam Museum from the Gayer-Anderson collection (see below).

Jars

Figure 18b

Ware: Uncoated B1

Dimensions: Ht = x15.0

Transitions: Round

Examples: UC 24596

Decoration: AIo. 2 — AIVb. 2 — AVc. 10

Comments: The complete shape would have resembled figure 5a.

Handled Vessels

Figure 18c *Plate* 15a, left

Ware: Uncoated B1

Dimensions: RD = 4.0 Ht = x6.5 ND = 2.8 NHt = 4.0

Transitions: Neck = angular Body = round

Examples: Ash 1893.1-41.295

Decoration: Traces of blue and black paint only preserved

Comments: Neck and upper body from a lentoid flask. The handle section is oval and very thin. The body was made in two parts, as bowls, and luted vertically; the top was pierced from the outside to form the aperture and some of the displaced clay has formed a ridge on the interior. The neck was made separately and applied. Another fragment in the same ware and probably also from a lentoid flask is Ash 1893.1-41.306, figure 18d; it has a ND of 2.5 and an almost circular handle section. There is a possibility that the decoration was applied after firing.

POLYCHROME DECORATED POTTERY

Polychrome Decorated Nile Silt Types

Jars

Figure 19a *Plate* 18c

Ware: White-coated A3

Dimensions: Ht = « about 3 feet when restored »

Transitions: Angular

Examples: BM 57417

Decoration: HIIIa. 2 — HIIIa. 7 — HIIIa. 4 — HIb. 2 — HIIIa. 4

Comments: This vessel has not been examined; the estimate of the height is quoted from the museum register. It is uncertain whether the vessel should be regarded as possessing a neck. On the drawing prepared by Glanville (figure 19a) the surface coating is indicated as grey, which I have taken to imply a thin white wash. The upper red line which tops the first of the two white bands (motif HIIIa. 4), shown as a solid line in the drawing, is broken by the vertical white bands which were painted over it and join the horizontal white band below. Figure 19a is Egypt Exploration Society Amarna Archive Negative No. 1923/48 and plate 18c is Negative No. 1923/35.

Handled Vessels

Figure 18e *Plate* 18b

Ware: Red-coated and polished A3 with decoration on a white ground.

Dimensions: Ht = x28.0 ND = 22.4 NHt = x10.0 BD = 27.2 BHt = 4.5

Transitions: Neck = angular Body = round

Examples: Penn E 17888

Decoration: Neck HIc. 2

Comments: The horizontal handles have an almost trapezoidal section; the base may have been an applied ring base. Plate 18b is Egypt Exploration Society Amarna Archive Negative No. 1923/14; the vessel is also on Negative No. 1923/47. This vessel bears a remarkable similarity to the published corpus drawing of type XX. 1 (*COA* II, pl. LIII). There is only one reference to the occurrence of this type in that volume, from house T. 36.24 (*op.cit.*, 84). However, this house was not excavated until 1929. It is possible that a drawing of Penn E 17888 was used for the pottery corpus; the vessel is obviously from a yet unpublished house, possibly in the North City.

Lids

Figure 18f *Plate* 17c

Ware: White-coated A3

Dimensions: RD = 37.8-41.7 Ht = 4.8

Examples: Ash 1937.881

Decoration: HIc. 3

Bibliography: *COA* III, pl. LXXVIII. 10

Comments: Object 36/160 from house R. 43.1 pavilion (*COA* III, 140). It lacks a basic vessel symmetry and was handmade.

Polychrome Decorated Marl Clay Types

Handled Vessels

A. One Vertical Handle

Figure 18g *Plate* 17e

Ware: Cream-coated and polished B3

Dimensions: RD = 9.1 Ht = 46.2 (restored) ND = 7.0 NHt = 18.2 AD = 4.0 AHt = 8.0-12.0 BD = 18.1 BHt = 7.0-8.0

Transitions: Neck = angular Body = round

Examples: *Ash 1927.2114*; fragments from house P. 46.14

Decoration: Body HIc. 1 — HIa. 1 + other large floral motif now obscure

Bibliography: House P. 46.14: *COA* I, 33 and pl. LI type LXI/1056; Ash 1927.2114 : Bourriau 1981 no. 244.

Comments: The fragments from house P. 46.14 have not been located.

B. Two Horizontal Handles

Figure 18h *Plate* 17f

Ware: Cream-coated and polished B3, decoration on a white ground.

Dimensions: BD = 29.0

Transitions: Round

Examples: Ash 1937.880

Decoration: HIIIa. 5 ^ HIa. 2 ^ HIIIa. 5 — HIc. 4

Comments: From house R. 42.9. The publication of this house refers to five magazines in its north-west corner underneath three of which « there is a gigantic rubbish-pit filled with vases » (*COA* III, 132). In the list of objects from this pit (*COA* III, 137 section C) the pottery includes three examples of type XVII. 10, which is reproduced here on figure 18h (after *COA* I, pl. LIII type LXXVI/228). It is possible that Ash 1937.880 is a fragment from such a vessel. It is inscribed *irp nfr nfr*.

C. Two Vertical Handles

Figure 19b *Plate* 18a

Ware: Cream-coated B3, possibly originally polished

Dimensions: RD = 13.2 Ht = 58.2 ND = 12.6 NHt = 7.2 AD = 10.8 AHt = 4.8 BD = 34.2 BHt = 9.0

Transitions: Round

Examples: Houses R. 43.2 and Q. 41.1; Ash 1893.1-41.308 (four sherds); UC 24589 (two sherds) and 24662-3

Decoration: Ash and UC sherds: Traces of abstract motif ^ HIa. 4 — HIIIa. 5

Bibliography: UC sherds: Hope, Blauer and Riederer 1981, 140-1 and passim.

Comments: Figure 19b reproduces the pottery corpus drawing of type XLIII/67 from *COA* I, pl. LII. An example of this type is reported from house R. 43.2 (House of the King's Statue) « decorated round the neck with an elaborate design of leaf and petal pendants imitating a faience collar », (*COA* III, 236). It has not been located. Fragments from amphorae decorated with a coating of blue were found at the River Temple in room 35 and ascribed to the Ramesside Period by the excavators (*COA* I, 129); their exact shape is not specified. The UC and Ash sherds are from Petrie's work and are probably from the same vessels. It is possible that they derive from a straight-shouldered variant of figure 19c. The shape of figure 19b copies that of the « Canaanite Jar ».

Figure 19c

Ware: Cream-coated and polished B3, decoration upon a white ground.

Dimensions: None available

Examples: Ash 1893.1-41.308 (four sherds)

Decoration: HIc. 5

Comments: Figure 19c, a drawing of a vessel from Malkata, illustrates the shape of the commonest amphora found during the late XVIIIth dynasty, numerous examples which are known from Amarna. It is characterised by the slender form with round shoulder, medium-tall neck and mouldmade base. The four sherds Ash 1893.1-41.308 are from a round-shouldered amphora probably of this shape, though it is possible that they derive from a smaller version. They come from what would have been the rear of the vessel as their decoration imitating the ties of a floral collar indicates.

Miscellaneous

Plate 17d

Ware: Cream-coated and polished B2 or fine B3

Dimensions: None available

Transitions: Body = round

Examples: Ash 1924.165

Decoration: HIIIa. 8 — HIb. 1 > HIIa. 1] > HIb. 1 — HIIIa. 8 — gap — ? HIIIa. 8

Comments: Several sherds, some of which join, from the body of a vessel the original complete shape of which is uncertain. There is no indication of handles and the decoration is not what might be excepted on an amphora. It is possible that the fragments are from a slender jar with an ovoid body and very tall neck, compare Hope 1987, illustrations 49 and 57. Such shapes are known to have received blue-painted decoration, examples of which have been found at Malkata, though none is known with polychrome post-firing decoration. A polished surface coating as a base for painted decoration occurs only with vessels decorated after firing and is typical of handled vessels. For this reason the Ashmolean fragments are included with Polychrome Decorated types, though their colour scheme of blue, red and black/brown is not typical of that category nor is the lack of a white background under the designs. The latter features are more in keeping with the range of motifs found upon Blue-Painted types, although the greyish hue of the blue is not characteristic of that decorative group. The thinness of the application of the blue is unusual. See Egypt Exploration Society Amarna Archive Negative No. 1924/87-8. The drawing of the bull, with its humped neck and the curved horns, is reminiscent of Aegean workmanship, possibly Cretan (personal communication, Vronwy Hankey, 1984). On Egyptian-Aegean contacts in the artistic realm see Vermeule in *Studies in Ancient Egypt, the Aegean, and the Sudan* (Boston 1981).

TYPES OF PROBABLE AMARNA PROVENANCE

The material included here derives mainly from the former collection of Major Gayer-Anderson now in the Fitzwilliam Museum, but also includes material in the Ashmolean Museum, the British Museum, the Brooklyn Museum, the Louvre, the Museum of Fine Arts, Boston and the Petrie Museum. The reasons for suggesting an Amarna provenance are given with the entries below, except in the case of the Gayer-Anderson material and a small number of sherds in the Petrie Museum which have been ascribed to the Ramesseum, where they are stated here to avoid repetition.

Amongst the material donated to the Fitzwilliam Museum by R.G. Gayer-Anderson are a number of blue-painted sherds. A few of these are identified as from Amarna, the name of this site being written upon them. From the nature of the material as a whole it appears likely that all blue-painted sherds in this collection are from Amarna. The pieces are all presented in this section, including those with provenance marks; in the entries below sherds from this collection are identifiable by their prefix EGA. In the Petrie Museum there are fourteen painted sherds provenanced to the Ramesseum. This attribution is very uncertain despite the chalk marks they bear to that effect, which have proven inaccurate on several occasions (Adams 1977, 12 note 10). The sherds are more likely to have been found at Amarna as is indicated by the following: UC 24662 and 24663 are marked in black ink and blue chalk as from the Ramesseum, but UC 24663 joins UC 24589 which was found with sherds marked Amarna in pencil (a more reliable form of marking, Adams ibid.) and they are all probably from the same vessel/vessels as Ash 1893.1-41.308 (four sherds), known to be from Petrie's work at Amarna. In addition, the handle fragment UC 24657, marked as from the Ramesseum, joins UC 24642 from Amarna. No painted pottery is published in Petrie's volume on the Ramesseum; that it occurred there is indicated by one sherd published by Spiegelberg in his volume on the inscribed material from Quibell's work (Spiegelberg 1898, pl. 54.2).

Blue-Painted Nile Silt Types

Bowls

Footed Bowls

Figure 20b

Ware: Cream-coated A2

Dimensions: RD = 17.9 Ht = x6.4 SD = 3.6 SD = 18.0 BD = 18.4 BHt = 0.4

Transitions: Side = round/angular Body = angular

Examples: Fitz E.P. 275

Decoration: Sides Int. Blue Ext. AIe. 6 — AVb. 17

Comments: The vessel, which lacks its the foot, had been restored with plaster before its arrival in the Fitzwilliam Museum; such a practice was common at Amarna.

Jars

Necked Jars

Figure 20d *Plate* 21b-c

Ware: Cream-coated A3

Dimensions: RD = 11.7 Ht = 34.5 ND = 5.6 NHt = 8.0 BD = 15.0 BHt = 16.6

Transitions: Round

Examples: Louvre E 11.265

Decoration: Neck an open calyx design from which rise vertical black lines on a blue ground, possibly in combination with the shape of the neck imitating a papyrus umbel — gap
Body AVb. 17 — gap — AVb. 8 — gap — AVb. 17 — A papyrus clump comprising widely spaced umbels and buds on vertical culms of different heights and some umbels on bent culms, within which are represented three pintail ducks in flight and one seated — blue lotus flower with calyx; sepals are marked with black lines and the petals are of two widths, the wider having black markings.

Comments: The interior of the neck displays twisting marks; the body is irregular and its lower part uneven. The neck comprises two concave divergent zones with an angular transition. The decoration of this vessel is quite unlike that of any other in its naturalism, depth of field and design; the continuation of the decoration over the base is extremely rare. An Amarna provenance is suggested by the museum for uncertain reasons.

Figure 20e *Plate* 22a
Ware: Cream-coated A3
Dimensions: RD = 16.7 Ht = 44.4 ND = 15.5 NHt = 12.2 AD = 13.3 AHt = 7.6 BD = 30.7 BHt = 27.4
Transitions: Round-angular
Examples: Brooklyn 16.140
Decoration: Neck AVb. 22b — AIa. 3, petals have central broken black line — gap
Body AVb. 1 ^ AVb. 5 ^ AVb. 8 ^ AVb. 5 ^ AVb. 2 ^ AVb. 5 ^ AVb. 2 ^ AVb. 5 — flower of the blue lotus supporting another flanked by mandrake/mimusop fruits in outline with bule calyx > large blue *ʿnh* with black details > lotus flower and mandrake/mimusop combination > large blue *ʿnh* with black details flanked by black *wꜣs* sceptres — AIb. 15 — *ʿnḫ* flanked by *wꜣs* sceptres > — AVb. 22b
Comments: Stated as from Samayna in the Delta, but there is a note upon the museum registration card that it is possibly one referred to by Wilbour as from Amarna. There is a pronounced swelling where the neck has been luted to the body and traces of a line of string impressions around the maximum body width.

Figure 20f
Ware: Cream-coated A3
Dimensions: ND = 30.5 — NHt = x21.3
Transitions: Round
Examples: Fitz EGA. 6188. 1943
Decoration: Bes-image coloured blue with leonine features and mane wearing a feather head-dress, possibly playing a double-stemmed flute > unidentifiable motif which resembles red streamers and appear to issue from the mouth of Bes.
Bibliography: Bourriau 1981, 74 No. 140; Boston 1982, 95
Comments: The surviving fragment is from the neck of a very large jar, the neck comprising two convex divergent zones; it is marked as from Amarna. The size of the original vessel may have equalled that of figure 13a, at least in the proportions of the neck and upper body. Professor J. Baines has kindly informed me that on a visit to Amarna he was shown a sherd from the body of a large jar which was decorated with part of the body of the Besimage as a musician.

Figure 20g
Ware: Cream-coated A3
Dimensions: Ledge D = 44.0
Examples: UC 19110
Decoration: Leaping calf with black body markings upon a cream ground and three sprigs of ? *alcea ficifolia* in black and red, all against a blue background
Comments: Compare figure 15l; marked « Ramesseum » with blue chalk. The posture of the calf painted on this sherd is that of the « flying gallop » (see Kantor in *American Journal of Archaeology* 51 (1947, 60-69). This must be one of the latest occurrences of the motif from the XVIIIth dynasty and is the only one on blue-painted pottery. An XVIIIth dynasty date for this motif is more acceptable than a XIXth dynasty date.

Figure 20h-j
Ware: Cream-coated A3
Dimensions: RD = 25.5, 22.0 and 21.5 respectively
Examples: Fitz EGA. 6200. 1943, 6193. 1943 and 6187. 1943 respectively
Decoration: 6200: AIc. 3b 6193: AIc. 3 6187: AIc. 2b
Comments: Figure 20h-i represent necks from storage jars of the types shown on figures 11-12 and figure 20j a neck from the types on figures 8-10.

Figure 20k
Ware: Cream-coated A3
Dimensions: RD = 27.1
Examples: UC 24656
Decoration: AIc. 2
Comments: Marked as from Ramesseum.

Figure 20o-p
Ware: Cream-coated A3
Examples: UC 24661 and 24660 respectively
Decoration: 24661: spray of unidentifiable plant ^ pintail duck in flight coloured blue > flower of the blue lotus flanked by a blue bud on a short stem and a blue leaf on a black stem.
24660: pintail duck in flight coloured blue with thick black outlines > floral motif.
Comments: Both sherds are marked as from the Ramesseum and are from small to medium jars.

Handled Vessels

Plate 22b
Ware: Cream-coated A3
Dimensions: RD = 21.0 Ht = 62.0 ND = 16.0 NHt = 19.0 BD = 35.7 BHt = 32.0
Transitions: Neck = angular Body = round
Examples: MFA 64.9
Decoration: Rim AVb. 17
Neck Front Applied discs resembling grapes, painted blue band of vertical scorings painted blue — AVb. 17 — blue band with reserved areas revealing the cream slip and red daubs — AVb. 17
Neck Rear AVb. 17 — AId. 2 — AVb. 17
Shoulder Front Applied, seated ibex (ears missing) painted in blue with black details > papyrus umbel; on blue band — gap
Shoulder Rear AVb. 17 — AIo. 1 — gap
Body Front Blue band with traces of floral motif in black over two AVb. 17 — wide blue band with vertical scorings, indented and set off by incised lines — blue band flanked by two black lines
Body Rear AVb. 17 — gap — AVb. 17 — AIc. 1 ^ two black lines, indented and set off by incised lines — gap — blue band flanked by two black lines
Handles Blue with details of the scroll in black and two groups of lines near the base
Bibliography: Boston 1982, 89-90 no. 70 with references
Comments: The only parallels to an amphora of this size and type known to the writer are from Amarna, see figure 14j-m and plates 15d-16d, and Malkata. At the latter site it is attested by a few body sherds and handle fragments only; present evidence suggests that it was more common at Amarna. The only exact parallels to the form of the handle employed are from Amarna, see figure 14l and plate 16a-b. The panels of vertical scorings on the neck and body are exceedingly rare as a decorative motif; its occurrence at Amarna has not been identified in this study. One example from Malkata is known upon a small jar; it occurs upon two situla-shaped jars of possible XVIIIth dynasty date found in the Khendjer Pyramid cemetery at Sakkara (Jequier 1933, 48 and fig. 39), now in the Egyptian Museum Cairo, nos JE 56405-6, and an unprovenanced, very large drinking vessel (goblet) in West Berlin (14413), the date of which is uncertain. The amphora is accompanied by a lid with a handle in the form of a recumbent calf; the provenance of this lid is unknown and it may not have originally closed the vessel. The distinction between the front of the vessel and the rear is emphasised by what appears to be the use of a more intense blue at the front — possibly the result of applying

two layers of pigment. Furthermore, from the rim to the upper body there are vertical black lines dividing the two areas.

Lids

Figure 20m

Ware: Cream-coated A3

Dimensions: RD = 16.0 Ht = 5.2

Examples: UC 2313

Decoration: Top of Handle Blue — gap — AVb. 16 — gap — petals of the blue lotus coloured blue tapering downwards over an upper blue band, a lower blue band and a black line

Comments: Compare figure 15c. UC 2313, like other unprovenanced blue-painted sherds and vessels in the Petrie Museum, may be from Amarna. Mrs Julia Samson has kindly informed me that she recalls there being more blue-painted pottery known to be from Amarna in that collection before the Second World War than is presently so identified.

Miscellaneous

Figure 20q

Ware: Cream-coated A3

Dimensions: Ht = x9.0

Examples: UC 2312

Decoration: Front A frieze of flowers of the blue lotus flanked by buds both coloured in blue and upon red stems, within a frame of AVb. 22. Side ? As front

Comments: This fragment comes from either a square or rectangular object with a flat base and which may have supported an upper section with open-work sides. It is handmade from slabs of clay and roughly luted together. See comments under figure 20m concerning provenance.

Blue-Painted Marl Clay Types

Bowls

Footed Bowls

Figure 20a *Plate* 21a

Ware: Uncoated B1

Dimensions: RD = 18.1-19.6 Ht = 8.8 SD = 19.2 SHt = 2.9 BD = 19.4 BHt = 0.5 Foot Ht = 1.8 Base D = 4.7

Transitions: Side = angular/round Body = angular

Examples: BM 59265

Decoration: Petals of the blue lotus tapering down alternating with two overlapping petals (?) all coloured in blue, the latter below and above a daub of paint ^ AVb. 17 ^ AVa. 2 ^ AVb. 17 > AIo. 3 ^ a row of black dots above a row alternately red and blue, containing the hieroglyphic group *wꜣs* in front of *wḏꜣt* over *nb* at either end each facing inwards >

Bibliography: *British Museum Quarterly* IV (1929-30), no. 3 and pl. IVa

Comments: This fine bowl is believed to be from Amarna though it was purchased from a dealer in Luxor in 1929, and may, therefore, be from Malkata where the type was quite common.

Handled Vessels

One Vertical Handle

Figure 20 l
Ware: Uncoated B2
Dimensions: RD = 1.8 Ht = 22.3 (restored) ND = 3.0 NHt = 6.0 AD = 2.5 AHt = 4.5 BD = 6.5-7.0 BHt = 4.0-5.0
Transitions: Neck = round/angular
Examples: Fitz EGA. 4683.1943
Decoration: Rim Blue Neck Blue with calyx motif in red and black vertical lines which combine with the shape of the neck to represent a papyrus umbel — blue
Body AVb. 1 twice — petals of the blue lotus coloured blue over a medial blue band above which are red and blue dots and below which is a blue bud > below handle, blue bar ^ blue lotus flower flanked by buds all coloured in blue
Bibliography: Bourriau 1981, 79 no. 152
Comments: This unmarked piece from the Gayer-Anderson collection is one of the few surviving examples of this rare form. An example lacking only its handle was found in the tomb of Khaʿ at Deir el-Medineh (TT 8) of the reign of Amenophis III (Schiaparelli 1927, 188-9 and fig. 45). This example and another contemporary one from Malkata indicate that the restoration of the Fitzwilliam piece is incorrect. Their base and lower body formation are elaborate and modelled to imitate an open papyrus umbel on a short culm (the latter part is missing on the Malkata example). The Gayer-Anderson collection actually contains a fragment from such a base, Fitz EGA. 6006 1943; there are also three other fragments possibly from this form, Fitz EGA. 5996, 6005 and 6014.1943.

Lids

Figure 20n
Ware: Uncoated B2
Dimensions: Ledge D = 9.0
Examples: Fitz EGA. 6017.1943
Decoration: Traces of paint only
Comments: The form of the handle applied to this deep lid is unknown. Another possible example of this very rare type of lid is Fitz EGA. 6007.1943 decorated with BIa. 6; a few examples are known from Malkata.

Polychrome Decorated Nile Silt Types

Bowls

Handled Bowls-Cups

Figure 20c
Ware: White-coated A3
Dimensions: RD = 9.5 Ht = 10.5 SD = 7.5-8.0 SHt = 5.5-6.9 BD = 8.0 BHt = 0.75-2.0
Transitions: Round
Examples: Ash 1922.82
Decoration: Rim Black bars Side-Body Zig-zag lines alternately red and black — black dots flanked by black lines Base Blue, divided into quadrants by black lines each of which contains a black dot

Comments: The provenance of this vessel is presumably from Tuna el-Gebel but it was purchased by Woolley at Amarna. It displays a great deal of irregularity and is not symmetrical. Two other very similar vessels are West Berlin 20328 and 20329 which are marked Tuna but provenanced from Qurna.

Unillustrated Blue-painted Sherd Material

Petrie Museum, University College

In addition to the sherds marked Ramesseum which are discussed above there are the following, all in cream-coated A3:

UC 24594: Body sherd from a jar.

UC 24658: An upper body sherd from a short-necked jar, possibly of figure 5j; it carries the black painted potmark: (cf. p. 35, upper left).

UC 24659: Body sherd from a jar.

UC 24671: A neck sherd from a jar, larger version of figure 5h, decorated with EIIa. 1 between horizontal red lines.

UC 24672: Neck sherd from a Bes jar. The exterior has an added layer of clay which along with the vessel neck has been modelled to form the facinal features. The face is painted blue; the lips, eyes and ears are red.

The Fitzwilliam Museum

The Gayer-Anderson collection also contained the following (the accession date of the collection, 1943, is omitted in the citing of the Museum numbers):

Bowls

EGA. 6001: Sherd from a straight-sided bowl in cream-coated A3 with motif BIIIa. 1; lager version of figure 1d.

EGA. 6011-13, 6016, 6019, 6025-26 and 6028-30: Sherds from footed bowls in uncoated B1 and B2, and cream-coated A3; compare figures 1m, 20a-b and plate 1d. RD range = 14.1-18.2. They are decorated with the usual range of floral and hieroglyphic motifs encountered upon such bowls at Malkata.

EGA. 6024: Sherd from a bowl, possibly similar to figure 1a, with an RD of 14.5 in cream-coated A3

Necked Jars

EGA. 4684, 6191, 6195 and 6199: Four fragments from the necks of large jars in cream-coated A3 with motif GIIa. 1, compare figure 7a. For EGA. 4684 see Bourriau 1981, 39 no. 56.

EGA. 5999: Body sherd from a jar in cream-coated A3 with applied decoration on the exterior in the form of the *wḏ3t* eye.

EGA. 6020-1, 6196 and 6198: Four sherds in cream-coated A3 from short-necked jars; compare figure 5j.

EGA. 6027: A rim sherd, RD = 4.7, in uncoated B2 from a small narrow-necked jar with motif BIIIa. 1, compare figure 5n (Bourriau 1981, 38 no. 53).

EGA. 6185: Sherd from the neck (?) of a large jar in cream-coated A3 decorated with a large applied Hathor head; see Bourriau 1981, 38-9 no. 55. This fragment attests the rare practice of adding Hathor heads to large jars rather than the more common modelling of such from the wall of the neck.

EGA. 6186, 6168, 6190, 6201-2 and 6022 : Sherds from large storage jars in cream-coatad A3: compare figures 8-13,

EGA. 6189, 6192, 6194 and 6197: Sherds from large tall-necked, slender piriform jars in uncoated B2; larger version of figure 5e. They are decorated with large papyrus clumps and the hieroglyphic motifs of *rnpt* upon *hfn* upon *sn*; this is the standard decoration for such vessels at Malkata, where they are not uncommon.

Handled Vessels

EGA. 6000, 6009, 6015 and 6018: Fragments from the type of vessel with two vertical handles and an applied gazelle/ibex head at the neck, in cream-coated A3; see comments under figure 14h-m.

EGA. 6023: Fragment from an elaborate handle in cream-coated A3 modelled to represent *rnpt* on *hfn* on *sn*.

Lids

EGA. 6010: A fragmentary hollow lid in cream-coated A3 modelled in the form of the head of a bovid.

APPENDIX I

LIST OF DECORATIVE MOTIFS

MOTIFS EXECUTED BEFORE FIRING

A. Painted Motifs

AI Floral

AIa *White Lotus Flowers and Petals*
(Petals shown tapering upwards unless stated otherwise)

AIa. 1 Petals. Pl. 6a
AIa. 2 Petals separated by red stamens. Fig. 4g
AIa. 3 Petals separated by red inverted v-shapes. Pl. 1f
AIa. 4 As 3 but blue inverted v-shapes with black outlines. Fig. 4j
AIa. 5 Petals separated by red shapes.
AIa. 6 Petals separated by undetermined motiv. Fig. 10
AIa. 7 Petals separated by petals of the blue lotus, coloured in blue, also tapering upwards. Fig. 15m
AIb. 7b As 7 but all petals have internal black markings. Pl. 1e
AIa. 8 Petals separated by petals of the blue lotus tapering upwards; tips of petals all separated by blue buds. Fig. 2a
AIa. 9 Petals alternating with blue lotus flowers on stems which are either blue or simply red lines. Pl. 9c
AIa. 10 Open flower depicted from above, blue coloured petals with random red dots. Pl. 1a
AIa. 11 Petals tapering downwards separated by red stamens. Pl. 15c

AIb *Blue Lotus Flowers*
(with red stamens unless indicated otherwise)

AIb. 1 One flower with three petals only.
AIb. 2 Large flower on a stem.
AIb. 3 Flower without stamens and bud.
AIb. 4 Horizontal flower and bud on short stems.
AIb. 5 Flower flanked by buds, all on tall stems.
AIb. 6 Horizontal flower flanked by buds, all on very long intertwined stems which are bound together. Pl. 16c left
AIb. 7 Flower without stamens on a tall thick stem flanked by two buds in outline only, the inner on a straight stem and the outer on a wavering stem.
AIb. 8 Horizontal flower flanked by buds, all on short stems.
AIb. 9 Very large, horizontal flower flanked by buds on long, intertwined stems. Pl. 8b
AIb. 10 Flower on a stem flanked first with a black lotus leaf on a stem and then a bud on a stem.
AIb. 11 A large horizontal flower flanked by buds on stems attached to the base of the flower, where they merge with its stem. The upper bud is flanked by black leaves on wavering stems. Pl. 11b
AIb. 12 Flower flanked by buds all on stems which join at their bases, between which are small black leaves on thin stems; inverted. Fig. 15i
AIb. 13 An incomplete motif representing probably a horizontal flower flanked by buds with a flower on a stem to the right. Pl. 7d

AIb. 14 A flower without stamens topped with a mandrake/mimusop.

AIb. 15 Flower flanked by buds on a papyrus umbel.

AIb. 16 Flower on a short stem and a sprig of jasmine or Alcea Ficifolia; the lower part of the flower and the sprig are black. Identifications uncertain.

AIb. 17 Horizontal flowers.

AIb. 18 Flowers alternating with or separated by buds. Pl. 6d

AIb. 19 Inverted flowers separated by inverted buds. Fig. 5b

AIb. 20 Horizontal flowers flanked by buds.

AIb. 21 Horizontal flowers flanked by buds which are attached to the base of the flower by a short stem.

AIb. 22 Flowers on tall stems which are over a group consisting of one line, one band and two lines, all in black.

AIb. 23 Flowers without stamens alternating with lotus leaves.

AIb. 24 Flowers without stamens alternating with buds in outline only and leaves; all in black.

AIb. 25 Large flowers flanked by buds all on intertwined stems, including one black leaf.

AIb. 26 Flowers on stems alternating with buds on stems and separated by leaves on wavering stems.

AIb. 27 As 26 but with buds in outline.

AIb. 28 Flowers on stems over a blue band at the base of the flowers; below the band are groups of a bud on a stem and a wavering line, possibly with a lotus leaf in outline. One of these groups may have a bud rather than a leaf in outline. Pl. 1d upper left

AIb. 29 Flowers without stamens alternating with bunches of grapes.

AIb. 30 As 29 but inverted.

AIb. 31 Inverted flowers without stamens separated by mandrakes/mimusops.

AIb. 32 Large flowers on tall stems separated by small flowers on short stems which support mandrake/mimusop fruits; the stems are separated by black lotus leaves on stems. There is a row of black dots at the base of the stems; the fruits are coloured alternately all blue or red with a blue calyx. Pl. 5d

AIb. 33 A large central flower on a stem flanked first by another smaller flower supporting a mandrake/mimusop fruit and then a bud on a stem, which is in turn flanked by small black leaves on stems. The central flower is depicted with three large petals and then three tiers of small petals on short, horizontal lines. Fig. 16g

AIb. 34 A clump of flowers and small buds on long black stems, some of which curl, above cursorily drawn large black leaves on stems. Pl. 19f

AIb. 35 A clump comprising flowers on stems alternating with a papyrus umbel on a stem supporting a bud and separated by small black buds/closed leaves on wavering stems. Fig. 16j

AIb. 36 A clump showing large flowers on stems alternating with small flowers on stems which support a mandrake/mimusop, separated by buds on stems; all flanked by flowers on bent stems. Pl. 11a

AIb. 37 A clump formation of flowers alternating with buds all on tall stems, separated by black buds/closed leaves on stems, all flanked by a flower upon a bent stem. At the base of the stems are black zigzag lines representing water. Fig. 16j

AIc *Blue Lotus Petals Tapering Upwards*

AIc. 1 Petals.

AIc. 2 Tall petals separated by red stamens. Pls 5d and 6c

AIc. 2b As 2 but petals have a vertical black line. Fig. 20j

AIc. 3 Tall petals separated by inverted red v-shapes. Fig. 20i

AIc. 3b As 3 but petals have a vertical black line. Fig. 20h

AIc. 4 As 3 but v-shapes in black outline only.

AIc. 5 Tall petals separated by short petals. Fig. 8e

AIc. 5b As 5 but the black outlines of the petals are drawn over a solid blue band, except at the tips of the petals. Pl. 4c

AIc. 6 Petals with a central vertical, black line separated by thin petals without this line. Pl. 7c

AIc. 7 Petals separated by other thinner petals all separated by red stamens.

AIc. 8 Tall petals separated by shorter petals above a group of black lines, a blue band, another group of black lines and a wide blue band; the petals are all separated by red stamens. Pl. 6b

AIc. 9 Tall petals separated by smaller petals with intervening red stamens; the lower parts of the large petals are over a series of lines, alternately red and black.

AIc. 10 Petals over a red line flanked by dots and possibly separated by thinner petals.

AIc. 11 Tall petals alternating with floral bouquets consisting of two bundles of stems with a row of irregular dots between them, supporting a blue lotus flower flanked by buds. The bundles of stems are flanked black lines. Pl. 8a-b

AIc. 12 Petals over a basal red band.

AIc. 13 Petals over five red lines and one black line. Fig. 13b

AIc. 14 Petals over a basal blue band, two medial red lines and a red band. Pl. 6d

AId *Blue Lotus Petals Tapering Downwards*

AId. 1 Short petals without outlines.

AId. 2 Petals with outlines. Pl. 1f

AId. 3 Petals separated by red stamens. Pls 3c and 5d

AId. 4 Petals alternating with red stamens.

AId. 5 Petals alternating with red stamens; a section of the upper part of the petal is not coloured but set off from the lower part by a straight black line.

AId. 6 As 5 but upper section marked by a convex line.

AId. 7 Petals over an upper blue band below which are intervening red stamens. Pl. 4a right

AId. 8 Petals over two blue bands flanked with black lines below which are intervening red stamens.

AId. 9 Petals over a red line flanked by blue bands which are flanked by black lines below which are intervening red stamens.

AId. 10 Petals over two blue bands flanked by black lines all of which flank a central red line, below these are intervening red stamens.

AId. 11 Petals separated by buds. Fig. 6k and 15f

AId. 12 Petals alternating with buds on red stems.

AId. 13 Short petals alternating with buds flanked by red and black dots.

AId. 14 Petals alternating with buds below four dots, two of which are blue and the others red and black.

AId. 15 Petals alternating with buds below a daub of paint which is alternately red and black or blue and black. Pl. 14b

AId. 16 Petals alternating with buds attached to two dots flanking a daub, placed vertically; the dots are blue and the daubs alternately red and black.

AId. 17 As 16 but the buds are not attached to the dots and daubs. Pl. 4d.

AId. 18 As 16 but the daubs are alternately red, black and blue and the dots are blue and black. Pl. 14b

AId. 19 Petals alternating with buds below two dots alternating with two daubs, all connected and commencing at the top with a daub; the dots are blue and the daubs red. Pl. 3c.

AId. 20 Petals alternating with buds below three dots, the central one of which is red and the others blue. The area above the dots is blue and edged with a black line. Pl. 16c.

AId. 21 Petals over an upper and a medial blue band flanked by black lines, between which are dots coloured alternately red and black and below which are buds.

AId. 22 As 21 but the dots are all red. Pl. 2b.

AId. 23 Petals over two blue bands below which are buds.

AId. 24 Petals over an upper blue band and three black lines below which are buds.

AId. 25 Petals over an upper blue band and a red line flanked by black lines below which are buds.

AId. 25b As 25 but with an upper red band. Pl. 7a.

AId. 26 Petals over an upper blue band and four black lines below which are buds.

AId. 27 Petals over an upper and a medial blue band both flanked with black lines below which are buds.

AId. 28 Petals separated by other slenderer petals and with intervening red stamens.

AId. 29 As 28 but the petals alternate.

AId. 30 Petals alternating with short petals below a red daub. Pl. 4a centre left.

AId. 31 As 30 but with dots instead of daubs, coloured alternately red and blue or black and blue.

AId. 32 Petals over six black lines below which are shorter petals. Pl. 17b.

AId. 33 Petals over two blue bands flanking black lines below which are short petals. Pl. 17a.

AId. 33b As 33 but only one blue band. Pl. 5a (lid).

AId. 34 Petals over an upper blue band flanked with brown lines below which are two or three overlapping petals (?).

AId. 35 Petals separated by red v-shapes.

AId. 36 Petals between two red bands.

AId. 37 Petals drawn in outline over an upper blue band; occasionally the tips are not coloured blue. Fig. 5b and Pl. 1a.

AId. 38 Petals over an upper blue band the lower edge of which is delineated with a black line.

AId. 39 Petals over an upper red band and tips separated by stamens. Pl. 5d.

AId. 40 Petals over three medial lines, the central one red and the outer two black. Pl. 2a.

AId. 41 Petals over five medial black lines.

AId. 42 Petals over a medial blue band flanked by black lines. Fig. 6e.

AId. 43 Petals over a medial red band flanked by black lines.

AId. 44 Petals over a medial black band and five black lines.

AId. 45 Petals with tips over a blue band. Fig. 1g.

AId. 46 Petals with tips over three black lines.

AId. 47 Petals with tips over three lines, the central one red and the outer two black.

AId. 48 Petals with tips over four black lines.

AId. 49 Petals with tips over five black or red lines.

AId. 50 Petals with tips over six black lines.

AId. 51 Petals with the lower part over two black bands and two black lines.

AId. 52 Petals over two medial black lines and four black lines under the tips.

AId. 53 Petals over two blue bands flanked by black lines; the bands may occupy either all or only part of the available space.

AId. 54 As 53 but one of the bands is red.

AId. 55 Petals over a wide upper blue band and a medial blue band flanked by black lines.

AId. 56 Petals over a medial red line flanked by blue bands edged with black lines; the tips of the petals are not coloured.

AId. 57 Petals over an upper wide blue band, three lines and a thin blue band flanked by black lines. Fig. 8e.

AId. 58 Petals over an upper blue band, three lines, the central one of which is black and the outer two red, and a blue band flanked by black lines.

AId. 59 Petals over two blue bands flanking by four black or red lines.

AId. 60 Petals over a blue band, a red band and four black lines. Pl. 1d bottom right.

AIe *Lotus Buds and Leaves*

AIe. 1 Two buds side by side.

AIe. 2 A bud on a short stem.

AIe. 3 A bud on a tall stem. Fig. 16h.

AIe. 4 Two buds on stems side by side. Pl. 16b.

AIe. 5 Row of buds.

AIe. 6 Buds in black outline on thin black stems, the top of the stem over a black line. Fig. 20b.

AIe. 7 Buds alternating with inverted blue cornflowers and fruits (?).

AIe. 8 Buds alternating with red bars. Pl. 3b.

AIe. 9 Buds separated alternately by red and black dots.

AIe. 10 Buds alternating with two dots flanking a daub; the latter is alternately red or black and the dots red.

AIe. 11 A large leaf on a thin black, wavering stem. Pl. 16c.

AIe. 12 Two small black leaves on thin black, wavering stems of different heights.

AIe. 13 A clump of small black leaves on thin black, wavering stems, alternately tall and short.

AIf. *Papyrus Umbels*

AIf. 1 Umbel with black markings and a red inflorescence drawn as a solid line.

AIf. 2 Umbels without markings and a solid red inflorescence on alternately tall and short culms.

AIf. 3 Umbel without markings and with solid red inflorescence flanked by buds.

AIf. 4 An umbel without markings or inflorescence but with calyx upon a culm flanked by buds on culms.

AIf. 5 An umbel without detailing upon a short culm flanked by buds on short culms.

AIf. 6 Umbels without detailing alternating with buds and separated from them by small black leaves all on long thin, black wavering stems which project into a lower decorative panel.

AIf. 7 Umbels with black markings and red inflorescence alternating with blue lotus flowers with red stamens topped by blue mandrake/mimusop fruits, all on stems/culms.

AIf. 8 Inverted umbels with red inflorescence and calyx upon stems separated by cursorily drawn blue buds on stems; the formation is that of an arc.

AIf. 9 Inverted umbels with black markings and calyx on culms; the umbels are separated by mandrakes/mimusops with red fruit and blue calyx. The culms are drawn over three blue bands alternating with two red lines with black vertical lines. Pl. 10b.

AIf. 10 An umbel with calyx upon a culm from which shoot black oblique lines on either side, alternating with a chrysanthemum flower with hollow centre upon a papyrus umbel with black markings and solid red inflorenscence.

AIg *Papyrus Clumps*

AIg. 1 A simple clump comprising an umbel with calyx on a culm flanked first by small black leaves on black stems and then by buds on culms.

AIg. 2 A simple clump with a central umbel on a tall culm topped with a second umbel flanked by mandrakes/mimusops; this is flanked by umbels on shorter culms. The umbels have all a red, dotted inflorescence and calyx indicated; the fruits are red with blue calyxes. Pl. 8a.

AIg. 3 Alternating umbels and buds on culms.

AIg. 4 Umbels on alternately tall and short culms with a calyx design at the base of the culms filled with red. Pl. 6d.

AIg. 4b As 4 but with intervening buds on culms.

AIg. 5 Umbels on culms alternate with buds on culms, flanked by a bent culm supporting an umbel.

AIg. 6 As 5 but with a calyx design at the base of the culms. Fig. 16d.

AIg. 7 A central umbel upon a short culm topped with another umbel and flanked by alternating umbels and buds on culms, ending with a bent culm supporting an umbel. The lower umbel on the central culm cuts across the culms supporting the buds on eithei side and therefore makes it appear as though the upper umbel is flanked by buds. Pl. 12c.

AIg. 8 A central umbel upon a short culm topped with another umbel flanked by buds, then alternating tall and short culms with umbels ending with an umbel upon a bent culm.

AIg. 9 As 8 but with a series of five to six zigzag lines at the base of the culms, probably representing calyxes, and the first tall culm on either side of the central culm supports a mandrake/mimusop with red fruit and blue calyx. Pl. 1d upper right.

AIg. 10 Umbels on tall culms alternate with umbels on short culms topped with a mandrake/mimusop and separated by small black buds/closed leaves on culms. This is then flanked by a bud on a tall culm and an umbel upon a bent culm. The umbels have calyxes indicated and red dotted inflorescences.

AIg. 11 Umbels on culms alternating with an element that most resembles an open leaf on a stem, flanked by bent culms supporting umbels and separated by small black leaves on short black stems. The umbels have marked calyxes and red dotted inflorescences.

AIg. 12 Umbels on culms alternating with either buds on culms or mandraks/mimusops on stems, separated by thin black leaves on black stems and flanked by umbels on bent culms. There is a calyx design at the base of the culms. The umbels have calyxes and red dotted inflorescence; the fruits are red with blue calyxes. Fig. 16g.

AIg. 13 A central umbel on a culm topped with two mandrakes/mimusops, flanked by umbels on alternately tall and short culms, separated by black leaves on black stems, ending with an umbel upon a bent culm. The fruits are red with blue calyxes. Fig. 16h.

AIg. 14 An umbel upon a short culm topped with another umbel, flanked by red mandrake/mimusop fruits on tall stems. The fruits are shown on either side of the upper umbel and the lower umbel cuts across the stems. Two umbels with an intervening bud all on tall culms flank this group, terminating at two umbels upon bent culms. Each culm is separated by a small black leaf upon a wavering black stem. There is a calyx design at the base of the clump. Fig. 17c and P!. 20a.

AIg. 15 A central umbel upon a culm topped with another umbel flanked by blue lotus flowers supporting mandrakes/mimusops. This is flanked by thin buds on culms then umbels on tall culms alternating with umbels on short culms which are topped with blue lotus flowers supporting mandrakes/mimusops. The latter are all shown red with blue calyxes. The representation of this clump is incomplete; it may have ended with umbels upon bent stems. Pl. 7c-d.

AIg. 16 A short central culm supports an umbel topped with a mandrake/mimusop fruit and is flanked by small black leaves on wavering stems which are flanked by buds on short stems. On either side of this are umbels on tall stems. That to the right is flanked by black leaves on wavering stems (?) and to its right are an oddly shaped bud upon a notched culm, an umbel on a tall culm flanked by black leaves on wavering stems (?) and finally an umbel upon a bent culm. The tall culm to the left of the central group has a single leaf on a wavering stem to its left, then a black leaf (?) on a tall notched stem and an umbel upon a bent stem. The arrangement is asymmetrical; the outer parts of the motif overlap motifs to the left and right.

For another papyrus clump see pl. 21b-c.

AIh *Cornflowers*

AIh. 1 Inverted flowers with black seed vessels.
AIh. 2 Inverted flowers with black seed vessels over four black lines.
AIh. 3 Inverted red flowers with black seed vessels.
AIh. 4 Inverted flowers alternately red and blue with black seed vessels.
AIh. 5 Inverted flowers with alternately red and black seed vessels; the tips of the flowers are over a black line.
AIh. 6 Inverted flowers with alternately red and blue or blue and black seed vessels over a blue band.
AIh. 7 Inverted flowers with hatched seed vessels over a blue band.
AIh. 8 Inverted flowers with only two petals indicated and with red seed vessels.
AIh. 9 Inverted flowers alternating with red fruits (?).
AIh. 10 Inverted flowers (?) with alternately red and black seed vessels, separated by red fruits (?) on stems. Pl. 14a.
AIh. 11 Inverted flowers with a hollow seed vessel separated by red fruits.
AIh. 12 Inverted flowers with no petals marked and small seed vessel separated by red fruits.
AIh. 13 Inverted flowers with small seed vessels alternately red and black separated by small fruits, the upper parts over a blue band.
AIh. 14 Inverted red flowers alternating with bunches of grapes.
AIh. 15 Inverted flowers with hatched seed vessels alternating with mandrakes/mimusops alternately red with a blue calyx and a blue calyx only.
AIh. 16 Inverted flowers separated by a red and a blue dot.
AIh. 17 Inverted flowers with no petals marked separated by a blue dot below a red arc. Fig. 1m.

AIi *Mandrakes/Mimusops*

AIi. 1 Inverted fruits alternately all blue and with a blue calyx only.
AIi. 2 Inverted fruits alternately red with a blue calyx and all blue. Pl. 9c
AIi. 3 As 2 but not inverted.
AIi. 4 Fruits coloured alternately one all blue, one red with a blue calyx, one blue and one with a blue calyx only. Pl. 2b.
AIi. 5 Fruits separated by a dot, alternately red and black, encircled in blue; a row of black dashes connects the bases of the fruits. From the bases of the fruits and the dots project lines of black dashes possibly intended to represent stems. The motif is in the formation of an arc and may form part of a floral bouquet, see motif AIn. 3.
AIi. 6 Fruits, red with a blue calyx, against a background of horizontal and vertical lines which form a grid. The squares are coloured randomly blue; it is possible that the intention was to have the squares alternately blue and cream (the colour of the reserved slip).

AIj *Grapes/Vines*

AIj. 1 Bunches of grapes with black fruit alternating with inverted cornflowers which are red with a black line at the top of the flower; the latter are almost triangular and have a very small seed vessel
AIj. 2 Bunches of grapes with black fruit alternating with lotus leaves and inverted cornflowers without seed vessels.
AIj. 3 As 2 but larger and cornflowers have small black seed vessels.
AIj. 4 An undulating red vine branch supporting on one side only alternating bunches of grapes and leaves separated by two black tendrils. Pl. 4d.
AIj. 5 As 4 but with three tendrils. Fig. 16f.
AIj. 6 As 4 but with grapes, leaves and tendrils on both sides of the branch.

AIk *Miscellaneous*

AIk. 1 A single flower, possibly a chrysanthemum, with petals coloured in sequence blue, red, blue, black etc. Pl. 7c.

AIk. 2 Flowers, possibly chrysanthemums, with overlapping petals and a red dot within the hollow centre. Pls 4a left and 15b.

AIk. 3 A sprig of jasmine (?), with black stem flanked by red leaves and supporting a red flower.

AIk. 4 A sprig of jasmine or *Alcea Ficifolia* beside a blue lotus flower on a short stem; the lower part of the lotus is black as is the sprig. The identifications are uncertain; this motif is repeated in the list of lotus flower motifs as AIb. 16.

AIk. 5 An undulating stem supporting leaves upon both sides, all black; possibly convolvulus. The sherd upon which this motif is painted does not carry blue, but another one probably from the same vessel does.

AIk. 6 A shrub or flower on a long stem flanked by pointed leaves and terminating at a three-petalled flower. Pl. 16d.

AIk. 7 A shrub with long leaves; the area between the terminal three leaves is filled with red to produce a flower resembling that of the blue lotus. Pl. 16d.

AIk. 8 The lower part of a shrub (?) comprising a stem with calyx markings at its base and oblique leaves on either side. Pl. 20b upper right.

AIm *Floral Collars* (the sequence of motifs commencing at the centre is indicated by —)

AIm. 1 Black dots flanked by black lines — overlapping petals over a medial red line — gap — petals of the blue lotus tapering downwards — black line — buds separated by black dots at their tips — black line — inverted flowers of the blue lotus separated by inverted buds — black line — inverted cornflowers separated by a red dot below a blue dot — black line — petals of the blue lotus tapering downwards, tips connected by short black arcs. Pl. 12a.

AIm. 2 Overlapping petals — petals of the blue lotus tapering downwards — inverted cornflowers — petals of the blue lotus tapering downwards. The collar commences with a black line and each motif is separated by such a line. Pl. 4a centre right.

AIm. 3 A central *wḏꜣt* in black — black dots flanked by black lines — overlapping petals over a medial red line — gap — black line — petals of the blue lotus tapering downwards separated by red stamens at their tips — black dashes — inverted cornflowers (?) with very small black seed vessels, touching at the tips and separated by black dots near the seed vessels, with black dots at the tips of the flowers — gap — black line — petals of the blue lotus tapering downwards separated by red stamens at the tips — inverted mandrakes/mimusops alternately all blue and blue with red calyxes — black line — petals of the blue lotus tapering downwards separated by red stamens at the tips — black dashes — inverted cornflowers alternating alternately with bunches of grapes and mandrakes/mimusops — black line — petals of the blue lotus tapering downwards — black dashes. Fig. 16i.

AIm. 4 A central group of a black *nfr* flanked by black *wḏꜣt* eyes on *nb* with vertical markings — black line — overlapping petals — black dashes — inverted cornflowers with large seed vessels and only two petals indicated separated by red dots; the motif commences at each end with a flower of the blue lotus — blue band flanked by black lines — petals of the blue lotus tapering downwards — blue band flanked by black lines — buds separated by red daubs — black line — petals of the blue lotus tapering downwards — blue band flanked by black lines with overlaid dots — mandrakes/mimusops in red with blue calyxes on either side of a short frontal row of petals of the blue lotus tapering downwards — blue band flanked by black lines. Pl. 8c and Fig. 17b.

AIm. 5 Central group as 3 — black line — overlapping petals — black line — petals of the blue lotus tapering downwards — blue band flanked by black lines — buds — black line — petals of the blue lotus tapering downwards — blue band flanked by black lines — mandrakes/mimusops — black line — petals of the blue lotus tapering downwards — blue band flanked by black lines. Pl. 11b.

AIm. 6 Central group of four blue *nfr* signs separated by three black *ḏd* pillars, flanked by *rnpt* in black with crenated edge, all on a blue *nb* — blue band flanked by black lines — overlapping petals over a medial red line — black line — petals of the blue lotus tapering downwards — inverted cornflowers (?) alternating with other cornflowers and separated by red dots — black line — petals of the blue lotus tapering downwards — mandrakes/mimusops on a blue band — inverted flowers of the blue lotus separated at the top by mandrakes/mimusops in red with blue calyxes.

AIm. 7 Central elements uncertain — black line — overlapping petals — petals of the blue lotus tapering downwards separated by red and black dots — blue band flanked by black lines — diamond shapes separated by red and black triangles at the tips — petals of the blue lotus tapering downwards separated by buds — blue band flanked by black lines — inverted flowers of the blue lotus alternating with bunches of grapes — blue band flanked by black lines — overlapping petals. Pl. 7d.

AIm. 8 A simple collar (?) comprising three widely spaced festoons of petals, the first overlapping and the second and third petals of the blue lotus tapering downwards, all coloured blue.

AIn *Floral Bouquets* (including some motifs with the structure of a bouquet only; sequence of motifs, commencing at the base, is indicated by —)

AIn. 1a Four groups of papyrus umbels flanked by buds placed vertically; the umbels have black markings.

AIn. 1b As 1 but umbels lack black markings and have calyxes. Pl. 20b lower left and upper centre.

AIn. 2 A lotus flower flanked by buds and repeated vertically four times. Pl. 1d upper right.

AIn. 3 A flower of the blue lotus flanked by buds — large flower of the blue lotus flanked first by others which are smaller and then buds. It is possible that this was topped with a row of mandrake/mimusop fruits which have been described separately under AIi. 5.

AIn. 4 Three groups of a flower of the blue lotus flanked by buds placed vertically, supported in a rectangular stand.

AIn. 5 A flower of the blue lotus — a papyrus umbel flanked by buds — a flower of the blue lotus flanked by buds. Pl. 19e.

AIn. 6 A flower of the blue lotus upon a stem flanked by buds on stems — papyrus umbel flanked by buds — flower of the blue lotus flanked by buds. The lotus flowers have red stamens. Pl. 15d.

AIn. 7 Three groups of a papyrus umbel flanked by buds placed vertically — flower of the blue lotus flanked by buds — a mandrake/mimusop in outline with a blue calyx. Pl. 10b.

AIn. 8 A papyrus umbel flanked by buds all on short culms — two groups of a papyrus umbel flanked by buds placed vertically — flower of the blue lotus flanked by buds.

AIn. 9 As 8 but the flower supports a mandrake/mimusop in red with a blue calyx. Pl. 10a-b.

AIn. 10 As 8 but the flower of the blue lotus has only one bud to its right. Pl. 10a.

AIn. 11 As 8 but the fruit is located to the right of the flower through lack of space. Pl. 11a.

AIn. 12 Two short culms — three short culms — red bar — papyrus umbel — red bar — papyrus umbel — red bar. The second group of stems may represent an abbreviated papyrus umbel. Pl. 19e.

AIn. 13 Rectangular support — bound stems — a thick red bar, the upper corners of which project into points — papyrus umbel with a solid red inflorescence — flower of the blue lotus with a bud to its right. Pl. 12b.

AIn. 14 Stems with binding indicated by two black lines at their tops — red dots — stems with a medial red line indicating binding — papyrus umbel — papyrus umbel or flower of the blue lotus — as the last — blue dots on a red band — papyrus umbel. Pl. 15a right.

AIn. 15 Tall stems with medial binding — papyrus umbel and a flower of the blue lotus flanking a bud — blue dots on a red band between blue bands flanked with black lines and with short vertical black lines — papyrus umbels or flowers of the blue lotus flanking a bud — dot and band motif repeated — umbels/flowers flanking a bud — dot and band motif repeated — umbels/flowers flanking a bud. The identifications are uncertain as a result of the cursory drawing. Pl. 15a right.

AIn. 16 Two groups of stalks placed vertically on either side of a row of dots between black lines — flower of the blue lotus — flower of the blue lotus flanked by two buds.

AIn. 17 Tall stems with medial and upper binding indicated by a red band — flower of the blue lotus flanked by buds — mandrake/mimusop fruit.

AIn. 18 Tall stems with medial binding indicated by a blue band flanked by black lines — flower of the blue lotus with a row of black dashes at the tips of the petals — four flowers of the blue lotus separated by three small buds with a row of black dashes at the tips of the petals.

AIn. 19 As 18 but the single flower of the blue lotus is accompanied by a bud and there are no dashes at the tips of its petals. Pl. 12b.

AIn. 20 A wide blue band with four overlaid black lines — tall ovals alternately coloured red and blue, possibly representing stems — a blue band flanked by black lines — cornflowers with large seed vessels — two large flowers of the blue lotus alternating with three buds. Pl. 7d.

AIn. 21 Short vertical bars under horizontal bars set within a rectangular frame — red dots — tall vertical bars which flare slightly to the top where there is a red line (this may represent a papyrus umbel) — red dots below tall vertical red bars flanked by thin black lotus leaves — two rows of dots, one red and one black, flanking horizontal bars within a rectangular frame — papyrus umbel with solid red inflorescence — two flowers of the blue lotus flanking a bunch of grapes and separated from it on the left by a short black tendril and on the right by a lotus leaf on a short stem (?). Flanking the lower part of the bouquet are two inverted flowers of the blue lotus; it is uncertain whether they are to be regarded as part of the bouquet. Fig. 17c and Pl. 20a.

AIn. 22 A partially preserved bouquet, the lower sections probably identical to those of 21. The final section comprises a central flower of the blue lotus on a short feathered stem flanked by similar flowers on plain stems separated by buds on short stems. Small thin black leaves on short straight or wavering stems intervene. Fig. 17c and Pl. 20a.

AIn. 23 An incomplete bouquet comprising a papyrus umbel — three (?) flowers of the blue lotus alternating with two buds and separated by black lotus leaves on very short stems.

AIn. 24 The upper part only of a bouquet preserving vertical blue bars — papyrus umbel with a mandrake/mimusop.

AIn. 25 The upper part only of a bouquet: set within a dome-shaped outline are two rows of black dashes on the right and two rows of black dots above a row of dashes on the left — petals of the blue lotus tapering down separated by stamens — black line — two rows of black dots below petals of the blue lotus tapering downwards on either side of a vertical bar — black line — black dots repeated vertically and horizontally to fill the top of the frame, which supports two flowers of the blue lotus facing outwards. It is quite uncertain whether this motif is to be interpreted as a bouquet; it may represent part of a table of offerings, compare *COA* III, 41 figure 10. Fig. 16i.

AIo *Identification as Floral Motifs Uncertain.*

AIo. 1 Overlapping petals (?). Pl. 3b.

AIo. 2 Overlapping petals with a medial red line. Pl. 2a.

AIo. 3 Overlapping petals with a medial red line arranged in a wide low U-shape. Fig. 20a and Pl. 21a

AIo. 4 Overlapping petals over two widely spaced red lines.

AIo. 5 As 4 but lines in close proximity.

AIo. 6 Overlapping petals over two blue bands flanking a red line. Fig. 4i.

AIo. 7 Overlapping petals over three blue bands and one red line.

AIo. 8 Overlapping petals over three blue bands alternating with two red lines.

AIo. 9 Overlapping petals over three groups of a red line flanked by blue bands and then black lines.

AIo. 10 Overlapping petals over eight bands coloured alternately blue and red.

AIo. 11 Flowers (?) with four oval-shaped petals, attached at the centre to form a cross shape, repeated in horizontal rows. This may be a geometric design.

AIo. 12 As 11 with black dots at their centres and where the petals touch, and randomly placed blue dots.

AIo. 13 As 11 with black dots at the centre and in one horizontal row only.

AIo. 14 As 13 with black dots also where tips of petals touch and blue dots in the intervening spaces. Pl. 2b

AIo. 15 Black v-shapes with a central black vertical line over three upper black lines. The v-shapes may be inspired by tapering petals.

AIo. 16 An incomplete motif preserving a stem (?) formed by two vertical black lines which contain groups of two horizontal lines, flanked by slightly inclined thin, long blue bars outlined in black. To the right side are added red dots/dashes. It probably supported a flower or papyrus umbel. Pl. 1d upper right.

AII Faunal

AIIa *Birds*

AIIa. 1 A pintail duck with wings outstretched and details in red and black, either taking to flight or about to land, shown facing either right or left. Pl. 6d.

AII.a 2 A pintail duck with outstretched wings and details in red and black pecking at a flower of the blue lotus which originally formed part of a large floral group, the composition of which cannot now be determined. Pl. 20b lower right.

AIIa. 3 A pintail duck with details in red and black shown in flight above a flower of the blue lotus and with two sprays of an unidentifiable shrub behind its wings. The sprays have red stems with blue leaves. Pl. 1c.

AIIa. 4 Five inverted pintail ducks; drawn with one communal body and set of wings but five necks and heads. They peck at flowers of the blue lotus. Pl. 10a-b.

AIIa. 5 The wing (or feather?) of a bird, shown extended and placed vertically; it has black markings.

(For other representations of ducks see below under AIIb. 8, AIId. 2, AIIIa. 1, fig. 20o-p and pl. 21b-c).

AIIb : *Fish* (only the *int*, Tilapia Nilotica, has been identified).

AIIb. 1 A single fish eating a small bud on a stem; the fish is in outline only with brown markings. The structure may have been that of a more elaborate group and the bud part of a larger clump. Pl. 1b.

AIIb. 2 A single fish in outline only with red and brown markings beside a lotus clump. The fish may have been part of an alternating motif with the clump or formed a group with it.

AIIb. 3 A small fish with black markings and a bud upon a black stem projecting from its mouth. Pl. 13a.

AIIb. 4 A fish in outline only with black markings eating a flower of the blue lotus which is flanked by buds, all on short stems.

AIIb. 5 A fish with black markings eating a flower of the blue lotus and three buds, on black stems. Pl. 13c.

AIIb. 6 A fish with black markings eating two flowers of the blue lotus, one very large, and four buds, on black stems. Pl. 13b.

AIIb. 7 A fish with black markings eating three flowers of the blue lotus, one of which is very large, and five buds, on black stems. Pl. 13c.

AIIb. 8 A fish with black markings eating a flower of the blue lotus flanked by buds, on short black stems. It is depicted below part of a papyrus clump and to the right of the lotus flower is a standing duck. These occur upon a sherd and it is, therefore, uncertain whether all of these elements are to be regarded as a single motif. Pl. 20b lower left.

AIIb. 9 A small fish with black markings beneath a floral element, though not a papyrus clump; it is uncertain whether it is represented as eating flowers. Pl. 20b upper centre.

AIIb. 10 A fish with black markings eating a flower of the blue lotus which is flanked by buds, on long black stems; only the flowers are visible. Pl. 20b bottom left, on left.

AIIb. 11 A fish coloured blue with black details eating a flower of the blue lotus flanked by buds all on short stems.

AIIc *Gazelles and Ibexes* (Gazella Dorcas and Capra Nubiana)

AIIc. 1 A standing gazelle with short lyrate horns, drawn in outline only. The horns are unusually short, possibly the result of lack of space. Pl. 19f.

AIIc. 2 A standing gazelle with an inverted flower of the blue lotus above its back and part of a lotus clump to its right; only the head and neck of the animal are preserved. The shape of the horns is characteristic of the dorcas gazelle, but not the short beard. Fig. 16e.

AIIc. 3 A gazelle, ibex or even goat with red markings, standing upon its hind legs as though eating from a shrub. The head of the animal is not preserved so that it cannot be identified with certainty. Pl. 20b upper right.

AIId *Miscellaneous*

AIId. 1 Frisking ponies with reins around their necks. One (a) is completely preserved and is coloured reddish brown with a blue mane. A second (b), partly preserved, is coloured black with a blue mane. Pl. 1a.

AIId. 2 A large bull decked with a floral collar, from which depends a flower of the blue lotus and a bud, and with a flower of the blue lotus upon its head. Over its back is a decorated cloth upon which is seated a duck; the bull is being led by a leash which is grasped by a human arm. As the bull probably represents one of the sacred bulls of Egypt, it is likely that the arm is that of a priest. The animals have red and black details. Pl. 19d.

AIId. 3 A monkey sitting upon a cushion eating a fruit which it holds with its front paws. It is coloured in blue with brown details; the cushion is blue with black lines and the fruit is blue. (This unique representation is preserved upon a sherd now on display in East Berlin).

AIII Humans and Divinities

AIIIa *Humans.*

AIIIa. 1 A squatting man with red skin colour, a shaven head and a very large eye, in front of a pool containing cursorily drawn plants (papyrus?), drawing in a net, above which hovers a pintail duck. The plants are black, as is the string of the net; the bird has brown markings. Pl. 19a.

AIIIa. 2 A man, possibly a Nubian, in a papyrus skiff paddling through a marsh. He is coloured red, has unkempt hair and a hairy chest and wears a blue kilt and a floral collar (?) around his neck; the paddle is black. Fig. 16c and Pl. 19c.

AIIIb *Divinities.*

AIIIb. 1 The head and upper torso of Bes wearing a five-feathered head-dress. The facial features are quite human; he wears a full striped wig and a long beard, resembling a lion's mane. Fig. 16a.

AIIIb. 2 The head and upper torso of Bes wearing a five-feathered head-dress. The facial features are distinctly leonine, as are the ears and mane. Fig. 16a.

AIIIb. 3 The head and upper torso of Bes wearing a three-feathered head-dress and with leonine head. Flowers of the blue lotus upon short stems flank the head. Fig. 16a.

AIV Hieroglyphic

AIVa *Motifs with One Hieroglyph.*

AIVa. 1 A black *ʿnḫ*.

AIVa. 2 A blue *ʿnḫ* with black outlines.

AIVa. 3 A black *wḏꜣt*.

AIVa. 4 A black *nfr*.

AIVa. 5 Three *nfr* signs.

AIVa. 6 A black *wꜣs*.

AIVb *Motifs with Several Hieroglyphs.*

AIVb. 1 A black *wḏꜣt* on *nb*.

AIVb. 2 Black *wḏꜣt* eyes alternating with a group of seven *nfr* signs; the eyes look in different directions. The *nfr* signs are alternately red and black with blue dots on their lower parts. Fig. 18b.

AIVb. 3 A *šn* supporting a black *ḫfn* under a black *rnpt*.

AIVb. 4 As 3 but the *rnpt* is blue and has a crenated edge.

AIVb. 5 A rectangular support with horizontal black lines upon which are a *šn* with a red bar under a black *ḫfn* and a blue *rnpt* with a notched edge. Pl. 19e.

AIVb. 6 A large *ʿnḫ* in the loop of which is a *nb* supporting five *nfr* signs with alternately red and blue lower parts and red and black upper parts. Flanking the loop of the *ʿnḫ* are flowers of the blue lotus themselves flanked by buds, on stems. Depending from the arms of the *ʿnḫ* are papyrus umbels flanked by buds all on culms, below which are flowers of the blue lotus flanked by buds. Pl. 9b.

AIVb. 7 A *nb* containing five undulating lines alternately red and black, supporting a central *nfr* flanked by *ʿnḫ* signs from the junction of the arms and loop of which sprout buds on stems. These signs are separated by small black *ʿnḫ* signs. At the edge of the *nb* sign there is a hybrid sign consisting of the lower part of a *wꜣs* and the upper part of a *wꜣḏ*. From the sides of the *nb* project floral bouquets of type AIn. 12 described above, while a bud on a stem projects out from underneath the *nb*. It is uncertain whether these floral elements are to be regarded as part of the main motif. Pl. 19e.

AIVb. 8 An incomplete motif preserving a black *wḏꜣt* with two black *nfr* signs.

AIVb. 9 A partially preserved motif of a red arm uplifting a blue *nb* which supports four *nfr* signs, alternately blue and red; there may originally have been five *nfr* signs, three red and two blue. It is possible that the arm was attached to a large *ʿnḫ*. Pl. 19b.

AV Abstract

AVa *Dots, Circles and Ovals.*

AVa. 1 Blue dots.
AVa. 2 Black dots. Fig. 20a.
AVa. 3 Irregular red dots. Pl. 4b-c.
AVa. 4 Regular red dots. Pl. 1e.
AVa. 5 Blue circles.
AVa. 6 Red circles.
AVa. 7 Red dots between black lines. Fig. 8e and Pl. 4a right.
AVa. 8 Black dots between black lines. Fig. 10a.
AVa. 9 Blue dots flanked by black lines. Pl. 14a.
AVa. 10 Red circles flanked by black lines. Pl. 5b.
AVa. 11 Black line with overlaid red dots. Fig. 1o.
AVa. 12 Red band flanked by black lines and with overlaid blue dots. Pl. 1e.
AVa. 13 Blue band with overlaid red dots. Pl. 1d upper left.
AVa. 14 Blue band with overlaid red ovals.
AVa. 15 Red ovals flanked by black lines.
AVa. 16 Black dots between blue bands flanked with black lines.
AVa. 17 As 16 with blue dots.
AVa. 18 Black dots alternating with thin blue bars.

AVb *Lines and Bands.*

AVb. 1 Black line. Fig. 15d.
AVb. 2 Red line. Fig. 15c.
AVb. 3 Four red lines.
AVb. 4 Twelve lines, the central four are red and the outer ones on either side are black; all on a blue ground. Fig. 14b.
AVb. 5 Blue band. Pl. 1a.
AVb. 6 A thick blue band. Pl. 15c.
AVb. 7 Black band.
AVb. 8 Red band.
AVb. 9 A red band and a blue band.
AVb. 10 Alternating red and blue bands.
AVb. 11 Black band flanked by blue bands.
AVb. 12 A wide blue band flanked by black bands. Fig. 4b.
AVb. 13 Horizontal and vertical intersecting lines in either red or black. Fig. 14j.
AVb. 14 Oblique intersecting lines. Fig. 5b.
AVb. 15 As 13 but each alternate square so formed is filled with blue.
AVb. 16 A blue band and a black line. Fig. 2e and Pl. 17a.
AVb. 17 A blue band flanked by black lines. Pl. 1c.
AVb. 18 A blue band flanked by red lines.
AVb. 19 A blue band flanked by cream lines. Fig. 1a.
AVb. 20 A red band flanked by black lines. Pl. 5b.
AVb. 21 A red line flanked by blue bands.

AVb. 22 A red line flanked by blue bands flanked by black lines. This is the motif used for most panel delineators. Pl. 2a

AVb. 22b A red band flanked by blue bands flanked by black bands. Pl. 22a.

AVb. 23 Two groups as described in 22, juxtaposed.

AVb. 24 Two blue bands flanked by black lines.

AVb. 25 A blue band and a red band flanked by black lines.

AVb. 26 Three black lines alternating with two blue bands. Fig. 2c.

AVb. 27 Four black lines alternating with three blue bands.

AVb. 28 As 27 with red lines. Pl. 5c.

AVb. 29 Three red lines alternating with blue bands, flanked by red lines. Fig. 5g.

AVb. 30 A red band flanked by black lines alternating with a red line flanked by blue bands flanked by black lines; the former occurs twice and the latter thrice.

AVb. 31 A black line off which project short black strokes. Fig. 14h.

AVb. 32 A vertical red or black band flanked by black lines and strokes. Fig. 14i.

AVb. 33 A red line flanked by blue bands and black lines; overlying this are black intersecting strokes.

AVb. 34 Blue bands flanked by black lines, flanking blue bars which alternate with two red strokes. Pl. 15c.

AVb. 35 Two bars of blue flanked with black lines alternate with a red bar, all flanked by black lines and strokes.

AVb. 36 A vertical red band flanked by red strokes.

AVc *Irregular Lines.*

AVc. 1 A thick irregular blue zigzag line alternating with a black zigzag line.

AVc. 2 A red zigzag line flanked by two black zigzag lines. Fig. 16b.

AVc. 3 Three red zigzag lines flanked by three black zigzag lines.

AVc. 4 An undulating line made up of small arcs.

AVc. 5 As 4 repeated three times. Fig. 8a.

AVc. 6 Five undulating lines made up of small black arcs. pl. 19d.

AVc. 7 Five undulating lines made up of ellipses, alternately red and black.

AVc. 8 An uncertain number of undulating lines made up of loops in blue and red. Fig. 15k.

AVc. 9 Three undulating lines made up of loops in red which contain blue dots. Pl. 19d.

AVc. 10 A panel with rows of undulating lines made up of black loops containing blue dots alternating with a panel of rows of red loops with blue dots, separated by a vertical red line flanked by blue bands and then black lines. Fig. 18b.

AVd *Bars and Strokes of Colour.*

AVd. 1 Thin vertical black bars.

AVd. 2 Thick vertical black bars.

AVd. 3 Thin oblique black strokes.

AVd. 4 Black strokes in groups of alternately two and three.

AVd. 5 Irregular numbers of black strokes on a blue ground alternating with red strokes.

AVd. 6 An irregular number of black strokes upon a blue ground alternating with black strokes.

AVd. 7 A wide blue bar alternating with a red stroke.

AVd. 8 Bars of colour, alternately blue and red, alternating with two black strokes. Fig. 1k.

AVd. 9 Blue bars alternating with black strokes; the bars are of variable width. Pl. 16a-b.

AVd. 10 A blue bar outlined in black alternating with red strokes/bars. Pls. 15c and 16a-b.

AVd. 11 Two or three brown strokes alternating with a blue bar.

AVd. 12 Four and five black strokes alternating with blue bars. Pl. 15c.

AVd. 13 An irregular number of red and black strokes alternating with blue bars.

AVd. 14 A variable number of black strokes alternating with randomly coloured red and blue bars.

AVd. 15 Bars of colour alternating with, or upon, intersecting vertical and oblique black lines; the bars are alternately blue and either red or black. Pl. 2b.

AVd. 16 Blue bars alternating with a variable number of black strokes between black lines. Fig. 2c.

AVd. 17 Vertical blue bars flanked by blue lines.

AVd. 18 Vertical black bars flanked by black lines.

AVd. 19 Short horizontal black strokes flanked by vertical black lines over blue.

AVd. 20 Wide bars of blue alternating with red fruits (?) with black markings. Pl. 4c.

AVd. 21 Two black bars flanking three irregular blue shapes.

AVe *Miscellaneous.*

AVe. 1 Equal-sided triangles attached at their bases and with a line joining their tips, alternately hatched obliquely in different directions; a basketry motif. See *COA* I, pl. XLV 3.

AVe. 2 As 1 but with blue dots in the bottom left corner of the upright triangles and in the bottom right of the inverted triangles. Pl. 3a.

AVe. 3 Irregular blue diamond shapes with black dots between the tips. Fig. 18a.

AVe. 4 An interlocked blue s-spiral with v-shapes and inverted v-shapes in the intervening spaces; the latter are alternately red and black.

AVe. 5 Irregular blue shapes.

B. Applied Motifs

BI Floral

BIa *Papyrus, Lotus and Chrysanthemums.*

BIa. 1 Papyrus umbel upon a culm.

BIa. 2 As 1, pierced through its top into the side of the bowl to which it is attached.

BIa. 3 A flower of the blue lotus on a stem. Pl. 1d

BIa. 4 Two flowers of the blue lotus on short stems facing one another on either sides of a disc, which may represent a chrysanthemum flower.

BIa. 5 A very narrow bud upon a stem. Pl. 1d.

BIa. 6 Discs painted to resemble chrysanthemum flowers. Fig. 2c.

BIa. 7 A vertical bar which may represent a column composed of bundles of stalks bound together or the lower part of a floral bouquet.

BII Faunal

BIIa *Gazelles and Ibexes.*

BIIa. 1 Head and neck of the dorcas gazelle.

BIIa. 2 Head and neck of the ibex. Pls 16a-b.

BIIa. 3 Body of an ibex (or possibly goat) to judge from the hooves; it is hollow, painted blue with red spotted markings and black hooves. Originally the head would have been applied also, probably made from a separate piece; it is now missing. Pl. 16d.

BIII Divinities

BIIIa *Hathor.*

BIIIa. 1 Head only, wearing a large wig; details of face painted. Fig. 1d.

BIV Abstract

BIVa *Bosses, Discs and Scrolls.*

BIVa. 1 Discs painted blue with oblique black lines. Fig. 2e.

BIVa. 2 Discs painted blue with black circles. Fig. 2e.

BIVa. 3 Juxtaposed bosses forming a crenation, painted alternately red and blue. Fig. 2d.

BIVa. 4 Three bosses.

BIVa. 5 A scroll formed from a rolled piece of clay, with concave faces; painted motif uncertain. Pl. 16a-c.

BIVa. 6 A ribbed scroll formed as 5 and painted blue with black details.

BIVa. 7 Applied ledges/ridges. Fig. 6f.

BV Hieroglyphs

BVa *Composite Groups.*

BVa. 1 An *ʿnḫ* supplied with arms which holds feathers/fans; there is another feather/fan on each side.

C. Modelled Motifs

CI Abstract

CIa *Miscellaneous.*

CIa. 1 Rim undulation. Fig. 1k.

CIa. 2 Rim indentations. Fig. 1f.

CIa. 3 Horizontal ledges; these may be coloured red (3b), brown (3c) or blue (3d). (3e) indicates painted ledges where the decorative motif is not restricted to the ledge. Figs 7b-e.

CIa. 4 Ledges modelled below rims.

D. Cut out

DI Floral

DIa *Papyrus.*

DIa. 1 Tall culms supporting umbels separated by shorter culms supporting umbels topped with buds. The culms have incised lines near to their edges; traces of detailing in black. Fig. 2c.

DIa. 2 A partially preserved papyrus clump motif with straight and bent culms. Fig. 2d.

E. Applied and Painted Motifs

EI Faunal

EIa *Gazelles and Ibexes.*

EIa. 1 Gazelle or Ibex, the body of which is painted and the head applied, depicted above a multi-leafed shrub (?); the body is blue with black spots. Fig. 14m.

EII Divinities

EIIa *Hathor.*

EIIa. 1 Head and wig applied and additional hair painted upon either side, either in blue or brown, shown as wavy lines. Fig. 5h.

F. Applied and Modelled Motifs

FI Floral

FIa *Papyrus.*

FIa. 1 An applied papyrus umbel on a modelled culm.

FII Divinities

FIIa *Bes.*

FIIa. 1 Modelled face with tongue and ears applied. Fig. 6j.

FIIa. 2 Head; face and feather head-dress modelled while the discs at the top of the head-dress are applied. Fig. 6k.

G. Modelled and Painted Motifs

GI Floral

GLa *White Lotus.*

GIa. 1 Petals tapering upwards modelled out from the wall and painted alternately blue and blue with vertical black lines, separated by a bud? modelled out from the wall and painted blue upon a red painted stem. Fig. 1l.

GII Divinities

GIIa *Hathor.*

GIIa. 1 The facial features of Hathor modelled out from the vessel wall with painted details and wearing a large blue wig painted upon the surrounding wall. Fig. 7a and Pl. 5b.

GIII Abstract

GIIIa *Miscellaneous.*

GIIIa. 1 Circular protuberances modelled out from the wall and painted blue alternating with wide red painted bars. Fig. 2e.

MOTIFS EXECUTED AFTER FIRING

H. Painted Motifs

HI Floral

HIa *Flowers and Petals of the Blue Lotus.*

HIa. 1 Flowers with three petals indicated flanked by buds, repeated horizontally three times; in red outline on a white ground. Pl. 17e.

HIa. 2 Petals tapering downwards in white upon a blue ground. Pl. 17f.

HIa. 3 Petals tapering downwards coloured alternately green and red.

HIa. 4 As 3 but petals coloured in red, blue and green in sequence. Pl. 18a.

HIb *Shrubs.*

HIb. 1 A long-leafed shrub in blue with red details, the upper part of which resembles a flower or papyrus umbel. Pl. 17d.

HIb. 2 A vertical, undulating yellow branch (?) on either sides of which are large red leaves sloping downwards. Fig. 19a and Pl. 18c.

HIc *Floral Collars* (the sequence of motifs, commencing at the top, is indicated by —)

HIc. 1 A blue band — short petals tapering downwards in black outline — red poppy petals (?) — petals tapering downwards in black outline; on a white ground. Unlike most collars this example encompasses all of the body. Pl. 17e.

HIc. 2 A central bunch of grapes in black and red surrounded by a network of red stems, originally upon a yellow ground — inverted cornflowers in outline over an upper green band and a lower blue band — red poppy petals attached to a red line — petals tapering downwards with basal markings randomly red and black, produced by adding outlines to a solid blue band — inverted cornflowers, drawn as previous ones — ? another row of cornflowers. Fig. 18e and Pl. 18b.

HIc. 3 A central floral bouquet comprising flowers of the blue lotus possibly flanked by an element now unidentifiable, repeated three times vertically and topped with a mandrake/mimusop fruit in red — two black lines — petals tapering downwards over two black lines — two black lines — inverted cornflowers in outline only alternating with an unidentifiable element which consists of two inverted v-shapes — two black lines — petals tapering downwards — a black line — a vacant register/band — a black line — a partly filled register containing inverted cornflowers in outline only — a black line. This collar was not completed; the ground colour is white over which now survive traces of blue and red. Pl. 17c.

HIc. 4 A central flower of the blue lotus with only three petals shown in green upon white, flanked by buds — red poppy petals (?) on a yellow band — a row of green dots/berries — petals tapering downwards in white upon a blue ground — red poppy petals (?) on a yellow band — inverted cornflowers, colours uncertain. Pl. 17f.

HIc. 5 Only the ties of the collar are preserved, coloured in red with tasseled ends.

HII Faunal

HIIa *Bulls.*

HIIa. 1 A large hump-necked bull with tall curved horns drawn in black outline with internal black markings upon a cream ground. It may have alternated with a shrub, described above under HIb. 1. Pl. 17d.

HIII Abstract

HIIIa *Miscellaneous.*

HIIIa. 1 A red band.

HIIIa. 2 A white band. Fig. 19a and Pl. 18c.

HIIIa. 3 A white band flanked by blue lines.

HIIIa. 4 A white band flanked by red lines. Fig. 19a and Pl. 18c.

HIIIa. 5 A yellow band with overlaid red ovals (poppy petals?). Pl. 17f.

HIIIa. 6 A yellow band overlaid with inverted red v-shapes.

HIIIa. 7 Long vertical white bars with intervening areas randomly coloured red. Fig. 19a and Pl. 18c.

HIIIa. 8 A red band flanked by blue bands flanked by black bands. Pl. 17d

APPENDIX II

THE DISTRIBUTION OF BLUE-PAINTED AND POLYCHROME DECORATED POTTERY AT AMARNA

AREA	HOUSE NO.	FIG./PL.	*COA*
Central City			
Panehsy's Residence?			III, 32
Great Palace.	Coronation Hall Main Court	Fig. 4 f, 8 d	
	South Court [1].		III, 74
	Rooms east of Central Halls?	Fig. 14h-j	III, 72
Magazines.	Q. 41.1?		III, 111
	R. 41.06	Fig. 6 d, 10 c	
Records Office and Environs.	Q. 42.2? [2]		III, 125
	Q. 42.03	Fig. 5 j	
	Q. 42.19	Fig. 6 f (?)	
	Q. 42.23	Fig. 6a	
Clerks' Houses.	4-8	Fig. 4f	
	23	Fig. 6d	
Military and Police Quarters.	R. 42.02	Fig. 14a (?)	
	R. 42.07	Fig. 8b	
	R. 42.09	Fig. 18h	
South East Quarter.	R. 43.01	Fig. 18f	
	R. 43.02 Grounds.	Fig. 5i	
	R. 43.02	Fig. 14h-j, 19b	
Great Temple Dependency.	S. 39.01	Fig. 151	
Main City	K. 51.1?		I, 17
	K. 51.04	Fig. 9c	
	M. 50.13	Fig. 5c	
	N. 49.11	Fig. 16h	
	O. 44.16 / Q. 44.16	Fig. 7e	
	P. 46.7?		I, 30
	P. 46.13	Fig. 4h-i, 16a	
	P. 46.14	Fig. 18g	
	P. 46.20?		I, 34
	P. 47.32?		I, 35
	Q. 46.39	Fig. 2b	
Workmen's Village			
East Street.	01 Staircase.	Fig. 7b	
Long Wall Street.	08? Bedroom.		I, 84
	12? Living Room.		I, 86

1. Blue-painted marl footed bowl.
2. Many painted sherds.

AREA	HOUSE NO.	FIG./PL.	*COA*
Main Street.	08 ? Living Room		I, 79
	11 ? Living Room		I, 81
West Street.	19	Fig. 2a	
	23	Fig. 14e	
	?	Fig. 2c-d	
River Temple	Room 8		I, 131
North Suburb			
West Central Quarter.	T. 35.17	Fig. 7f	
	T. 35.18	Fig. 7b	
	T. 35.19 ? [3]		II, 82
	T. 35.22 ?		II, 83
	T. 35.23	Fig. 10a	
	T. 35.24 A-B	Fig. 3a, 14h-j	
	T. 35.25 ?		II, 83
	T. 36.36	Fig. 7b	
	T. 36.37	Fig. 10c	
	T. 36.42	Fig. 14h-j	
	T. 36.56	Fig. 1b	
South Central Quarter (Slums)	U. 36.33	Fig. 14a	
East Quarter.	V. 36.06	Fig. 1n	
	V. 36.10	Fig. 15f	
South-West Quarter.	T. 36.30	Fig. 6c/e	
	T. 36.33	Pl. 19a	
	T. 36.46	Fig. 1b ?, Pl. 19b	
	T. 36.54	Fig. 4j	
	T. 36.60	Fig. 6a	
	T. 36.61	Pl. 1c	
	T. 36.63		II, 88
	T. 36.64	Fig. 7a	
	T. 36.76	Fig. 7a	
	T. 36.78	Fig. 1d (?)	
	T. 36.85 ?		II, 90
	T. 36.87 ?		II, 90
North-West Quarter.	T. 35.04	Fig. 5h	
	T. 35.08	Fig. 7a	
North of Wadi — East Quarter.	U. 32.01	Fig. 6b	
	U. 33.01 (B)	Fig. 5e-f	
	U. 33.01 (D)	Fig. 4f	
	U. 33.8 ?		II, 91
	U. 33.11 ?		II, 91
Wadi Houses	T. 33.01	Fig. 12a	
	T. 34.01	Fig. 4f, 7a	
	T. 34.02	Fig. 7a	
	T. 34.03	Fig. 2d, 4b, 14g	II, 80 [4]
	T. 34.04	Fig. 7a	
North Suburb	?	Fig. 16e	

3. Object 30/106, 107 fragments and type XIV.
4. Type XIII.

APPENDIX III

CONCORDANCE
OF MUSEUM-GALLERY REGISTRATION NUMBERS
AND FIGURE-PLATE REFERENCES USED IN THIS STUDY

The abbreviations used in the text of this article for each of the following institutions are given in parenthesis. The list is arranged alphabetically according to the abbreviations.

Allard Pierson Museum, Amsterdam (*Amsterdam*)

3765	Fig. 1c
6284	Fig. 5c

Ashmolean Museum, Oxford (*Ash*)

(The numbers 1893.1-41.306 and 308 were given to several pieces.)

1893.1-41.270	Fig. 5j
1893.1-41.276	Fig. 8b
1893.1-41.277	Fig. 6c
1893.1-41.278	Fig. 1n
1893.1-41.281	Pl. 17a
1893.1-41.282	Pl. 1d
1893.1-41.283	Fig. 14h-j
1893.1-41.284	Fig. 7c
1893.1-41.285	Fig. 3b
1893.1-41.288/9	Fig. 5j
1893.1-41.290	Fig. 1f
1893.1-41.291	Fig. 2e
1893.1-41.292A-B	Fig. 6k
1893.1-41.293-4	Fig. 14k
1893.1-41.295	Fig. 18c
1893.1-41.297	Fig. 15b
1893.1-41.301/6	Fig. 14d
1893.1-41.302-3	Fig. 14h-j
1893.1-41.304	Fig. 1f
1893.1-41.306	Fig. 5j
1893.1-41.306	Fig. 18d
1893.1-41.306	Fig. 18a
1893.1-41.306	Fig. 7a
1893.1-41.306	Pl. 1d
1893.1-41.306	Pl. 16c
1893.1-41.308	Fig. 19b
1893.1-41.308	Fig. 19c
1922.82	Fig. 20c
1924.74	Pl. 1a
1924.165	Pl. 17d
1925.421A-B	Pl. 1d
1925.680	As. Fig. 8e
1926.109	Fig. 13a
1927.2114	Fig. 18g
1927.4105	Fig. 7d
1929.416	Pl. 1d
1929.418	Fig. 14a
1931.496	Fig. 1b
1936.672	Fig. 5j
1937.880	Fig. 18h
1937.881	Fig. 18f
1966.1205	Fig. 15k

British Museum (*BM*)

56841	Fig. 11a
57416	Fig. 12b
57417	Fig. 19a
57418	Fig. 4e
57419	Fig. 5e-f
57420	Fig. 1o
57421	Fig. 2a
57422	Fig. 14b
57424	Fig. 15d
57432	Fig. 6f
58188	Fig. 9d
58456	Fig. 10a
58460	Fig. 7a
58461	Fig. 2a
58778	Fig. 14h-j
59276	Pl. 16d / Fig. 14m

Bolton City Museum and Art Gallery (*Bolton*)

26.29.6	Fig. 1n
28.29.7	Fig. 15f
57.25(12)	Fig. 9b
Un-numbered	Fig. 3a

Bristol City Museum (*Bristol*)

H2696	Fig. 3e
H3820	Fig. 5a?
H3862	Fig. 5a

The Brooklyn Museum (*Brooklyn*)

16.140	Fig. 20e
16.244	Fig. 11b
16.245	Fig. 11c
25.858	Fig. 8c
27.958	Fig. 5c

The Egyptian Museum, Cairo (*Cairo*)

2671	Fig. 14f
13356	Fig. 3f
43619	Fig. 7e
48137	Fig. 2b
55421	Fig. 13c
55521	Fig. 3a
55522	Fig. 4a
57348	Fig. 5d
57358	Fig. 3d
62804	Fig. 15l
66107	Fig. 6g
66739	Fig. 14l
66740	Fig. 15c

The Cleveland Museum of Art (*Cleveland*)

32.33	Fig. 4j

Ny Carlsgerg Glyptotek, Copenhagen (*Copenhagen*)

AEIN.1611	Fig. 6c
AEIN.1642	Fig. 5a

National Museum of Copenhagen (*NM Copenhagen*)

7925	Fig. 15c

Royal Scottish Museum, Edinburgh (*Edinburgh*)

1922.377	Fig. 4h

The Fitzwilliam Museum, Cambridge (*Fitz*)

E.P. 275	Fig. 20b
E17. 1926	Fig. 15h-i
E25. 1929	Fig. 10b
E26. 1927	Fig. 16e
EGA. 4683.1943	Fig. 20m
EGA. 4684.1943	Unillustrated
EGA. 5999.1943	Unillustrated
EGA. 6000.1943	Unillustrated
EGA. 6001.1943	Unillustrated
EGA. 6009-13.1943	Unillustrated
EGA. 6015-6.1943	Unillustrated
EGA. 6017.1943	Fig. 20l
EGA. 6018-9.1943	Unillustrated
EGA. 6020-30.1943	Unillustrated
EGA. 6168.1943	Unillustrated
EGA. 6185.1943	Unillustrated
EGA. 6186.1943	Unillustrated
EGA. 6187.1943	Fig. 20j
EGA. 6188.1943	Fig. 20f
EGA. 6189.1943	Unillustrated
EGA. 6190-2.1943	Unillustrated
EGA. 6193.1943	Fig. 20i
EGA. 6194.1943	Unillustrated
EGA. 6195.1943	Unillustrated
EGA. 6196-7.1943	Unillustrated
EGA. 6198.1943	Unillustrated
EGA. 6199.1943	Unillustrated
EGA. 6200.1943	Fig. 20h

Faculty of Oriental Studies, University of Cambridge (*FOS*)

31.1101	Pl. 1c
31.1102	Pl. 19a
31.1103	Pl. 19b

Museum für Kunsthandwerk, Frankfurt (*Frankfurt*)

12570	Fig. 6h

The Hunterian Museum, Glasgow (*Glasgow*)

D1924.37	Fig. 4a
D1925.158	Fig. 5j
D1934.6	Fig. 5j

Formerly Lansingh Scheurleer Museum, The Hague — now in Amsterdam (*Hague*)

3749	Fig. 5j
3753	Fig. 5j
3768/1-2	Fig. 5j

Merseyside County Museum (*Liverpool*)

56.21.603	Fig. 1n
56.21.631	Fig. 14h-j
1973.1.425	Pl. 19e
1973.1.425	Pl. 19f
1981.2111.9	Fig. 14h-j

Musée du Louvre (*Louvre*)

E11.265	Fig. 20d

Museum of Fine Arts, Boston (*MFA*)

37.11	Fig. 6c
64.9	Pl. 22b

The National Museum of New Zealand, Wellington (*NZ*)

G 1784	Fig. 4c
G 2361	Fig. 5h
G 2361	Fig. 7a
1932.5	Fig. 4a
Un-numbered	Fig. 6c

The Oriental Institute, University of Chicago (*OI*)

12017	Fig. 2c
12018	Fig. 2d

Otago Museum, Dunedin (*Otago*)

E 45.67	Fig. 5g
E 47.60	Fig. 3c

The University Museum, University of Pennsylvania (*Penn*)

E 16157	Fig. 9a
E 17888	Fig. 18e

The Royal Ontario Museum, Toronto (*ROM*)

1927.751	Fig. 4g
933.11.1	Fig. 9b
933.11.2	Fig. 8e
948.34.55	Fig. 6e

The Nicholson Museum, University of Sydney (*Sydney*)

62.627	Fig. 3a
62.628	Fig. 9b
62.629	Fig. 12c
62.998	Fig. 7a
62.1004	Fig. 1d

The Petrie Museum, University College London (*UC*)

2299	Fig. 16b
2312	Fig. 20q
2313	Fig. 20n
19110	Fig. 20g
24373	Fig. 5j
24378	Fig. 5j
24545	Fig. 5j
24546	Fig. 4d
24547	Fig. 5e-f
24548	Fig. 4b
24549	Fig. 15f
24550	Fig. 15e
24551	Fig. 15g
24552	Fig. 15a
24553	Fig. 8a
24576	Fig. 5j
24580	Fig. 1e
24582	Fig. 1c
24584	Fig. 14c
24585	Fig. 5j
24589	Fig. 19b
24591	Fig. 1g
24592	Fig. 1l
24594	Unillustrated
24595	Fig. 16c
24596	Fig. 18b
24597	Fig. 15m
24598	Fig. 5j
24600	Fig. 5j
24601	Fig. 1h
24602	Fig. 1i
24604	Fig. 1m
24605-6	Fig. 2e
24608	Fig. 5j
24609	Fig. 1a
24612	Fig. 18a
24615-8	Fig. 5j
24621-2	Fig. 5j
24623	Fig. 16f
24624-5	Fig. 5j
24627	Fig. 1k
24628	Fig. 13b
24630	Fig. 15k
24631-3	Fig. 14m
24634-5	Fig. 16d
24636	Fig. 15c
24637/41	Fig. 14j
24638	Fig. 6j
24639	Fig. 14j
24640	Fig. 14h-j
24644	Fig. 14h
24646	Fig. 15g
24647-8	Fig. 2e
24649	Fig. 1d
24650	Fig. 15h-i
24655	Fig. 20k
24657/42	Fig. 14i
24658	Unillustrated
24659	Unillustrated
24660	Fig. 20p
24661	Fig. 20o
24662-3	Fig. 19b
24671	Unillustrated
24672	Unillustrated
24683	Fig. 14h-j

Kunsthistoriches Museum, Vienna (*Vienna*)

8041	Fig. 8b
8169/70	Fig. 1b
8171	Fig. 1b

Ägyptisches Museum, Berlin (*West*) (*WB*)

14613	Fig. 6i
15352	Fig. 9a

BIBLIOGRAPHY

Adams, B.G.
1977 *Egyptian Objects in the Victoria and Albert Museum.*

Bachmann, H.-G., Everts, H. and Hope, C.A.
1980 « Cobalt-Blue Pigment on 18th Dynasty Egyptian Pottery » *Mitteilungen des Deutschen Archaologischen Instituts Abteilung Kairo* 36, 33-37.

Bell, M.
1987 « Regional Variation in Polychrome Pottery of the 19th Dynasty », *Cahiers de la céramique égyptienne* 1, 49-75. Cairo.

Borchardt, L. and Ricke, H.
1980 *Die Wohnhauser in Tell el-Amarna.* Berlin.

Bourriau, J.
1981 *Umm el-Ga'ab. Pottery from the Nile Valley before the Arab Conquest.* Cambridge.
1986 « Egyptian Antiquities Acquired in 1984 by Museums in the United Kingdom », *Journal of Egyptian Archaeology* 72, 179-184.

Boston.
1982 *Egypt's Golden Age: The Art of Living in the New Kingdom,* 1558-1085 *B.C.* Boston.

Brissaud, P.
1979 « La céramique égyptienne du règne d'Aménophis II à la fin de l'époque ramesside », in Vercoutter, J. (ed.), *Hommages à Serge Sauneron*, 11-32. Cairo.

British Museum
1930 *A General Introductory Guide to the Egyptian Collections in the British Museum.* London.

Brooklyn
1971 *Art of Ancient Egypt: A Selection from the Brooklyn Museum.* Catalogue of an exhibition presented by Emily Lowe Gallery, Hofstra University, Hempstead, New York. Hempstead.

Bruyère, B.
1937 *Rapport sur les fouilles de Deir El-Médineh (1934-1935).* 1re partie. *La nécropole de l'ouest.* Cairo.

Cooney, J.D.
1968 « Amarna Art in the Cleveland Museum », *Bulletin of the Cleveland Museum of Art.* January 1968, 3-17.

Frankfurt
1956 *Erwerbungen 1949-1956. Museum für Kunsthandwerk, Frankfurt am Main.* Frankfurt am Main.

French, P.
1986 « Late Dynastic Pottery from the South Tombs », in Kemp, B.J., *Amarna Reports* III, 147-188. London.

Grinsell, L.V.
1972 *Guide Catalogue to the Collections from Ancient Egypt.* Bristol.

Hayes, W.C.
1959 *The Scepter of Egypt.* Part II. New York.

Holthoer, R.
1977 *New Kingdom Pharaonic Sites. The Pottery.* The Scandinavian Joint Expedition to Sudanese Nubia. Volume 5.1. Lund.

Hope, C.A.
1977 « Two Examples of Egyptian Blue-Painted Pottery in the Medelhavsmuseet », *Bulletin of the Medelhavsmuseet* 12, 7-11.
1981 « Towards a Typology of Decoration », *Bulletin de Liaison* VI, 40-41. Cairo.
1982 « Aspects of Ceramic Specialisation and Standardisation in the New Kingdom », *Bulletin de Liaison* VII, 39-41.

1985 « Concerning a Blue-Painted Vessel from Karnak East », *Journal of the Society for the Study of Egyptian Antiquities* XV, 77-79.
1987 *Egyptian Pottery. Shire Egyptology No. 5.* Aylesbury.
1987b « Innovation in the Decoration of Ceramics in the Mid-18th Dynasty », *Cahiers de la céramique égyptienne* 1, 97-122. Cairo.
1989 « The XVIIIth Dynasty Pottery from Malkata », in *Pottery of the Egyptian New Kingdom: Three Studies*. Melbourne.
1989b « Pottery of the Ramesside Period », in *Pottery of the Egyptian New Kingdom: Three Studies.* Melbourne.
1989c « Amphorae of the New Kingdom », in *Pottery of the Egyptian New Kingdom: Three Studies.* Melbourne.

Hope, C.A., Blauer, H.M. and Riederer, J.
1981 « Recent Analyses of 18th Dynasty Pottery », in Arnold, D. (ed.), *Studien zur altägyptischen Keramik*, 139-166. Mainz am Rhein.

Jéquier, G.
1933 *Deux pyramides du Moyen Empire.* Cairo.

Kemp, B.J.
1985 « Tell el-Amarna », *Lexikon der Ägyptologie* VI.2, 309-319. Wiesbaden.

Komorzynski, E.
1961 *5,000 Jahre aegyptische Kunst.* Vienna.

Mogensen, M.
1930 *La Glyptothèque Ny Carlsberg. La collection égyptienne.* Copenhagen.

Nordstrom, H.-A.
1972 *Neolithic and A-Group Sites.* Scandinavian Joint Expedition to Sudanese Nubia, Volume 3. Lund.
1985 « Ton », *Lexikon der Ägyptologie* VI.4, 629-634.

Petrie, W.M.F.
1894 *Tell el-Amarna.* London.

Rose, P.
1984 « The pottery distribution analysis », in Kemp, B.J., *Amarna Reports* I, 133-153. London.
1986 « Pottery from the Main Chapel », in Kemp, B.J., *Amarna Reports* III, 99-117. London.
1987 « The pottery survey », in Kemp, B.J., *Amarna Reports* IV, 115-129. London.

Schiaparelli, E.
1927? *La Tomba intatta dell'architetto Cha di Tebe.* Turin.

Spiegelberg, W.
1898 *Hieratic Ostraca and Papyri found by J.E. Quibell, in the Ramesseum. 1895-1896.* London.

Vienna
1975 *Echnaton, Nofretete, Tutanchamun.*

West Berlin.
1967 *Ägyptische Museum Berlin.*

Winlock, H.E.
1941 *Materials used at the Embalming of King Tutankhamun.* New York.

Woolley, C.L.
1922 « Excavations at Tell el-Amarna », *Journal of Egyptian Archaeology* 8, 48-82.

FIGURES AND PLATES

PHOTOGRAPHIC CREDITS

Courtesy of the Visitors of the Ashmolean Museum, Oxford : Pls 1a-b, d and f; 4d; 9a-11a; 13a-c; 15a-b, d; 16c; 17a, c-f; 18a.

Courtesy of the Egyptian Museum, Cairo : Pls 1e; 2b; 4c; 5d; 7c-d; 15c; 16a-b; 19d.

Courtesy of the Nicholson Museum, University of Sydney : Pls 2a; 7b; 14b.

Courtesy of the Committee of the Egypt Exploration Society : Pls 3a and c; 4a; 6b-d; 18b-c; 20a-b.

Courtesy of the Brooklyn Museum : Pls 3b; 7a; 11b; 14a; 22a.

Courtesy of the British Museum : Pls 4b; 5b; 16d; 17b; 21b.

Courtesy of Ägyptisches Museum, Berlin : Pls 5c; 12a-c.

Courtesy of Museum für Kunsthandwerk, Frankfurt ; Pl. 5d.

Courtesy of the Bolton Museum : Pl. 6a.

Courtesy of the Petrie Museum, University College London : Pls 16e-f; 19c.

Courtesy of the Faculty of Oriental Studies, University of Cambridge : Pls 19a-b.

Courtesy of the Merseyside County Museum, Liverpool : Pls 19e-f.

Courtesy of Musée du Louvre : Pls 21b-c.

Courtesy of the Museum of Fine Arts, Boston : Pl. 22b.

BLUE-PAINTED NILE SILT TYPES: BOWLS

Fig. 1

Scale 1:5

A: Simple

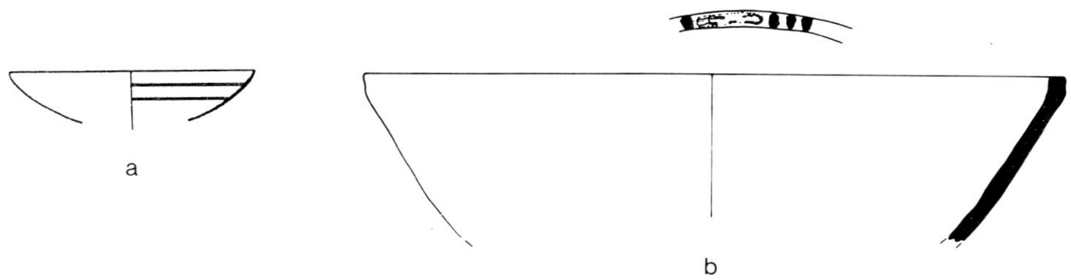

B: Composite

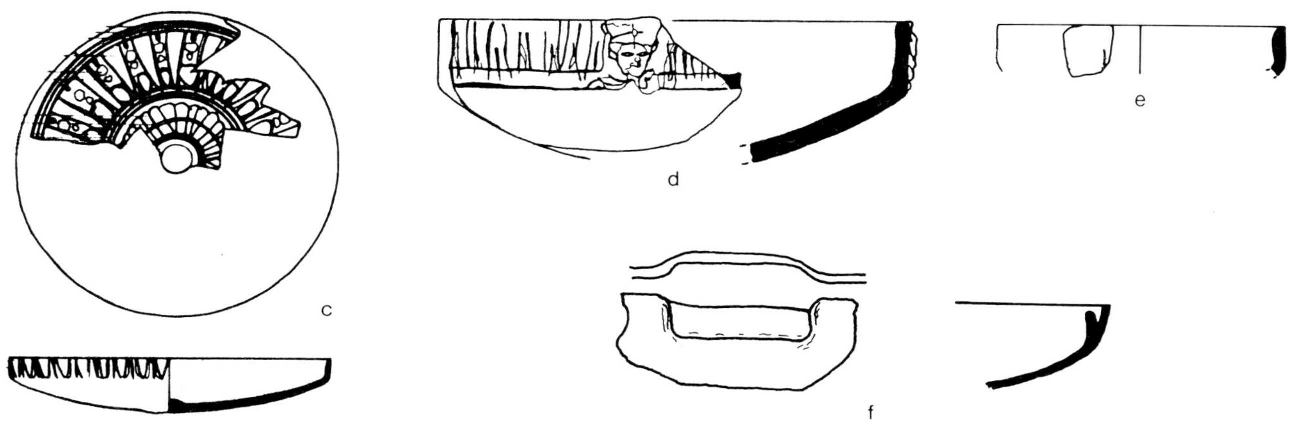

C: Complex

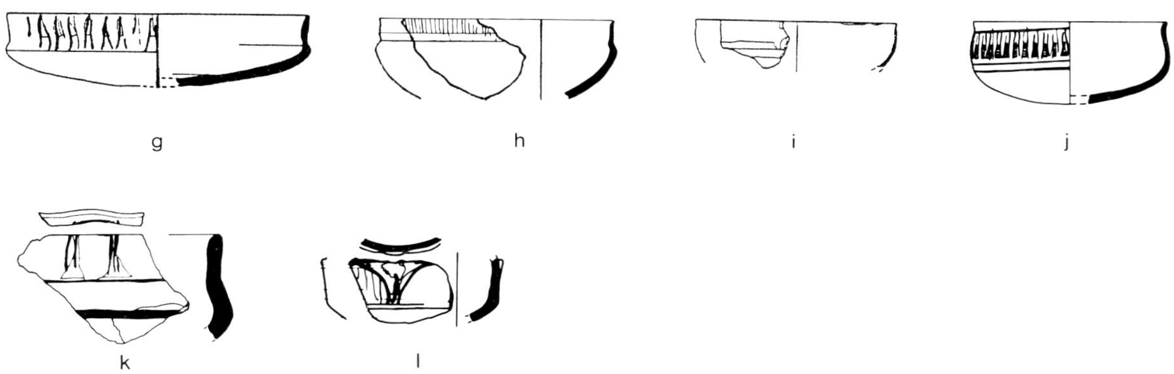

D: Footed

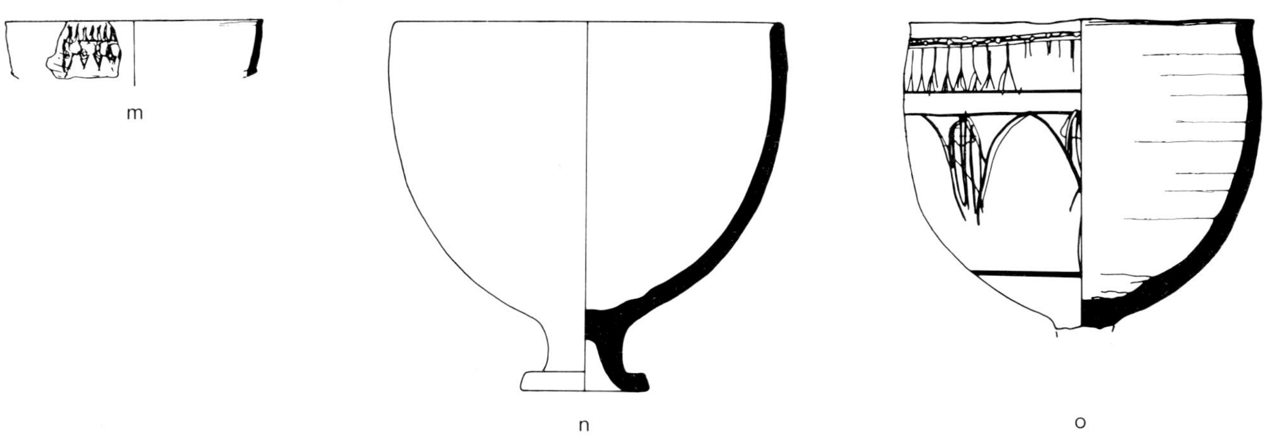

D: Footed

Scale 1:5

a

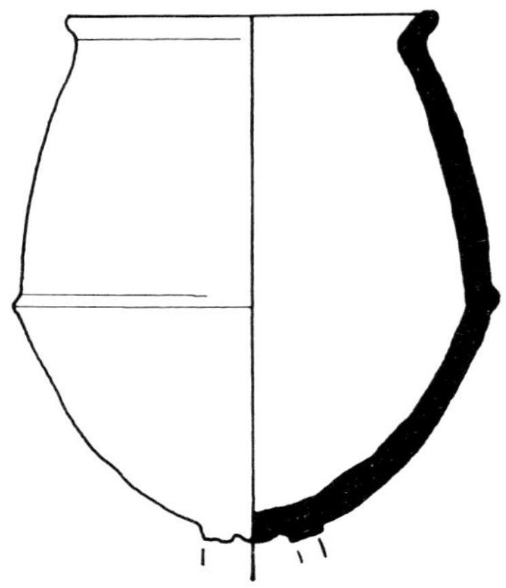

b

E: Ornamental

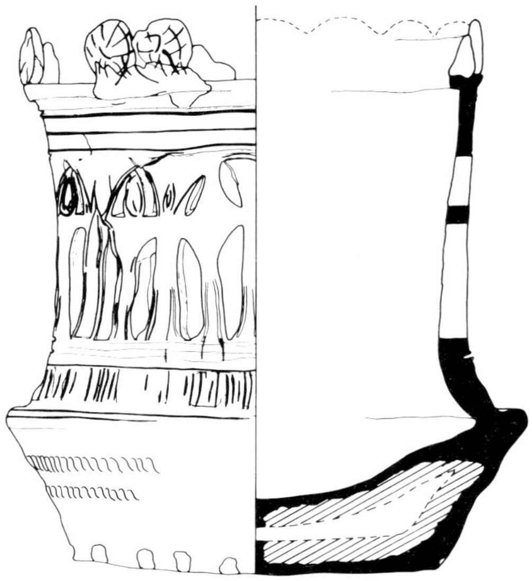

c

d

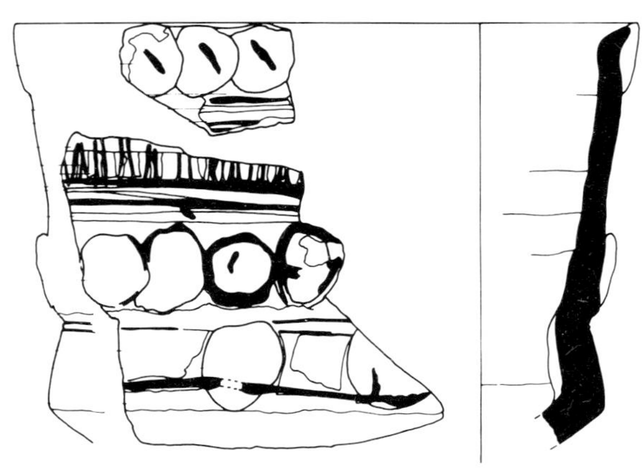

e

BLUE-PAINTED NILE SILT TYPES: JARS

Fig. 3

A: Neckless

Scale 1:5

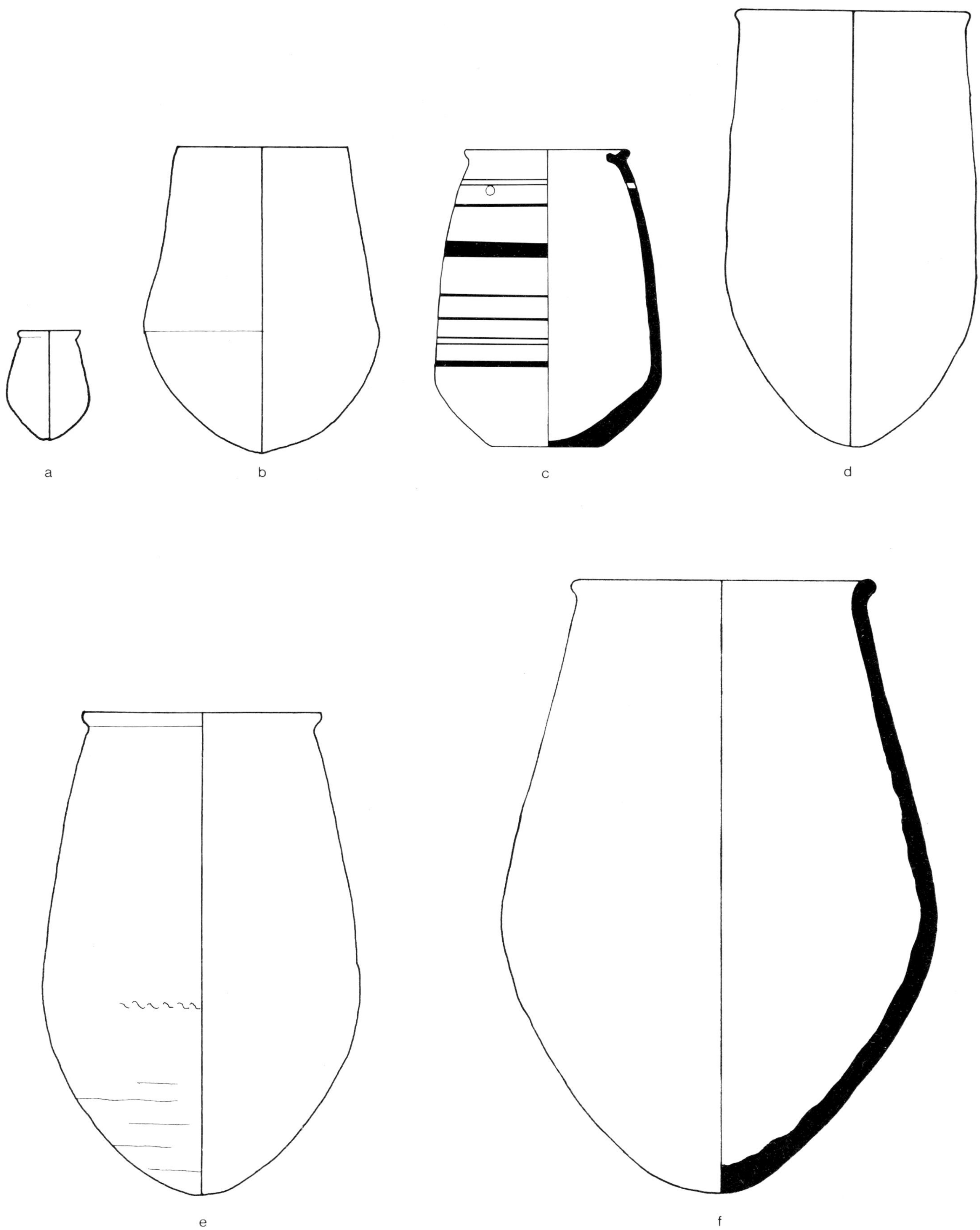

BLUE-PAINTED NILE SILT TYPES: JARS

Fig. 4

B: Necked

Scale 1:5 (except i)

BLUE-PAINTED NILE SILT TYPES: JARS

Fig. 5

B: Necked

Scale 1:5 (except b)

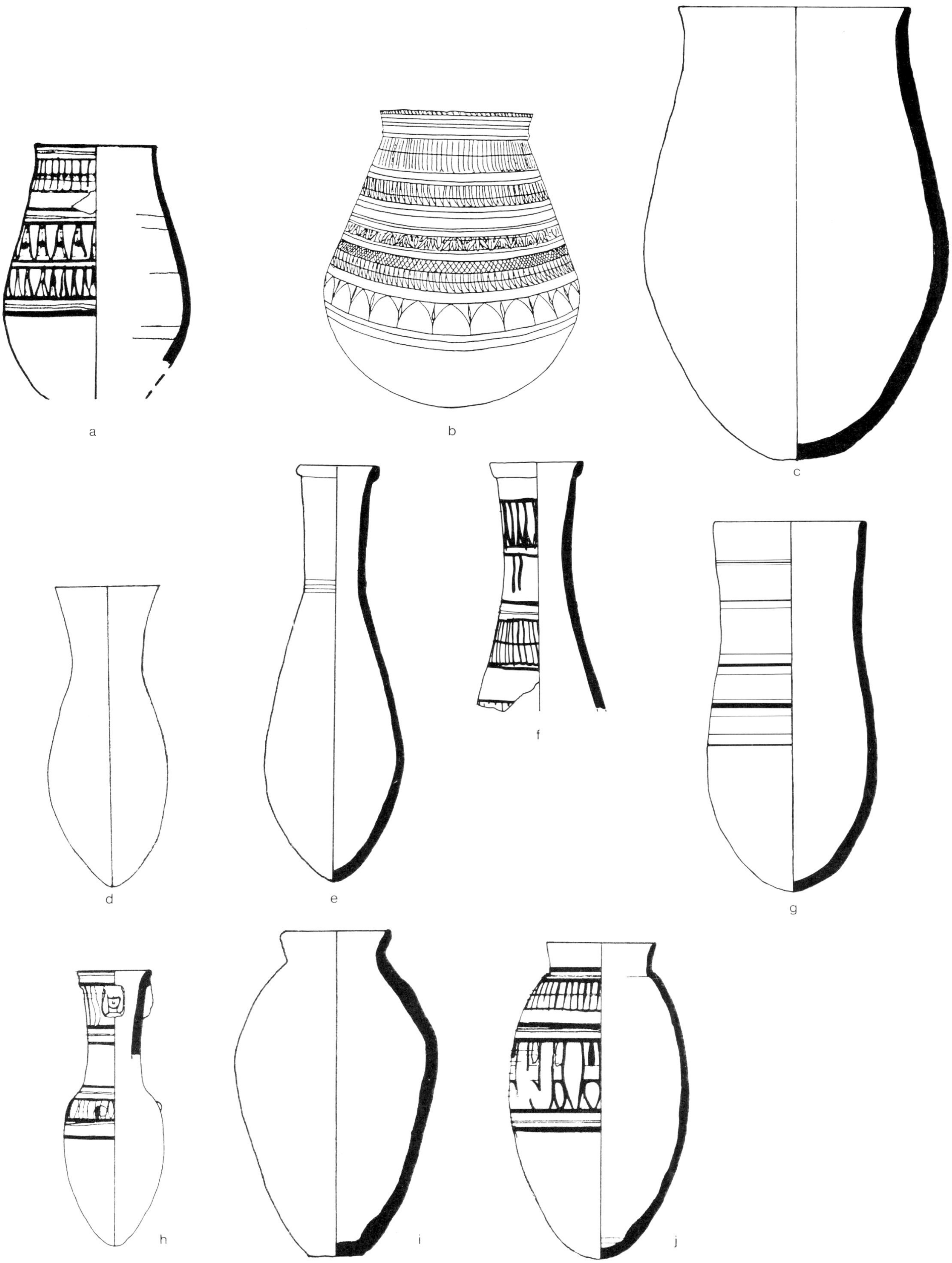

a b c d e f g h i j

BLUE-PAINTED NILE SILT TYPES: JARS

Fig. 6

B: Necked

Scale 1:5

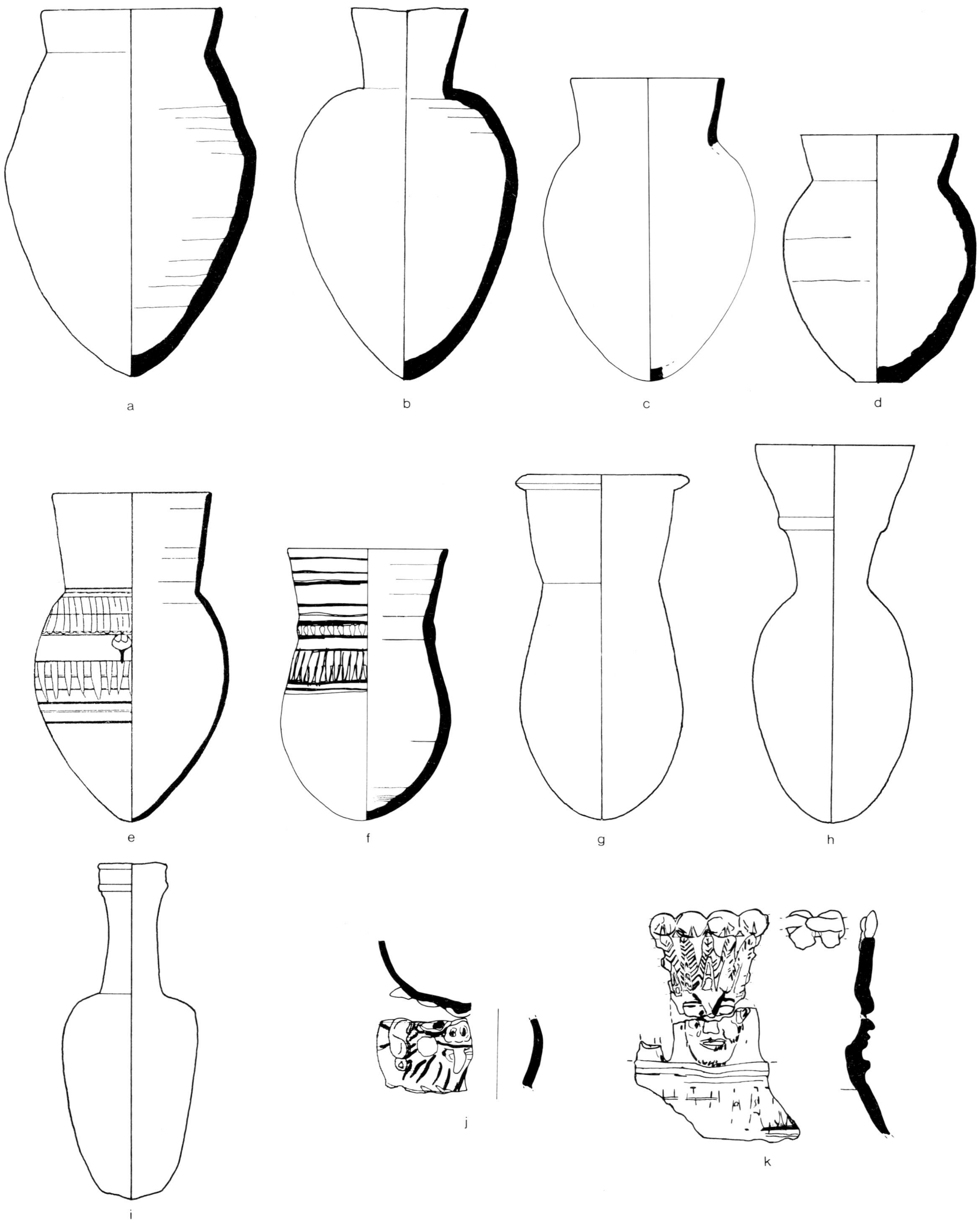

BLUE-PAINTED NILE SILT TYPES: JARS

Fig. 7

B: Necked

Scale 1:5

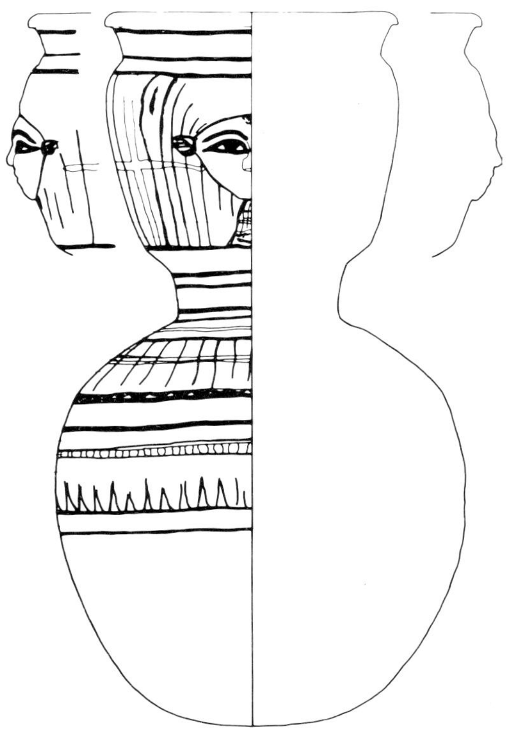

a

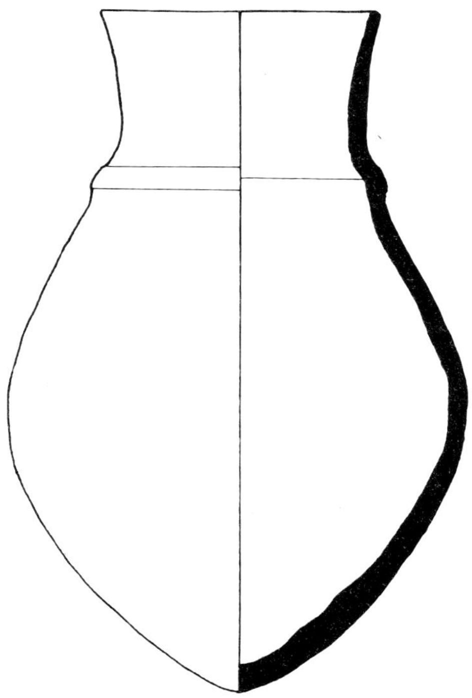

b

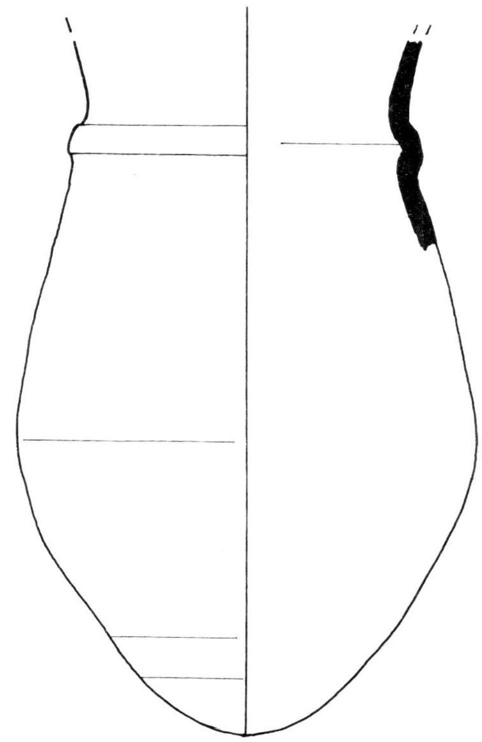

c

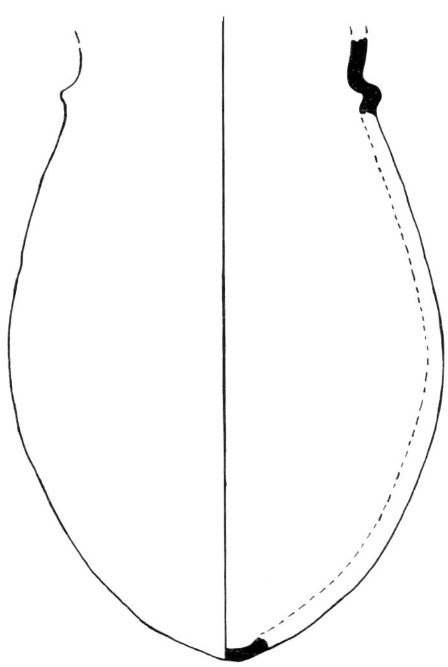

d

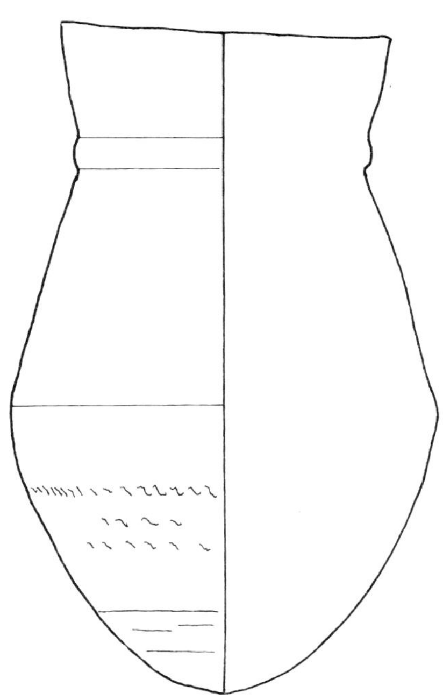

e

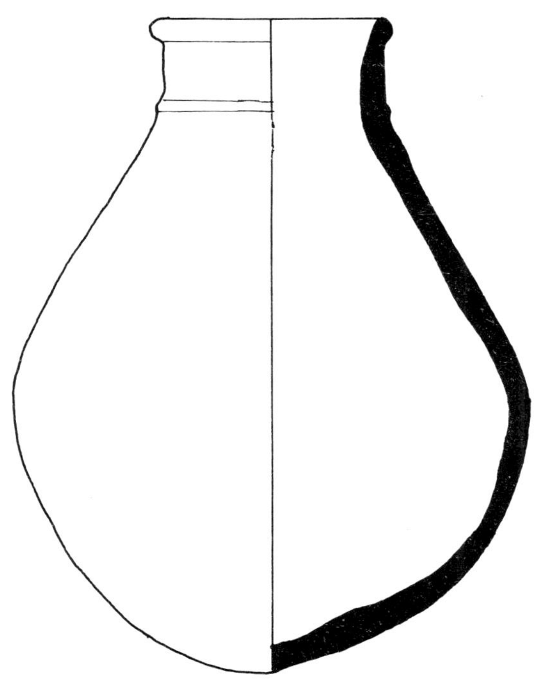

f

BLUE-PAINTED NILE SILT TYPES: JARS

Scale 1:5

Fig. 8

B: Necked

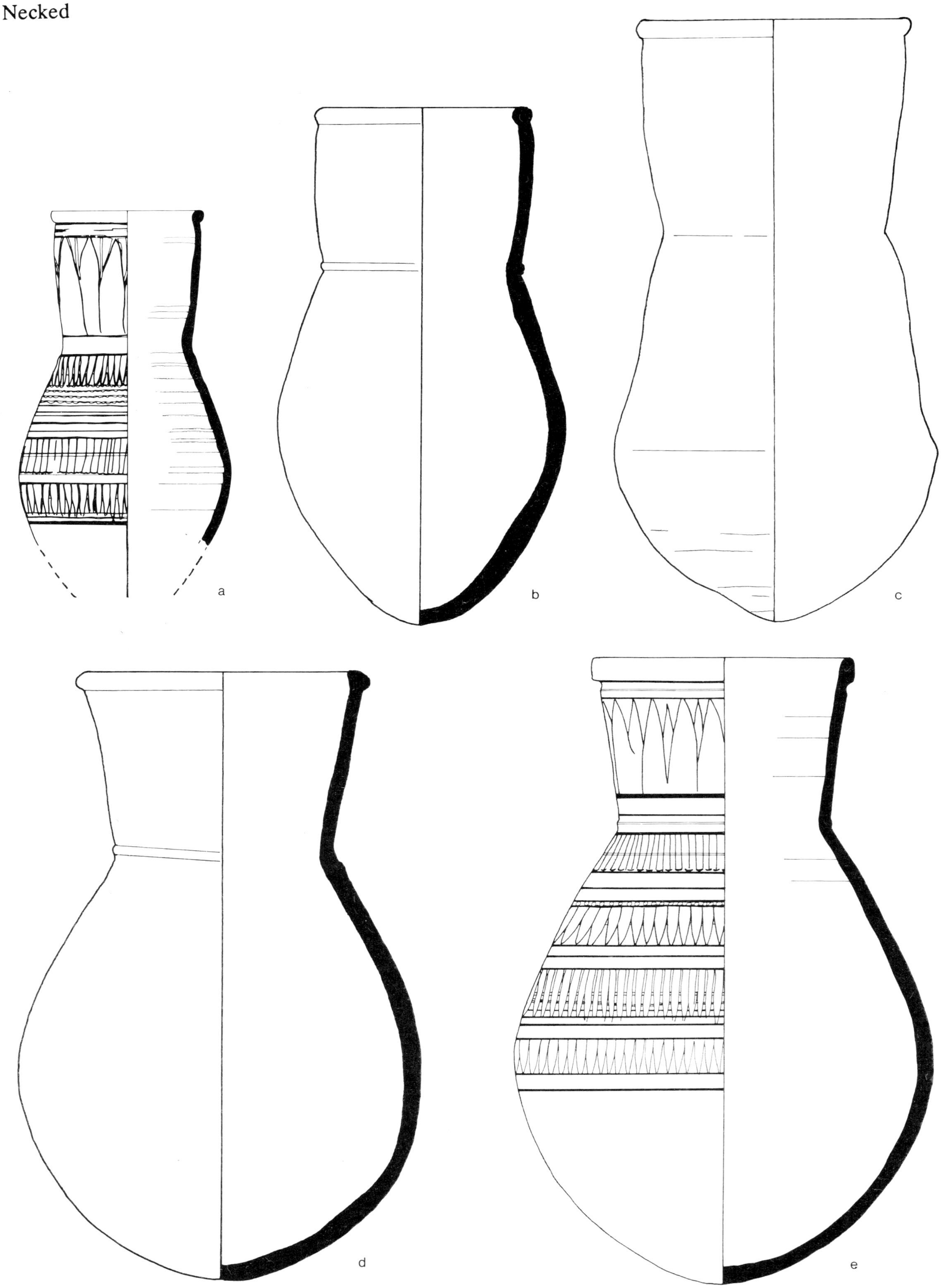

BLUE-PAINTED NILE SILT TYPES: JARS

Fig. 9

B: Necked

Scale 1:5

BLUE-PAINTED NILE SILT TYPES: JARS

Fig.10

B: Necked

Scale 1:5

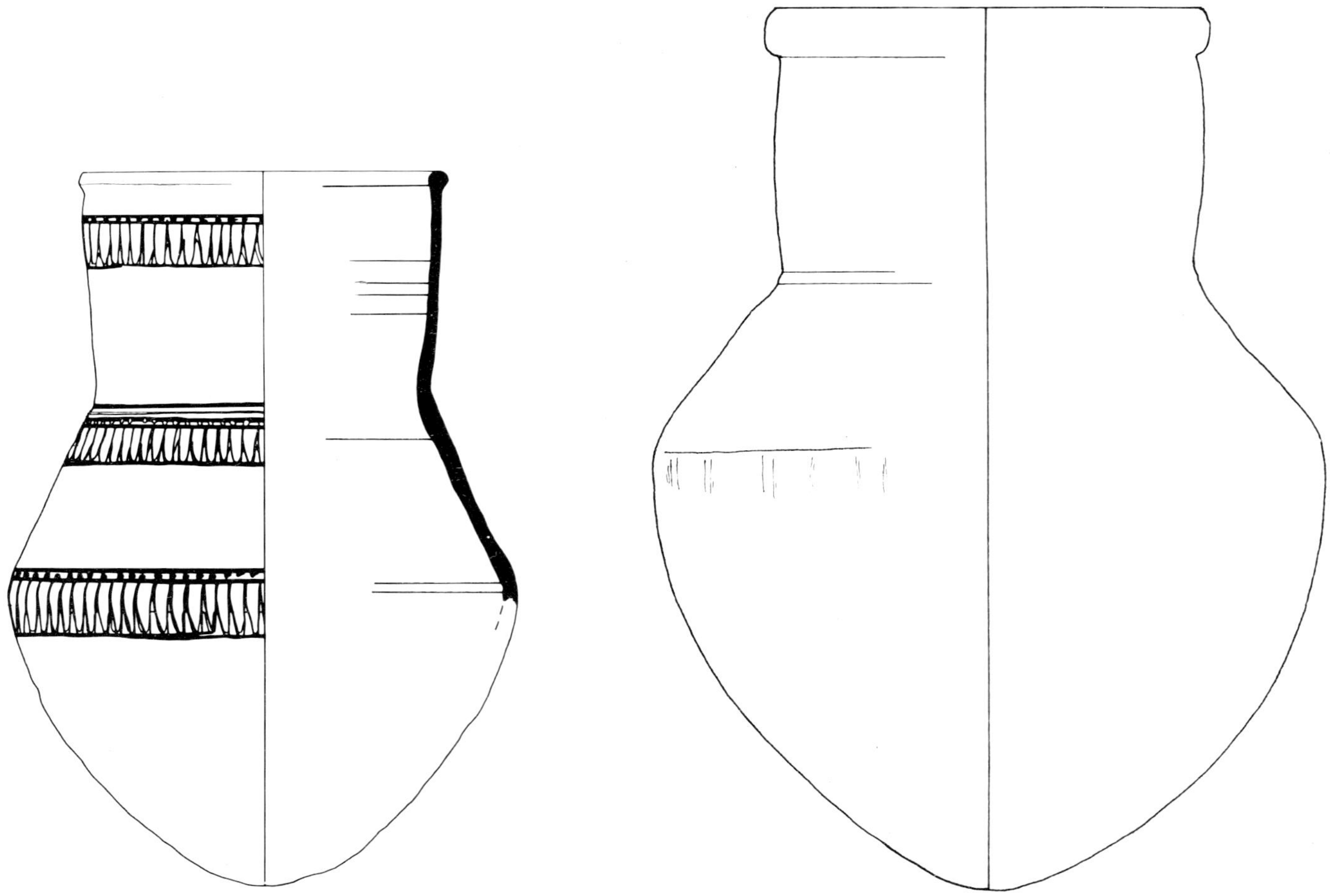

a b

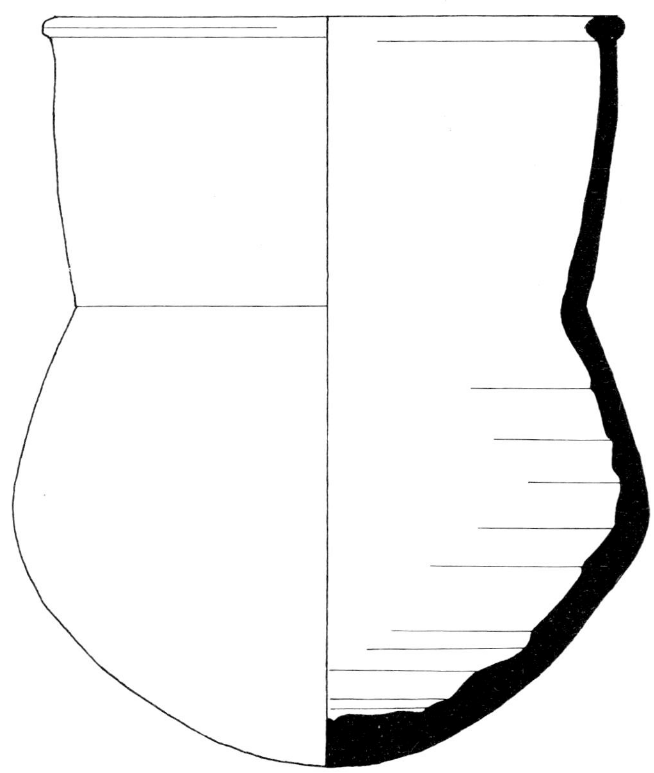

c

BLUE-PAINTED NILE SILT TYPES: JARS

B: Necked

Fig. 11

Scale 1:5

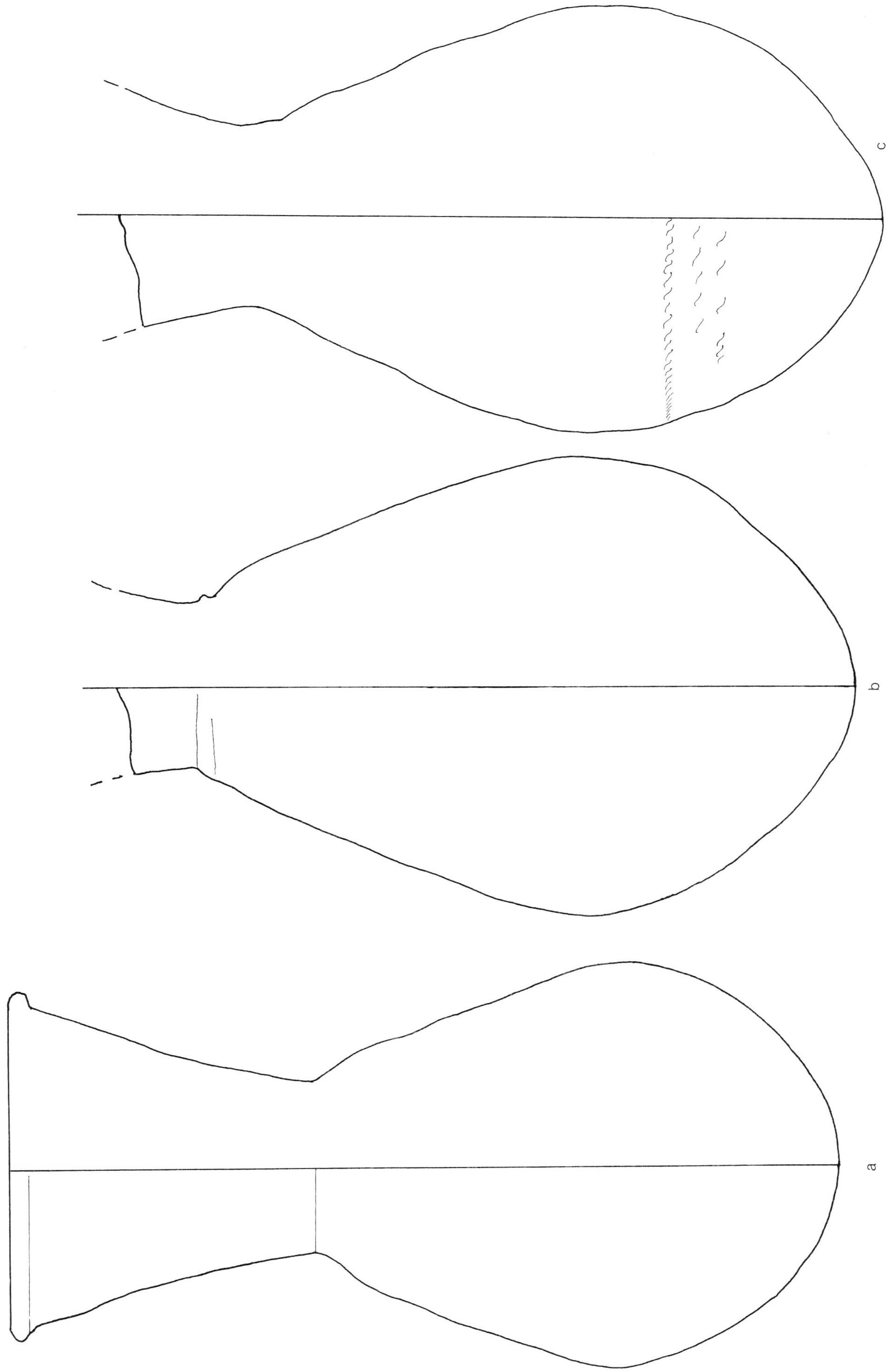

BLUE-PAINTED NILE SILT TYPES: JARS

B: Necked

Fig. 12

Scale 1:5

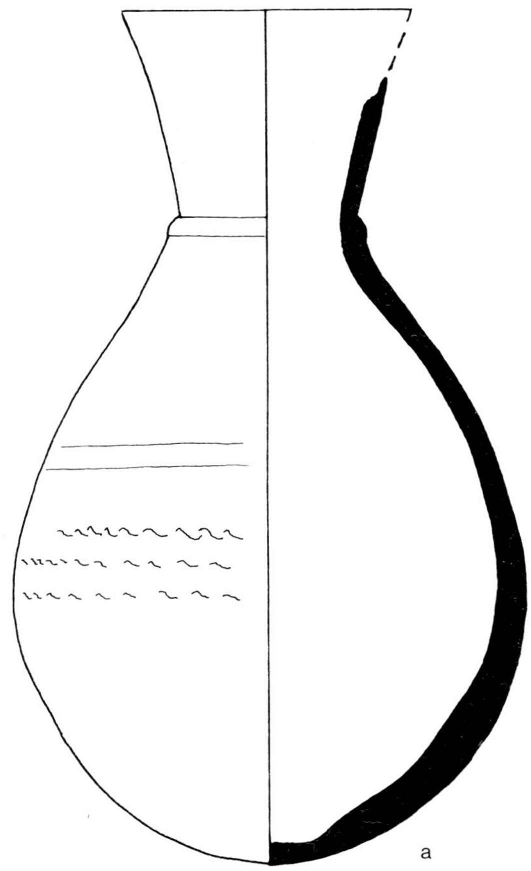

a

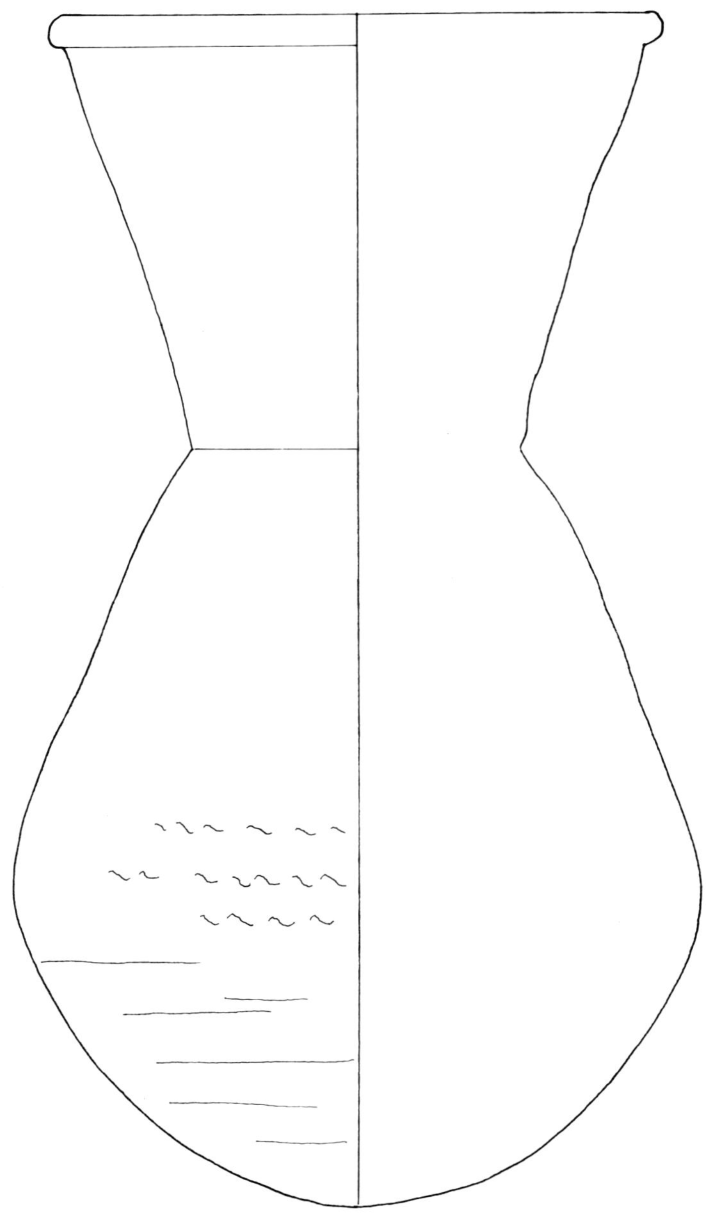

b

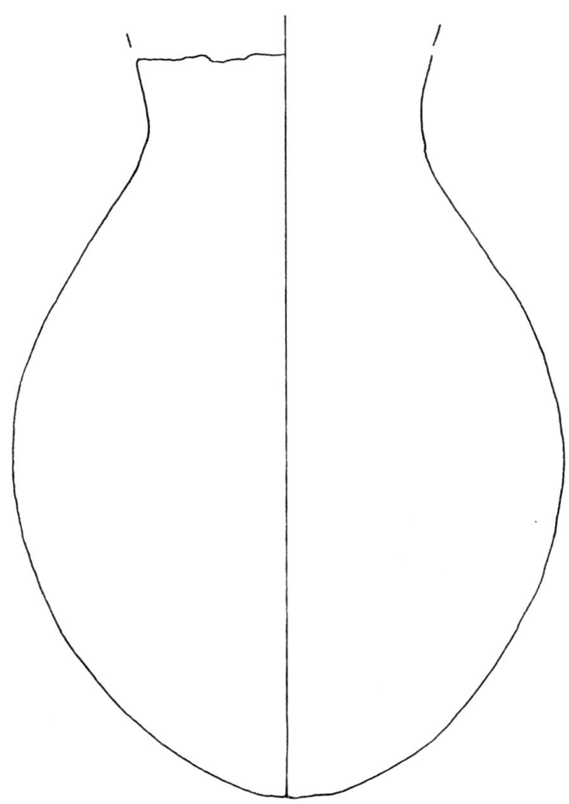

c

BLUE-PAINTED NILE SILT TYPES: JARS

B: Necked

Fig. 13

Scale 1:5

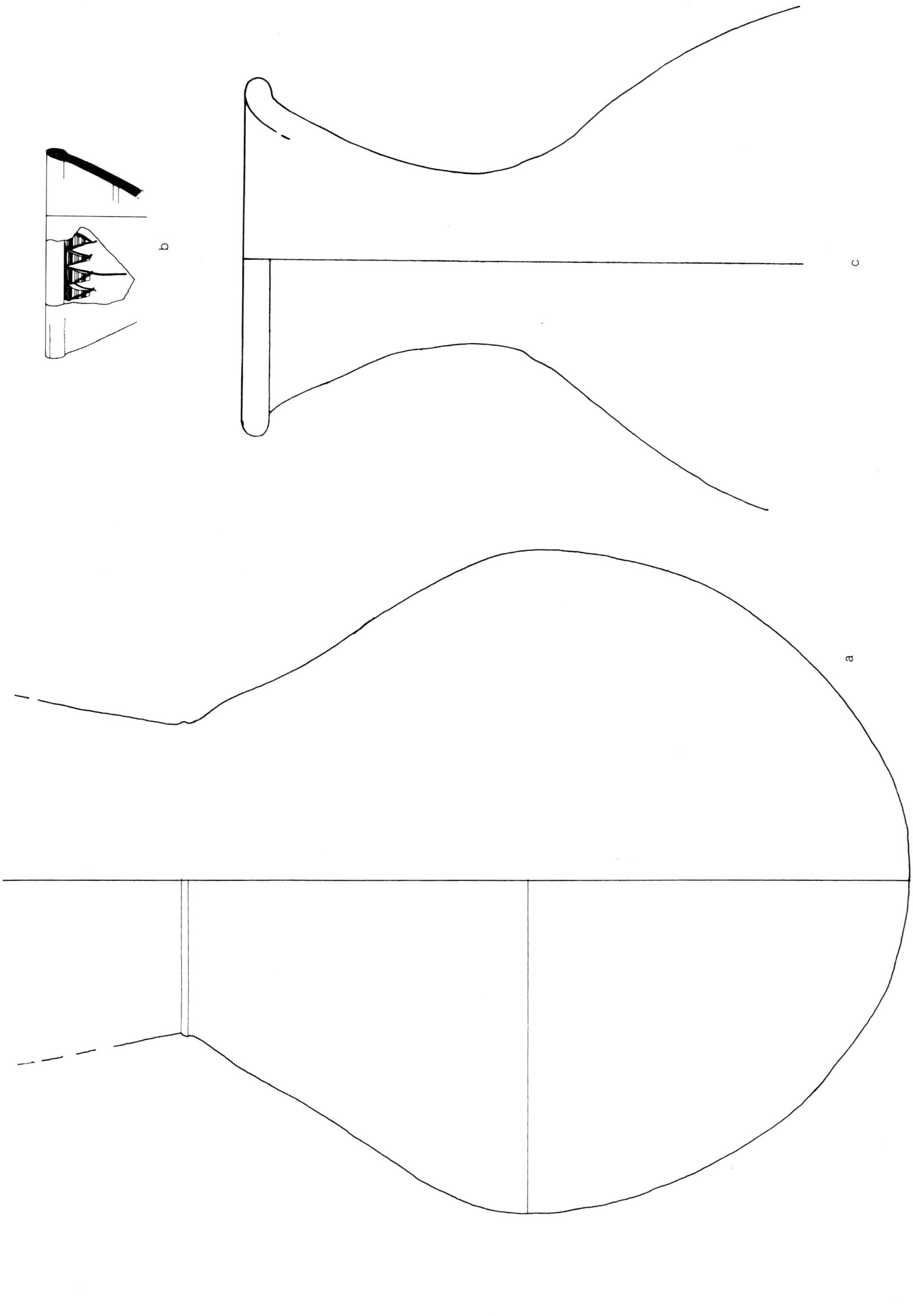

BLUE-PAINTED NILE SILT TYPES: HANDLED VESSELS | Scale 1:5 | Fig. 14

A: Horizontal Handles | B: Vertical Handles

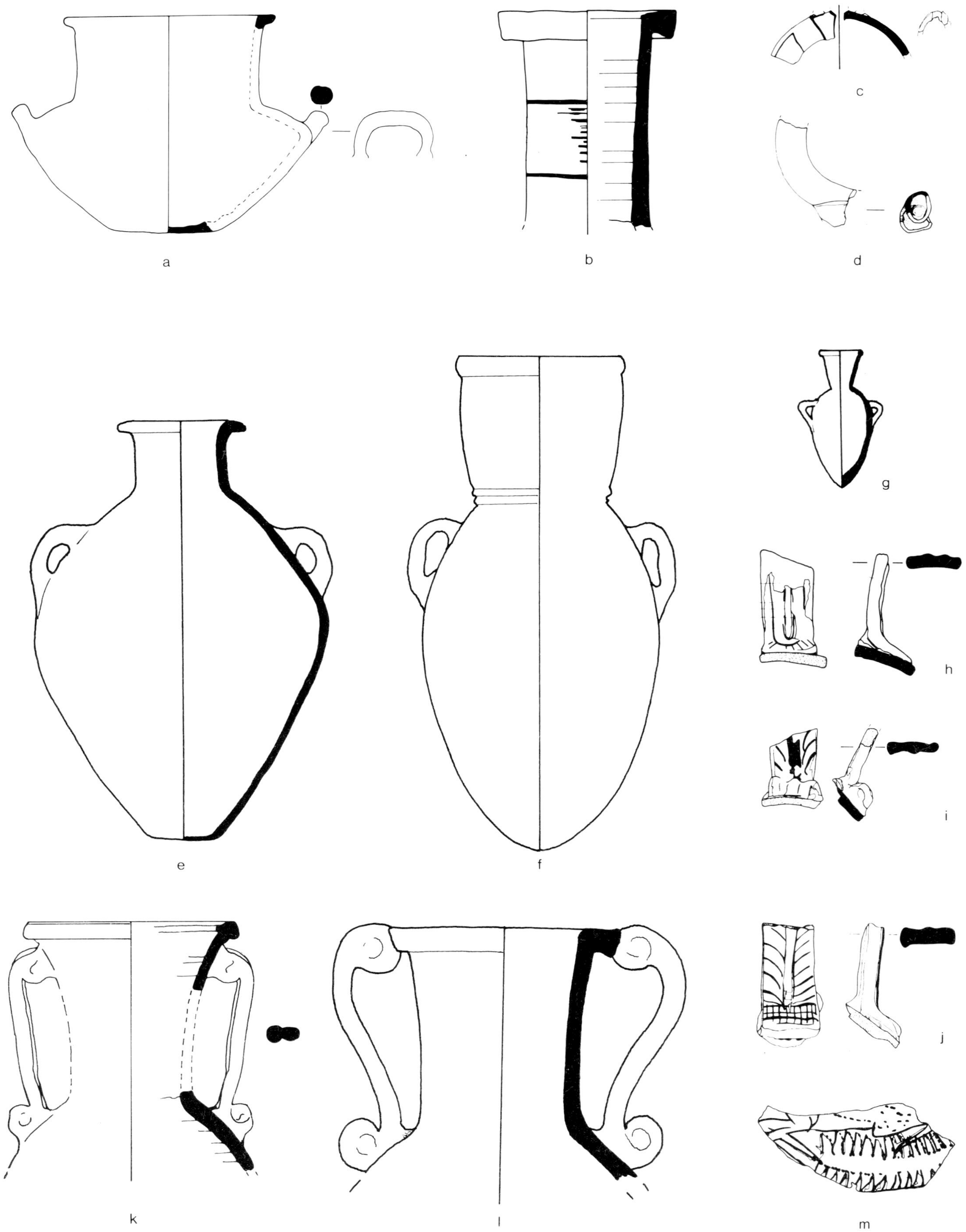

BLUE-PAINTED NILE SILT TYPES: SPOUTED VESSELS, LIDS AND JAR FRAGMENTS

Fig. 15

Scale 1:5

BLUE-PAINTED NILE SILT TYPES: JAR FRAGMENTS Scale 1:5 Fig. 16

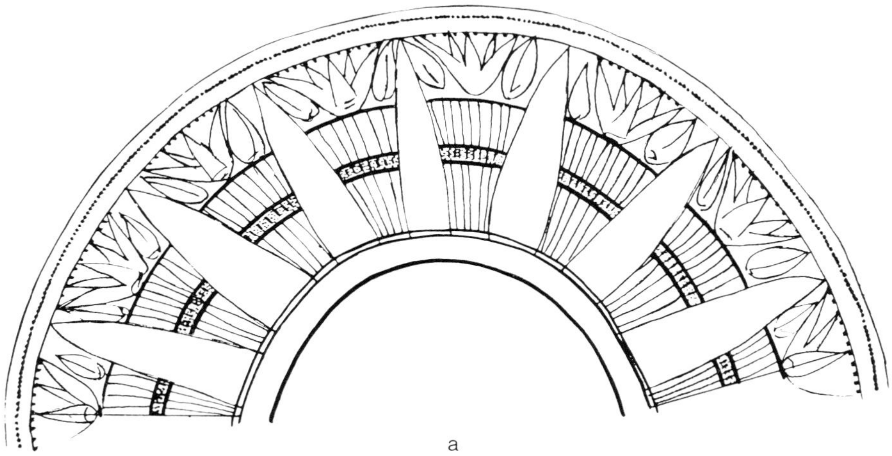

a

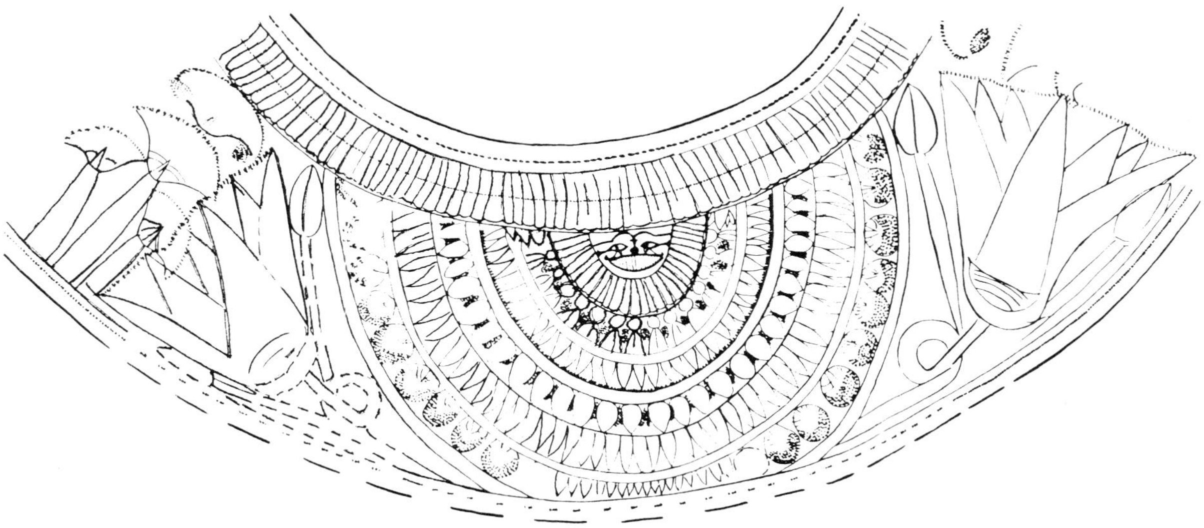

b

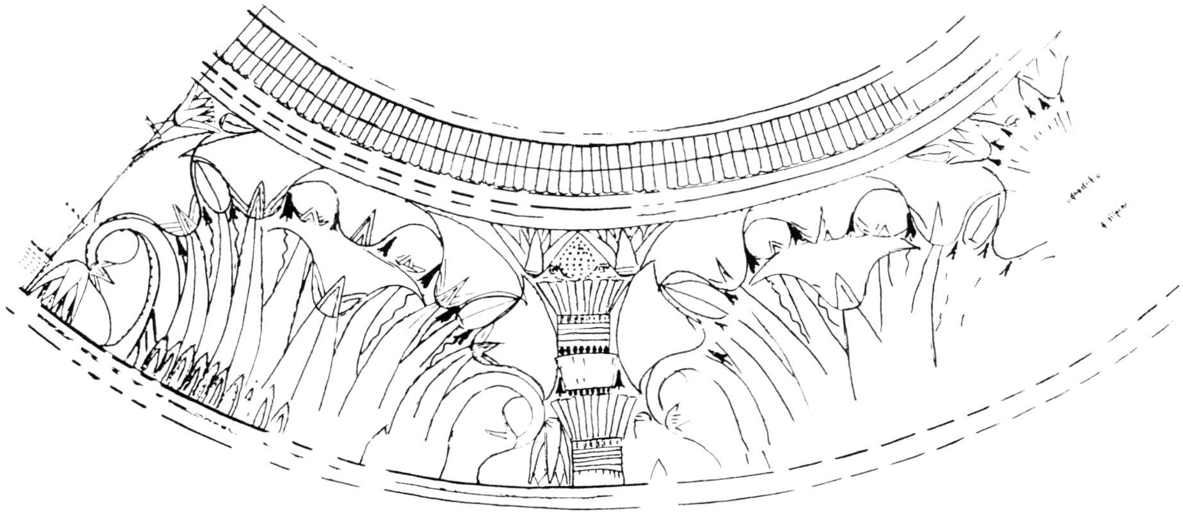

c

Scale 1:5

BLUE-PAINTED MARL CLAY TYPES

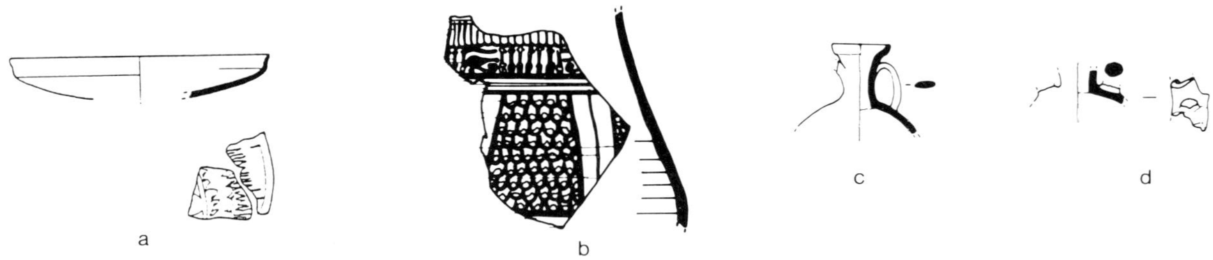

POLYCHROME DECORATED NILE SILT TYPES

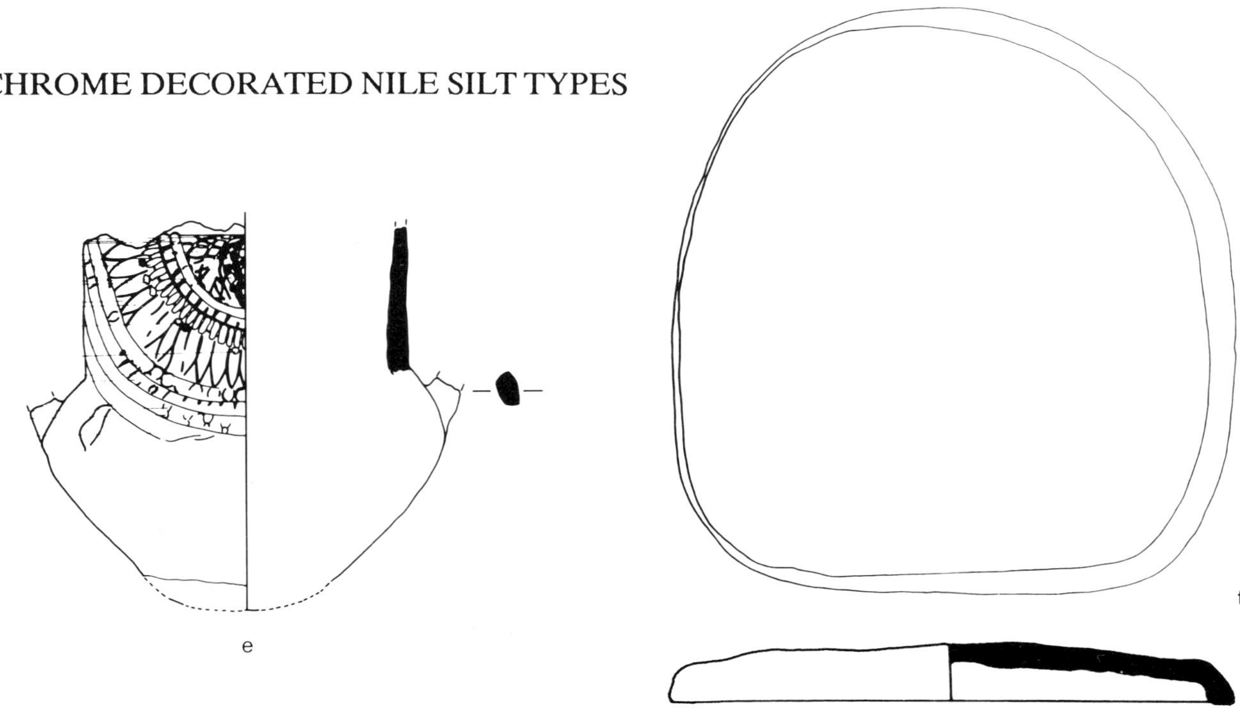

POLYCHROME DECORATED MARL CLAY TYPES

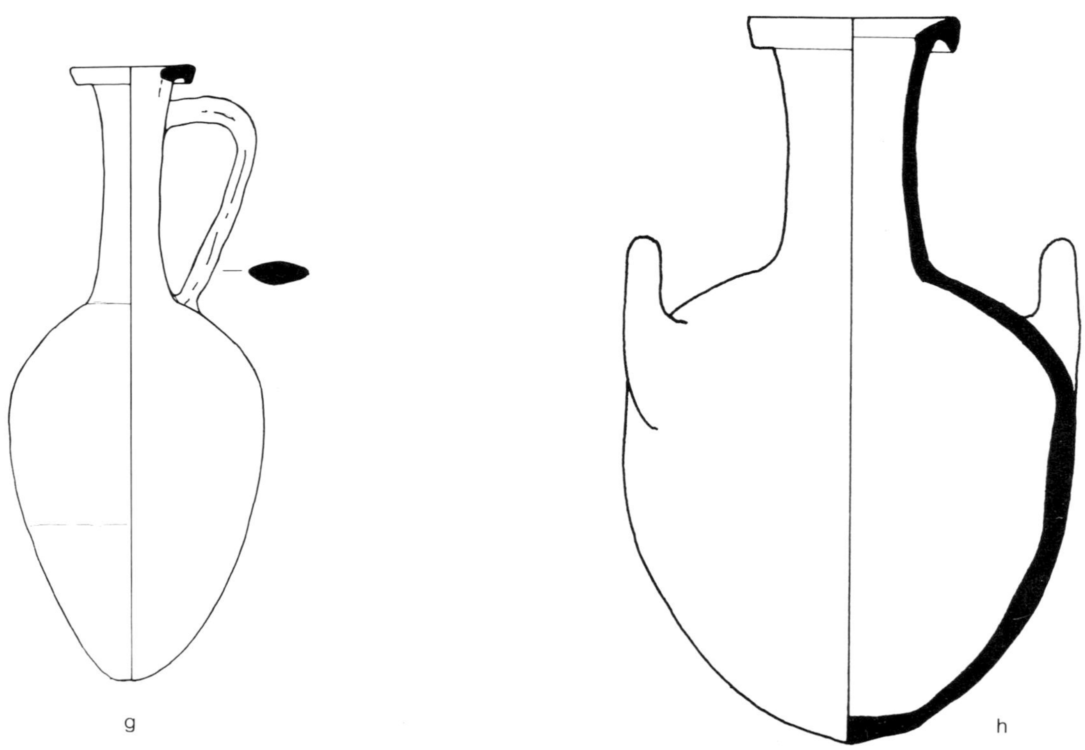

POLYCHROME DECORATED NILE SILT AND MARL CLAY TYPES

Fig. 19

Scale 1:5

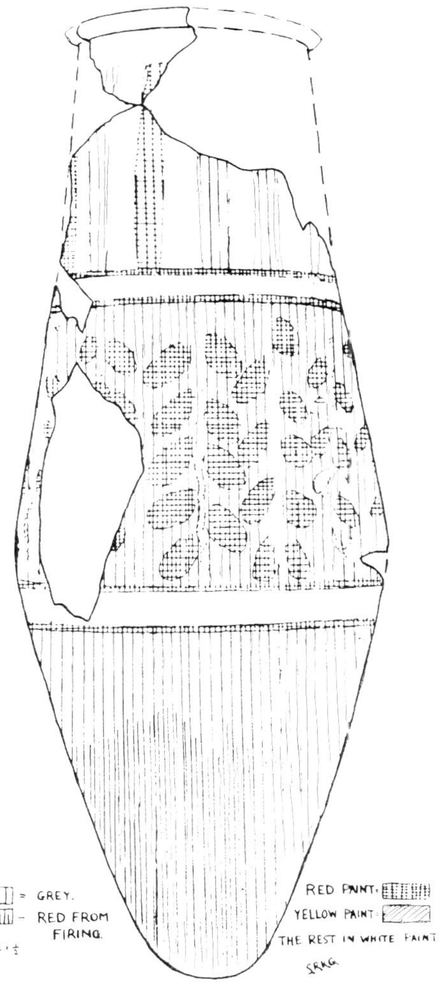

a

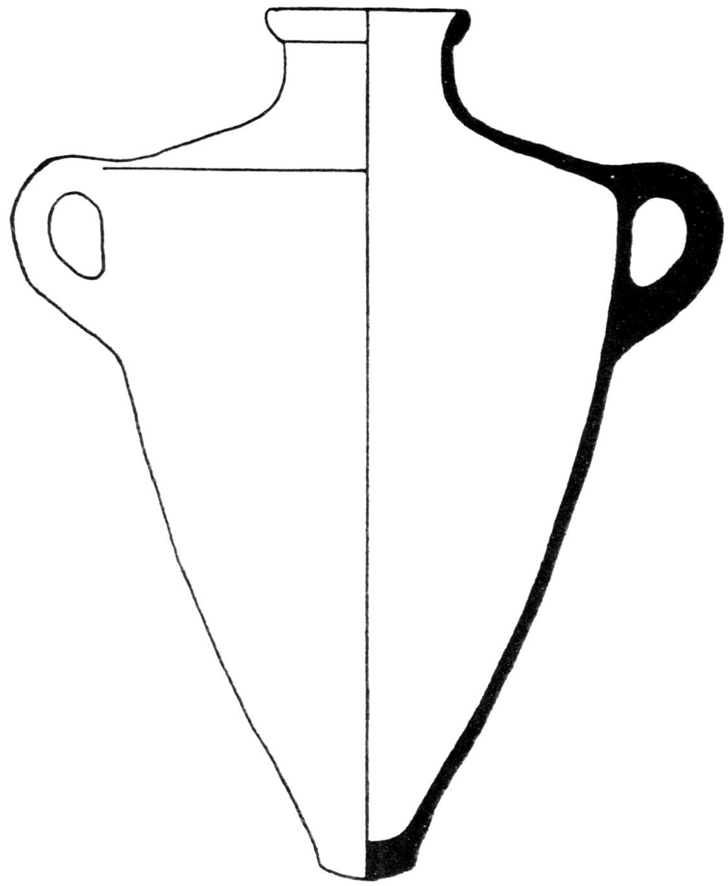

b

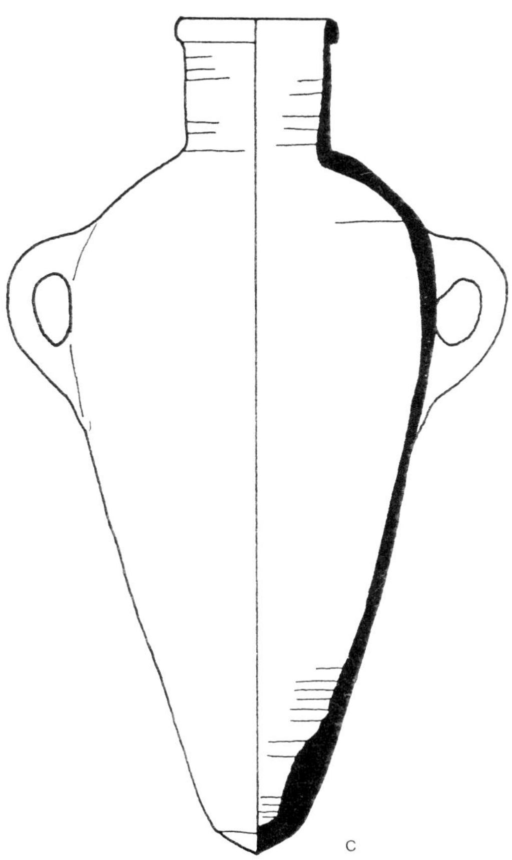

c

BLUE-PAINTED NILE SILT AND MARL CLAY TYPES - AMARNA?

Fig. 20

Scale 1:5

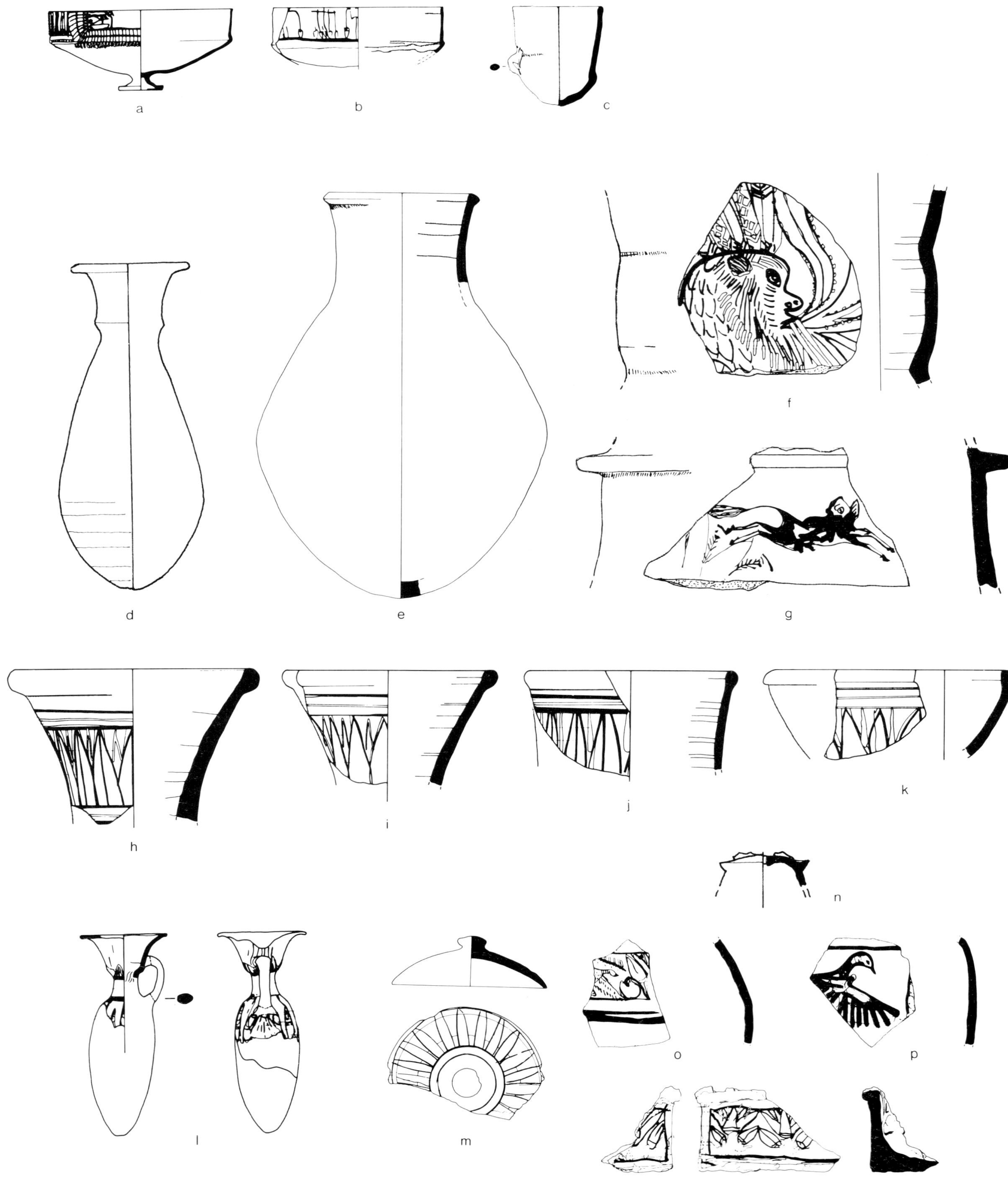

b Ash 1931.496

a Ash 1924.74

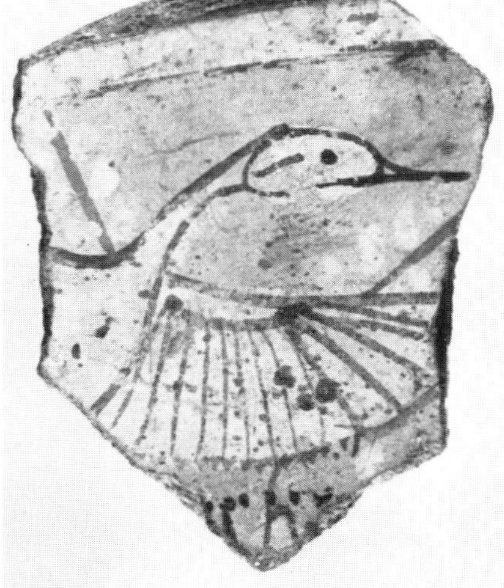

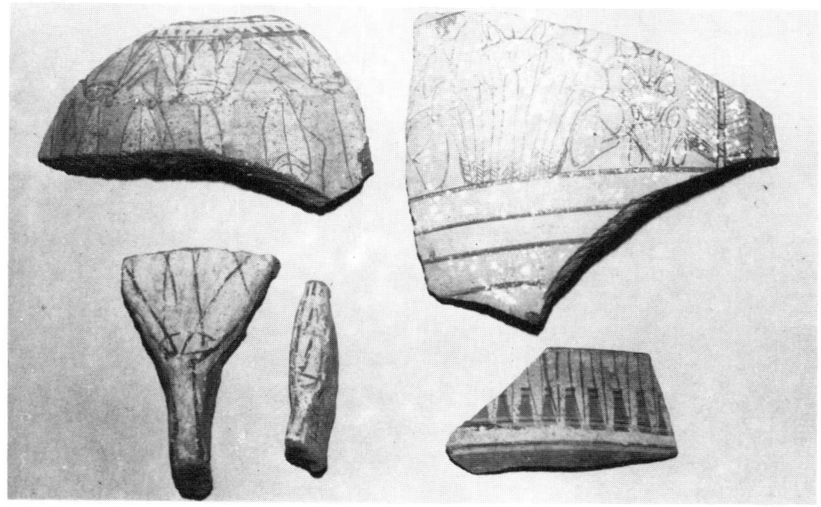

d Ash 1893.1-41.306 (top left) Ash 1893.1-41.282 (top right)
Ash 1925.421a & b (bottom left) Ash 1929.416 (bottom right)

c FOS 31.1101

e Cairo 48137

f Ash 1893.1-41.278

Pl. 2

a Sydney 62.627

b Cairo 13356

a Glasgow D1924.37?

c

b Brooklyn 27.958

a Ash 1929.418 Bristol H3862

b BM 57419

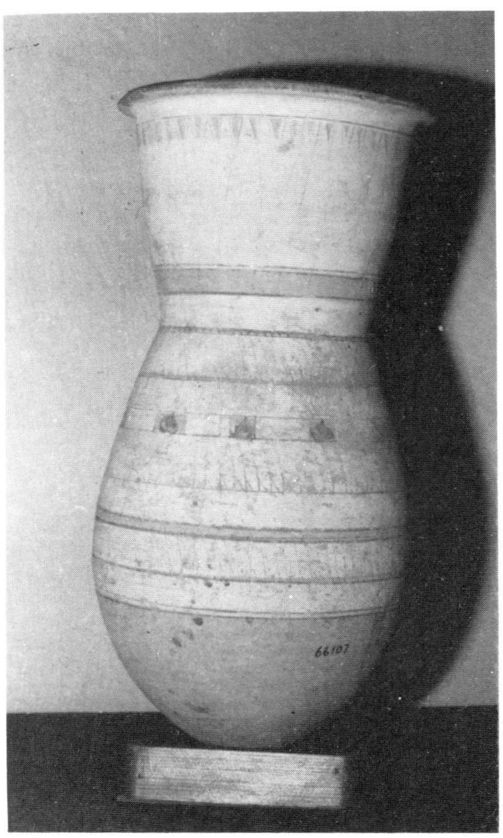

c Cairo 66107

d Ash 1893.1-41.277

a Cairo 57348

b BM 58460

c WB 14613 (left)

d Frankfurt 12570

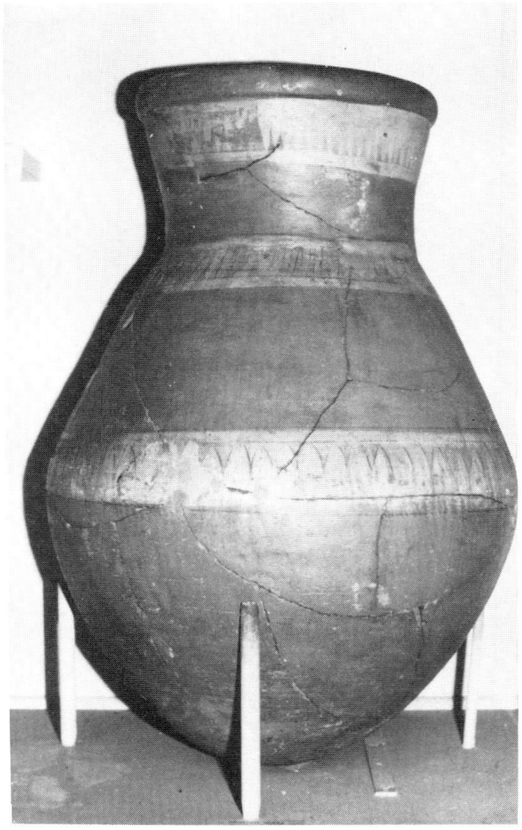

a Bolton 57.25 (12)

b

c Penn E16157

d Fitz E25.1929

a Brooklyn 25.858

b Sydney 62.628

c-d Cairo 55421

a-c BM 56841

a-c Ash 1926.109

a-b Ash 1926.109

a Ash 1926.109

b Brooklyn 16.245

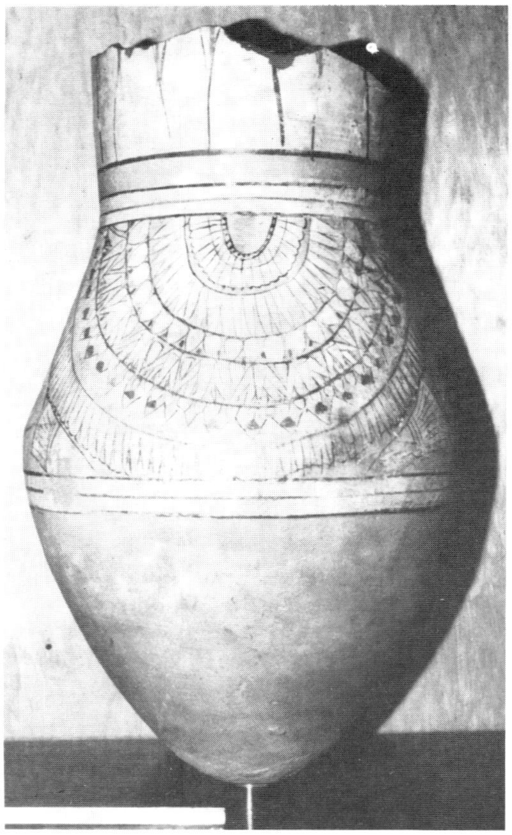

a-c WB 15352

a-d Ash 1927.4105

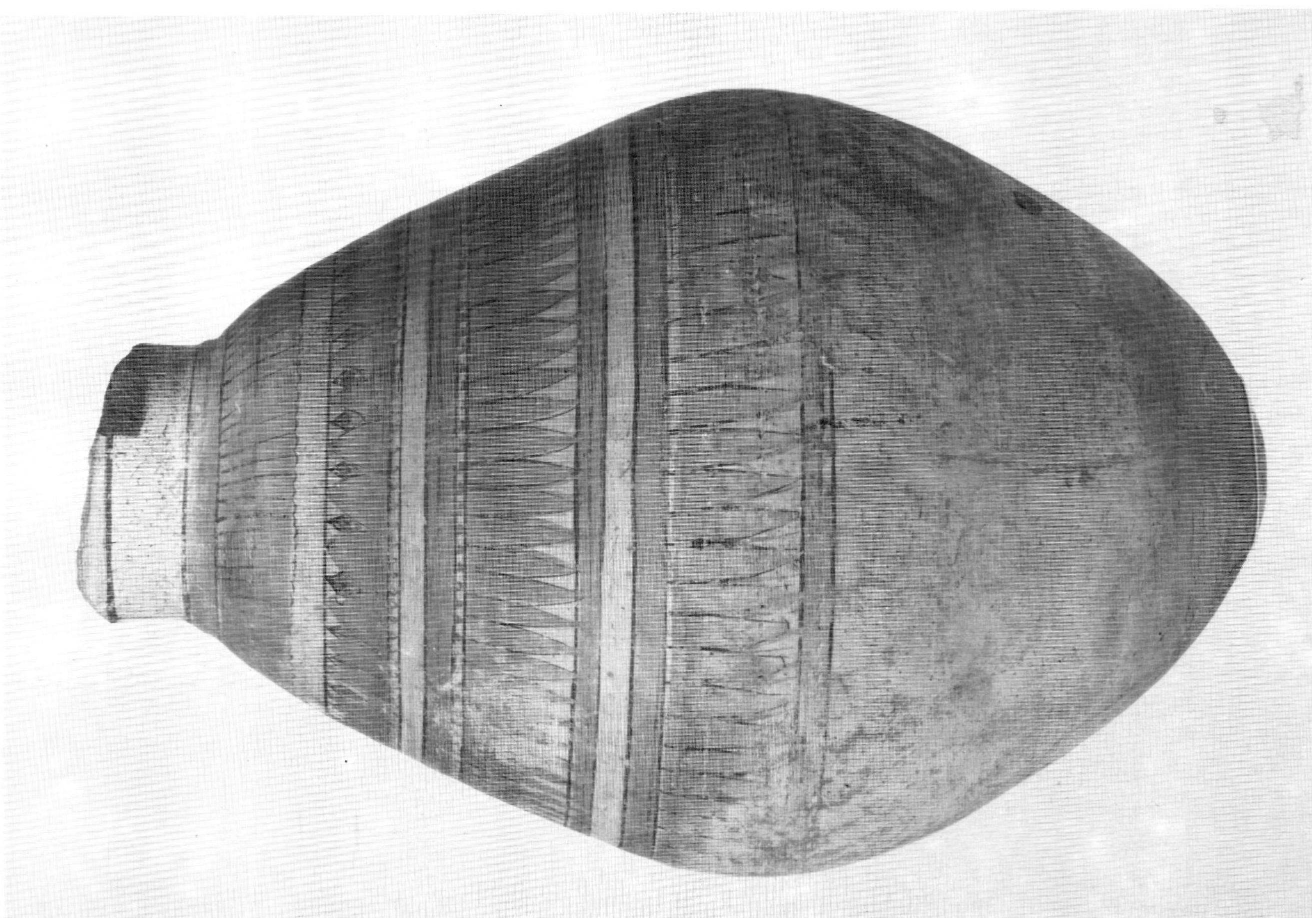

a Brooklyn 16.244

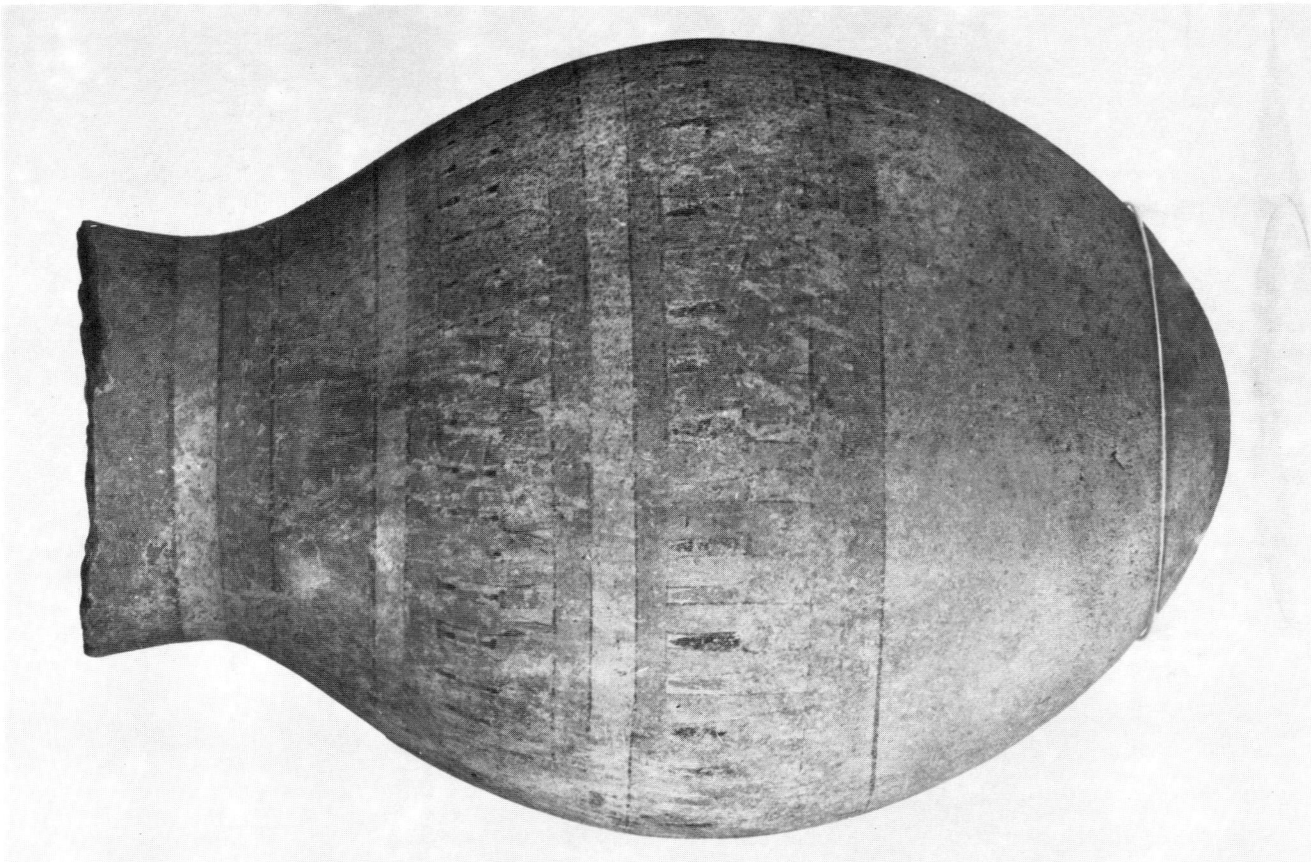

b Sydney 62.629

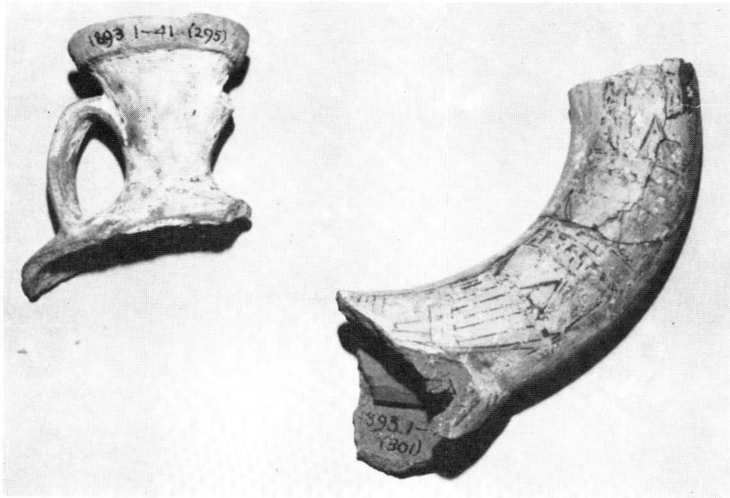

a Ash 1893.1-41.295 (left) Ash 1893.1-41.301 (right)

b Ash 1929.418

c Cairo 2671

d Ash 1893.1-41.293-4

a-b Cairo 66739

c Ash 1893.1-41.306 (left) & 294b (right)

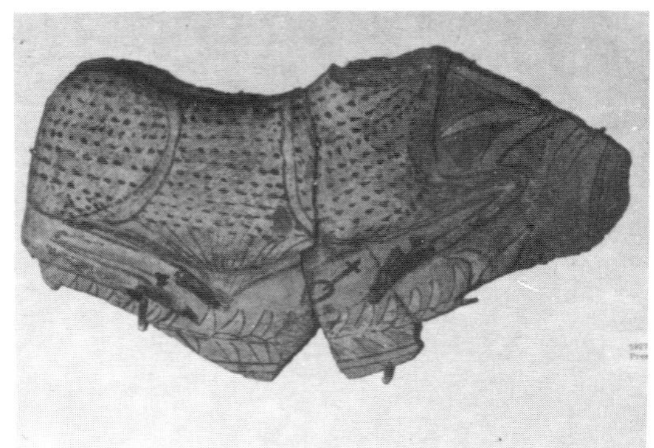

d BM 59276

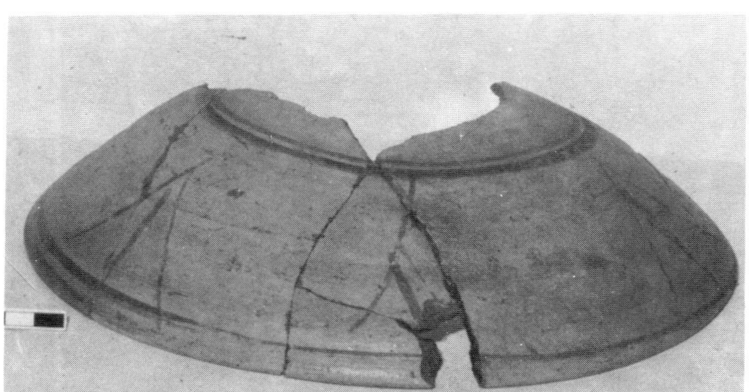

e UC 24551

f UC 24636

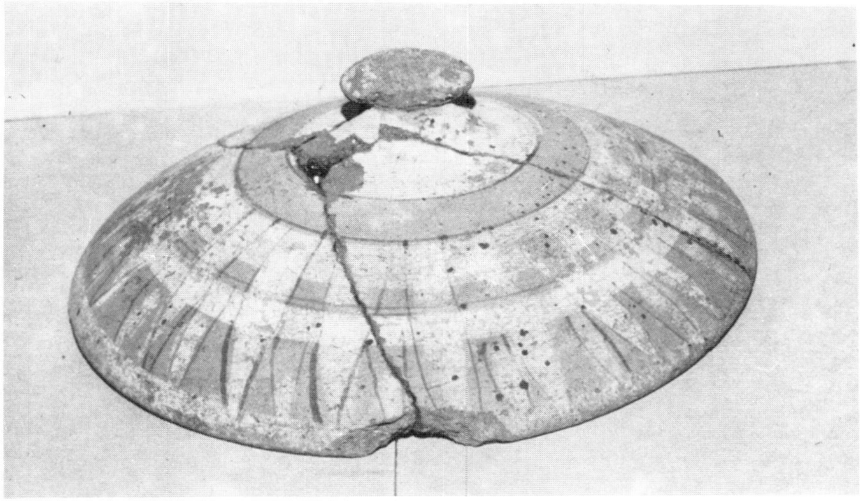

a Ash 1893.1-41.281

b BM 57424

c Ash 1937.881

d Ash 1924.165

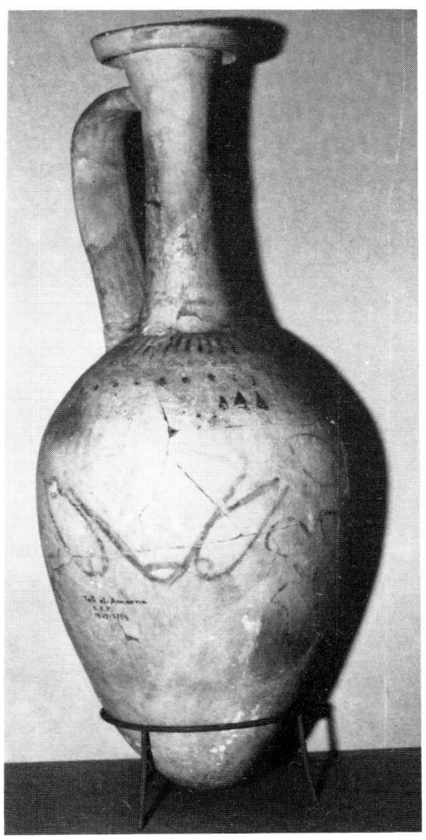

e Ash 1927.2114

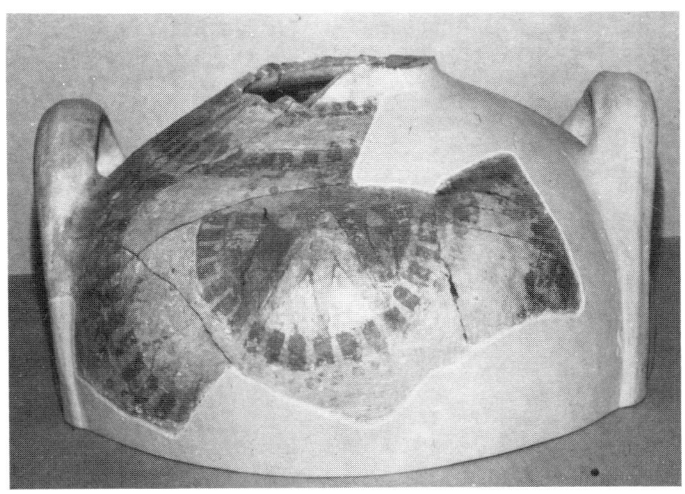

f Ash 1937.880

a Ash 1893.1-41.308

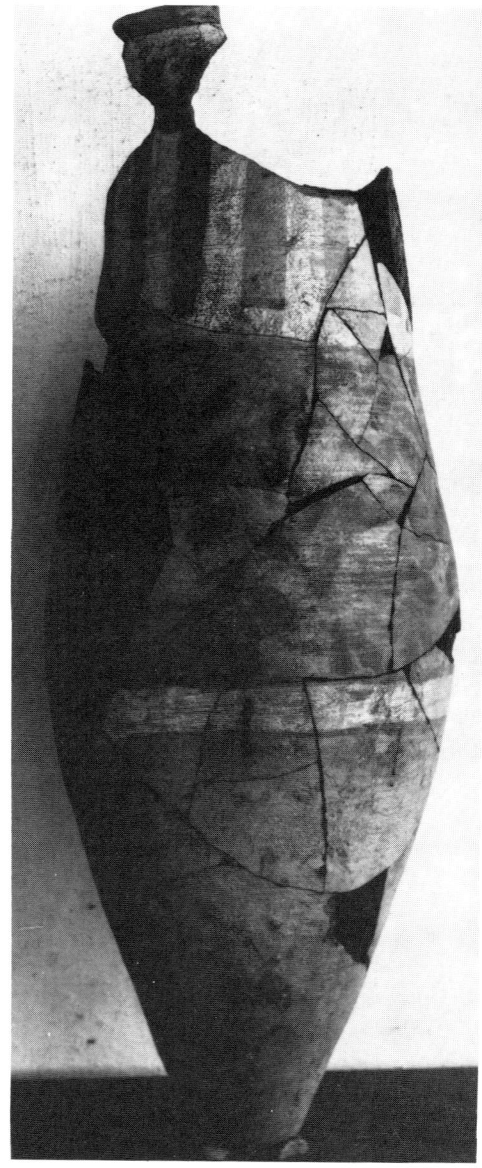

c

b Penn E17888

a FOS 31.1103

b FOS 31.1103

c UC 24595

d Cairo 62804

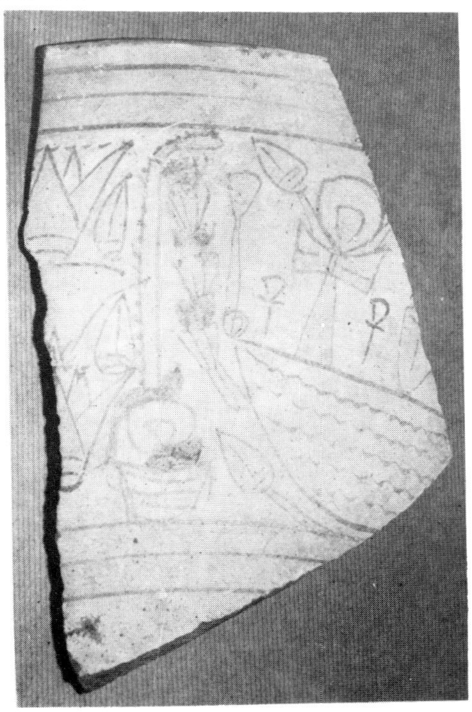

e Liverpool 1973.1.425

f Liverpool 1973.1.425

a

b

a BM 59265

b-c Louvre E11.265

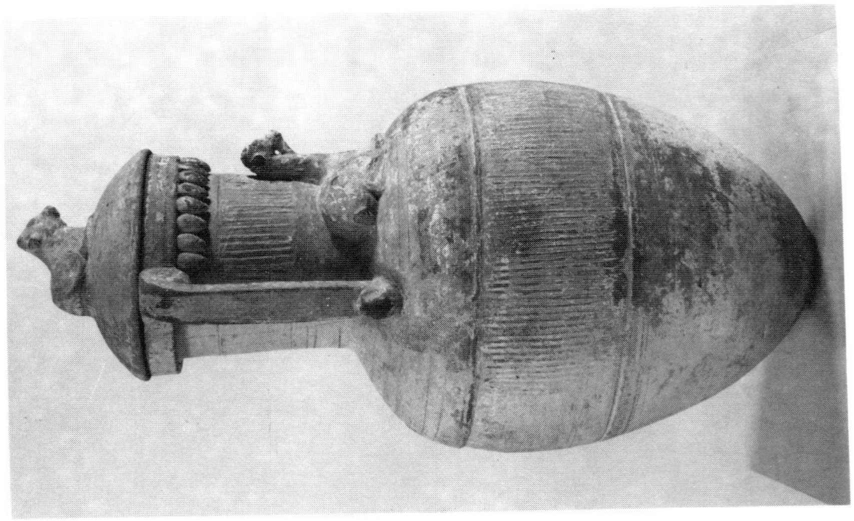

a Brooklyn 16.140

b Boston 64.9

POTTERY CHIEFLY OF THE LATE DYNASTIC PERIOD, FROM EXCAVATIONS BY THE EGYPTIAN ANTIQUITIES ORGANISATION AT SAQQARA, 1987 *

Peter FRENCH and Holeil GHALY

THE EXCAVATIONS

In the autumn of 1987 it was necessary for reasons of public safety to re-grade the south side of the Unas causeway at the eastern end of the restored section, a short distance east of the tomb of Khnum-hotep and Ny-ankh-khnum. In the course of this work the remains of tomb chapels of mud brick were exposed, and in association with these the tops of tomb-shafts. The area was cleared and planned but only sufficient of the shafts was excavated to permit the planning of the surface features.

Some 11,000 sherds were recovered from the excavations, and a few whole vessels. About 25 % of the pottery was of Old Kingdom date, and consisted for the most part of coarse-ware silt jars of medium size; these must be supposed to derive from the original burials in the shaft-tombs. A further 15 % were Late Dynastic, associated, it is to be assumed, with a late re-use of these tombs, their shafts or the chapels and their vicinity. Apart from one cup of the Middle Kingdom and one possible New Kingdom sherd, the remaining 60 % were of the Coptic period, predominantly of the 5th-6th centuries A.D. (Note 1). The monastery of Apa Jeremia lies immediately to the south and numbers of Coptic sherds may be seen on both sides of the causeway cutting at this point, no doubt the remnants of an originally continuous spread. It is noteworthy that in spite of the proximity of the New Kingdom necropolis to the south and south-west, sherds of this period were virtually absent; the same situation occurred in the excavations of the Universities of Berlin and Hannover on the south side of the causeway a little further west (Note 2).

The present article does not deal with the pottery of the Old Kingdom or the Coptic period.

* *Acknowledgements.* — We are particularly grateful to David and Barbara Aston for generously providing the records of the pottery from the New Kingdom Necropolis at Saqqara and for drawing our attention to the article in *ASAE* 53. Professor G.T. Martin, Professor H.S. Smith, Miss Janine Bourriau and Dr. and Mrs. Aston kindly gave permission for the quotation of unpublished Saqqara material, and we are grateful to Dr. T. von der Way and the German Archaeological Institute for permission to mention the pottery from Tell el-Fara'in. Miss Bourriau identified and dated the Middle Kingdom vessel No. 109, and Professor Smith read the fragments of Demotic inscriptions.

The drawings are by P.G.F, inked by Lisa Ghaly.

1. We are indebted to Pascale Ballet and Janine Bourriau for the date of this pottery.

2. Abbreviated to BH where cited in the Catalogue. See the list preceding that section for this and the following abbreviations.

THE POTTERY

When the Old Kingdom and Coptic sherds had been removed, those remaining were divided into rims, bases, handles (few), inscribed or painted sherds and other body sherds. An extended and determined attempt to make joins in order to recover complete vessels or profiles met with only a very limited success; this was in spite of the fact that very few sherds were in evidence on the spoil-heap, indicating a high recovery rate. The implication is that the vessels had been anciently broken up and their fragments widely scattered. The plain body-sherds were not further considered except where they contributed information on wares, forms or function. A rather cursory analysis was made of some marl bases, but lack of time precluded a similar study of those in silt. In the catalogue the majority of numbered pieces are rims, since these normally produce the maximum information on vessel form, size, etc. The preserved proportion is usually stated, as a guide to the probable accuracy of the drawing and its stance, and the likelihood of handles having existed. In a few cases it was felt that the sherd might be Coptic and this is stated. The catalogue describes the ware categories employed and proceeds in the order: imports; marls and mixtures; silts. The parallels are largely confined to the region of Saqqara and Memphis, with much use of unpublished material; a more extensive survey drawing on older publications would have delayed the appearance of this article. In any case, a proper synthesis of the Late Dynastic pottery of Lower Egypt should wait until this unpublished material has been propeıly studied and made available in print. It will be seen that for some pieces no close parallels were readily available.

DISCUSSION AND DATING

Saqqara was always primarily a necropolis. Except in the Coptic period, when a string of settlements existed along the desert edge, sites of a wholly domestic nature were scarce. There is thus strong *prima facie* evidence that the predominantly Late Dynastic pottery described here derives from a funerary context of some kind; this may account for the high proportion of marl vessels, in contrast to what was observed at Memphis (Embalming House of the Apis Bulls) in deposits of similar date (Note 3) and what appears to have been the case in the excavations of the University of Pennsylvania nearby (Note 4).

The present pottery lay in loose sand, generally below the similar sand layers containing the pottery of the Coptic period: it is clear that the destruction of the Late Dynastic vessels and the scattering of their sherds had taken place before the sand-layers containing the Coptic sherds were deposited. Most vessels had been medium-sized or small and jars had been in a majority. They seem to have fulfilled three functions.

3. This so far unpublished pottery is mentioned by kind permission of Michael and Angela Jones.

4. *MR* 55 and *MR* 56.

Firstly, the jars of Type 18, of which there were numerous examples, together with a few others (see Catalogue), had contained a sticky black substance; some of this often remained in the bottom of the jar, and had usually also spilled out around the rim, not in a single wide flow resulting from the overturning of the jar but in drips and splodges all around (Ph. 5-7). It appears as though small amounts had been taken out carelessly on a brush, in a dipping vessel (though none was found) or perhaps simply with the hands. The remains both in the bottom and around the rim of the jar were often contaminated with sand; sometimes they bore impressions of chaff such as is commonly found at Saqqara, having been brought by the wind from the nearby cultivation (though see also below for an alternative source). The jars must have been deposited in sand while this remnant of their contents was still liquid, or at least soft. It is most likely that they contained embalmers' materials, in which case either a part of the embalming process took place in the vicinity, or it was the practice to bring the empty jars and deposit them in the necropolis, perhaps close to the relevant burials. It is jars of this Type 18 which sometimes bore Demotic inscriptions linking them to the necropolis (see the section on inscribed sherds, p. 97). The open vessels showing signs of a similar substance would have served as lids, as receptacles for the material taken from the jars, or both.

Secondly, the preponderance of small and medium-sized jars in both marl and silt wares, and in particular the large number of these in marl, points to funerary offering vessels deposited with burials. Whether these were in the tombs, the shafts or the chapels or sand above remains to be established, but the contemporary (or near-contemporary) torches suggest that at least some were underground. At the nearby Anubieion at about the same time there was a cemetery of poor burials, mostly without pottery, in the sand but circumstantial evidence of richer ones with pottery in shaft-tombs originally of the New Kingdom (Note 5). In any event, in the present case it is clear that the burials had been disturbed, and the offering vessels broken, before the deposition of the Coptic pottery in the immediately overlying strata.

Thirdly, a utilitarian purpose was apparently served by the torches already mentioned; many show signs of use and they presumably provided light for those depositing the burials — or for those robbing them.

Parallels.

Embalmers' caches and other Late Dynastic deposits. A major group of Late Dynastic embalmers' caches from Thebes has recently been published (Note 6), and many such are now known from Saqqara itself. A small one consisting of seven vessels was excavated by the Universities of Berlin and Hannover close to the present work (Note 7). Several others have been found in recent years in the New Kingdom Necropolis a short distance to the south-west (Note 8); by far the largest, consisting of more than 130 vessels, was at the tomb of Maya. It is certain that there was much activity in this part of the necropolis at this time. In 1956 Lauer and Iskander published three

5. *ANUB* Vol. II.
6. *SETHOS*.
7. *BH*.
8. *MAYA*, *PR*, *RKP*, *TH* and *TT*.

similar caches from the area west of the Step Pyramid enclosure and another from a subterranean tomb close to the Pyramid of Userkaf (Note 9); straw and chaff, apparently intentionally deposited, were found in some of the vessels and mummification materials in others. All these caches have enough vessel-types in common to demonstrate their (at least approximate) contemporaneity.

Further vessels of the Late Dynastic period were found in non-cache contexts in the Berlin-Hannover excavations as well as in the New Kingdom Necropolis, where they occurred both in the New Kingdom tombs themselves and in the sand around and above them; they include types not found in the caches, some of them corresponding to material from the present deposit. At the Sacred Animal Necropolis at North Saqqara (Note 10), very large numbers of Late Dynastic vessels were excavated, some from occupation horizons but the majority from loose sand; once again there are many correspondences, though additional types are present and the date range is probably wider. At the Anubieion, temple occupation levels were primarily Ptolemaic but appear to begin about 350 B.C. The sand and limestone-chip deposits below them contained many Late Dynastic (and earlier) sherds; parallels drawn here are largely confined to the few so far studied for inclusion in Vol. II of the publication and others may come to light.

Nearby Memphis ought to provide close parallels but little pottery of this date has been published from here. The 1955-1956 excavations at the small Ptah temple did produce some (apparently mostly silt) vessels of the same types, but a warning must be sounded that the excavators' dating is often incorrect. A small amount of material of the period also occurs in the Embalming House of the Apis Bulls.

Further afield, at Tell el-Fara'in/Buto in the Western Delta (Note 11), Saite pottery has now been excavated in great quantities and is being prepared for publication. It differs considerably from the present material, whereas smaller overlying deposits provisionally dated as early Persian do provide general parallels and a few vessels from burials and other contexts, probably somewhat later again, are virtually identical to some described here. It is unlikely that this situation merely reflects regional variation or differences between domestic and funerary assemblages and is much more likely to represent a chronological development. This would also explain the lack of similarity between the present material and most pottery so far published from Tell el-Maskhuṭa in the Eastern Delta, where there is a blank in the published record between about 486 B.C. and the middle Ptolemaic (Note 12). Differences are also more apparent than similarities in a comparison with the pottery from the South Tombs at Amarna, dated around Dynasty XXV (Note 13).

Dating.

From a stratigraphic point of view, the pottery need not all be of a single date since it was found in a secondary context. With the exception of a very few pieces, however, the lack of correspondence with pottery of Dynasties XXV-XXVI at Tell el-Fara'in, Maskhuṭa and Amarna appears to rule

9. *ASAE.*
10. *SAN.*
11. *TEF.*
12. *TEM.*
13. *ST.*

out any date before the 5th century B.C. The degree of correspondence with the Saqqara caches, coupled with the high level of internal consistency within the deposit (*i.e.* the recurrence of identical and similar forms and wares) indicates that most of the material belongs to a short time-span and is at least broadly contemporary with the caches. As to its dating in absolute terms, there are at present three indicators. The hand of the Demotic inscriptions cannot be earlier than the 5th century B.C. and is more probably 4th century or later (*infra*). Secondly, the hand of Demotic inscriptions from Cache II of the tomb of Horemheb was dated to the 4th century (Note 14) and should date not only this cache but also the other Saqqara caches, given the high degree of similarity between them, and thus many of the vessels in the present deposit. Finally, a date of « about the 4th century B.C. » was suggested for the burial in Chamber C of the tomb of Paser on the basis of its shabtis (Note 15), and vessels from this burial parallel some in the present deposit. Since a date later than 350 B.C. is virtually ruled out by the stratigraphy at the Anubieion, the great majority of the vessels in the present deposit is likely to belong to the first half of the 4th century B.C.

INSCRIBED SHERDS

Seven small fragments of black ink Demotic inscriptions were found, all seeming to derive from the shoulders of jars of Type 18. We are indebted to Professor H.S. Smith for the readings which follow.

One fragment preserved too little to produce a reading and two others had only the definite article (one on Ph. 7 right). A fourth did not readily yield connected sense. Two others each read « m bꜣḥ », « in the presence (of)... » (one on Ph. 7 left), and the seventh gave the name of the god Sokar. The hand of the inscriptions can not be as early as the 6th century B.C., and accords better with a date in the 4th (or later) than in the 5th.

In spite of the fragmentary nature of the jars' inscriptions they do provide some information on the purpose for which their contents were intended, as well as the invaluable indication of date. The name of a principal god of the necropolis, and the probability that the phrase « m bꜣḥ » would also be followed by the name of a god in the context of Saqqara, at least lifts the jars that bore these inscriptions out of the general run of domestic pottery, as their marl fabric already suggested. A function in keeping with the use of the necropolis is implied, in connection either with mummification or with the cults of the dead.

14. *PR* p. 54. We are grateful to David Aston for the information that the date was based on Demotic hands.
15. *PR* p. 26-27, 55.

INTRODUCTION TO THE POTTERY

Wares.

To describe the wares of the Late Dynastic Period we have employed the classification system devised by Janine Bourriau and elaborated by herself and David Aston. It is subject to future modification as the pottery of this neglected period receives further study. Like all ware classifications it is essentially artificial, and when comparing the ware of a vessel with that of parallel pieces one must remember that similar vessels may have been differently perceived by different workers. The distinction between wet-smoothing and self-slipping, which in the last analysis depends on judging the amount of clay present in a clay-and-water mixture applied to the surface of a finished vessel, is particularly difficult to establish. It should be noted that in the present paper no distinction has been made between J1 and J1 Coarse wares. The term « wash » has usually been preferred to « slip » where the surface coating is so fugitive as to wash off easily in cold water, a characteristic of some pottery of this period.

Nile Silt Wares.

J1 Great quantity and variety of inclusions, which are irregular in shape and sometimes large: limestone, ash, translucent grits, sand and organic matter. Very porous; surface pitted by voids left by burnt-out straw.

J2 Same inclusions as for J1, but fewer and smaller. Organic matter is finer and little shows on the surface.

J3 Similar to J2 and perhaps a variant of it. Restricted range of forms. Distinguished by plentiful mineral inclusions, especially limestone. Very hard compared with J1 and J2.

Marl Wares.

K2 Small quantity of fine inclusions: fine chaff, a little sand, naturally occuring tiny black grits. Normally pink in section but surface colour cream, yellow, pink or green according to firing. Used for small, fine quality vessels.

K5 Similar to K2 but contains a greater quantity of inclusions, many of which are larger: straw, sand, scattered large limestone particles and dark brown, red or black particles which are often iridescent. Much the commonest of the marl wares, but has so far proved impossible to sub-divide. Surface and section colours cream, yellow, pink, brown or green according to firing.

K7 Dense, medium-fine, often fairly soft; small vessels frequently have thicker walls than those in (e.g.) K2. Few inclusions and those very fine: usually chaff (often visible on the surface), sand, fine black mineral particles and mica. Occasional large inclusions: amethyst or rose quartz, limestone. Surface and section colours pale yellow, grey, green, brown, pink according to firing.

Silt-Marl Mixed Wares (?).

L1 Contains a little straw but distinguished from J series by quantities of fine mineral particles — sand, mica, ochre (?), charcoal (?), Grey through brown to pink; well fired examples are pale yellow brown on surface with reddish yellow section, while underfiring leaves a black core streak. Always thickly self-slipped.

L5/P21 Amphora ware of uncertain origin, perhaps Aegean with Egyptian imitations. Contains a quantity of white and other mineral inclusions, chaff, sand and mica plus a very little coarse straw. Mineral inclusions are of irregular shape and uneven distribution. Black through brown to red, usually with a grey zone in section. Slipped pink, cream or white according to firing. Painted with red or brown-red bands around rim, down handles and across body.

Imported Wares.

P8 Aegean amphora ware or group of wares. Dense and extremely hard. Can include sand, scattered limestone particles or chaff, though finest examples show few inclusions. Usually grey to red or buff to pale brown. Surface is usually micaceous.

P12 Levantine (?) amphora ware. Dense, hard, with large limestone particles, also crushed potsherds, sand, grits and chaff. Usually well fired but often carelessly made. Reddish yellow.

P17 Aegean amphora ware, less common at Saqqara than P8. Dense and extremely hard. Medium coarse, with many fairly fine inclusions: limestone, black particles, crushed potsherds or burnt brick (?) and a little chaff. Usually highly fired, with the surface firing white and flaking off in patches.

Dimensions. All dimensions are in cms. D. = diameter. H. = height. W. = width

ABBREVIATIONS USED FOR THE PARALLELS IN THE CATALOGUE

Published Excavations.

ASAE Lauer (J.-P.) and Iskander (Z.) « Données nouvelles sur la momification dans l'Égypte ancienne », *ASAE* 53 (1956) p. 167-195.

BH French (P.G.) « Late Dynastic Pottery from the Berlin/Hannover excavations at Saqqara, 1986 », *MDAIK* 44 (1988) p. 79-89.

MR 55 Fischer (H.G.) in Anthes (R.) « Mit Rahineh 1955 ». University of Pennsylvania, 1959.

MR 56 Fisher (H.G.) in Anthes (R.) « Mit Rahineh 1956 ». University of Pennsylvania, 1965.

PR Bourriau (J.-D.) and Aston (D.A.) in Martin (G.T.) « The Tomb Chapels of Paser and Ra'ia at Saqqara ». Egypt Exploration Society / Leiden, 1985.

SETHOS Myśliwiec (K.) « Keramik und Kleinfunde aus der Grabung im Tempel Sethos' I. in Gurna ». AV 57, 1987.

ST French (P.G.) « Late Dynastic Pottery from the Vicinity of the South Tombs » in Kemp (B.J.) « Amarna Reports III ». Egypt Exploration Society, 1986.

TEM Holladay (J.S.) Jr. « Cities of the Delta, III; Tell el-Maskhuṭa ». Undena, 1982.

Unpublished Excavations.

ANUB French (P.G.) in Giddy (L.L.) « The Anubieion » Vol. II (in press); French (P.G.) « The Anubieion » Vol. III or IV (forthcoming).

MAYA Excavations by the Egypt Exploration Society in the tomb of Maya, Saqqara, 1987-'90 (continuing).

PR Excavations of the Egypt Exploration Society in the tombs of Paser and Ra'ia, 1981. Additional material.

RKP Excavations by the Egypt Exploration Society in the tombs of Ramose, Khay and Pabas, Saqqara, 1986.

SAN Excavations by the Egypt Exploration Society in the Sacred Animal Necropolis, Saqqara, 1964-'75.

TEF Excavations by the German Archaeological Institute, Cairo, at Tell el-Fara'in/Buto, 1984-'89 (continuing).

TEF(s) Two small areas of surface disturbance a short distance apart. The exposed sherds, probably from a settlement level rather than from burials, appear to fall within a short time span.

TH Excavations by the Egypt Exploration Society in the tomb of Horemheb, Saqqara, 1975-'78.

TT Excavations by the Egypt Exploration Society in the tombs of Tia and Tia, 1982-'83.

CATALOGUE

Imported Amphorae.

1 Amphora neck and upper body. Neck and rim complete. One handle complete, upper part of the other. Approx. 25 % D. of upper body survives. Traces of « pitch » on interior, and some of this (or contents?) has run down the exterior of the neck. Note the small piece of clay added inside the junction of neck and lower end of handle. P 8, with conspicuous limestone flecks on exterior; self-slipped; surface micaceous.

Parallels.

MAYA Chamber A; P8. Similar but smaller. H. of complete vessel 58 cms.

MAYA Entrance to Chamber A; P8. Similar but also smaller; red painted band around neck just below rim.

TEF(s) Probably P8, few inclusions, apparently slipped. Several rims and necks, some variation in detail, all rims rather more rounded and all necks rather shorter but general appearance very similar and groove around neck often present. Perhaps from similar but slightly smaller vessels.

TH Shaft II; P8. Very similar; upper neck, handles and rim preserved, approx. same size as No. 1.

2 Amphora neck and upper body. Approx. 50 % of neck and rim, reducing to approx. 25 % D. of upper body. One handle complete and upper stump of the other survives. Some additional sherds are almost certainly from the same vessel but do not join. Thick layer of « pitch » on interior. P 8, with conspicuous limestone flecks on exterior; self-slipped; surface not micaceous.

3 Amphora neck and shoulder. Rim complete, with both handles and just over 50 % of neck preserved. Conspicuous thumb-print at base of each handle. Crack in interior at base of neck betrays point of attachment of neck to body. Traces of « pitch » on interior. P 8, micaceous, with little limestone; marks of slipping or smoothing visible on handle.

2nd example. Rim sherd comprising 75 % of rim. Max. D. rim 18.5, H. rim 2.9. P 8, details as preceding except no slipping/smoothing marks.

3rd example. Rim sherd. Max. D. probably approx. 15, H. rim 2.2. P 17 (?), self-slipped.

4th example. Rim sherd. Max. D. uncertain, H. rim 2.8. P 17 (?), self-slipped.

5th example. Rim sherd comprising 25 % of rim. Max. D. rim 18, H. rim 3.0. P 8, micaceous, with little limestone.

The five examples are all from different vessels. All lack the groove present under the rim of No. 4.

Parallels.

ANUB Vol. II, No. 13; not P8 or P17, import or Egyptian copy? Rim only, similar, underside flatter.

MAYA Surface debris; P8. Very similar; rim only, underside smoother.

TH Surface debris; P17. Similar, but scale drawing not available, details uncertain.

4 Amphora rim. Approx. 33 % of rim and small part of neck, not including any trace of handles. No « pitch » on interior. Marks of slipping or smoothing clearly visible on interior. Differs from No. 3 by reason of groove under the rim. P 8, with a little limestone and only moderate amount of mica.

5 Amphora toe. Complete. No « pitch » on interior. P 8, with a little limestone and only moderate amount of mica.

6 Amphora toe and lower body. Base complete, and about 25 % D. of lower body preserved. No « pitch » on interior. Severely affected by salt, and breaking up along cracks within the thickness parallel to the surface. P 8, with conspicuous limestone flecks on exterior; self-slipped; surface micaceous.

2nd example. Complete base and portion of body. Indentation beneath base less pronounced, but otherwise similar. No « pitch » on interior. P 8, with moderate amount of limestone; surface micaceous.

Parallels.

MAYA Entrance to Chamber A; P8. The lower part of an amphora similar to No. 1; the constriction above the toe is less marked.

TEF(s) Probably P8, few inclusions, stained throughout with blackish (mineral?) matter. Two examples, both with undersides more deeply hollowed, one very much so.

7 Amphora body sherd. Not drawn. L 5/P 21, cream slipped. Part of a painted band survives, brown shading off to orange at the edge, glinting as if burnished, presumably due to minerals in the pigment.

Parallels.

SETHOS Nos 804-821. From non-cache contexts. Described as Nile Silt. Appear to be the same type of vessel.

TEF(s) L5/P21, white slipped. Rim and neck sherd, with dark red painted line encircling handle and bands of same colour around rim and around neck below handle.

Egyptian Marl Clays and Mixtures.

8 Rim sherd from shallow bowl, representing 5 % of the circumference. Probably of earlier date than most of the pottery in this deposit, perhaps New Kingdom. K5 self-slipped, or similar.

Parallels.

SETHOS Nos 240, 241 (silt) and 243 (mixed clays?), all New Kingdom. General but not close resemblance.

9 Dish or lid. 15 % of rim and body preserved. Concentric tooling-grooves on underside, from the break to diameter of 4 cms, thereafter smooth. K 5 self-slipped, fired pink on interior surface, white on exterior.

2nd example. 15 % of rim preserved. D. approx. 14. J1 (or J3?) silt ware, self(?)-slipped, fired brown.

10 Dish or lid. Most of base preserved, and two rim-sherds which join it on opposite sides, altogether about 33 % of rim. Part of exterior stained with mummification materials, and staining extends over rim, so perhaps used as a lid. K5 self-slipped.

Parallels.
MAYA Surface debris; J1 self-slipped. Very similar.
MR 56 Plate 65, No. 568; « red ware » with reddish brown slip. Similar, flatter base.
SAN J1 slipped. Very similar.
SAN K5 slipped, horizontal burnish. Similar but base more pointed.
TH Cache I; J1 coarse, red slipped. Similar but base flatter.
TH Shaft II; K5. Similar, out-turned rim.

11 Dish or lid. Complete except for about 25 % of rim and small part of wall. Groove below rim, of variable depth but always present. K5 red-slipped, the slip being on both interior and exterior. No. burnish visible. Registered No. 18756 (Photo No. 3 top right).

Parallels.
MR 56 Plate 65, No. 570; « red ware ». Similar.
SAN J1 coarse slipped. Very similar.
SAN L1 self-slipped. Very similar.
TH Cache I and various non-cache contexts; J1 coarse self-slipped. Similar.
TH Cache II; J1 coarse, red slipped inside and outside. Similar.

12 Tall thin-walled bowl with ring-base and outcurved rim. Reconstructed from four pieces; a fifth piece does not join but almost certainly belongs to the same vessel. Base and ring complete, with 25 % of body and rim. K5 burnished ware. Interior and exterior slipped; burnished with close horizontal bands over entire exterior except inside base-ring; interior unburnished. Interior thickly encrusted with black mummification materials; some encrustation and much staining over exterior also. Unlikely to have had a handle.

2nd example. Small part of rim and upper body only, from a different vessel. Rim D. 15. Ware as preceding in all respects. Not encrusted or stained.

Parallels.
ANUB Vol. III or IV. Sherd from topsoil context; marl ware, probably K5, horizontally burnished. Very similar, a little less tall and with squarer end to overhanging rim; thickly impregnated, apparently with oil.
SAN J1 slipped. Similar, but with round base.
SAN K2 burnished. Two examples: one very similar, the other with a wider base.
SAN K5 slipped. Very similar.
TH Cache I; K5 self-slipped. Similar but with wider base.

13 Lid. Knob complete, and just over 50 % of remainder preserved. Knob off-centre. String-cut from clay on wheel. Interior lightly ribbed, with some light, discontinuous grooving and scratching among the ribbing. L1 (?) self-slipped. Interior and exterior partly white, partly orange-pink; orange-pink in section, with a grey core-streak. Some grey staining, probably from mummification material, on rim and exterior, suggesting use as a lid.

2nd example. Approx 75 % preserved. D. 12.7. Interior lightly ribbed, as preceding. String-cut from clay on wheel. L1 (?) self-slipped. Surface and section colours as preceding. Registered No. 18759. (Photo No. 3 top left).

Parallels.
SAN J1 slipped. Similar, but knob/base smaller diameter.
SAN J2 slipped. Similar, but knob/base smaller diameter and taller, also rim more out-turned.

14 Lid (?). Just over 50 % preserved. Less well made than 13, the knob being carelessly string-cut from the clay on the wheel. L1 (?) self-slipped, with grey core-streak. Interior stained grey, probably from mummification material, and this extends over the rim and has run down the exterior, suggesting use as a dish.

Parallels.
BH No. 15; wet-smoothed. Similar, flatter rim and bulge in centre of concave side as No. 66 of present series.
SAN J1 slipped. Very similar.
SAN J1 coarse slipped. Similar, flatter rim.
SAN K5 slipped. Similar, but bulge as *BH* No. 15, above.

15 Lid. Approx. 25 % of rim preserved, and almost all the « base », which is string-cut from the clay on the wheel, its slight concavity probably accidentally produced by this process. L1 (?) self-slipped, with grey core-streak. Black deposit (mummification material?) on interior, not extending to rim.

Parallels.
SAN J1 coarse slipped. Very similar.
SAN L1 self-slipped. Similar, but D. only 8 cms and rim more incurved.

16 Lid. Approx. 15 % preserved. The knob is damaged and may originally have been flat. L1 (?) self-slipped. Grey staining, probably from mummification material, along the rim and running down the interior only, perhaps from use as a lid.

2nd example. Rim sherd. D. approx. 14. Interior smoothed, also exterior for the first 3 cms from the rim, then has tooling grooves to the break. K5 self-slipped.

3rd example. Rim sherd. As 2nd example in all respects, but different vessel. K5 self-slipped.

4th example. Rim sherd. As preceding in all respects. K5 self-slipped.

5th example. Rim sherd. As preceding in all respects. K5 self-slipped.

The five examples are probably all from different lids.

17 Lid. Slightly over 50 % preserved, including complete knob. K5 self-slipped. Some black adhesions (mummification material?) on convex side, also slight staining on rim and on top and sides of knob.

Parallels.
PR Plate 37, No. 117; J1 red slipped and burnished. Knob is larger and has hollow centre, but note curvature.

18 Upper and lower parts of a jar-type of which many examples were present but of which no complete specimen could be reconstructed. From two different vessels. Upper part has complete rim, approx. 25 % of upper body and one complete handle (Photo No. 1). Some grey staining from mummification material on interior. Lower part has approx. 75 % of base and 25 % of lower body, including the upper stump of one handle. Grey staining from mummification material runs down the exterior.

Additional examples. At least 13 further vessels are probably represented by recognisably different fragments of rims. Measurable diameters (max.) are 12½ (two), 13, 13½, 14 (two); the drawn example is 13. At least 11 further vessels are probably represented by recognisably different fragments of ring-bases. The D. of these at the lowest point is 11½ (two), 11¾, 12 (four), 12¼, 12½, 13 (two); the drawn example is 11½.

There was a high degree of standardisation of form and size, arguing that all these vessels were produced within a short period of time. Two handles per vessel are assumed, though no single vessel could be sufficiently reconstructed to prove this; there seemed to be insufficient handle fragments to allow 3 or 4 handles per vessel.

In all examples the ware was K5 with a thick white slip on the exterior and extending over the inside of the neck. The exterior (except within the base-ring) was burnished with close horizontal bands. The exterior had fired white, though often with orange patches where insufficient air had circulated within the kiln; a white effect seems to have been intended. The interior and the section are usually greenish grey but sometimes brown, the latter being associated with an orange surface area. Many fragments were encrusted or stained with mummification materials (Photo No. 2), which had accumulated particularly thickly inside most bases, *i.e.* in the bottoms of the jars.

Parallels.

MAYA Chamber A and surface deposits; K5, with painted red bands on upper shoulder and Demotic inscription. Very similar, slightly different rim, base lost.

SAN K5 slipped. Similar, with a groove around the centre of the rim, three low ridges (or grooves?) around the body at the junction of the handles and Demotic inscription.

TH Cache I; J3. Similar, a little smaller, with three low ridges around the center of the body at the junction of the handles and Demotic inscription.

19 Amphora neck and shoulder. Only 8 % of rim survives, together with one complete handle — second handle assumed. Interior is covered with « pitch », which extends over the rim. Handle rather crudely made; flattened on the inside by finger pressure when it was attached to the body. K5 coarse ware, probably only wet-smoothed.

Parallels.

RKP Tomb of Ramose, Chamber A, Shaft B; P12. Similar, shoulder more sloping. British Museum, No. 70890.

SAN P12. Similar, rim a little lower, shoulder more sloping.

SAN P12. Similar, rim flat topped, shoulder more sloping.

TEF Burial UII/12, later Persian period (?); P12. Similar, rim lower, shoulder more sloping.

TEM Plate 27, Nos 1-4. Context dated to 486 B.C. Imported (Phoenician) amphorae. General, not specific, resemblance.

TH Chamber E, Shaft II; P12. Similar, rim a little lower and top squarer.

20 Rim sherd from jar. 20 % of rim preserved. Cannot tell if there were handles. K5 self-slipped.

Parallels.

SETHOS No. 473, from a non-cache context; marl ware. Similar but smaller.

21 Rim sherd from jar. 15 % of rim preserved, including scar of one handle. A second handle is assumed. K5 self-slipped.

Parallels.

RKP Tomb of Ramose, Niche 4 in Chamber A, Shaft B; J1 slipped. Fairly similar, but neck straighter and rim lower.

SETHOS Nos 415, 416, 522 from non-cache contexts; similar, not identical, but the range of variation of the rims of these jars is vast.

ST Fig. 9.17, Types MJ 2.1.2, 2.1.3, 2.1.4. K5 or similar. General resemblance, none very close.

TEM Plate 25, No. 14. Context dated to 486 B.C.; silt ware (?). Similar.

22 Rim of jar. Complete rim, but little body survives. Cannot tell if there were handles. K5 self-slipped.

23 Two rim sherds from (probably) a single jar. Altogether 30 % of rim survives. Cannot tell if there were handles. Exterior and top of rim burnished in horizontal bands. A marl ware of uncertain classification, with a grey core-streak. This piece may possibly be Coptic.

Parallels.

RKP Tomb of Ramose, Chamber A, Shaft B; K5. Rim very similar, but equally little of neck preserved.

24 Rim sherd from jar. 33 % of rim preserved, and a small part of the neck. Cannot tell if there were handles. K5 self-slipped.

2nd example. Rim sherd from jar of approx. same diameter, but a different vessel. K5 self-slipped.

Parallels.

SETHOS No. 485, from a non-cache context; marl ware. Fairly similar.

25 Rim sherd from jar. 20 % of rim preserved, and a small part of the neck, in which is a hollow where a handle has sheared off leaving only a small part of its stump and the smoothing mark around the top of the join. A second handle is assumed. Interior is covered with « pitch ». K5 self-slipped.

26 Rim sherd from jar. 10 % of rim preserved and a similar amount of neck. Cannot tell if there were handles. K5 self-slipped.

27 Rim sherd from jar. 20 % of rim preserved, and rather less of neck and shoulder. The top of the rim is somewhat distorted, and the stance is only approximate. Cannot tell if there were handles. K5 self-slipped.

28 Two joining sherds from body of small jar or jug. Lower stump of one handle preserved, but cannot tell if there was a second. Parts of the features of the god Bes survive, consisting of an eye made by stamping out a circle leaving a raised centre, and an eyebrow and nose (or mouth?) modelled by hand in low relief, employing additional clay, not pushing it out from behind. K5 self-slipped.

Parallels.

TH Cache I, Shaft II; K5 self-slipped. Similar vessel-form, a « bottle » with a flat base and one handle. Bes face on the body. See No. 46.

TH Various contexts. J1 slipped, J1 red slipped and burnished, K2, K7. Various sherds with Bes faces.

29 Wide-mouthed jar with ring-base. Base complete, 50 % of D. of body preserved, but only 10 % of neck and rim. Shallow groove below rim and low clay ridges on exterior of body. K5 self-slipped.

Additional examples. See No. 30.

Parallels.

ANUB Vol. II, No. 3; J2 red washed. Differs in having a rounded base, but size and other characteristics similar.

RKP From a Coptic rubbish dump; K5. Only neck and rim preserved, but these are very similar.

SAN K5 self-slipped. Very similar, rather smaller.

TH Cache I; K5 self-slipped. Similar but rather smaller and with higher shoulder.

TH Various examples in J2 thick pink slipped (Cache I), J2 self-slipped (Cache II), K5 self-slipped (Caches I and II). All similar but somewhat smaller and with rather shorter necks.

30 Wide-mouthed jar with flat base. Base and lower body complete, and 50 % of upper body, neck and rim. Base not string-cut. Fine tooling-grooves around exterior of lower body. K5 self-slipped.

2nd example. Base and lower body complete, with small part of upper body, neck and rim. H. 11.5, D. base 3.2. Base not string-cut. K5 self-slipped.

Additional examples of Nos 29 and 30. Nineteen rim sherds from similar vessels, most or all apparently from different vessels and different also from Nos 29 and 30. All K5 self-slipped. For bases of similar type, see after No. 50.

Parallels.

TH Cache II; examples in J2 sandy variant, with black painted bands around shoulder and rim, and in K5, similar, rather smaller, rim form closer to No. 29.

31 Miniature amphora. Complete. Two vertical handles which are simply strips of clay pressed on to the shoulder (fingermarks on them), leaving no space between handle and body. Spiral score-marks on the lower body from finishing on the wheel with a tool, extending as far as

the change of angle of the wall and not perfectly aligned with it. K5 self-slipped. Registered No. 18758. (Photo No. 4, bottom left).

Parallels.

BH No. 20; K5. Similar size, upper part similar, two handles, flat base.

MAYA Surface debris; K5, with black painted bands around shoulder and body. Similar, slightly smaller, only upper half preserved.

SAN K2, self-slipped and burnished. Smaller, upper part similar, no handles, flat base.

32 Base and lower body of (jar?). Most of base preserved but only part of the D. of the body. Interior deeply ribbed. Sharp change of angle near base. K5 self-slipped.

Parallels.

SAN K5 self-slipped. Jar, slightly larger and with higher shoulders, same sharp change of angle near the base.

33 Fragment of vessel with hole apparently too small to constitute an upper opening; perhaps a funnel? The opening is intact but only a part of the body survives, the surface of which is severely eroded. K5 self-slipped.

34 Body and lower part of neck of jug. Scar on shoulder from handle, of which there was certainly only one; it must have joined the rim or upper neck since the shoulder and neck are complete as far as drawn and there is no second scar. K5 self-slipped. Exterior smoke-blackened, especially in lower part.

35 Jug. Complete except that the rim is preserved only where the handle joins it, *i.e.* about 25 %. Could therefore have had a pouring lip. A low ridge of clay around the lower body may result from placing the jug upright in a stand before firing — though not in the kiln since the colour of the surface is uniform. K5 self-slipped. Registered No. 18768.

Parallels.

PR Plate 37, Nos 125, 126 and 127. From the burial in Chamber C of the tomb of Paser; K5. General similarity only, all rather smaller with flat bases and differences of detail.

36 Neck and part handle of jug. Neck complete. There was certainly only one handle. The line of neck and handle suggests a high-shouldered form. K5 self-slipped.

2nd example. Slightly larger (max. D. rim 3.7) and stump of handle set a little higher, its top edge merging with the underside of the rim. K5 self-slipped.

Parallels.

SAN K5 self-slipped. Similar, slightly larger.

37 Neck and part handle and shoulder of juglet. Neck complete. There was certainly only one handle; its lower junction with the body is lost. K5 self-slipped.

38 Body of juglet. The body is complete. There is the scar of the only handle on the shoulder. Base not string-cut. K5 self(?)-slipped and burnished, the burnish surviving only near the base.

2nd example. Slightly smaller (max. D. 8.1). Similarly preserved but small piece missing from shoulder may mark position of a handle, of which there is otherwise no trace. Widely-spaced and intermittent tooling-grooves on lower body. Base not string-cut. K5 self(?)-slipped and burnished, the burnish surviving only on the lower body.

Registered No. (both examples) 18771.

For flat bases, perhaps from similar vessels, see after No. 50.

Parallels.

SAN Upper baboon gallery; J2 (sandy variant?), slipped. Very similar, including the sharp change of angle at the shoulder.

SAN K5 slipped, horizontally burnished. Very similar, details as preceding.

TT Non-cache context; K7 (?). Similar, max. dia. of body a little higher, larger dia. base.

39 Shoulder and lower neck of jug. Complete dia. of lower neck preserved, including the (lower or upper?) stump of what was certainly the only handle. Distinctive « collar » around neck. Sharp change of angle between shoulder and body. K5 self-slipped.

40 Neck and upper body of juglet. Neck and handle complete, but only small part of upper body survives. Certainly only one handle, which is a strip of clay carelessly applied. K5 self-slipped.

41-42 Respectively neck and body of juglet, almost certainly the same vessel but do not join. Body completely preserved as drawn, but lower neck mostly lost. Upper and lower scars of what was certainly the only handle. Base string-cut from clay on wheel. K5 self-slipped. Registered No. 18760 (body only). (42, Photo No. 3 bottom right).

Parallels.

TH Context uncertain, perhaps Cache I; K5. Very similar in all respects. Complete juglet, combining forms of Nos 41 and 42.

43 Small bottle. Complete. Base string-cut from clay on wheel. Two holes, centres 1.5 cms apart, pierced from the outside before firing, for suspension or the attachment of a lid. Surface salt-damaged. K5 self-slipped. Registered No. 18770.

2nd example. Slightly smaller (H. 12.5, max. D. 6.7). Almost complete; upper part repaired and lacking some small fragments. Two holes as preceding, centres 1.2 cms apart. Base string-cut from clay on wheel. K5 self-slipped.

3rd example. Small piece of rim, neck and body, preserved to total height of 9 cms. Cannot tell whether or not pierced. K5 self-slipped. Could alternatively have been as No. 44.

Parallels.

BH No. 8; J1/J2, red slipped. Very similar, and with two suspension holes at the base of the neck.

PR Plate 37, No. 124. From the burial in Chamber C of the tomb of Paser; K5. Very similar, and with two suspension holes at the base of the neck.

SAN K5 slipped. Very similar, and with two suspension holes at the base of the neck.

TH Cache II; J2 slipped. Very similar.

TH Caches I and II, Shaft III; K5. Very similar, and at least one example has suspension holes still containing a fragment of string.

TH Caches I and II; K5 self-slipped, with black painted bands around rim, shoulder and body. Very similar, and with two suspension holes at the base of the neck.

44 Small bottle with handle. Complete. Base string-cut from clay on wheel. Shallow grooving on lower body. K5 self-slipped. Registered No. 18769.

Parallels.

SAN J1 slipped. Similar, with single handle but narrower neck and round base.

TH Cache II; K5 self-slipped, with three black painted bands around the body below the handle. Very similar, with single handle but narrower neck; lower body lost.

45 Bottle. Almost complete; upper part of neck repaired and lacking some fragments. K5(?), with very fugitive thick red slip or wash over entire exterior, and burnished overall. Registered No. 18809.

Parallels.

SAN J3 burnished. Very similar, smaller, body less elongated.

TH J2 slipped. Very similar, but with vestigial handles in the form of pierced knobs on the neck; body lost.

TH Context uncertain, perhaps Cache II; J2 sandy variant, red slipped and burnished. Very similar, with vestigial handles as unpierced knobs on the neck; body lost.

TH Shaft II; J3, red washed and burnished. Very similar, rather smaller with less elongated body.

46 Neck and shoulder of jug. Neck completely preserved, with both stumps of what was certainly the only handle. K5 self-slipped.

Parallels.

TH Cache I, Shaft II; K5 self-slipped, with face of Bes. Similar, with single handle, short body and flat base. See No. 28.

47 Rim sherd from jug(?). 33 % of D. rim preserved. K5 self-slipped.

48 Neck of bottle or jug. Lower part of neck complete, together with three non-continuous lengths of rim totalling 50 % of D. No handle, unless direct from rim to shoulder. K5, with thick self(?)-slip fired white, burnished with close horizontal strokes.

2nd example. Neck, approx. 3 cms taller than preceding but lacking rim. Shallow groove at base of neck. K5 self(?)-slipped, but surface largely lost and no burnishing visible.

3rd example. Rim sherd, max. D. 8.5. K5 self(?)-slipped, burnished with horizontal strokes. Different vessel from preceding.

4th example. Lower neck and shoulder of a smaller vessel of the same form. K2, slipped and with traces of burnish on both neck and shoulder.

Parallels.

SAN J2 slipped. Similar, preserved only down to shoulder.

TH Caches I and II and several non-cache contexts; K5 pink/white washed, in at least one case with traces of horizontal burnishing. Includes complete examples, the form being a bottle without handles, the body not much longer than the neck and the base dimpled.

49 Neck of bottle or jug. Lower neck complete but only 50 % of rim, so a handle from rim to shoulder possible though unlikely. K5 with thick white self(?)-slip, much weathered but traces of burnish survive on top of rim.

50 Base, presumably from jar or bottle. The knob has been separately applied. Some tooling-grooves visible on exterior. K5 self-slipped.

Parallels.

SAN J2, red slipped and burnished. Similar, but only base and lower body preserved.

TH Cache I, Shaft II; K5 self-slipped. Similar, again only base and lower body preserved; noted that knob was separately applied.

Painted Body-Sherds.

Four painted marl body-sherds were found, belonging to vessels whose exact form could not be established. These were not drawn but for photograph see Photo 5.

51 From shoulder of jar or jug. K5 self-slipped, not burnished. One broad and one narrow black band. (Ph. 5 bottom right)

52 From shoulder of jar or jug. K2 (or K5?) slipped and burnished. Five narrow black bands, the three lowest almost merging to form one single broad band. Splashes of paint above (Ph. 5 top left)

53 From shoulder of jar or jug. K2 (or K5?) slipped and burnished. One narrow black band. (Ph. 5 bottom left)

54 From body of jar or jug, with lower stump of one handle. K5 (?) with unusually large quantity of sand and red inclusions; slipped, not burnished. One broad red band overlain by three narrow black ones. (Ph. 5 top right)

Bases from marl vessels of restricted form.

An attempt was made to analyse the bases of this type, other than those already described. It is to be expected that some will derive from vessels whose rims have been described, but because of the nature of the deposit a perfect correspondence is most unlikely.

Ring-bases. — Eighteen examples. D. at lowest point 3 $\frac{3}{4}$, 4 $\frac{1}{2}$ (three), 5 (four), 5 $\frac{1}{2}$ (four), 6, 6 $\frac{1}{2}$, 7, 7 $\frac{1}{2}$ (two), 7 $\frac{3}{4}$. In general, the thickness of the body wall is proportional to the diameter of the base. The smallest example was K2 slipped and burnished, the remainder being K5.

Flat bases. — 29 examples. D. 2 $\frac{1}{4}$, 2 $\frac{1}{2}$, 3 (five), 3 $\frac{1}{4}$, 3 $\frac{1}{2}$ (ten), 3 $\frac{3}{4}$ (two), 4 (nine). Only the following were string-cut: 2 $\frac{1}{4}$, 2 ½, 3 (two); one 3 ½ was uncertain. Clearly, in general it was the smaller restricted marl vessels which were so treated. In a few cases, the vessel was sufficiently preserved for the greatest diameter to be measured and related to the base diameter (in brackets): 7 $\frac{1}{4}$ (3 $\frac{1}{4}$), 9 (4), 10 (3 $\frac{3}{4}$), 10 (4), 10 ½ (3 $\frac{3}{4}$), 11 ½ (3 ½) (two examples). Thus the greatest diameter of body does not always correspond to the greatest diameter of base.

Evidence was visible on about 50 % of the flat bases of trimming with a knife, so that the greatest diameter of the base was actually a little above its lowest point.
The base with D. 2 $\frac{1}{4}$ was in a red-slipped marl ware; the remainder were K5.

Round bases. — Four examples. Three exhibited tooling-grooves on the exterior, the fourth being too weathered to tell. K5.

Dimpled base. One example. D. 4 ½ at lowest point. K5 slipped and burnished.

Egyptian Silt Wares.

55 Upper part of steep-sided bowl. Two segments, each with about 20 % of the rim and similar amount of body, apparently same vessel. J1 self-slipped.

Parallels.

TEF Various contexts probably of Saite date; silt ware.

TEF(s) Silt ware. Several rim sherds as 55 and 56, and others slightly different. No complete profile seen, but they probably derive from the same bowls as bases intentionally pierced with a central hole.

TH Non-cache context; J1 coarse slipped. Similar, stance of rim a little more upright, base pierced.

56 Rim sherd from similar vessel of more developed form, perhaps rather later in date. 10 % of rim preserved. J1 self(?)-slipped, overfired, with black cinder-like body and white surface.

Parallels.

MR 56 Plate 63, No. 551; « red ware ». Similar, with the more pointed flange of No. 56 rather than the more rounded one of No. 55.

TEF(s) See No. 55.

TT Cache IV; J2 red slipped. Similar but slightly smaller, flange a little lower, inscribed (Demotic?).

57 Rim sherd from bowl. Approx. 6 % of rim preserved. Thick walled; groove below rim. J1 red washed.

2nd example. Two rim sherds from a single vessel. Different vessel from preceding, with slightly shallower groove. J1 red washed, the wash extending over the rim and about 1.0 cm. down inside.

3rd example. Rim sherd. Groove as preceding, and again J1 red washed with the wash extending about 1.0 cm. down inside, but a different vessel.

4th example. Rim sherd. Groove as preceding. J1 red washed (?) but overfired, with grey-brown body and white surface.

Parallels (*infra,* No. 59).

58 Rim sherd from bowl. 20 % of rim preserved. Thick walled; shallower, more open groove below rim. J1, perhaps red washed but most of surface lost due to weathering.

2nd example. Rim sherd. J1 red washed, the wash on exterior only.

3rd example. Rim sherd. J1 red washed, the wash extending over the rim on to the interior.

4th example. Rim sherd. J1 red washed, as preceding.

5th example. Three rim sherds, almost certainly from a single bowl. J1 red washed, the wash extending over the rim on to the interior.

6th example. Rim sherd. J1 white slipped.

7th example. Rim sherd. Example in marl ware, having the top of the rim a little flatter but otherwise very similar. K5 self(?)-slipped.

These seven examples all appear to derive from different bowls.

Parallels (*infra* No. 59).

59 Bowl. Restored from many fragments, most of the vessel being preserved. J1 red washed, the wash extending over the rim and about 1.0 cm. down inside. Horizontal streaks of body colour show in several places on exterior where the wash was not applied, demonstrating that the vessel was not dipped but the wash was added horizontally. Low ridge of clay around the lower body probably caused by placing the bowl upright in a stand before firing.

2nd example. Rim sherd. J1 red washed, the wash extending over the rim and approx. 1.0 cm. down inside. Alternatively, could be 2nd example of No. 60, but in either case not the same vessel.

Parallels (Nos 57-59).

ANUB Vol. II, No. 25; J1, red slipped and burnished. Similar to No. 59, D. rim 24 cms.

ASAE Page 171, Fig. 5. Cache 1 and tomb cache; ware not described. Very similar to 57 and 58, illustrated example being a little smaller.

BH No. 5; from the embalmer's cache; J1 red slipped. Similar, but D. rim only 17 cms.

MAYA Cache I; many examples, J1 red slipped and J2 red slipped. Examples similar to all three present types, but all with D. rim 24 cms or less.

MR 56 Plate 63, No. 479; « red ware ». Similar, but D. rim only 15 cms.

PR Plate 37, No. 104; Caches II and III; J1, red slipped and burnished. Similar, both examples with D. rim under 20 cms.

TH Cache east of south wall, and various non-cache contexts; many examples, J1 red washed. Similar, but all apparently with D. rim less than 20 cms.

TT Caches I-IV; many examples occurring in all four caches; J1 red washed and J2 red slipped (*sic*). One in Cache I has D. rim 28 cms., but all others are less than 20 cms.

60 Bowl. Restored from many fragments, most of the vessel being preserved. Version of preceding with ring-base, the form of the ring being somewhat irregular. J1 red washed, extending over the rim and about 1.0 cm. down inside. Low ridge of clay around lower body, as No. 59.

Parallels.

This ring-based variant of the preceding types does not appear to have counterparts in other Saqqara contexts.

61 Tall bowl. Restored from fragments, parts of rim and body being lost. Upper body externally ribbed; lower body has tooling-grooves from the finishing process. J1 white slipped.

Parallels.

ANUB Vol. III or IV. Sherd from Late Dynastic context (UP 315); silt ware. Similar; rim and upper body preserved.

TEF Context UI 2/2, early Persian period (?); J2, wet-smoothed or self-slipped. Similar but not so tall and ribbing less pronounced.

62 Rim sherd from small bowl. 25 % of rim preserved. J1 or similar, with red slip over both interior and exterior. Perhaps Coptic?

Parallels.

SAN J1 red slipped and J1 red washed, all probably burnished. Several examples with minor variations, all generally similar.

63 Small bowl or lid. Complete. Profile slightly lop-sided. String-cut from clay on the wheel. J2, wet-smoothed or self-slipped. Interior blackened, but uncertain whether from burning or mummification material. Registered No. 18776. (Photo 3 bottom left).

Parallels.

BH No. 13; J1 or J2, wet-smoothed. Very similar.

MAYA Surface debris; J1 slipped. Similar, walls rather thinner.

PR Plate 37, No. 113; Caches I and III; J2 uncoated. Very similar.

SAN J1 slipped. Similar, rather smaller.

SAN Baboon gallery, upper and lower levels; J1 slipped. Similar, same rim dia., rather less tall.

TEF Context UI 3/3, early Persian period (?); probably J2, self-slipped or wet-smoothed. Similar, rim not quite so inturned and vessel a little larger.

TEF Context UI 3/12, early Persian period (?); probably J1, self-slipped or wet-smoothed. Similar, rim not quite so inturned.

TH Chamber E, Shaft III; J2 slipped. Very similar.

64 Small dish or lid. Nearly 50 % preserved. Light but clear ribbing inside and out. String-cut from clay on the wheel. J1 wet-smoothed or self-slipped. Traces of staining (mummification material?) over part of the interior.

2nd example. Rim sherd, D. approx. 12. Ware as preceding.

3rd example. Two joining pieces, one a complete profile. D. approx. 12. String-cut from clay on the wheel. Carelessly made. Ware as preceding. Interior black stained.

4th example. Profile except for part of base. D. approx. 13. Carelessly made. Ware as preceding. Cannot tell whether string-cut. Interior black stained.

The four examples appear to derive from different vessels.

Parallels.

BH No. 16; J1 or J2, surface lost. Similar, a little larger, sides less strongly ribbed.

MAYA Cache I; J1 self-slipped. Similar, a little larger.

MR 55 Plate 18d and Fig. 9, Nos 77 and 78; « red ware ». Similar, 77 having the external ribbing and 78 being closer in form.

MR 56 Plate 65, Nos 592-594; « reddish brown ware » (592), « red ware » (593-594). Similar.

SAN J1 coarse slipped. Similar, a little larger.

SAN J1 slipped. Two examples. Similar, both a little smaller.

SETHOS No. 64. From a non-cache context. Marl ware. Similar.

SETHOS No. 378. From a cache context. Silt ware. Similar.

TEF Context UI 39/4, early Persian period (?); probably J2, self-slipped or wet-smoothed. Similar, rim dia. only 7.8 (see parallels to Nos 65 and 66, below).

65 Small lid or dish. « Base » complete and approx. 66 % of remainder. Carelessly string-cut from clay on the wheel. Form rather distorted. J1 wet-smoothed or self-slipped. Adhesions and black staining from mummification material on exterior.

2nd example. Almost complete, restored from 3 pieces. Max. D. 11.5. String-cut from clay on the wheel. Carelessly made. J1 wet-smoothed or self-slipped. Some black staining on interior.

Parallels (*Infra,* No. 66).

66 Small lid or dish. « Base » complete and approx. 66 % of remainder. String-cut from clay on wheel. Carelessly made. J1 wet-smoothed or self-slipped.

Parallels (Nos 65-66)

MAYA Cache I (?) and surface debris; J1 self-slipped. Similar, with variations of detail.

MR 55 Plate 18d and Fig. 9, Nos 77-80; « red ware ». Similar, with variations of detail.

MR 56 Plate 65, various; « red ware » and « reddish brown ware ». Similar, with variations of detail.

SAN J1 slipped and J1 coarse slipped. Several examples, with general similarity, variations of detail.

TEF Various contexts, all probably early Persian period; J1 or J2, self-slipped or wet-smoothed. A series of vessels varying from each other in detail. General similarity, but almost all smaller, D. rims 7.5-9.0.

67 Small lid or dish, possibly intended for a lamp. Slightly more than 50 % of « base » preserved, rather less of rim. Cannot tell if string-cut, due to flaking of surface. J1, red slipped over both interior and exterior.

2nd example. Fragment, including profile. D. 11. D. « base » 4-4 ½, variable. J1, interior red slipped but exterior probably only wet-smoothed. Different vessel from preceding.

Parallels.

Small open vessels with internal « wells » are common at Saqqara but these « wells » are usually of larger diameter; for the type, see *MR* 55, Plate 18d and Fig. 10, No. 84; *MR* 56, Plate 65, No. 586.

68 Lid or dish. Complete « base » and 50 % of rim preserved. Fingermarks obliterate any evidence of string-cutting. Profile of irregular shape. J1 wet-smoothed or self-slipped.

Parallels.

TT Caches I and II; J2 self-slipped. Similar, a little shallower, the example from Cache II being equally lop-sided.

69 Rim sherd from lid or shallow bowl. 15 % of rim preserved. Two shallow grooves on interior below rim. J1 or similar, red slipped and burnished inside and out. The slip is thick, largely worn off the exterior and mostly concealed on the interior by a thick layer of black mummification material, which also stains the exterior. May be well Coptic.

70 Rim sherd from bowl or lid. 20 % of rim preserved. Interior ribbed, one ridge being particularly well marked. J1 red slipped, the slip being thickly applied to the interior, but carelessly, allowing the body colour to show where areas were missed; the exterior was not slipped. May be well Coptic.

71 Rim sherd from dish or lid. 10 % of rim preserved. Tooling-grooves on lower body. Break occurs at the point where the angle changed towards a flat or ring-base. J1, red slipped on exterior only.

Parallels (*Infra* No. 72).

72 Rim sherd from dish or lid. 10 % of rim preserved. J1 self-slipped, perhaps on interior only.

Parallels (Nos 71-72).

Various Saqqara contexts have produced vessels of similar shape, but most are considerably smaller. For published examples, see *MR* 56, Plate 65, Nos 570-572. One of the larger Saqqara examples is *BH* No. 3, D. rim 22 cms, see below (No. 73).

TEF(*s*) Silt ware. Two examples. One (D. 18) slipped and burnished on exterior only; the other (D. 22) slipped internally (only?). Both have groove below rim; centre of base lost in both cases.

73 Dish or lid. 50 % of « base » preserved (except centre), but only small part of wall and rim. J1, red slipped on exteıior only.

2nd example. Rim sherd. J1, red slipped on exterior and extending over rim and 0.5 cm. down inside. Probably same vessel as preceding.

3rd example. Fragment of base, severely distorted during manufacture or firing. J1, red slipped and burnished. The slip is on both interior and exterior, with traces of two bands of burnishing on underside of exterior. Different vessel from preceding.

4th example. Sherd with rim and small part of base. J1, red slipped on exterior and interior. Different vessel from any of preceding.

Parallels.

BH No. 3; from the embalmer's cache; J1 red slipped. Similar, rim differs.

MR 56 Plate 65, No. 572; « red ware ». Similar, flatter base.

RKP Tomb of Ramose, Chamber A, Shaft B; J1 red slipped. Similar, base more rounded.

TT Non-cache context; J2 self-slipped. Similar.

74 Dish or lid. 50 % of base preserved (except centre), 35 % of rim. J1 self(?)-slipped on exterior and interior.

2nd example. Two rim sherds, probably from a single vessel. Together, about 25 % of rim. Well made, with slightly thinner wall than preceding, though of similar diameter. Very shallow groove on exterior, just below rim. J1 (or J3?), red slipped on exterior and interior.

75 Dish or lid. Most of base preserved, 20 % of rim. On exterior, tooling-grooves within base-ring area only, remainder smoothed. J1, with thick red slip on exterior, which is burnished with broad horizontal bands.

Parallels.

SAN J1 slipped. Similar, with ring-base but sides a little less upright.

76 « Tray ». Three joining pieces, together preserving just over 50 % of sides and rim, and a 4th piece which does not join but appears to be from same vessel. Perhaps hand-made.

J1, red slipped or washed on interior only. Coarse ware, underside left rough with small fragments of clay and clinker (kiln lining or pottery wasters?) embedded in it.

Parallels.

ASAE Page 177, Fig. 11. Tomb cache; « coarse ware ». Similar, the illustrated example being a little smaller.

MAYA Cache I; J1 coarse, several examples, of which some have red wash on the inside of the rim and one is self-slipped without red wash. All similar in size and shape but differ slightly from each other and from No. 76.

PR Plate 37, No. 102; Cache III; J1 coarse, traces of red wash on interior. Similar, detail differences.

SAN J1 coarse slipped. At least two forms, slightly different from each other and from No. 76.

77 Part of large jar. Lower body complete, upper body and rim 50 % preserved. Scars of one handle survive, together with small part of another opposite, proving there were two, not three or four. J1, red slipped. Not drawn; for the type, see section on parallels.

2nd example. Rim sherd, 15 % of rim. Ware as preceding and may be same vessel.

3rd example. Rim sherd, 10 % of rim. Ware as preceding and may be same vessel.

Parallels.

ASAE Pages 168-170, Fig. 1-3. All caches; « coarse red ware not very well fired ». Similar, illustrated example H. 50 cms., others stated to be much larger.

BH No. 1 and example not illustrated; both from the embalmer's cache; both J1 coarse, red slipped. Similar to each other and to No. 77, H. respectively 61 and 68 cms.

MAYA Cache I; J1 red washed. Similar, H. 77 cms.

MAYA Cache I; J1, surface weathered. Similar, base lost, estimated full H. 60 cms.

TT Non-cache context; J1 red slipped. Similar, base lost, estimated full H. 60-65 cms.

78 Rim sherd from jar. Only 12 ½ % of rim preserved. J1, surface weathered.

79 Rim sherd from jar. Only 7 ½ % of rim preserved, so D. and stance not quite certain. J1, red slipped on both interior and exterior.

80 Rim sherd from jar. Only 33 % of rim preserved, so may have had handles. J1, red slipped, exterior only.

81 Rim sherd from jar. Only 20 % of rim preserved, so may have had handles. J1, with red slip or wash surviving on interior to full preserved depth, but exterior weathered.

82 Neck and shoulder of jar. Only 12 ½ % of rim, neck and shoulder preserved, so handles possible but they are not usual on this type. J1, with thick red slip on exterior and over the rim. Burnished in widely spaced horizontal bands.

2nd example. Rim sherd. J1, red slipped and band burnished as preceding. Perhaps same vessel.

3rd example. Rim sherd. As preceding.

4th example. Rim and neck sherd, preserving neck to full H. of 4.5. J1 red slipped, too weathered for burnish to have survived.

5th example. Rim and neck sherd, preserving neck to full H. of 5.3, which is similar to No. 82 but not same vessel. J1, red slipped but no burnish.

6th example. All details as preceding, but not same vessel.

7th example. All details as preceding, but again a different vessel, with a rather less pronounced rim.

8th example. Rim and neck sherd, preserving neck to full H. of 6.2. J1 red slipped but no burnish.

9th example. Rim and neck sherd, preserving neck to full H. of only 3.0, in which respect it resembles No. 86, but it lacks the latter's neck-swelling. J1, red slipped but no burnish.

Parallels.
TEF Context UI 11/2-6, early Persian period (?); J1, any slip or burnish destroyed by refiring. Similar, slightly larger.

83 Upper part of cylindrical jar. Preserved to equal depth all around, and to complete D. except that 40 % of rim is lost. Nevertheless, could not have had a handle. Neck distorted during manufacture or firing. J1 red slipped, on exterior, over rim and 0.5 down inside. Burnished overall, not in bands.
Extensive smoke-blackening, perhaps from use as a cooking vessel.

Parallels.
BH No. 2; from the embalmer's cache; J1 red slipped and burnished. Very similar.
MAYA Cache I; J1 red slipped and burnished. 13 examples, some larger, some smaller, several almost identical in size and details to No. 83.
MAYA Cache II; J1 red slipped and burnished. Very similar.
MAYA Cache III; J1 burnished. A little smaller and differs in details.
PR Plate 37, No. 111; Caches I and II; J1 red slipped and burnished. Very similar.
SAN Workmen's huts west of screen wall; J1 red slipped and burnished. Very similar.
TEF From a disturbed burial; J1 red slipped and burnished. Similar but rim-sherd only, with out-turned rim and two collars on neck.
TEF(s) Rim sherd. Silt ware, slipped and burnished, burnish perhaps only in bands.
TH Cache II and other contexts; J1 red slipped, (burnished?). Very similar.
TT Caches I, II, III; J2 (*sic*), red slipped/washed, burnished. Very similar.

84 Rim sherd from jar. Only 10 % of rim preserved, so D. is approximate. At the break, the wall is beginning to turn for the shoulder, so the full height of the neck is present. J1, with thick red slip on exterior and over the rim. Adhering black mummification material (or pitch?) on interior.

Parallels.
ST Fig. 9.8, Types S J 1.6.1, 1.6.2. J1 or J 2. Similar but smaller and with some differences in the form of the rim.

85 Rim sherd from jar. 50 % of rim preserved, but less of shoulder. J1, surface weathered.

86 Rim sherd from jar. 20 % of rim preserved, and 33 % of shoulder. J1 self-slipped.
2nd example. Rim sherd. J1, red slipped and with traces of burnish.
Parallels (*Infra,* No. 90).

87 Upper part of cylindrical jar. 50 % of D. preserved. J1, wet-smoothed or self-slipped, leaving conspicuous oblique smoothing marks.
Parallels (*Infra,* No. 90).

88 Upper part of cylindrical jar. 15 % of rim and 33 % of shoulder preserved. J1, wet-smoothed or self-slipped.
Parallels (*Infra,* No. 90).

89 Rim sherd from jar. 15 % of rim preserved. J1, probably only wet-smoothed.
Parallels (*Infra,* No. 90).

90 Body of cylindrical jar, lacking rim and base. Full circumference preserved, so certainly no handles. Groove around lower body coincides with transition from smoother upper part to rougher lower part; because the vessel is small, this probably indicates manufacture in two stages (vessel inverted for shaping of lower body) rather than in two separate pieces subsequently joined. J1, wet-smoothed or self-slipped. Probably the body form belonging to rims such as Nos 87 and 88.

Parallels (Nos 86-90).
ANUB Vol. II, No. 19; J1 self(?)-slipped. Very similar to 86.
MAYA Cache I; J1 self-slipped. Rim very similar to 88, body as 106 but with thinner walls and slightly more pointed base.
MAYA Cache I; J1 self-slipped. Similar to 89 but neck a little wider; body as preceding.
MR 55 Plate 17b and Fig. 3, Nos 26, 27 and 32; « red ware », No. 26 « rather coarse ». No. 27 very similar to present 86, Nos 26 and 32 generally similar to the remainder.
PR Plate 37, No. 106; Cache III; J1 coarse uncoated. Generally similar, form closest to 86.
SAN J1 coarse slipped. Rim and neck similar to 86, body tapering to a pointed base.
SAN Stone house north of Shrine D; J1 slipped. Rim similar to 87 but lacks the central swelling; body as preceding.

91 Body of jar or bottle, lacking rim. Complete as drawn, so there were no handles. J1, red slipped and burnished overall, not in bands. The body form belonging to upper parts such as No. 93 (Photo 4 bottom centre).

Parallels.
See No. 93.

92 Body of jar or bottle, lacking neck. Complete as drawn, so there were no handles. Sharp change of angle at shoulder and base. Base not string-cut. J1 red slipped (Photo 4 top left).

Parallels.
No close parallel found, but the sharp change of angle near the base is characteristic of many Late Dynastic types at Saqqara.

93 Neck and shoulder from jar or bottle. Complete as drawn, except for rim-chip, so no handles on neck. Two opposed holes, made after firing. J1, red slipped and burnished overall, not in bands.

2nd example. Rim and neck sherd, preserving neck to full H. of 6.5, though only in part. Preserved part not pierced. J1, all details as preceding.

3rd example. Rim and neck sherd. D. rim 7.0, full H. neck 4.0. Neck was not pierced. J1, all details as preceding.

4th example. Rim sherd. May be same vessel as preceding. J1, all details as preceding.

Parallels.

ANUB Vol. II, Nos 16 and 17; J2 red slipped and burnished. Very similar.

ASAE Page 177, Fig. 9. Tomb cache; ware not described. Very similar and same size.

MAYA Caches I and II. Five examples, all J1, red slipped and burnished. Very similar, a little smaller.

MR 55 Plate 17d and Fig. 3, No. 33; « red polished ware ». Very similar.

PR Plate 37, No. 112; Caches I and II. Eight examples, all J2, red slipped and burnished. Very similar, illustrated example smaller and pierced for suspension, remainder size uncertain but example mentioned in text is of similar size to No. 93.

SAN J1, red slipped/washed and burnished. Several examples. Similar.

TEF Burial UII/12, later Persian period (?); J1 or J2, red slipped and burnished. Very similar. (There is also a small example in the Tanta museum, but the provenance is not known and need not necessarily be in the Delta.)

TH Cache II and various non-cache contexts; J2 red slipped. Not described as burnished but this may have been an oversight. Several examples. Similar.

TT Cache I; J2 red slipped and burnished. Similar, smaller.

94 Rim sherd from jar. 30 % of rim and shoulder preserved. Scar from part of one handle at the break; second handle assumed. J1, wet-smoothed or self-slipped.

95 Part of neck and shoulder of jar. 33 % of rim and neck preserved, but slightly less of shoulder. The shape of the break in the shoulder suggests there was a handle here, in which case a second one is to be assumed; the tops would be about 5 cms below the rim. J1, with an unusually large quantity of limestone. Thick white slip on overfired grey body; the overfiring may have influenced the colour of the slip.

Parallels.

SETHOS No. 355. From a cache context. Silt ware. Rim similar but not identical, larger size.

96 Jar. Lower body complete, together with most of the D. of the upper body but only 50 % of neck and rim. Single handle possible but most unlikely. Body very lightly ridged on the exterior, except in the central part. Base not string-cut. J2, white slipped including underneath the base, but small streaks of body colour are visible near the base, where no slip was applied, showing the vessel was not dipped but the slip was applied horizontally. Slip reaches to rim but does not extend on to its top.

Parallels (*Infra,* No. 97).

97 Wide-mouthed jar. Complete (cracked) but the soft-fired fabric has been severely weathered. Light but distinct ridging on exterior of upper body is over-ridden on lower body by spiral tooling-grooves at a slightly different angle, from the finishing-off process. Base not string-cut. J2 self-slipped. Registered No. 18757. (Photo No. 4, top centre).

2nd example. Rim and most of neck lost. Virtually identical to preceding. Max D. body 11 cms. Ridging and tooling-grooves as preceding. Base not string-cut. J2 self-slipped (Photo 4 top right).

Parallels (Nos 96-97).
SAN J1 slipped. Similar, including form of neck and rim, but rather larger and with ring-base.
SAN K5 slipped. Similar, including form of neck and rim, but rather smaller; flat base.
TH Cache I; K5 self-slipped. Similar, rather smaller.

98 Part of upper portion of wide-mouthed jar. 33 % of drawn portion preserved. Handles possible but unlikely. J1 self(?)-slipped. Overfired, fabric being grey, lower body distorted and neck cracked. The slip is white, but this is likely to be due to the firing, and we cannot tell what colour was intended.

2nd example. Rim sherd. J1 white slipped. This example not overfired. Slip on exterior, over rim and down inside to break.

Parallels (*Infra,* No. 99).

99 Rim sherd from jar. 15 % of rim preserved. J1 self(?)-slipped.

Parallels (Nos 98-99).
SAN K5 slipped. Several examples varying in detail, similar size to No. 98.
TH J2 slipped, J2 sandy variant, K5 self-slipped. Several examples, as preceding.

100 Rim and upper part of small jar. 50 % of D. preserved. J1, wet-smoothed or self-slipped, this being perfunctorily carried out, leaving the surface quite rough.

Parallels (*Infra,* No. 103).

101 Rim and upper part of small jar. 33 % of D. preserved. J1, wet-smoothed or self-slipped, finish as preceding.

2nd example. Rim sherd. Very similar but different vessel. All ware details as preceding.

3rd example. Rim sherd. Rim slightly more projecting. Again a different vessel. All ware details as preceding.

Parallels (*Infra,* No. 103).

102 Rim and upper part of small jar. 25 % of D. preserved. All ware details as preceding.

2nd example. Rim sherd. Form similar to preceding, perhaps same vessel. All ware details as preceding.

Parallels (*Infra,* No. 103).

103 Rim and upper part of small jar. 50 % of rim preserved, but rather less of upper body. All ware details as preceding.

Parallels (Nos 100-103).

MR 56 Plate 59, No. 429; « red ware ». Rim very similar to Nos 101 and 102, with a high-shouldered body tapering to a pointed base similar to that of the present No. 106.

TEF(s) Silt ware. Several jars of very similar form but slightly larger size.

TT L1. Similar inward-sloping rim, closes to No. 100 but without the swelling; greatest D. of body below the mid-line.

104 Rim and upper part of small jar. Nearly 50 % of rim preserved, but rather less of upper body. Better made than Nos 100-103, and more carefully finished. J1 self-slipped.

Parallels.

SAN J1 slipped. General resemblance only, walls thicker, neck slopes slightly inwards to rim.

105 Rim and upper part of small jar. Two sherds apparently of same vessel, each including part of rim, but do not join. Altogether 40 % of rim and upper body preserved. Better made and finished than Nos 100-103, but less well than No. 104. J1, with traces of probable white slip.

Parallels.

ANUB Vol. II, No. 5; J1 red washed. Very similar, body a little more upright.

106 Lower body of small jar. Base completely preserved, and body to varying extent. Probably the body-form of rims such as Nos 100-102, and ware and finish are similar. J1 wet-smoothed or self-slipped.

2nd example. Almost identical to preceding. Ware as preceding.

3rd example. Almost identical to preceding. J1 wet-smoothed, with splashes of red wash on surface, suggesting that the upper body was red washed — though it is possible that the splashes were acquired when another vessel was being so treated.

Parallels.

Lower part of jar as Nos 98-105, q.v. for parallels.

107 Neck and rim of jar or bottle. Complete as drawn. Two small opposed holes made after firing. J1 red slipped, the slip extending on to the top of the rim and having run down a short distance inside.

Parallels.

Apparently the neck of an unusually large example of No. 43, q.v. for parallels.

108 Neck and rim of jug or bottle. Centre of neck fully preserved, but nearly 50 % of rim lost and a corresponding area of the lower neck below it, so there could well have been a single handle. J1 with thick red slip, burnished in deeply grooved bands which are not all horizontal but in places criss-cross, perhaps due to the former presence of a handle (Photo 6).

Parallels.

SAN J2 slipped. Similar but without the slight swelling and with a collar at the base of the neck.

TEF Context UIV 2/12. Silt ware. Cylindrical neck and upper body of small bottle which never had handles. Similarly burnished with deeply scored criss-cross lines 0.1-0.15 wide. Body burnished overall. Late Saite?

TH Cache II; J3 red washed and burnished. Similar, rim slightly more turned over, three shallow ribs on neck in place of the slight swelling.

109 Cup. Complete (restored from several pieces) except for parts of lower body and centre of base. Exterior of base lightly facetted, caused by smoothing with the fingers. Interior wet-smoothed, with traces of red wash surviving just inside the rim; surface of exterior lost due to weathering. Middle Kingdom, almost certainly (from ratio of D. to H.) Dynasty XIII.

110 Jar stand. Approx. 33 % of circumference preserved. J1, self-slipped (or wet-smoothed?) with smoothing marks visible on interior. Small areas on both rims where mummification material adheres, suggesting it may have been used either way up indiscriminately or as appropriate to vessels of different sizes.

Parallels.

MAYA Cache I; J1 coarse. Eleven examples, the drawn one being very similar and having the central ribbing. Most are approx. same size.

PR Plate 37, No. 120; Cache II; J1 coarse uncoated. Two examples, approx. same size; the drawn example (from elsewhere) is smaller and lacks the central ribbing.

SAN J1 coarse slipped. Many examples, varying in dimensions; no exact parallel found.

TH Non-cache context; J1 coarse slipped. Resembles PR illustrated example.

TT Cache I; J1 red washed. Two examples, approx. same size as No. 110.

111 Jar stand. Just over 50 % of circumference preserved. J1, self-slipped (or wet-smoothed?).

Parallels.

No close parallel found, but some from SAN are even taller.

112 Rim sherd from torch. 30 % of rim preserved. Probably from type as No. 114, but does not join any of the known examples. J1 wet-smoothed or self-slipped, leaving smoothing marks on exterior. Shape rather distorted. Traces of smoke-blackening on interior.

2nd example.	Rim sherd.	Ware as preceding.	Could be same torch.
3rd example.	—	—	—
4th example.	—	—	—
5th example.	—	—	Different torch.
6th example.	—	—	Another different torch.
7th example.	—	—	Another different torch.

Parallels (*Infra*, No. 115).

113 Torch. Stem complete; approx. 30 % of rim and upper part preserved. The ribbing of the stem may have been intended to give a more secure grip. J1 wet-smoothed or self-slipped. Interior of upper part smoke-blackened.

2nd example. Rim sherd. Ware as preceding. Interior smoke-blackened. Perhaps same torch.

3rd example. Rim sherd. Ware as preceding. Different torch.

4th example. Rim sherd. Ware as preceding. Probably another different torch.

Parallels (*Infra*, No. 115).

114 Torch, lacking rim. Stem ribbed, as preceding. The hollowing of the interior is continued unusually deeply. J1 wet-smoothed or self-slipped, leaving smoothing marks on exterior. Interior of upper part smoke-blackened.

2nd example. Similar to preceding, again lacking rim. J1 wet-smoothed or self-slipped.

3rd example. Base only, very similar to No. 114. Ware as preceding.

4th example. Base only, similar to No. 114 but with «collar» around base set rather lower. Ware as preceding.

Parallels (*Infra*, No. 115).

115 Torch, lacking rim. Flat base. J1 wet-smoothed or self-slipped, leaving smoothing marks on exterior. Small amount of smoke-blackening on interior.

2nd example. Base and lower stem only. Very similar to preceding. J1 wet-smoothed or self-slipped.

3rd example. Base and stem. Again very similar to No. 115. Ware as preceding.

4th example. Base only. — —

5th example. Base only. — —

Parallels (Nos 112-115).

ANUB Vol. II, Nos 9-11; J1 wet-smoothed. No. 9, base and stem, proportions and depth of hollowing as 114. No. 10, base only, similar to 114. No. 11, rim only, similar to 112.

BH No. 17; J1 wet-smoothed. Depth of hollowing as 114 but shorter, base between 114 and 115, rim as 112.

BH No. 18; J1 wet-smoothed. Proportions as 113, base similar to 115.

PR Plate 37, No. 118; Cache I; J1 coarse uncoated. General resemblance only, to 113.

PR Plate 37, No. 119; Cache I; J1 coarse uncoated. Nine examples; the one illustrated has only a general resemblance, most closely to 112 and 114.

SAN J1 coarse slipped. Several examples of varying form; one closely resembles 113, another (base lost) is deeply hollowed as 114 and has a rim very similar to 112; there is no drawn parallel to 115.

TH Caches I and II; J1 coarse slipped. Many examples, drawn one similar to *PR* No. 119.

TT Cache IV; J1 uncoated. Similar to *PR* No. 119.

POTTERY CHIEFLY OF THE LATE DYNASTIC PERIOD
AT SAQQARA (1987)

FIGURES AND PHOTOGRAPHS

1

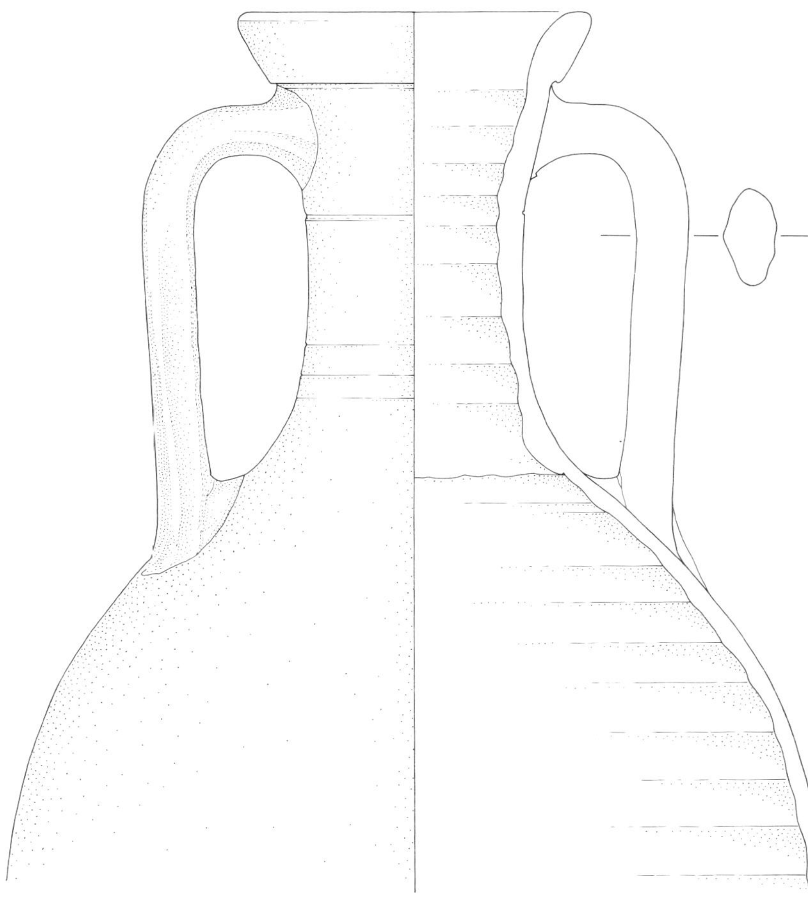

2

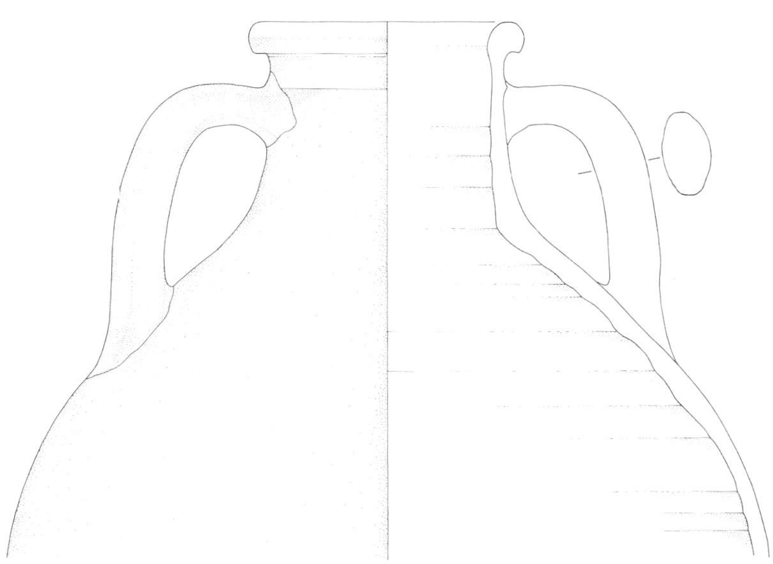

Imported Amphorae

3

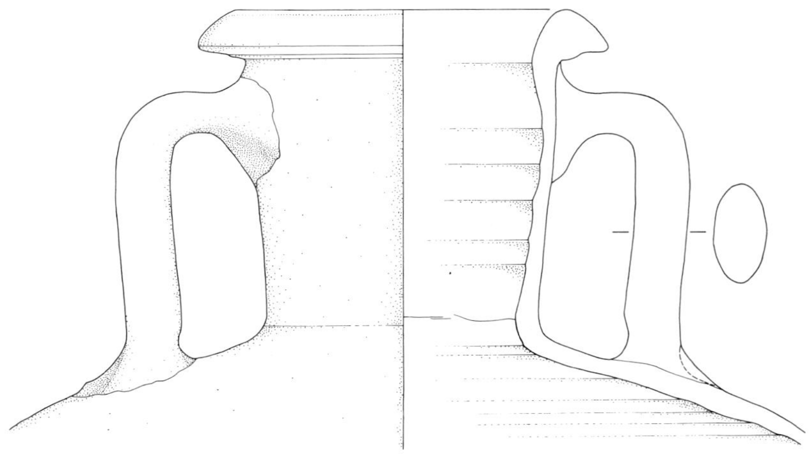

4

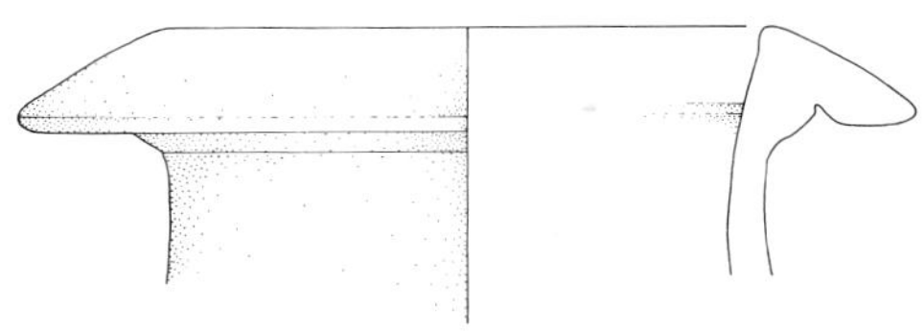

5

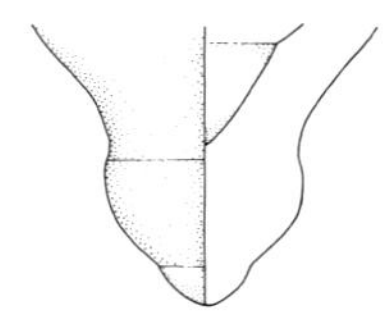

6

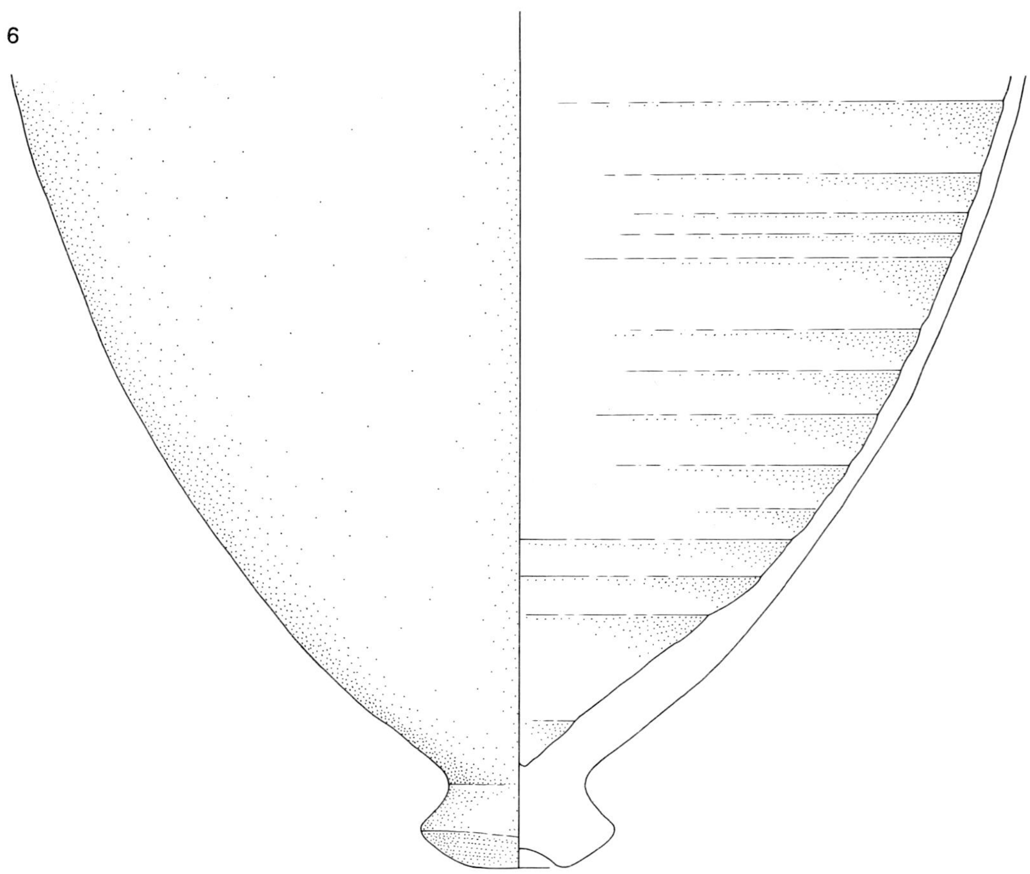

8

9

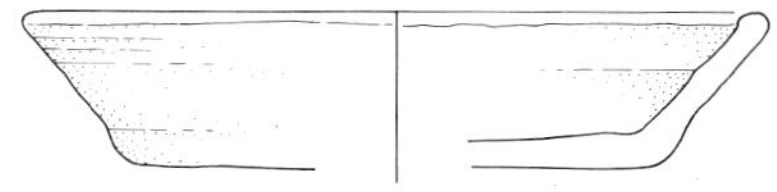

10

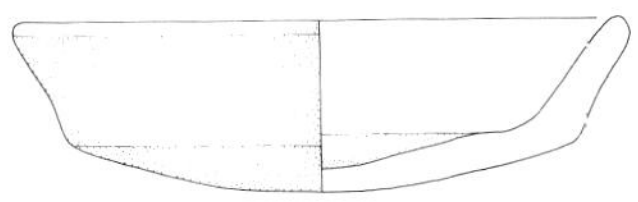

11

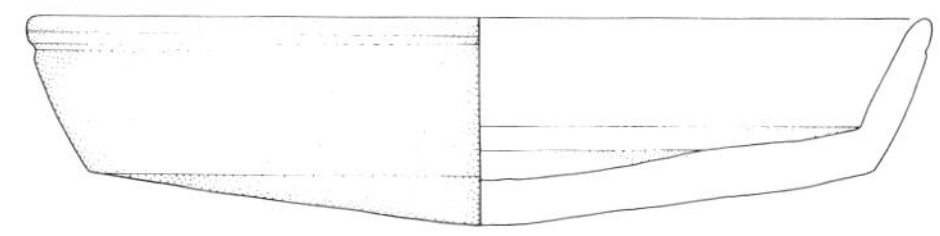

12

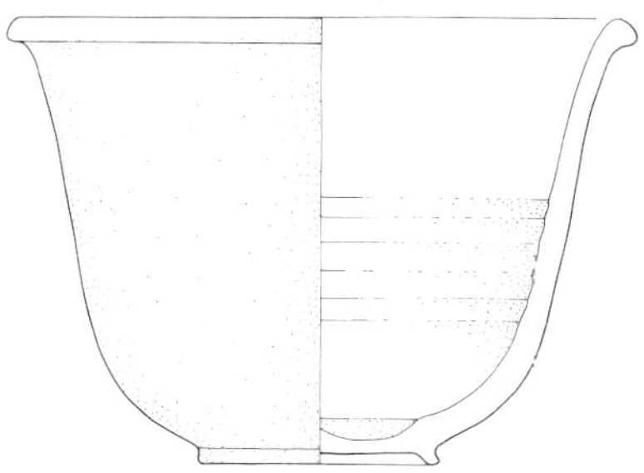

18 [a]

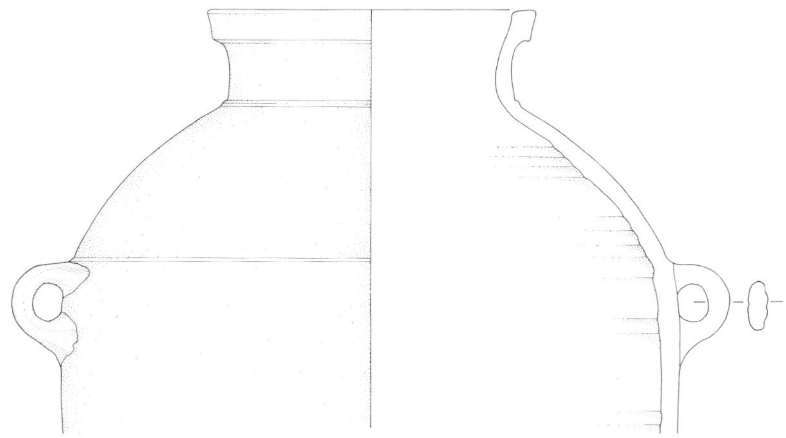

13

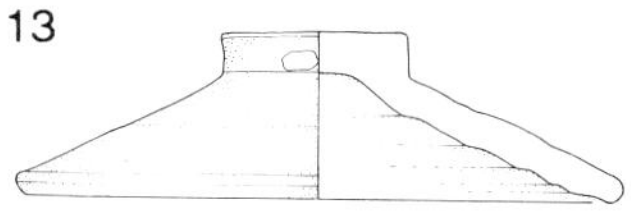

14

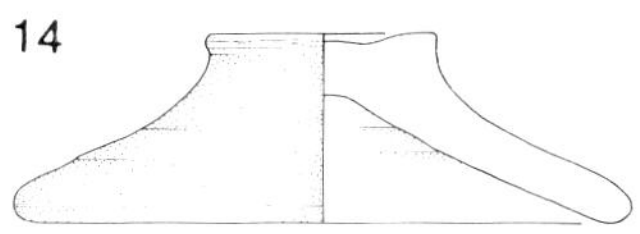

15

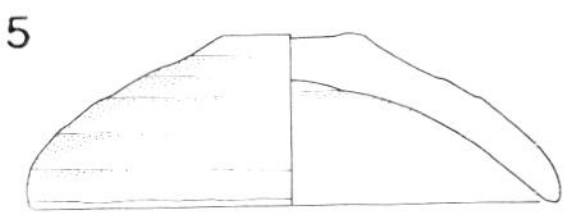

16

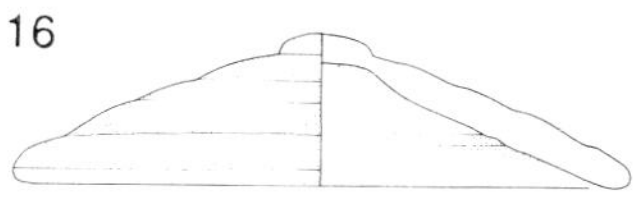

17

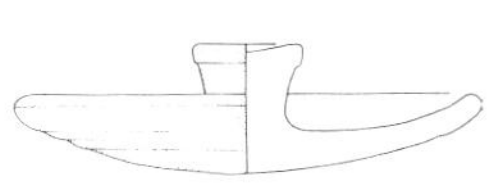

18 [b]

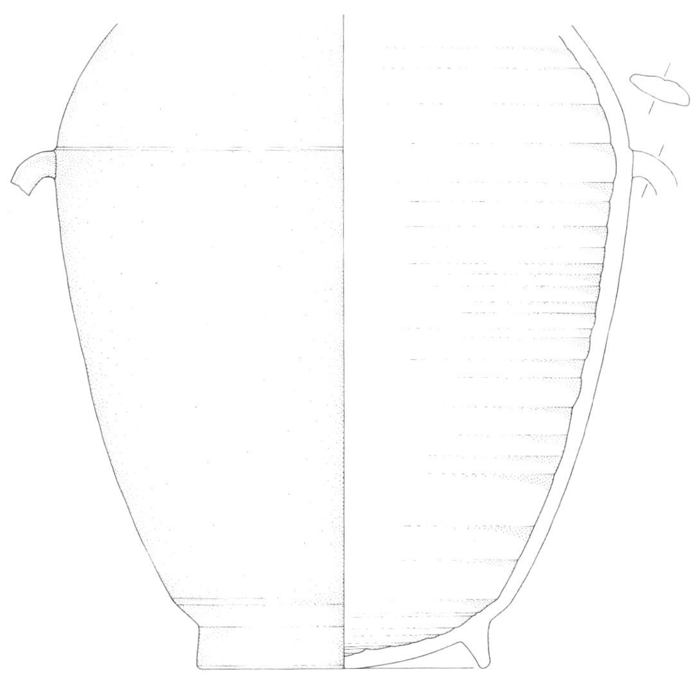

19

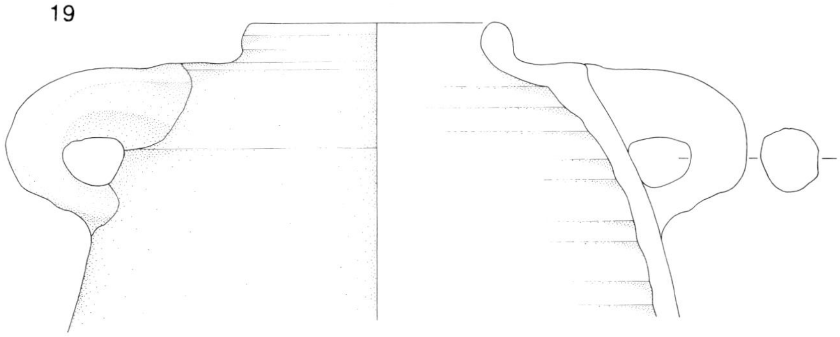

20

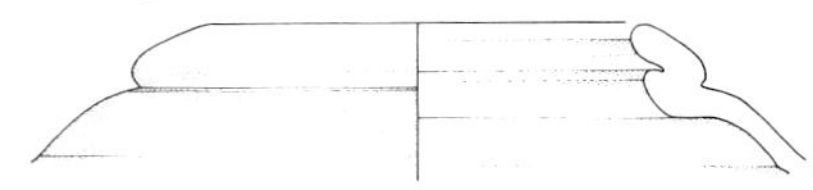

21

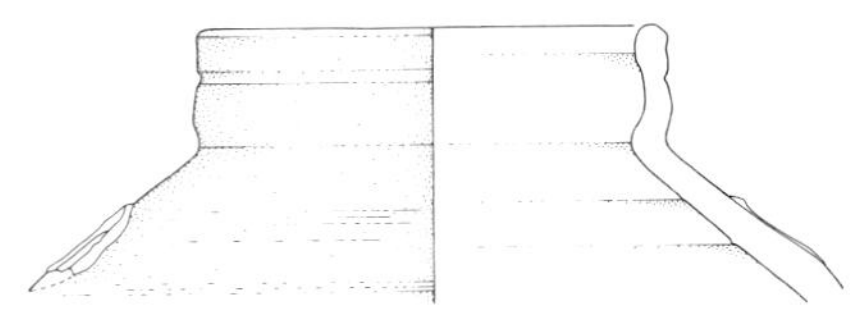

22

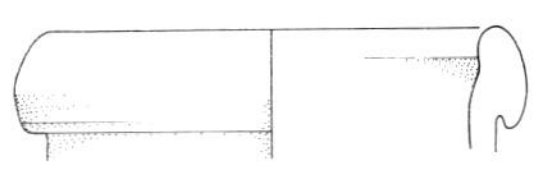

23

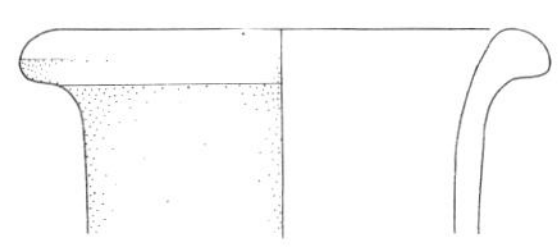

24

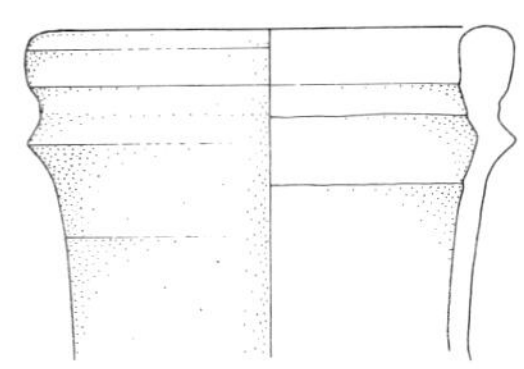

25

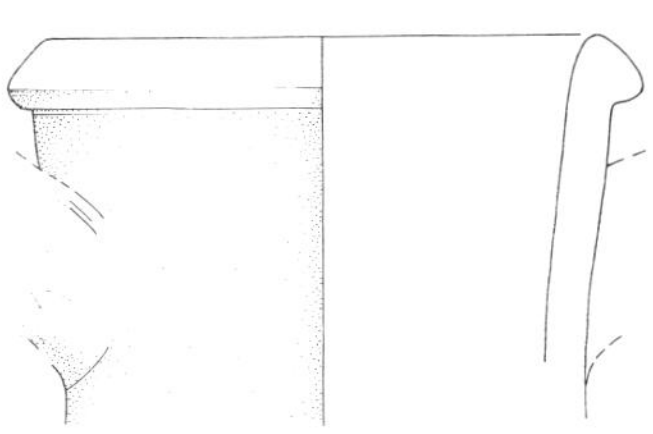

26

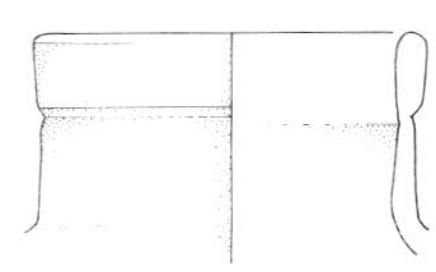

27

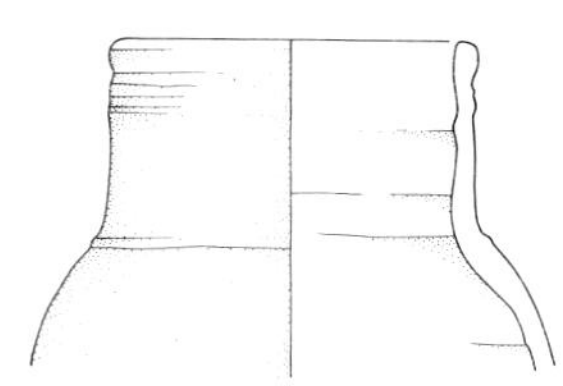

28

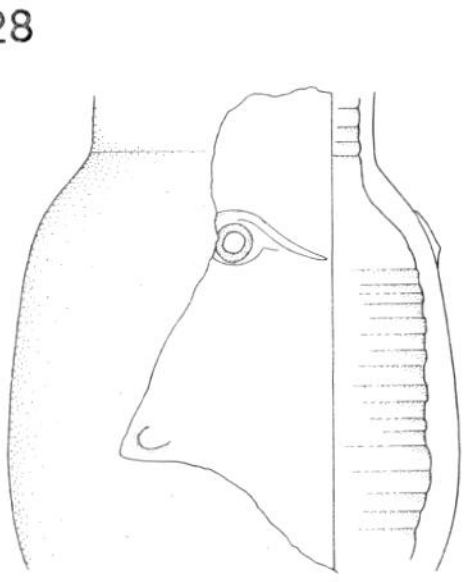

29

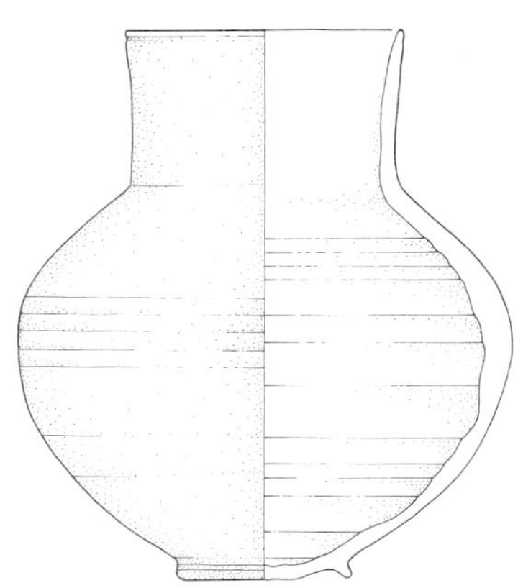

30

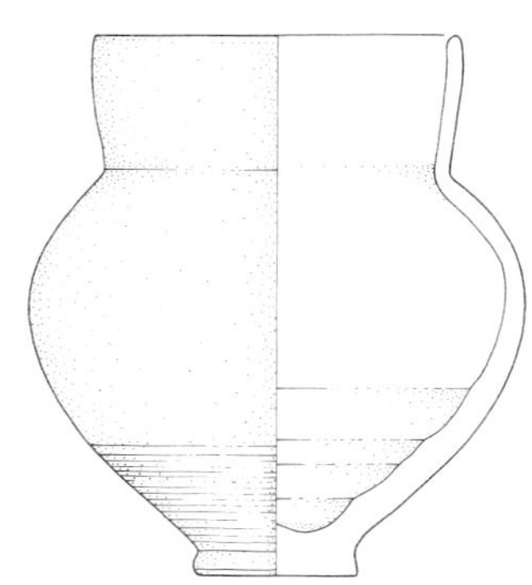

31

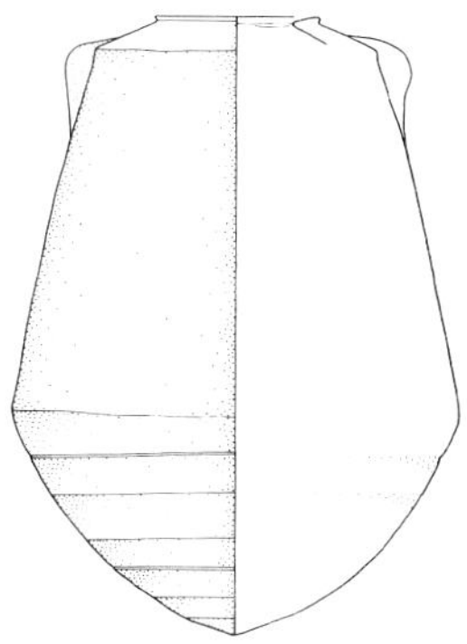

32

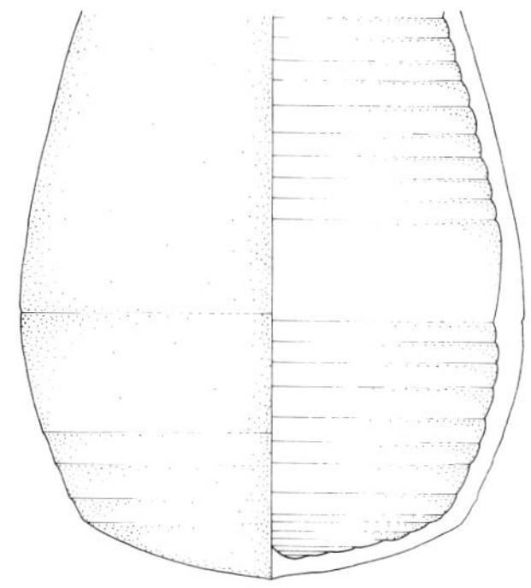

33

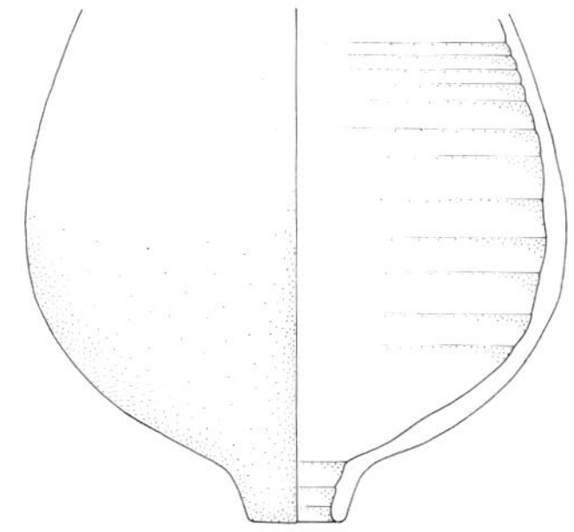

34

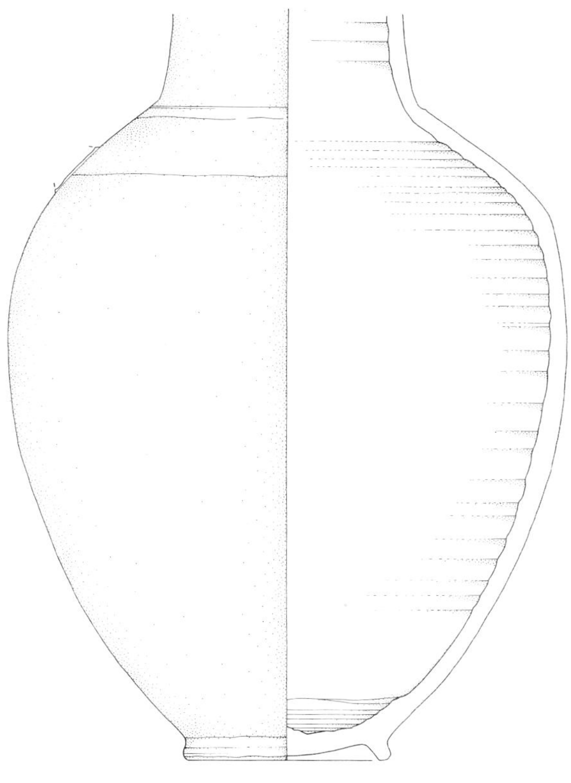

35

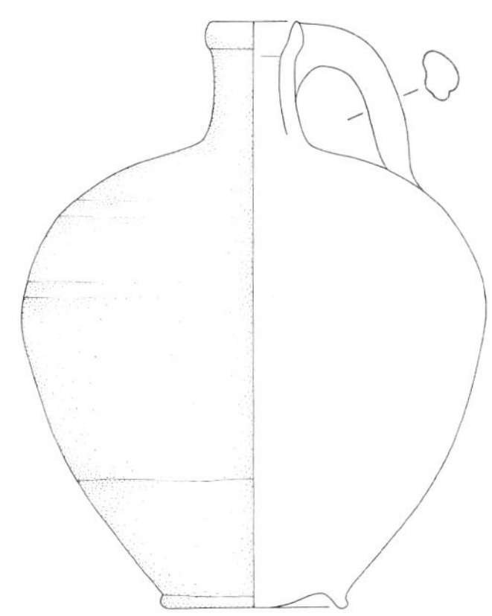

36

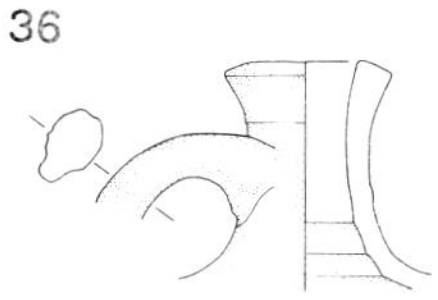

37

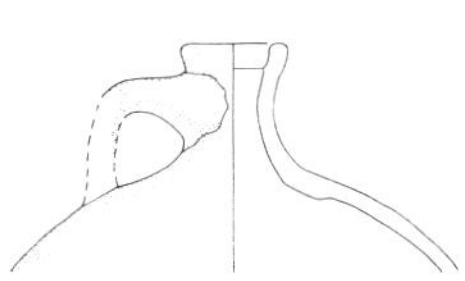

38

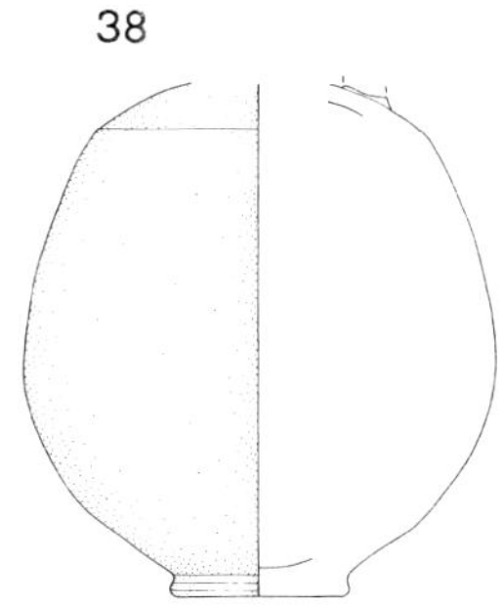

39

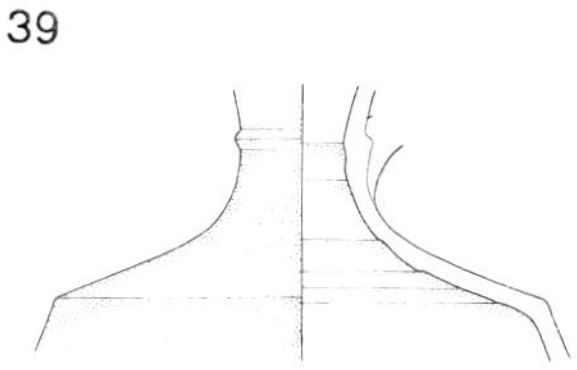

40

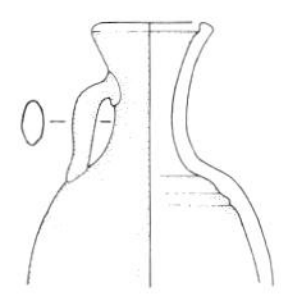

43

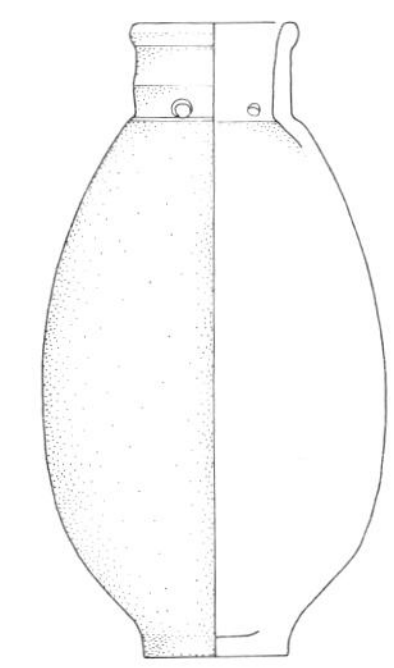

44

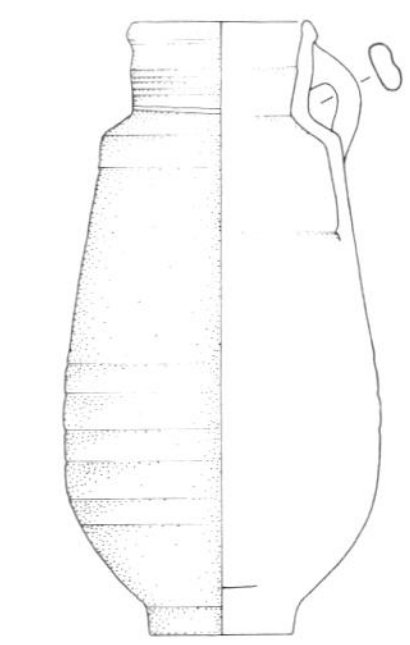

41-42

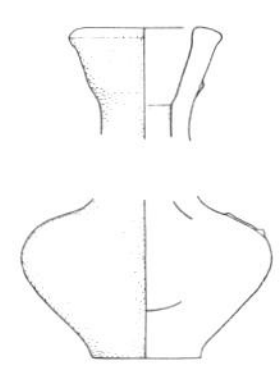

46

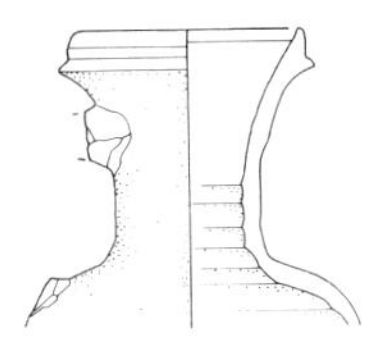

47

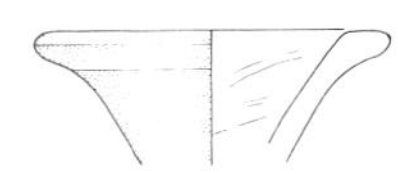

45

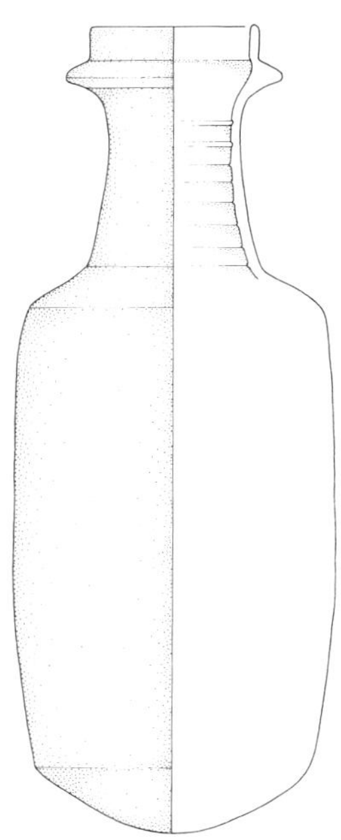

48

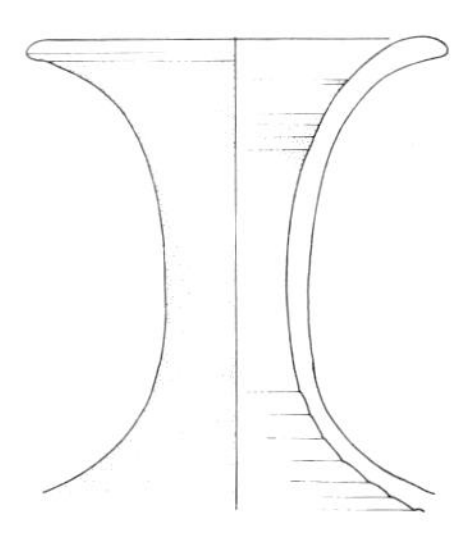

49

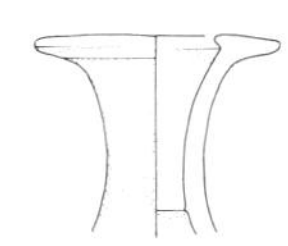

50

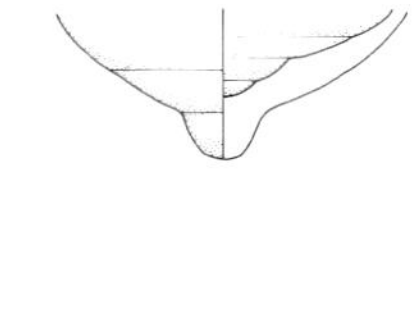

[Fig. 51 à 54, en fin de cahier]

55

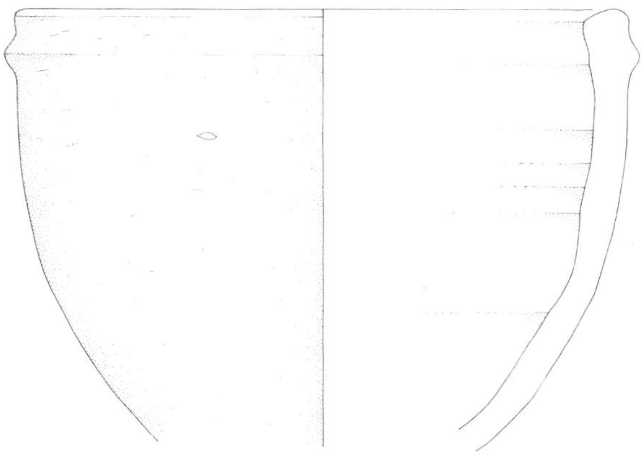

56

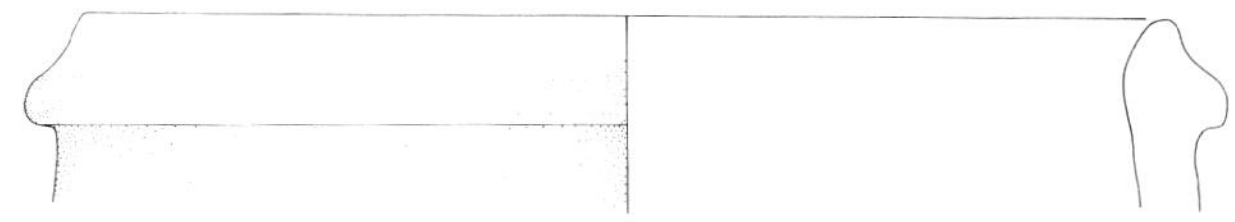

57

58

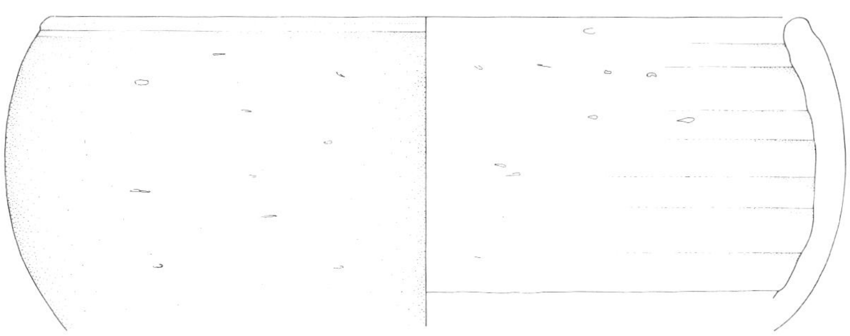

59

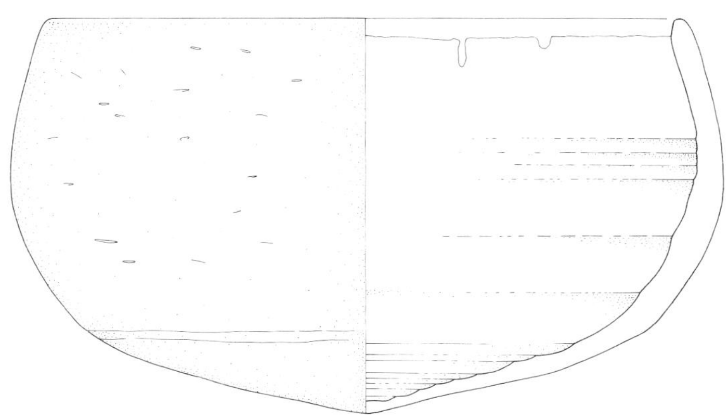

60

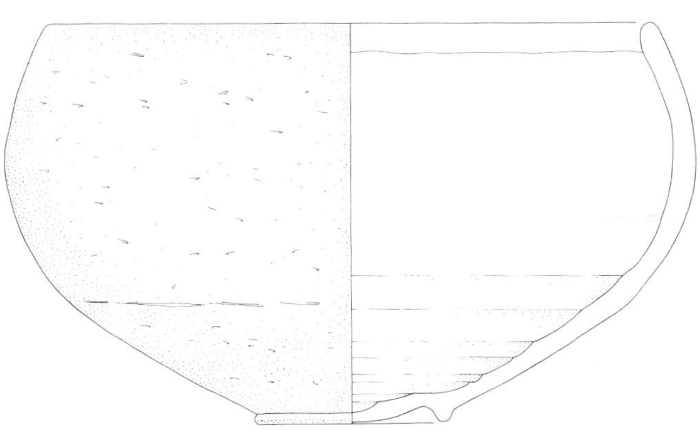

Egyptian Silt Wares

61

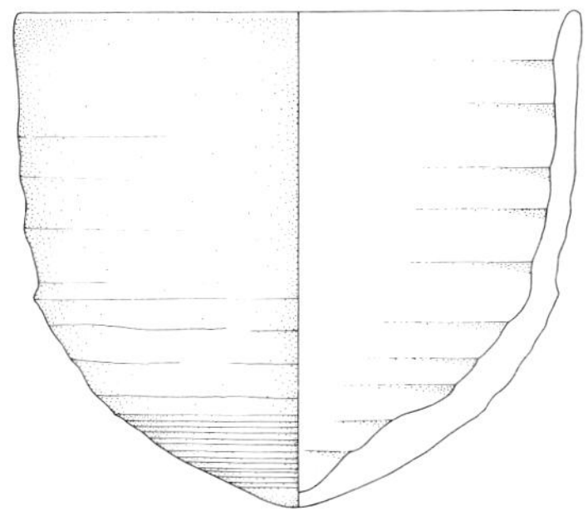

62

63

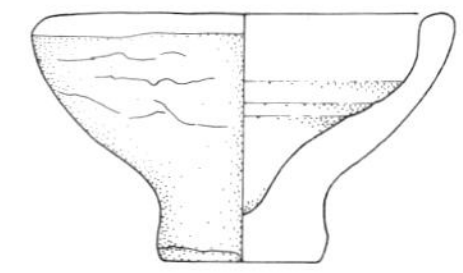

64

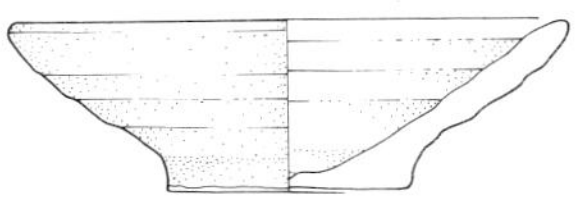

65

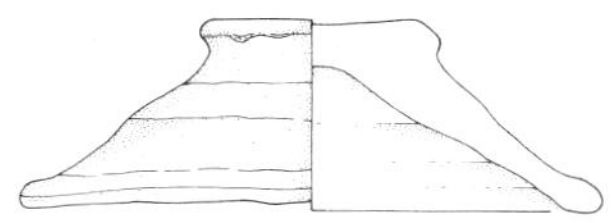

66

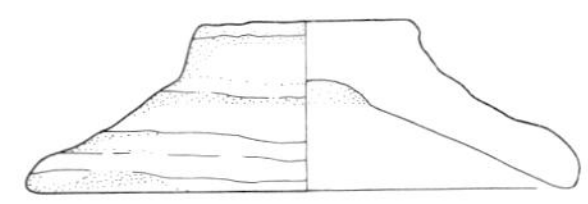

67

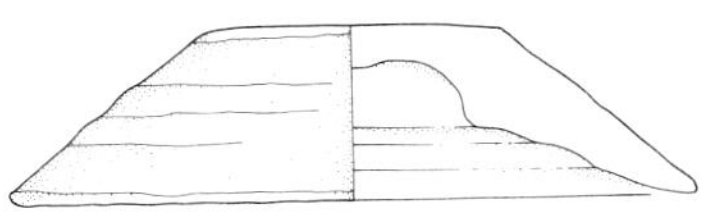

68

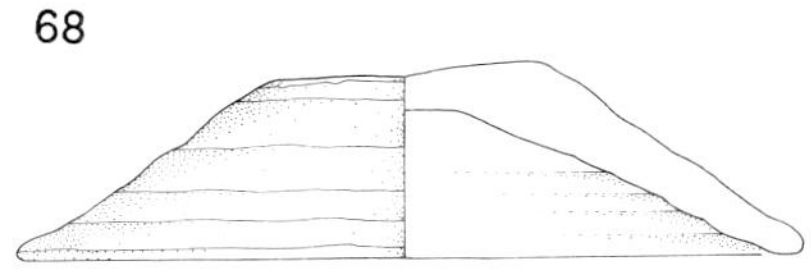

69

70

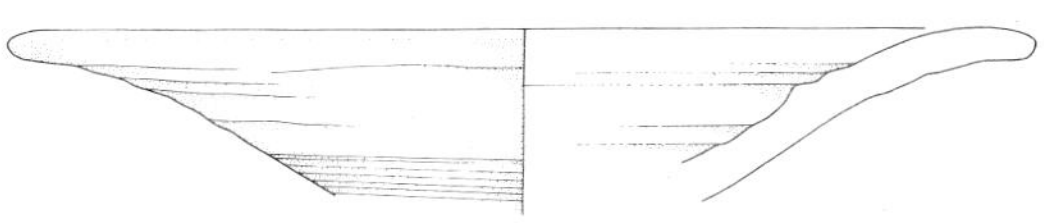

71

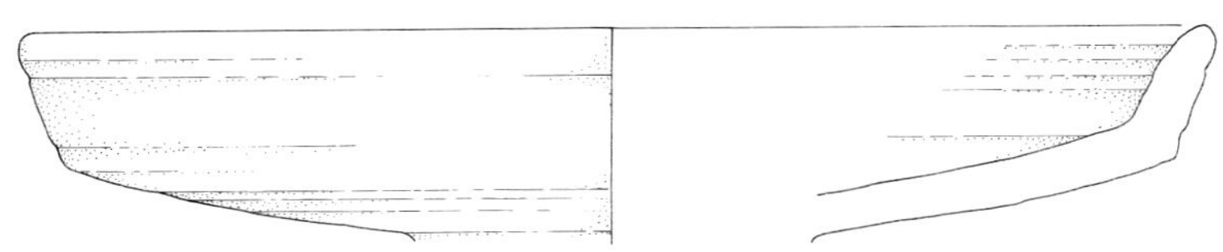

72

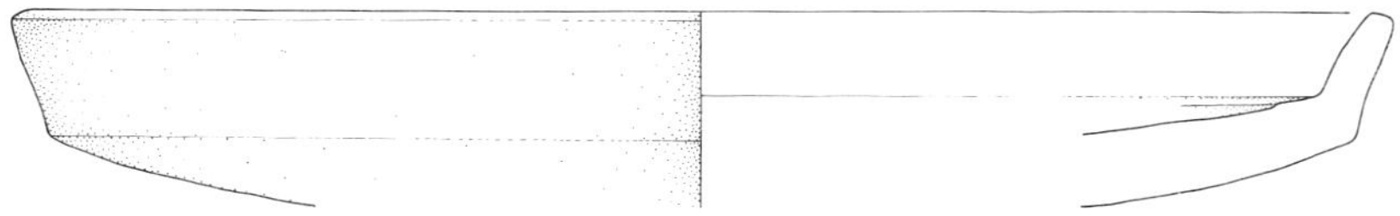

73

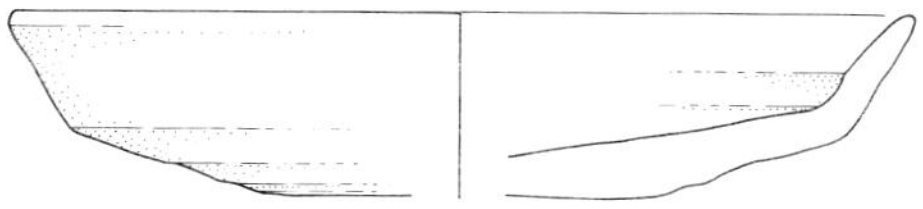

74

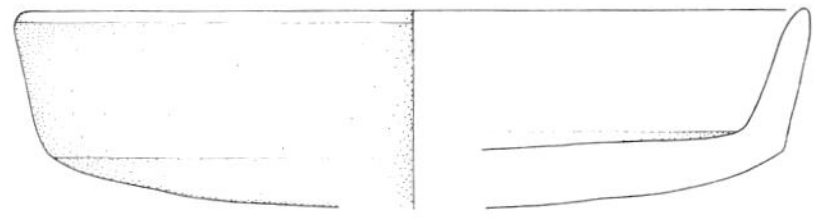

75

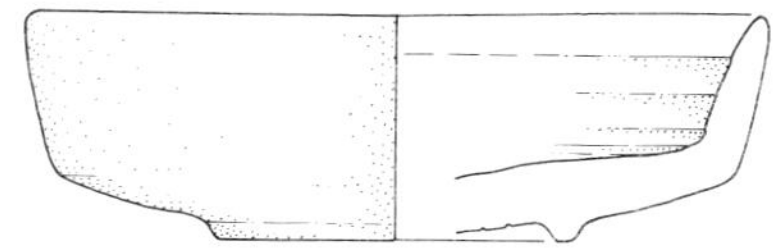

76

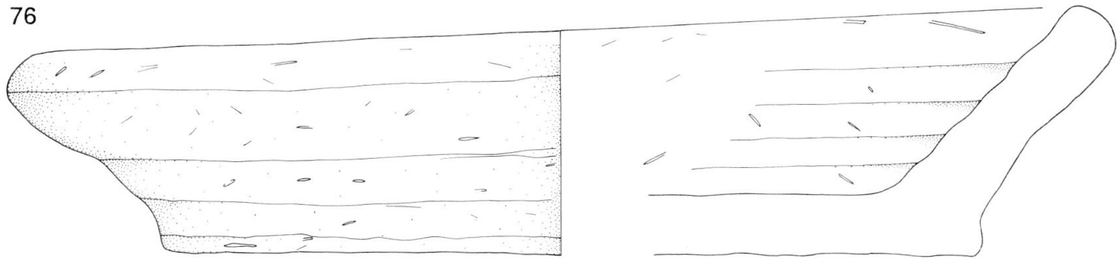

78

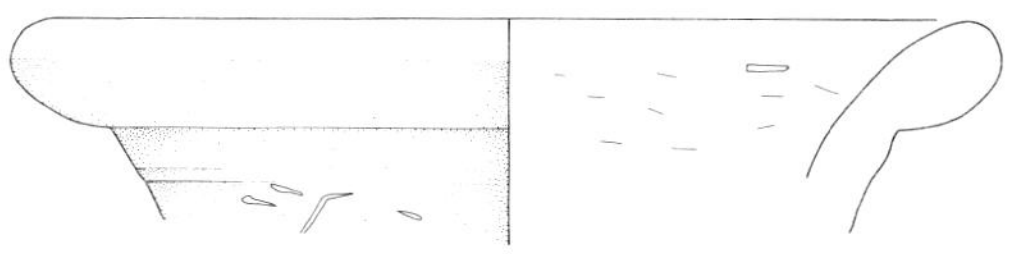

79

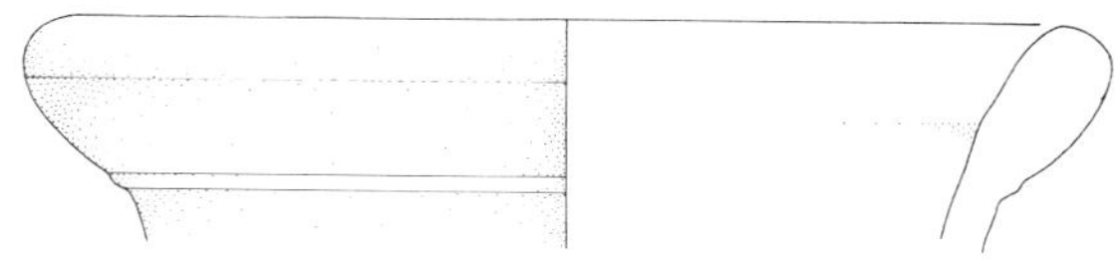

80

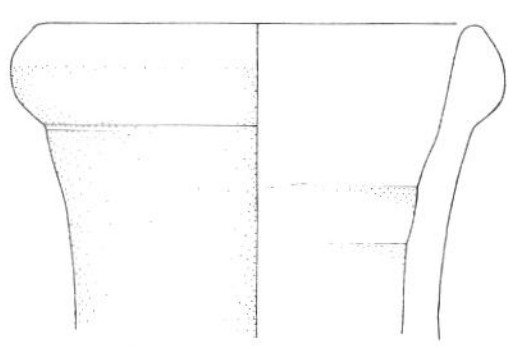

81

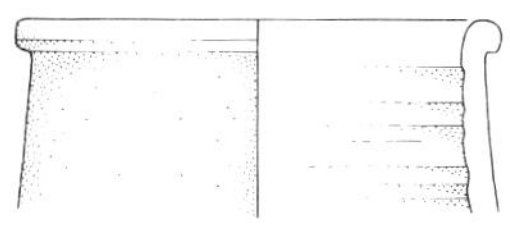

83

82

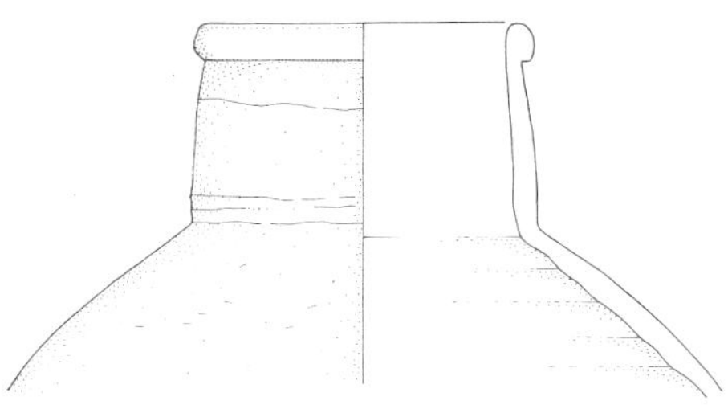

84

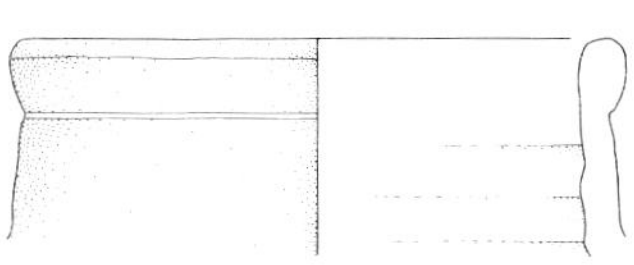

85

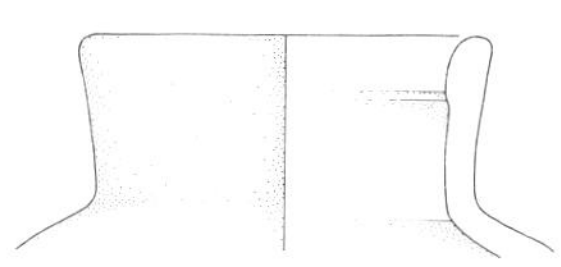

86

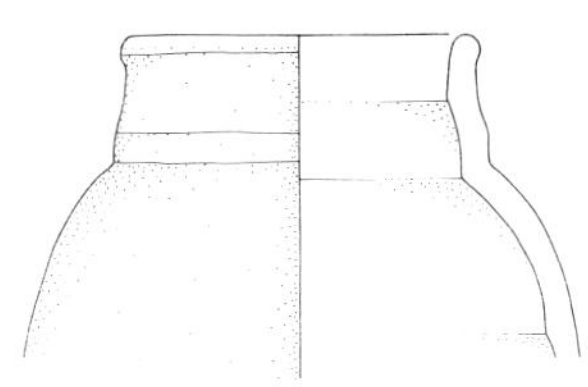

87

88

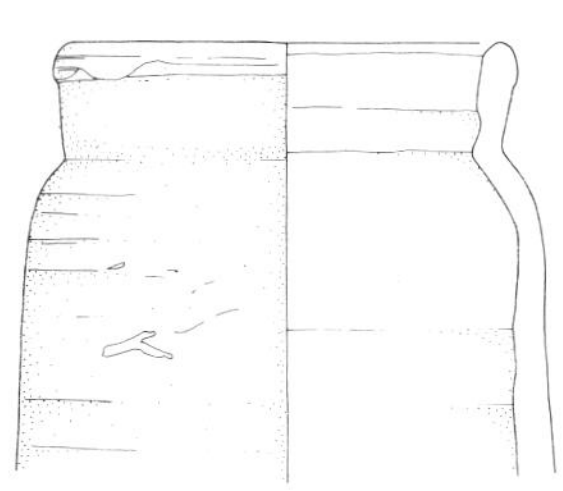

89

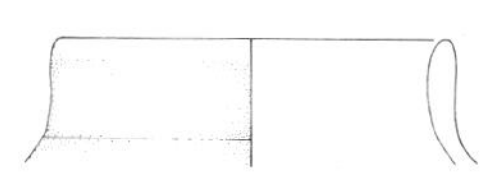

90

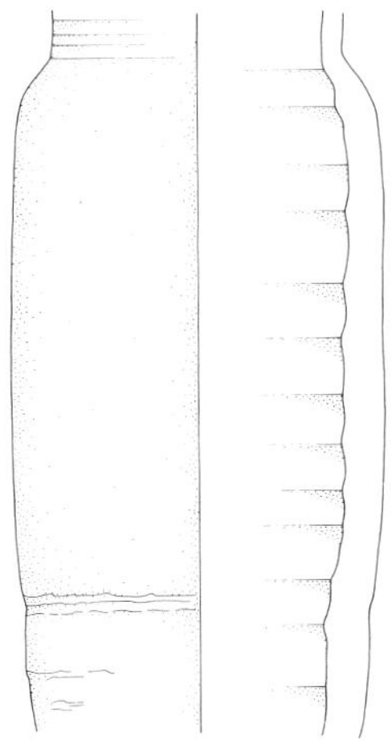

91

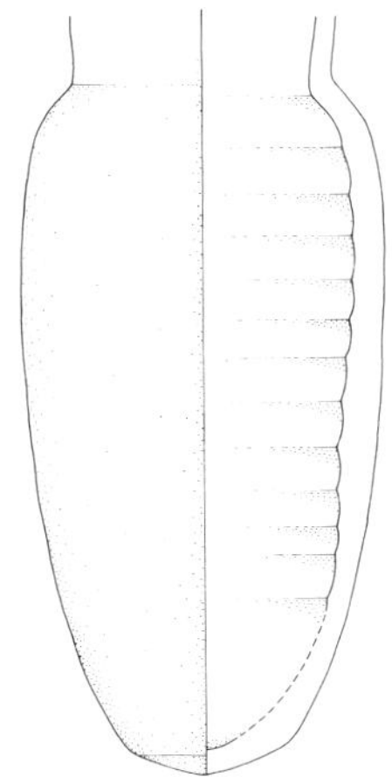

92

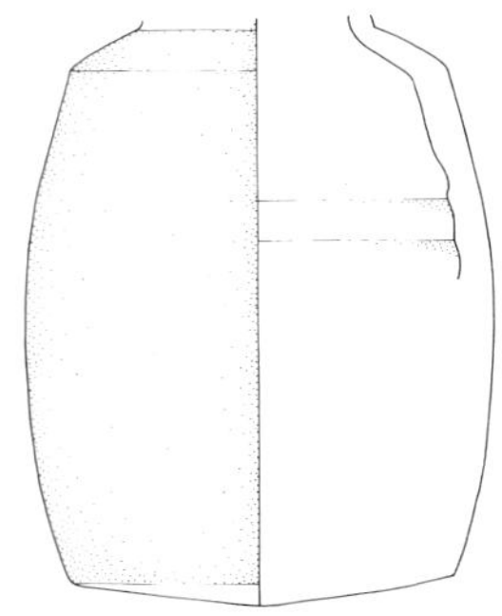

93

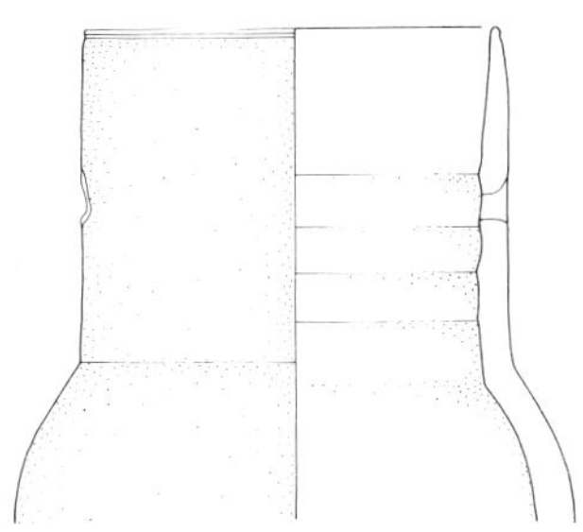

94

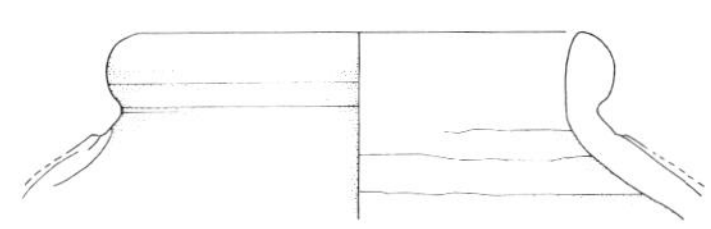

95

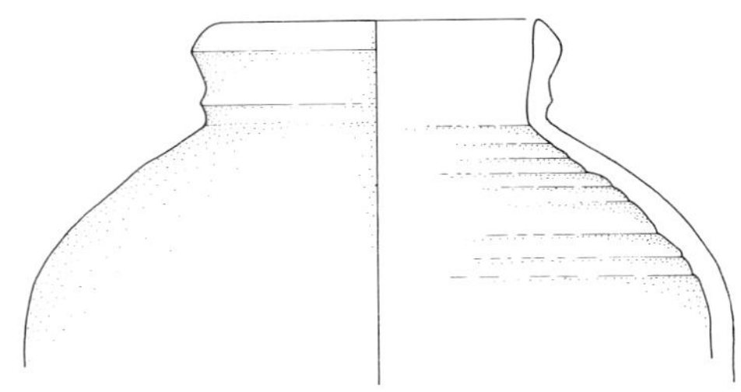

96

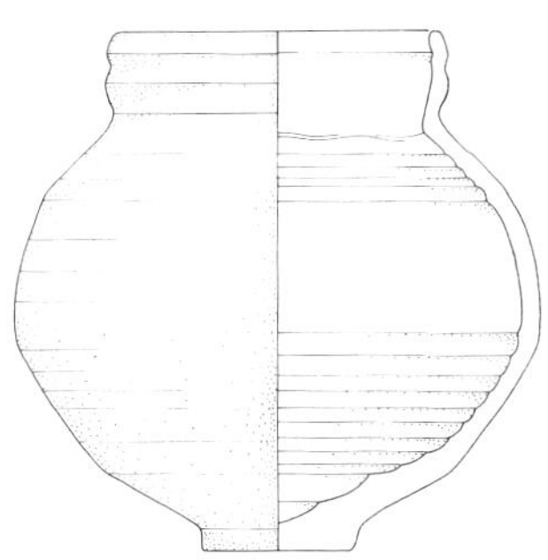

97

98

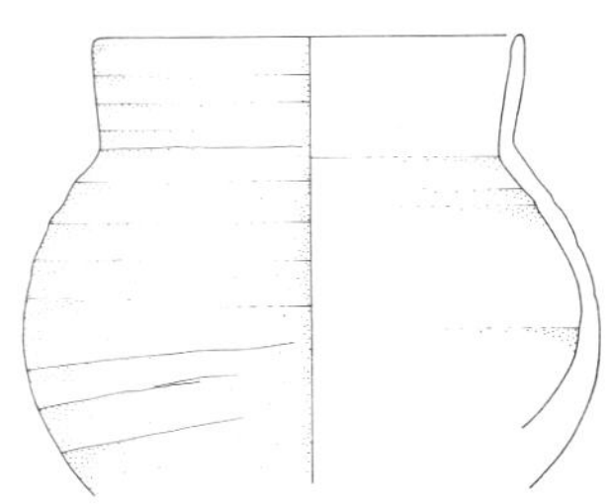

99

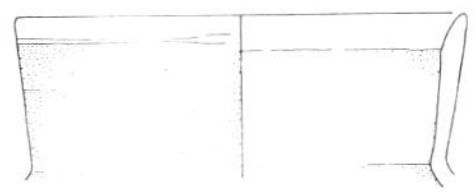

100

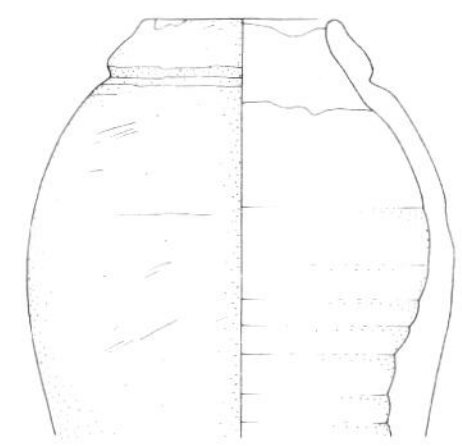

101

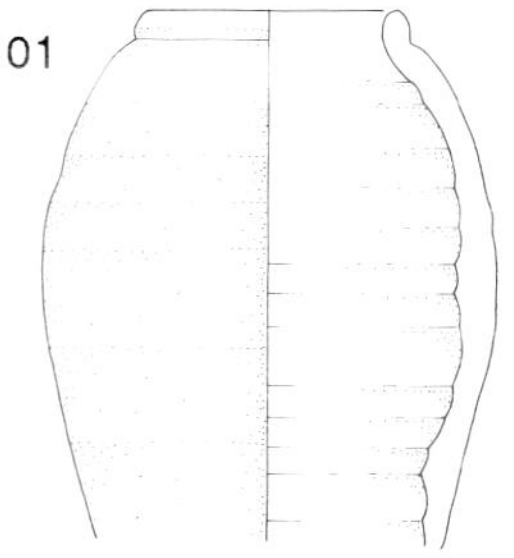

102

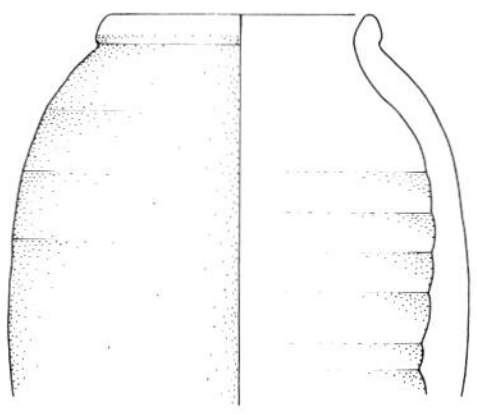

103

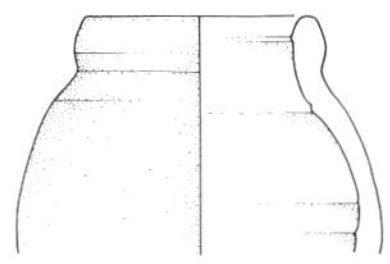

104

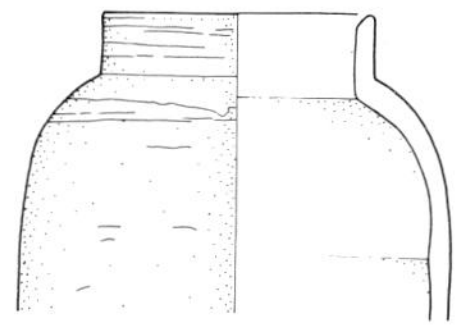

105

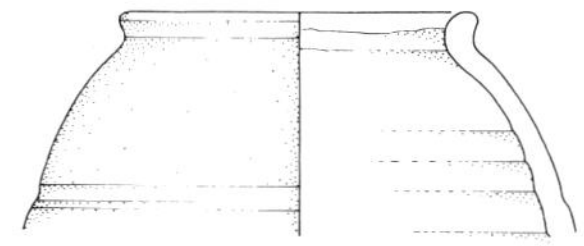

106

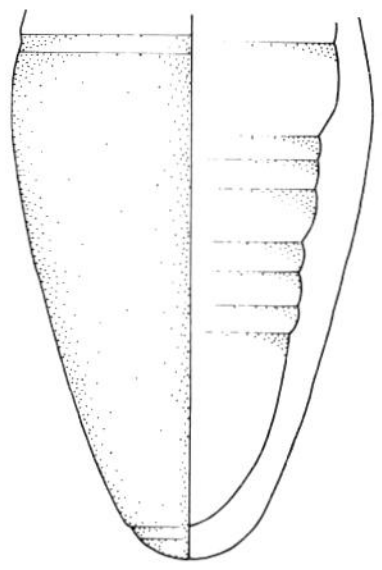

107

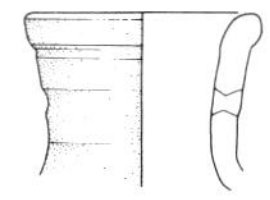

108

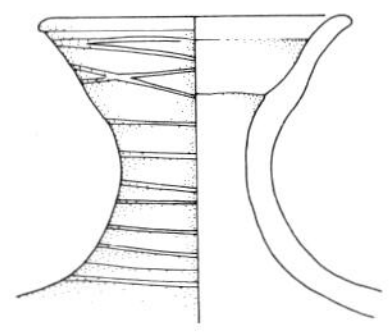

109

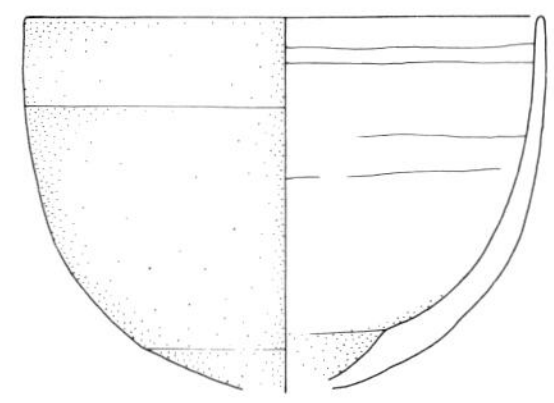

110

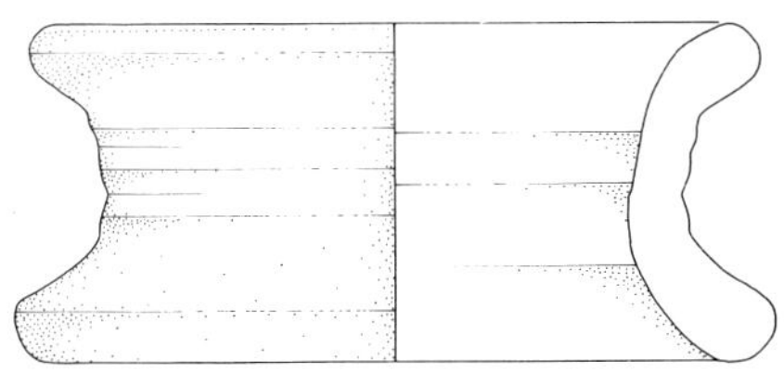

111

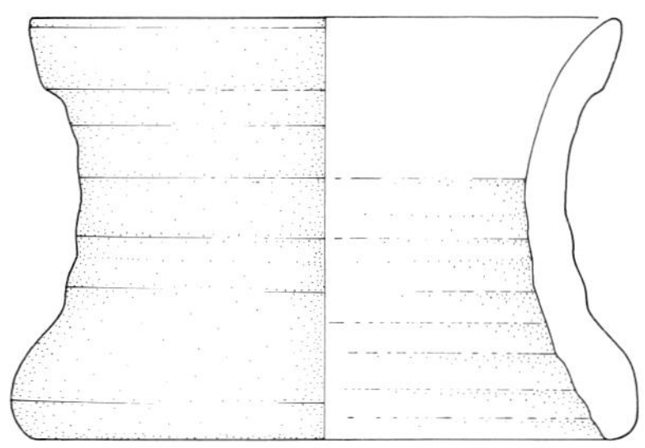

112

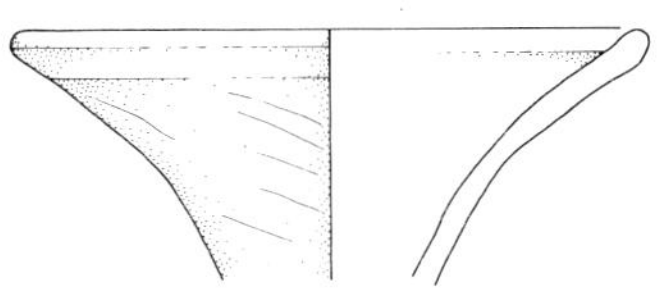

113

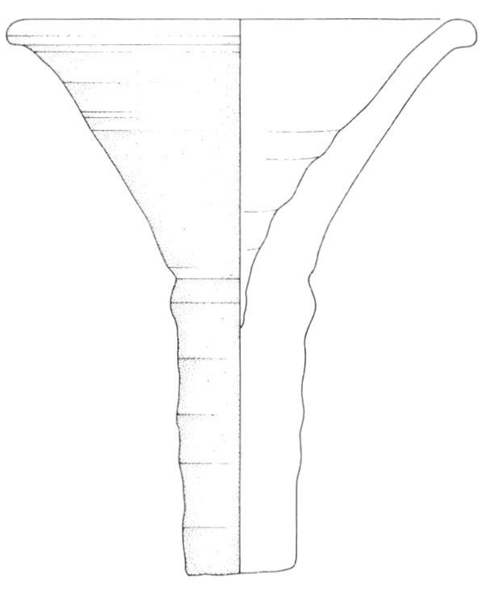

114

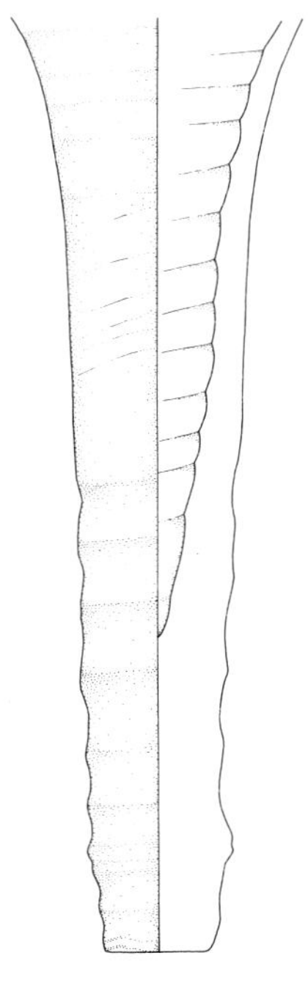

115

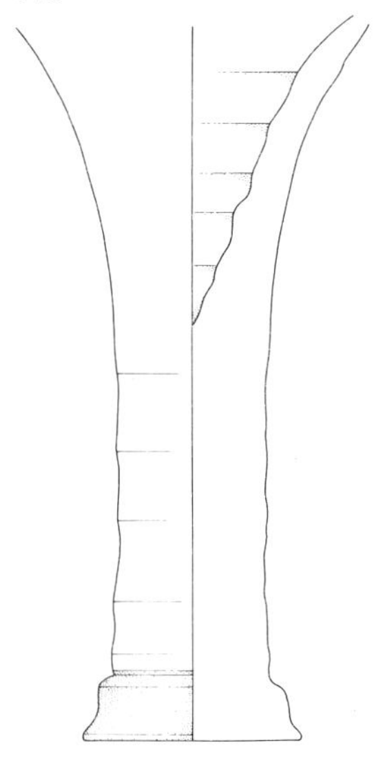

Ph. 1. Upper part of Jar of Type 18.

Ph. 2. Rims of Type 18 stained with mummification material.

Ph. 3. Above, left to right : fig. 92, 97, 97 (2nd example).
Below, left to right : fig. 63, 42.

Ph. 4. Above, left to right : fig. 13 (2nd example), 11. Below, left to right : fig. 31, 91.

Ph. 5. Above, left to right : fig. 52, 54.
Below, left to right : fig. 53, 51.

Ph. 6. Fig. 108.
Ph. 7. Inscribed Sherds.

LES DERMATOGLYPHES —EMPREINTES DES LIGNES PAPILLAIRES— RELEVÉS SUR DES LAMPES ALEXANDRINES DE KÔM EL-DIKKA (ALEXANDRIE).

Tadeusz DZIERŻYKRAY-ROGALSKI
et Czesław GRZESZYK

Les fouilles que le Centre polonais d'archéologie méditerranéenne au Caire mènent depuis 1958 à Alexandrie et, plus précisément, à Kôm el-Dikka, vestige entre autres d'un fort élevé par Napoléon Bonaparte, ont abouti à la découverte du théâtre et des thermes romains.

Parmi les documents recueillis au cours d'une trentaine d'années de travaux, on trouve un matériel céramique abondant.

Depuis 1958, nous poursuivons à Kôm el-Dikka des recherches anthropologiques et c'est ainsi que nous avons découvert, sur des récipients en argile, des empreintes digitales appartenant aux artisans qui les ont fabriqués. Ces empreintes reproduites sur l'argile encore fraîche ne se sont pas déformées pendant la cuisson. Il sied de mentionner ici que des vestiges de ce genre relevés sur des objets céramiques anciens attirent l'intérêt des spécialistes — les publications concernant ce sujet sont assez nombreuses [1].

L'étude des empreintes digitales — lignes papillaires ou dermatoglyphes — apporte de nombreuses informations sur leurs propriétaires — elle permet, en premier lieu, une identification de l'individu, les empreintes étant un élément particulier, propre à un seul individu.

Grâce aux études criminologiques poursuivies dans le monde entier, les connaissances dans ce domaine se sont considérablement développées. On a constaté que la disposition des lignes papillaires (fig. 4 et 2) se distingue par des éléments — traits caractéristiques — très importants pour l'identification d'un individu, appelés minuties (fig. 1, 3). Les minuties sont un élément principal de l'identification des dermatoglyphes.

La structure des lignes papillaires et des minuties possède des caractéristiques permettant de distinguer, entre autres, certains traits communs à des groupes de parenté ou même à des populations entières. L'étude des dermatoglyphes constitue également une aide précieuse pour la médecine, car il a été démontré que certaines dispositions de lignes papillaires sont caractéristiques de certaines maladies, surtout celles d'origine génétique.

En ce qui concerne l'archéologie, les empreintes digitales relevées sur des objets céramiques pourraient fournir des informations sur leurs fabricants. Ainsi, par exemple, les dermatoglyphes fréquemment découverts sur des anses d'amphores trouvées à Kôm el-Dikka et servant à transporter du vin depuis Rhodes et Cnide ont apporté des informations sur le nombre et l'importance des ateliers de poterie d'où sortaient ces amphores (la diversité d'empreintes pourrait témoigner du nombre de ces ateliers ou de celui des ouvriers qui y étaient employés).

1. H. Cummins, C. Midlo, *Finger Prints, Palms and Soles*, Dover Publications, New York 1961, p. 4-21; R. Heindl, *System und Praxis der Daktyloscopie*, de Gruyter, Berlin-Leipzig 1927, p. 1-47.

Nous disposons également d'un matériel céramique très riche constitué d'un lot de lampes à huile découvertes, elles aussi, à Kôm el-Dikka. En 1986, Mme J. Młynarczyk qui travaille sur ce matériel de diverses époques, aussi bien importé que fabriqué sur place à Alexandrie, a aimablement mis à notre disposition un certain nombre de parties inférieures de lampes à huile, datant des VIe-VIIe siècles après J.-C., d'origine alexandrine. Sur les parois intérieures de leurs réservoirs on a relevé des empreintes digitales, plus ou moins distinctes, des fabricants (fig. 5). Douze de ces réservoirs ont révélé des empreintes suffisamment lisibles pour qu'on puisse en obtenir des négatifs (au moyen d'un produit spécial « Silodent ») soumis ensuite à l'examen dans le laboratoire de criminologie de l'académie de l'Intérieur de Varsovie.

Voici une brève caractéristique de ces dermatoglyphes :

1. *Fragment d'une lampe, n° d'inv. 263 L.*

Contient deux empreintes de lignes papillaires provenant des parties supérieures des extrémités de doigts; les lignes papillaires ont le tracé horizontal et révèlent très peu de minuties de type Initium et Terminatio. Ces empreintes appartenaient probablement à un individu jeune.

2. *Fragments d'une lampe, n° d'inv. 379 L* (fig. 6 *a-b*).

On y a relevé des empreintes enfoncées de lignes papillaires provenant des parties supérieures et latérales des extrémités des doigts et solidifiées par la suite sur deux morceaux du produit « Silodent ». Sur l'un d'eux, il y a cinq empreintes des lignes papillaires laissées par un individu adulte, sur l'autre, par contre, il y en a quatre, laissées par un enfant âgé de 8-12 ans (fig. 6 *a* et *b*). L'empreinte la plus distincte (fig. 6 *a*, encadrée) est présentée également sur une photo à part (fig. 6 *b*); cette empreinte a été laissée dans deux endroits différents par un doigt aux lignes papillaires formant le dessin d'une boucle radiale (*Lr*). Au centre de ce dessin il y a 4-5 lignes à tracé vertical où l'on a relevé les minuties appartenant aux types suivants : Initium, Terminatio, Bifurcatio et Iunctio, classés parmi les plus fréquents (env. 77 % de l'ensemble de minuties).

3. *Autre fragment de la même lampe, n° d'inv. 379 L.*

Contient trois empreintes enfoncées de lignes papillaires provenant des parties supérieures et latérales des extrémités de doigts. L'une de ces empreintes a été superposée sur une autre, laissée antérieurement, et appartenait à un enfant âgé de 7-10 ans. Les lignes papillaires formant ces empreintes révèlent les minuties appartenant aux types : Initium, Terminatio, Bifurcatio et Iunctus.

4. *Fragment d'une lampe, n° d'inv. 416.*

On y a relevé les empreintes des lignes papillaires provenant des parties supérieures des extrémités de doigts ayant appartenu à des individus jeunes, probablement enfants, âgés de 10-14 ans. Les lignes papillaires sont de forme arquée avec les minuties de type Initium, Terminatio et Iunctio.

5. *Fragment d'une lampe, n° d'inv. 428 L* (fig. 7 *a-b*).

Les empreintes des lignes papillaires sont à tracé arqué provenant des parties supérieures des extrémités des doigts avec des minuties relativement lisibles appartenant aux types : Initium, Terminatio, Iunctio (fig. 7 *a* et *b*), laissées par des enfants âgés de 8-12 ans.

6. *Fragment d'une lampe, n° d'inv. 439 L* (fig. 8 *a-c*).

Six empreintes enfoncées de lignes papillaires provenant des parties supérieures et latérales des extrémités de doigts des enfants âgés de 10-14 ans. Les lignes papillaires sont distinctes à tracé arqué avec des minuties appartenant aux types : Initium, Terminatio, Iunctio et Iunctura lateralis (fig. 8 *a*, *b* et *c* dont *b* et *c* sont des agrandissements).

7. *Fragment d'une lampe, n° d'inv. 443 L.*

On y a relevé de nombreuses empreintes enfoncées des parties supérieures et latérales des extrémités de doigts. Les empreintes se sont superposées les unes sur les autres. Ces lignes papillaires aux tracés arqués et horizontaux avec des minuties de type Initium et Terminatio ont été laissées par un individu d'âge difficile à déterminer.

8. *Fragment d'une lampe, n° d'inv. 526 L.*

Des empreintes fragmentaires et enfoncées des lignes papillaires provenant d'une partie indéterminée d'un doigt ou d'une paume, avec très peu de minuties de type Initium et Terminatio.

9. *Fragment d'une lampe, n° d'inv. 537 L.*

Des empreintes fragmentaires et enfoncées de lignes papillaires provenant probablement des parties supérieures des extrémités de doigts. Les lignes papillaires sont à tracé légèrement arqué avec très peu de minuties appartenant aux types Initium et Terminatio. Âge difficile à déterminer.

10. *Fragment d'une lampe, n° d'inv. 539 L.*

On y a relevé des empreintes de lignes papillaires des parties supérieures des extrémités de doigts. Les lignes papillaires sont à tracé légèrement arqué avec des minuties peu visibles, de type Initium et Terminatio. Âge difficile à déterminer.

11. *Fragment d'une lampe, n° d'inv. 549 L.*

De nombreuses empreintes (8) enfoncées de lignes papillaires des parties supérieures des extrémités de doigts ayant appartenu à des individus adultes de sexe indéterminé. Les lignes papillaires sont à tracé horizontal avec des minuties de type Initium, Terminatio et Bifurcatio.

12. *Fragment d'une lampe, n° d'inv. 557 L* (fig. 9 *a-b*).

On y a relevé des empreintes enfoncées des lignes papillaires provenant des parties supérieures des doigts et de l'hypothénar, laissées par des enfants âgés de 9-12 ans. La fig. 9 *a* présente une empreinte de lignes papillaires solidifiée au moyen du produit « Silodent », la fig. 9 *b* est un agrandissement de l'empreinte des lignes papillaires de l'hypothénar avec des minuties de type Initium, Terminatio et Bifurcatio.

CONCLUSION

On a constaté que sur douze fragments (principalement des parois intérieures de réservoirs) de lampes à huile alexandrines de Kôm el-Dikka, datées des VIe-VIIe siècles ap. J.-C., sept portent des empreintes enfoncées de lignes papillaires laissées par des enfants âgés respectivement de 7-10, 8-12, 9-12 et 10-14 ans [2].

C'est un élément nouveau grâce auquel il nous est permis de constater que les ateliers de poterie à Alexandrie où l'on fabriquait des lampes employaient avant tout les enfants. La production des lampes dont la forme plutôt simple était obtenue au moyen d'un moule (la partie supérieure du réservoir pouvant ainsi être décorée de divers ornements) constituait un processus peu compliqué ce qui permettait d'y employer les enfants. Rappelons ici qu'encore de nos jours, dans les pays du Proche-Orient, cette pratique traditionnelle — le travail des enfants — continue comme dans le passé.

2. Sur quatre fragments de lampes, les empreintes de lignes papillaires sont faiblement lisibles, tandis que sur deux autres, il y a des empreintes d'adultes.

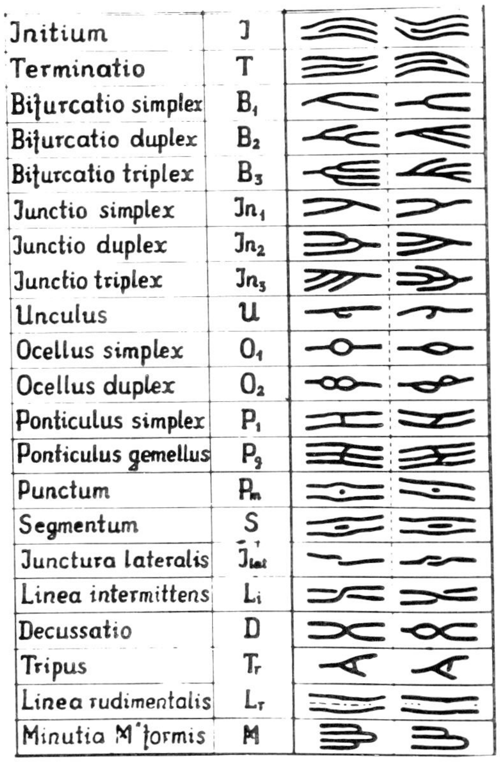

Fig. 1. — Classification des minuties des lignes papillaires due à Cz. Grzeszyk (noms des minuties en latin, symboles et dessins).

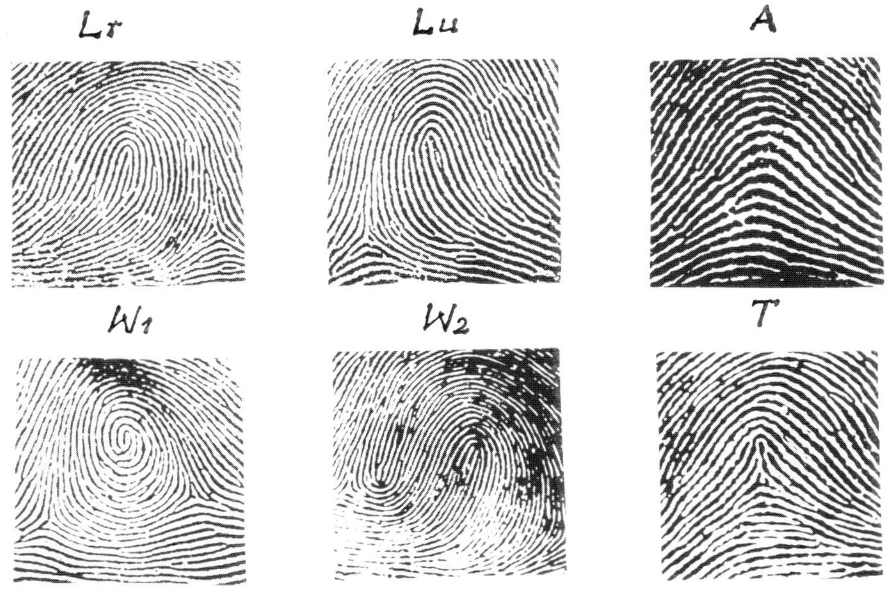

Fig. 2. — Dessins principaux formés par les lignes papillaires des doigts : *Lr* - boucle radiale, *Lu* - boucle ulnéaire, *A* - arc (courbe), W^1 - rotation monocentrique, W^2 - rotation bicentrique, *T* - tente.

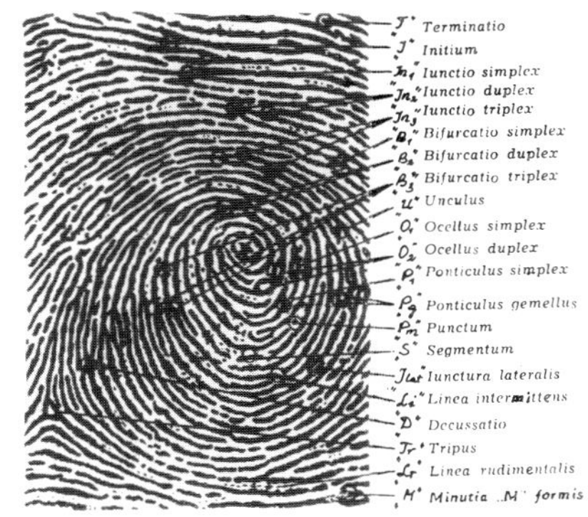

Fig. 3. — Minuties des lignes papillaires (pour la classification, cf. la fig. 1) indiquées sur le dermatoglyphe d'un doigt à dessin de rotation.

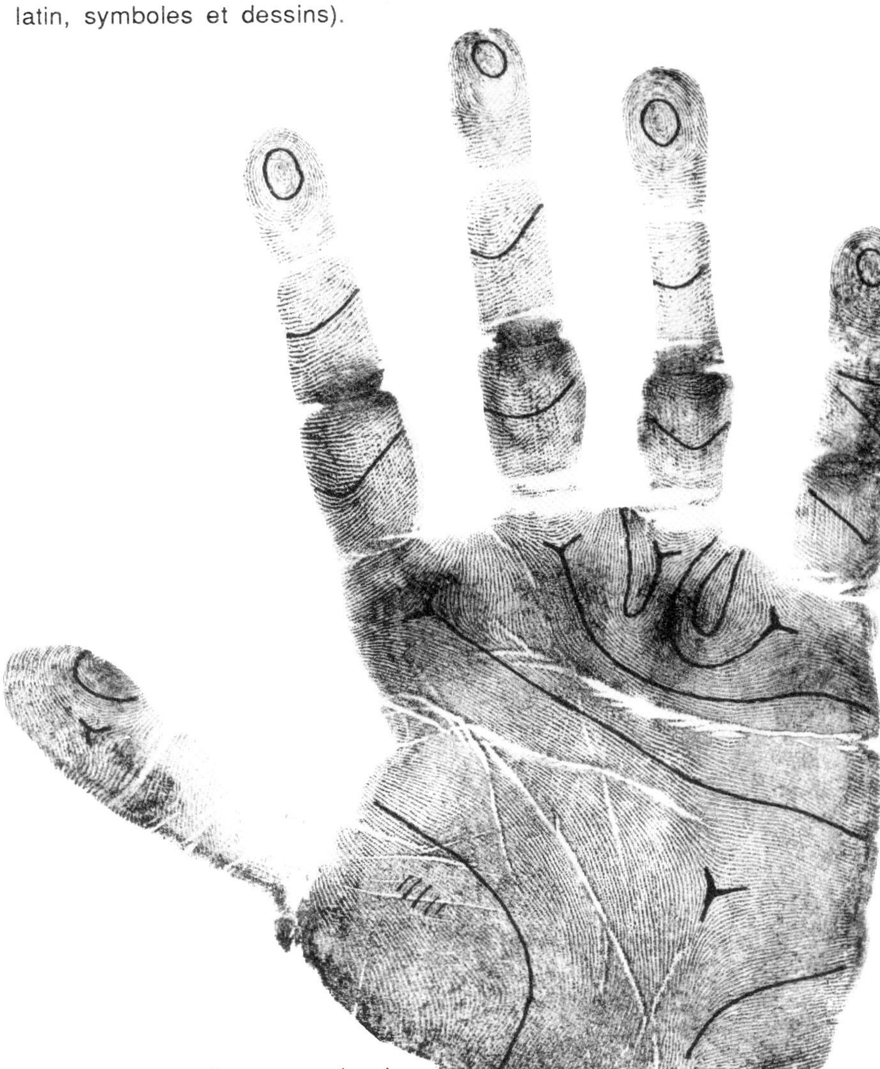

Fig. 4. — Un dermatoglyphe (empreinte de lignes papillaires) des doigts et de la paume d'une main droite avec des dessins indiqués.

Fig. 5. — Empreinte des lignes papillaires d'un doigt. Encadré : la disposition des lignes papillaires de la partie supérieure de l'extrémité du doigt; de cette phalange proviennent la plupart des dermatoglyphes pouvant servir à des études ultérieures.

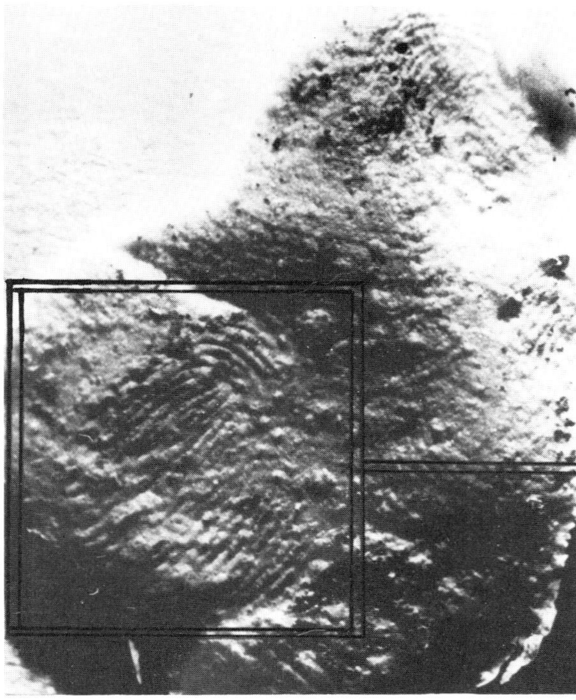

Fig. 6*a*

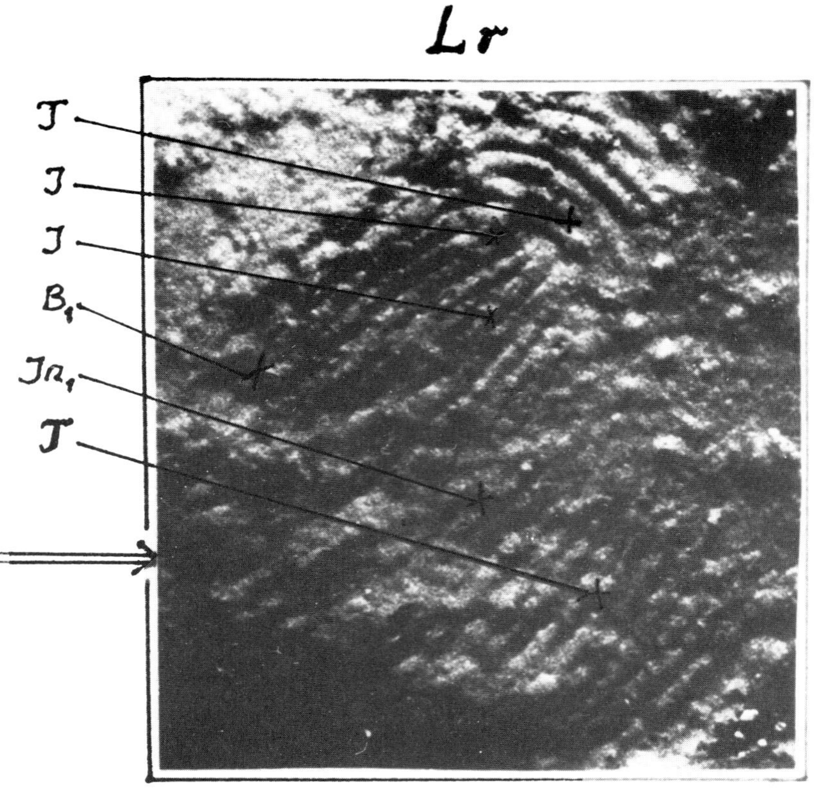

Fig. 6*b* x 10

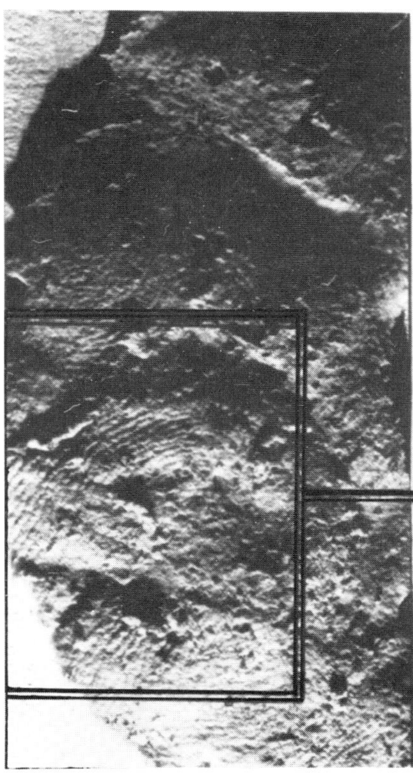

Fig. 7*a*

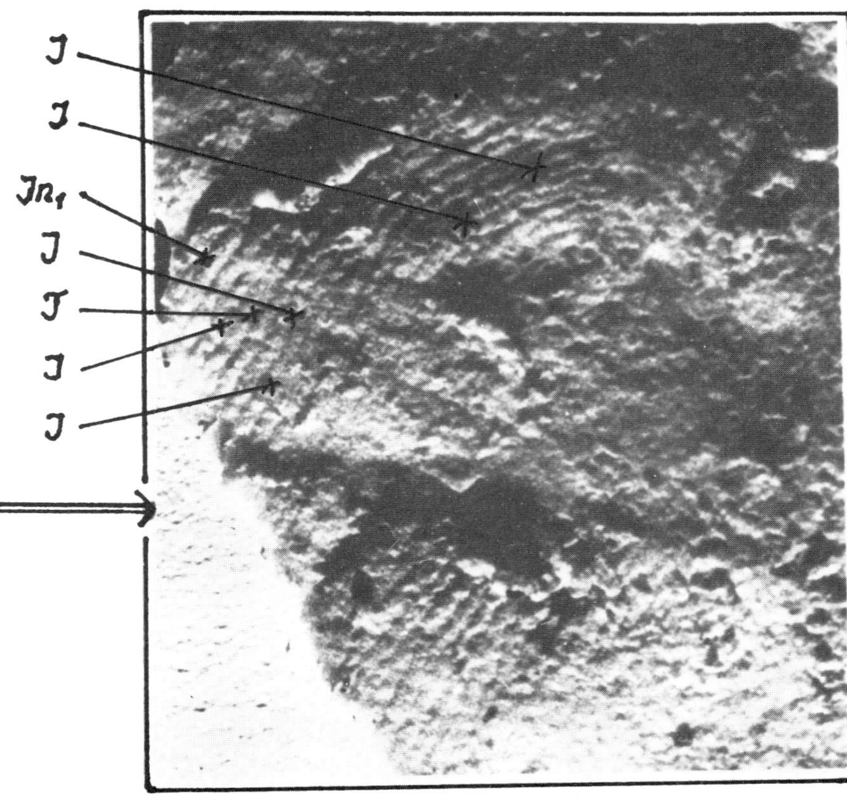

Fig. 7*b* x 10

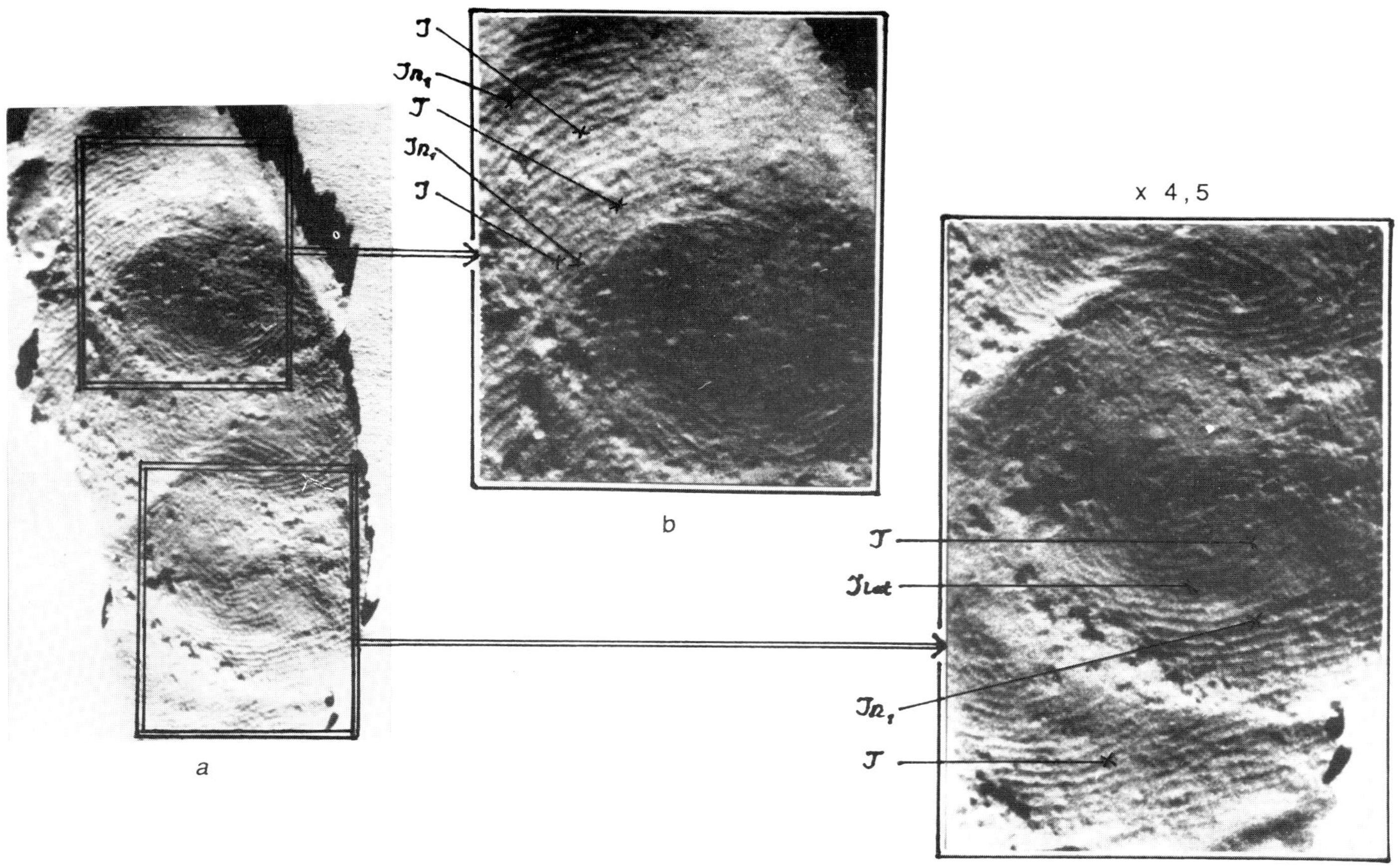

Fig. 8

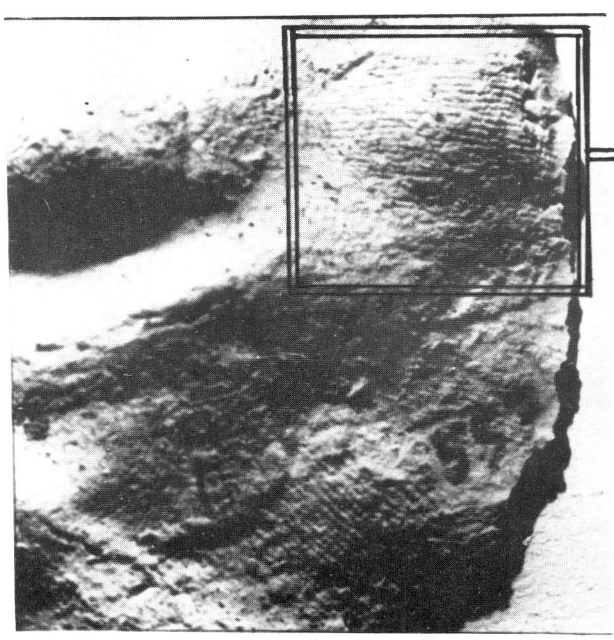

Fig. 9*a*

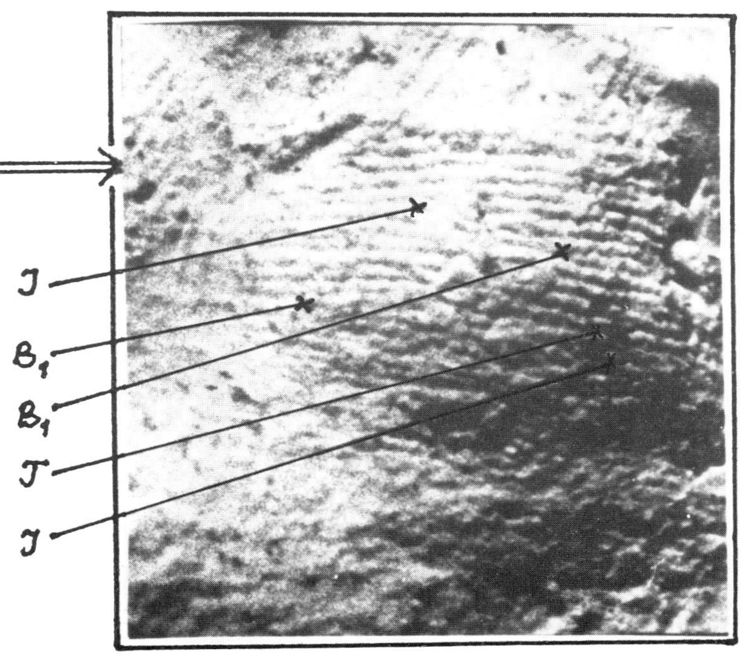

Fig. 9*b* x 6

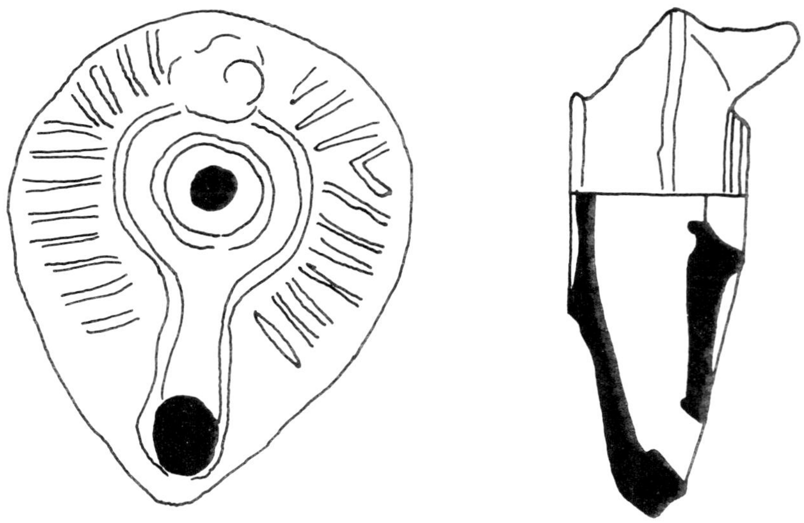

Fig. 10. — Type de lampe alexandrine des VIe-VIIe siècles ap. J.-C. (dessin du Dr J. Mlynarczyk.)

ARTISAN AT DE LA CÉRAMIQUE DANS L'ÉGYPTE ROMAINE TARDIVE ET BYZANTINE. PROSPECTIONS D'ATELIERS DE POTIERS DE MINIA À ASSOUAN [1]

Pascale BALLET, Fatma MAHMOUD, Michèle VICHY et Maurice PICON

Parmi les données dont on dispose pour connaître l'activité des potiers et la circulation de leurs productions dans l'Égypte romaine tardive et byzantine, les papyrus peuvent nous renseigner, par l'intermédiaire des bails, contrats de location ou commandes de récipients, sur les ateliers et leur localisation, les potiers et les céramiques à fournir. Bien des mentions de *κεραμεύς* et de *κεράμιον*, pour n'évoquer que les termes les plus communément répandus, émaillent la documentation papyrologique [2]. Un papyrus d'Oxyrhynchos, publié et commenté par H. Cockle [3], constitue un document de premier ordre quant à la connaissance des ateliers au milieu du IIIe siècle après J.-C. Il s'agit d'un contrat de location, qui nous renseigne sur les multiples aspects de l'artisanat de la poterie, entre autres les divers types d'argiles utilisées; l'atelier considéré est spécialisé dans la fabrication d'amphores vinaires.

Une autre source d'information qui nous est fournie par la céramique elle-même, présente en surface de nombreux sites tardifs et bien sûr en contexte stratigraphique lorsqu'une fouille est

1. Du 8 au 16 décembre 1987, fut entreprise la majeure partie de cette prospection, dans le cadre d'une mission de l'IFAO, constituée de P. Ballet, F. Mahmoud et M. Picon; l'AEO était représentée, pour la plupart des sites prospectés, par Mlle Samia Abd el-Tawab (inspectorat de Mallawi) et M. Abdel Hamid el-Al'aiq (inspectorat de Louqsor).

Dans un second temps, durant l'automne 1988, nous avons effectué une étude plus approfondie (céramiques étudiées et dessinées sur place) à Sheikh-Abada/Antinoopolis, secteur oriental, et à Saint-Siméon (Assouan) où nous avons porté nos efforts plus particulièrement sur les dépotoirs extérieurs au monastère.

Nous n'omettrons pas de signaler que prospection et étude ponctuelle ont été également menées au ouâdî Natroun, notamment aux abords du monastère ruiné de Jean-le-Petit; les problèmes sont ici d'un autre ordre et concernent une période plus tardive, vraisemblablement mamelouke.

Qu'il nous soit permis de remercier en cette occasion MM. Fahmi Abd el-Halim, Ali el-Khouli et Moutawah Balbousch, respectivement directeurs des Antiquités islamiques et coptes, et pharaoniques à l'échelon national; des directions régionales, nous remercierons également M. Mohammed Abd el-Aziz, Alexandrie; M. Yahya Ahmed Mohammed et M. Adel Hussein, Minia; M. Mahmoud Ali Mohammed, Nag'-Hammadi; M. Mohammed el-Soghayyar, Louqsor; M. Yahya Eid, Edfou; M. Abd el-Siam, Assouan.

Les prises de vues sont de P. Ballet, les dessins de M. Halim Yacoub et M. Vichy, les encrages de Kh. Zaza.

2. On en trouvera une liste succincte dans Johnson-West, *Byzantine Egypt : Economic Studies*, Princeton, 1949, p. 115-116; la localisation géographique des ateliers et des potiers présentée dans l'étude nommée ci-dessus ne reflète qu'une part de la réalité, puisque ces attestations dépendent exclusivement du hasard des trouvailles, de la provenance et de l'état de conservation des papyrus.

3. *JRS* 71, 1981, p. 87-97; quant aux autres mentions de potiers d'Oxyrhynchos, voir Constantinides, *CdE* 44, 1969, p. 101-105.

effectuée. Lorsqu'on connaît l'origine géographique d'une céramique, il est possible d'en tirer des informations sur les échanges.

À titre d'exemple, trois groupes de céramiques, provenant d'ateliers connus, ont été assez largement diffusés en Égypte entre le Ve et le VIIIe siècles :

— la céramique fine d'Assouan exportée jusqu'en Alexandrie et autres sites du delta;
— les amphores brunes vinaires, fabriquées pour la plupart en Moyenne Égypte et diffusées dans toute l'Égypte;
— les amphores claires d'Abu Mina et de Maréotide, attestées entre autres à Antinoopolis et dans sa périphérie, comme à Deir el-Dik.

Un programme de prospections d'ateliers[4] (p. 135), effectuées en divers sites d'Égypte, tout particulièrement de la région de Minia jusqu'à Assouan, nous a permis de vérifier certaines hypothèses quant à l'origine de plusieurs catégories de céramiques trouvées aux Kellia. Les centres de fabrication ont été généralement repérés. Un premier recensement des ateliers et de leurs productions a été entrepris.

Les critères sur lesquels se fondent les identifications d'ateliers au cours des prospections font l'objet d'un exposé préliminaire qui occupe la première partie de ce rapport, la seconde étant réservée à une présentation rapide des premiers résultats des prospections.

CRITÈRES DE RECONNAISSANCE DES ATELIERS

La reconnaissance des ateliers de potiers, au cours des prospections de surface, se fonde sur l'observation de certaines caractéristiques que présentent souvent les sites d'ateliers ainsi que le matériel qui s'y trouve. Il est rare cependant qu'une seule caractéristique suffise pour reconnaître à coup sûr la présence d'un atelier; c'est en général la conjonction de différentes observations qui permet seule d'affirmer qu'on se trouve en présence des restes d'un atelier. Il est nécessaire de réunir tout un faisceau d'indices pour identifier un site de production; en effet les ateliers, et ce qu'il en reste, se présentent sous des formes variées, selon le type d'organisation de la production, le type de fabrication, les conditions d'enfouissement et de conservation.

1.1. CRITÈRES D'ABONDANCE.

Il est certain que *l'abondance des céramiques ne constitue pas une caractéristique générale* des sites d'ateliers. Elle dépend d'abord de l'importance de la production, mais également de *la nature de la production*. Ainsi un atelier de lampes passera plus facilement inaperçu qu'un atelier d'amphores;

4. À la suite d'une enquête préliminaire menée sur les origines de la céramique des Kellia, Ballet-Picon, *Cahiers de la céramique égyptienne* I, 1987, p. 17-48; on trouvera dans cet article une définition des principaux groupes céramiques connus aux Kellia et dans l'ensemble de l'Égypte, avec les terminologies utilisées pour chacun d'entre eux.

de même un atelier produisant des céramiques peu cuites laissera moins de traces qu'un atelier cuisant à des températures élevées.

L'abondance des céramiques sur un site d'atelier dépend aussi de *la nature des argiles employées*, certaines argiles entraînant plus que d'autres une proportion importante de rebuts (fig. 6). Ainsi les argiles alluviales de la vallée du Nil et les argiles des ateliers de Maréotide sont-elles certainement, de ce point de vue, très inférieures en qualité aux argiles réfractaires de la région d'Assouan.

Par ailleurs, on sait que l'importance des rebuts de fabrication dépend aussi *des contingences économiques et sociales*, certains ateliers pouvant accepter ou choisissant même de rejeter près de la moitié des pièces au défournement, alors que d'autres feront tout pour ne pas dépasser quelques pourcents de rebuts. Les énormes dépotoire d'amphores de Moyenne Égypte (fig. 1, 4-5, 9) et de Maréotide doivent s'expliquer, pour une large part au moins, par un choix visant à réduire au strict minimum la préparation de la pâte et le façonnage, en acceptant en contrepartie un taux de rejets extrêmement élevé; or, il est facile d'imaginer les facteurs économiques et sociaux qui peuvent avoir justifié de tels choix.

Bien d'autres causes encore peuvent déterminer la plus ou moins grande abondance des céramiques sur un site d'atelier. Parmi celles-ci, on se contentera de signaler le *bouleversement des couches archéologiques*, les ateliers partiellement détruits étant les plus visibles (fig. 5, 10, 20).

1.2. CRITÈRES DE RÉPARTITION.

Si l'abondance des céramiques sur un site ne suffit pas à établir qu'il s'agit d'un site de production, l'examen attentif de ce matériel, de sa répartition et de ses caractéristiques, est ce qui permet le plus souvent au cours d'une prospection de surface de découvrir les premiers indices de la proximité d'un atelier.

Dans la plupart des cas, le contraste entre la répartition des céramiques sur un site d'habitat et celle d'un site d'atelier peut permettre de déceler des rebuts de fabrication. *La présence dans un espace restreint de formes identiques, la répétition de ces regroupements de formes identiques* (fig. 6, 26) en plusieurs points du site — les céramiques concernées pouvant appartenir à des catégories différentes selon la zone considérée — constituent des observations très fréquentes sur les ateliers, mais extrêmement rares sur les habitats — on les observe toutefois dans les entrepôts —. Lorsque les catégories de céramiques concernées représentent des groupes habituellement peu abondants sur les sites d'habitat, les indices en faveur d'une production locale sont encore plus probants.

Ces observations présentent parfois quelques difficultés dues au fait que *les habitats et les ateliers se superposent fréquemment* et se mélangent plus au moins en cas de remaniements postérieurs. Dans le meilleur des cas on trouvera, mêlées aux productions locales, les céramiques qui sont utilisées couramment par les potiers et qui peuvent comporter un certain nombre de productions étrangères au site ou à la région. On trouve sur la plupart des ateliers d'Égypte romaine tardive et byzantine des fragments de *Late Amphora 1* (*Egloff 164* = *British II*) venant de Méditerranée orientale — Chypre, sud-est de la Turquie — et de *sigillée claire D* (*Late Roman B*) provenant d'Afrique du Nord et plus précisément de Tunisie. On sait en outre, à la suite de plusieurs découvertes, que certains ateliers ont commercialisé les productions d'autres ateliers, et que ces productions peuvent former localement des dépôts d'une certaine importance. Mais, quelle que soit la signification exacte des regroupements de formes identiques que l'on observera sur un site, leur présence impose que soient recherchés tous les indices complémentaires qui permettront éventuellement de vérifier l'existence d'un atelier.

1.3. CRITÈRES D'ASPECT.

Les céramiques recueillies sur un site d'atelier présentent fréquemment des caractéristiques particulières qui les différencient plus ou moins nettement des mêmes céramiques retrouvées sur les sites d'habitat.

L'une de ces différences réside dans *l'aspect neuf, non usagé,* d'une fraction importante des céramiques retrouvées dans les ateliers, à condition toutefois que les dépotoirs n'aient pas subi de remaniements trop fréquents.

Une autre caractéristique est la présence sur un site d'atelier d'*un même type* ou de quelques types de pâte mais en petit nombre avec, dans ce cas, une spécialisation des pâtes suivant le type de fabrication : céramiques de table, céramiques culinaires, matériaux architecturaux par exemple. Ce critère peut être utilisé si l'on se trouve dans une région où les ateliers sont nombreux et les gisements d'argile très divers, de sorte que les sites d'habitat réunissant des productions de plusieurs origines présentent un faciès céramique habituellement caractérisé par une grande variété de pâtes. Il est évident que c'est très rarement le cas dans la vallée du Nil où les argiles alluviales sont peu distinctes les unes des autres, quels que soient les ateliers considérés.

Si la prédominance d'un même type de pâte ne distingue pas toujours un site de production d'un site de consommation, *la variété d'aspect* et notamment *de couleur*, que présente un même type de pâte dans un atelier, est beaucoup plus significative. Les rebuts de fabrication comportent en effet, à côté de céramiques brisées durant la cuisson ou les manipulations, de nombreux exemplaires qui ont été rejetés car leur cuisson était insuffisante ou était au contraire beaucoup trop poussée. Il en résulte, sur les sites d'ateliers, *une grande variété de coloration des pâtes*, particulièrement spectaculaire pour certains types comme les pâtes calcaires dont les couleurs varient fréquemment du rouge au crème suivant leur degré de cuisson. Sur les sites d'habitat la gamme des colorations est beaucoup plus restreinte car seuls les exemplaires dont la cuisson a été jugée convenable ont été commercialisés. Ce critère de cuisson et de couleur — un des plus sûrs en dehors de quelques évidences assez rares comme les restes de fours ou l'amoncellement des surcuits — n'a de signification qu'à l'intérieur d'un même type de pâte, voire à l'intérieur d'une même fabrication. Son utilisation implique que l'on sait reconnaître un même type de pâte, malgré la diversité des colorations; on peut en principe le supposer lorsqu'il s'agit des nombreuses formes identiques que l'on rencontre habituellement sur les sites d'atelier.

Une autre caractéristique des rebuts de fabrication c'est qu'une part des céramiques qui les composent se sont brisées durant la cuisson, *les cassures prenant en ce cas des colorations souvent très différentes de celles des cassures faites après cuisson.* Ce critère ne peut être utilisé que si la répartition des céramiques brisées au cours de la cuisson et leur nombre permettent d'exclure l'hypothèse de céramiques qui seraient tombées accidentellement dans un foyer domestique.

Un cas limite des phénomènes précédents, relatif à la cuisson et aux colorations des pâtes et des revêtements, concerne *les céramiques surcuites, vitrifiées et déformées.* Celles-ci constituent un bon critère d'identification des ateliers, moins général cependant que les deux précédents; en effet, certaines fabrications peu cuites et certains types d'argile ne donnent pratiquement pas de surcuits identifiables. Il faut savoir aussi que les incendies peuvent avoir des effets comparables à ceux d'une surcuisson dans un four — y compris d'ailleurs la formation de céramiques agglomérées ou mouton —, et qu'il faut donc toujours tenir compte de la répartition des surcuits et de leur abondance.

Plus délicates à identifier sont *les céramiques insuffisamment cuites*, ou *incuites*, qui ont par ailleurs l'avantage de ne pouvoir résulter de causes accidentelles comme les incendies, et de n'avoir jamais été commercialisées alors que certains surcuits l'ont été parfois. Leur identification suppose une assez bonne connaissance des pâtes et de l'évolution des colorations en fonction des températures.

1.4. CRITÈRES DE FONCTION.

Aux critères fondés sur l'observation des céramiques s'en ajoutent d'autres, relatifs à la fonction des différents ensembles constituant un atelier. Généralement il s'agit de critères permettant d'identifier les restes des fours, car les autres installations (bassins de décantation, aires de marchage, local de tournage, aires de stockage par exemple) sont plus difficiles à reconnaître sans le recours aux fouilles. Quant aux outils, ils sont soit peu caractéristiques, soit fort rares.

Lorsque *les fours sont visibles*, on se trouve évidemment dans une situation privilégiée (fig. 21). Mais bien souvent l'existence de fours ne se révèle que par *les matériaux qui ont été rejetés* avec les rebuts de fabrication, à la suite de travaux de réfection de la sole ou des parois, ou à la suite de la destruction du four. Ces éléments de four sont faciles à identifier lorsqu'il s'agit de céramiques cuites à des températures assez élevées. *La surcuisson ou la vitrification des parois* ne laissent guère de doute sur la signification de ces restes; ils ne pourraient être confondus qu'avec des éléments de fours de verriers ou de métallurgistes, mais l'observation attentive de ces matériaux et des matériaux environnants permet le plus souvent de savoir à quel type d'activité artisanale ils se rapportent. Par contre, dans le cas des céramiques cuites à basse température, on peut hésiter sur l'attribution des éléments de parois à des fours domestiques ou à des fours de potiers, d'autant que les premiers ont pu être utilisés pour la cuisson des céramiques, comme l'attestent de nombreux exemples ethnographiques. Enfin, il ne faut pas oublier que bien des céramiques sont cuites sans four, en aire ou en fosse.

Les mêmes hésitations se retrouvent dans *l'interprétation des couches cendreuses et charbonneuses* qui peuvent provenir d'installations de potiers, de verriers, de métallurgistes ou d'installations domestiques. Là encore, les distinctions se font plus facilement lorsqu'il s'agit de cuissons à températures élevées, et dans ce cas il est généralement aisé de savoir si les couches cendreuses correspondent à l'activité des potiers, des métallurgistes ou des verriers. À basse température, le seul problème qui peut se poser — et qui n'est pas toujours facile à résoudre — concerne la distinction des couches cendreuses qui proviennent de la cuisson des céramiques, des couches de cendres domestiques. Quoi qu'il en soit, c'est toujours la conjonction d'un certain nombre de critères qui permet seule de trancher en faveur d'une hypothèse ou d'une autre.

En Égypte, le repérage des installations de potiers se trouve grandement facilité par le fait que *de nombreux ateliers sont établis dans la zone désertique proche de la vallée*, et que *les dépotoirs s'y présentent généralement sous forme de monticules de hauteur variée* (fig. 4, 9, 18, 27), jusqu'à une trentaine de mètres parfois. Ces dépotoirs, lorsqu'ils sont entaillés, permettent de distinguer aisément les couches de céramiques et de cendres. Ajoutons que dans les zones désertiques l'absence fréquente de recouvrement superficiel rend l'observation du matériel céramique plus aisée qu'ailleurs et facilite la mise en œuvre des différents critères d'identification.

2. PREMIERS RÉSULTATS DES PROSPECTIONS

2.1. ATELIERS DE LA MOYENNE ÉGYPTE.

La Moyenne Égypte est une zone privilégiée pour la recherche des ateliers de céramiques; son rôle économique de premier ordre ainsi que son intense occupation pendant les périodes romaine et byzantine, aux vestiges encore faiblement perturbés par l'urbanisation moderne, offrent des conditions favorables aux recherches de ce type.

Il s'agit du domaine des pâtes alluviales, brun-rouge, fortement micacées. Les travaux archéologiques ont mis en évidence la très grande abondance d'amphores brunes [5] ainsi qu'une production de lampes à engobe rouge d'aspect brillant [6]. On signalera par ailleurs l'existence de mentions relatives aux activités de la céramique dans les papyrus du nome hermopolite [7].

Trois sites majeurs ont été prospectés : Sheikh Abada/Antinoopolis, Ashmunein/Hermopolis Magna et Zawyet el-Maïetin.

2.1.1. Sheikh Abada / Antinoopolis (Fig. 1-8).

La zone examinée correspond aux abords immédiats du dromos est-ouest, reliant le village actuel de Sheikh Abada à la nécropole musulmane actuelle qui accueille les morts des deux rives de la région; ce dromos, qui semble ne subsister que sous la forme d'un sentier, est situé dans l'axe des deux mosquées du village.

Dans la partie occidentale du dromos, à faible distance encore du village, les dépotoirs, situés de chaque côté de cette voie, sont étendus et atteignent 4 à 5 mètres de haut (fig. 1). Dans la partie orientale, entre le lieu de prière évoquant la mémoire de Sidi ʿAli al-Gharib et la vaste

5. Guerrini, in *Antinoe 1965-1968*, Rome 1974, p. 93-95, pl. 37, 2; Spencer-Bailey, *Ashmunein* (1981), BM Occas. Paper 41, 1982, p. 16-20.

6. Guerrini, *o.c.*, p. 96-98; Hayes, *Ancient Lamps in the Royal Ontario Museum* I, Toronto 1980, p. 120 et suiv.; Spencer-Bailey, *o.c.*, p. 34-35.

7. Johnson-West, *o.c.*, p. 116; Spencer-Bailey, *o.c.*, p. 17 et n. 17.

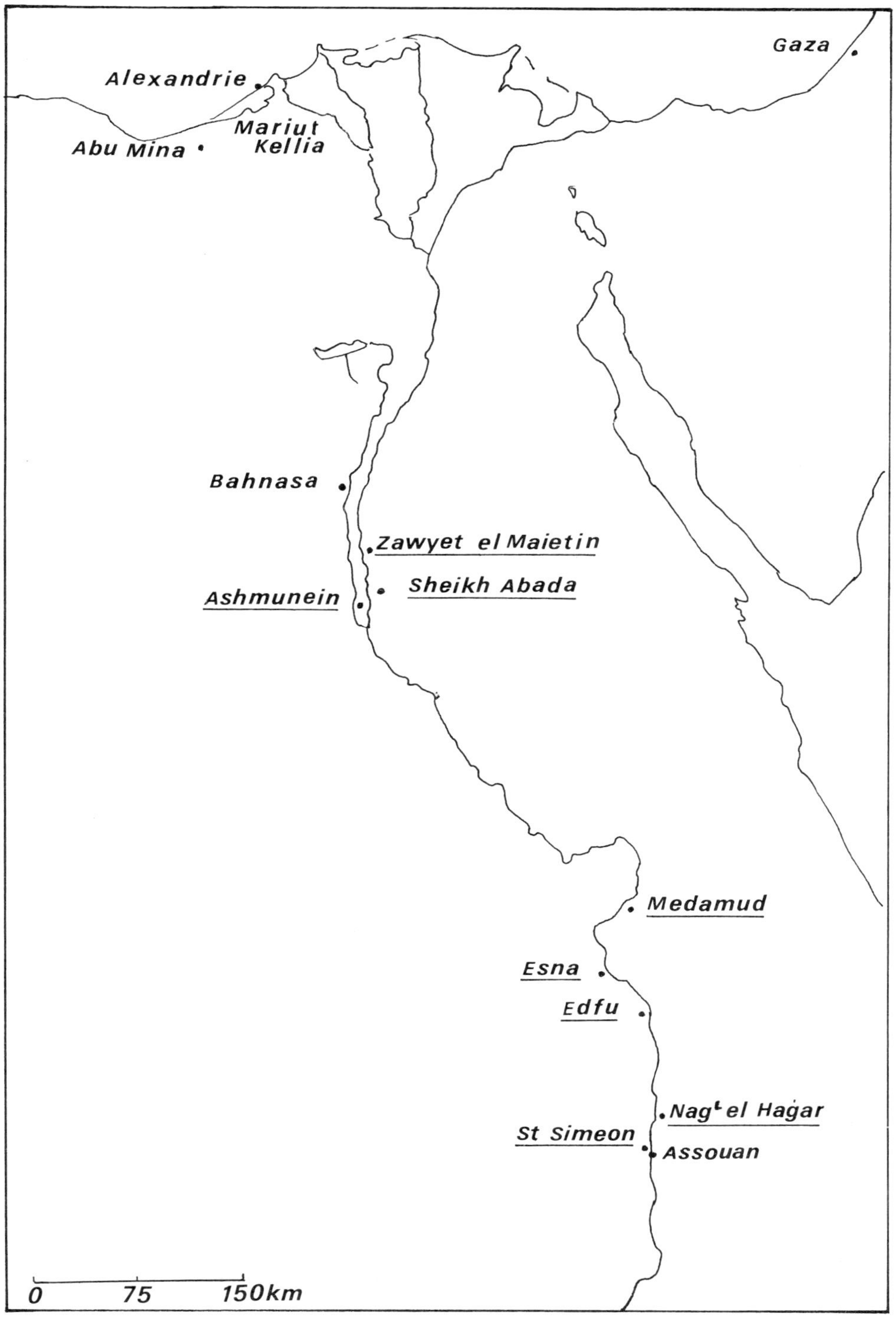

Sites d'ateliers céramiques prospectés (*soulignés*). Époques romaine tardive et byzantine.

nécropole de Sheikh Abada, au sud du dromos, se trouvent deux énormes kôms de déchets d'ateliers, le plus oriental des deux haut d'une trentaine de mètres (fig. 4). Ce dernier est intact, alors que le premier, entaillé, permet d'observer en coupe des couches de cendres et de céramiques, de nombreux surcuits, des scories et des briques de fours (fig. 5); on y remarque la principale production de ce secteur : sur les pentes de ce dépotoir entaillé ruisselle une extraordinaire accumulation d'amphores brunes, parfois sous forme de fragments de très grande taille (fig. 6-8).

Alors que les dépotoirs les plus proches du village comprennent une production relativement variée, amphores brunes, céramique fine du *groupe K* [8] (fig. 2), jattes carénées (fig. 3), marmites et supports de vase, les deux kôms orientaux signalés ci-dessus, du moins celui qui est entaillé, comprennent essentiellement des amphores brunes (fig. 6-8).

La morphologie des amphores est la suivante; il s'agit d'amphores du groupe bien connu sous le nom de *Late Amphora* 7 [9], de taille moyenne, à col étroit, aux anses fixées à mi-hauteur du col et sur l'épaule, à panse en forme de carotte, au fond pointu, généralement sans renflement; les subdivisions morphologiques concernent la forme de l'épaule : arrondie (fig. 7), carénée simple et carénée avec un ressaut.

Les pâtes, brunes en cassure et en surface, paraissent relativement fines, du moins à l'œil nu.

Le fond interne de ces amphores contient très souvent des restes de revêtement résineux, sous forme de matière noire et brillante, d'aspect légèrement cristallisé. Cette observation assez surprenante indique que dans cet atelier la fabrication des amphores (façonnage et cuisson) est assortie de l'opération de poissage interne, requise pour les récipients vinaires. Ce fait peut être mis en parallèle avec certaines indications fournies par le papyrus oxyrhynchite, précédemment cité [10] : « ... each year I make for you, fire, re-fire and coat with pitch what are termed Oxyrhynchite four-choes jars to the number of 15,000, 150 double ceramia and 150 two-choes jars, while you provide the friable earth, the sandy and the black earths, sufficient firing material for the kiln, water for the cistern and for coating with pitch 26 talents of pitch in weight by the measure of Aline for the 10,000 jars... » (trad. H. Cockle).

En ce qui concerne la distribution éventuelle des amphores antinoopolites, relativement comparables aux amphores brunes des Kellia, *Egloff 173-175, 177,* on peut suggérer l'hypothèse de l'importation de ces amphores d'Antinoopolis dans le delta occidental, dans l'état actuel de nos recherches.

À Sheikh Abada / Antinoopolis des ateliers aux productions diversifiées (amphores, céramique fine et marmites) destinées partiellement à la consommation locale coexistent avec des unités centrées sur la fabrication d'un produit majeur (amphores), celui-ci faisant l'objet d'une diffusion hors des limites de la région.

8. Ou *carmin* selon la terminologie adoptée par Rodziewicz, *La Céramique romaine tardive d'Alexandrie*, Alexandrie I, Varsovie 1976, p. 50.

9. En ce qui concerne les amphores brunes, nous suivons l'appellation adoptée par Riley, in Humphrey (éd.), *Excavations at Carthage, 1975* I, Tunis 1976, p. 108-120.

10. *Supra*, n. 3, l. 9-17, traduction H. Cockle, *l.c.*, p. 90.

2.1.2. Ashmunein / Hermopolis Magna (Fig. 9-13).

Ce sont les abords de la grande basilique, qui ont particulièrement retenu notre attention. Toute la partie située au nord et à l'est (fig. 9) de la basilique, s'étendant jusqu'au mur d'enceinte nord et est, parfois même au-delà, est constituée de résidus d'ateliers de potiers, sous forme de kôms d'étendues variées; la surface est jonchée de scories, de briques brûlées, vitrifiées, ainsi que de céramique, principalement des amphores brunes, de la céramique fine à engobe rouge brillant et des marmites.

À la suite des récentes fouilles anglaises, une classification préliminaire des amphores brunes a été établie [11]. L'origine hermopolitaine d'une partie de ces amphores avait également été suggérée [12].

Deux secteurs ont été examinés lors de notre prospection.

— Au nord-est de la basilique, dans le prolongement de la muraille nord, un dépotoir de taille modeste comprend principalement des fragments d'amphores à pâte alluviale.

C'est un type à col large, à bord arrondi, les anses partent du rebord et sont fixées, à la partie inférieure, soit sur le col soit sur l'épaule; le fond est pointu.

— À mi-distance entre le mur est et la basilique, un kôm haut de 4 à 5 mètres, a été entaillé (fig. 10); ainsi apparaît nettement l'accumulation des rejets [13] : elle consiste en une alternance de couches de cendres et de couches de tessons ; les couches de déchets présentent un léger pendage vers le nord.

Parmi les productions les plus caractéristiques, encore en place dans ces couches ou jonchant les pentes du kôm, figurent des amphores brunes à pâte alluviale (*Late Amphora 7*) de petite taille à col haut et étroit (fig. 11); la panse est vraisemblablement en forme de carotte; le fond est pointu à renflement marqué (fig. 12) [14]. Apparaissent également la céramique fine du *groupe K*, des marmites à parois fines ainsi que des plats de cuisson à carène et à rebord déversé court. Il existe aussi, parmi ces couches de rejets d'ateliers, des gargoulettes à pâte calcaire, panse ovoïde, col évasé, trou unique en guise de filtre, fond annulaire (fig. 13); cette série possède des parallèles aux Kellia datés de la fin du IVe à la fin du Ve siècles (*Egloff 199-200*) et dont les ateliers n'avaient pas été repérés. Largement attesté dans ce dépotoir d'atelier, présentant de nets indices de surcuisson, ce groupe à pâte calcaire comble partiellement nos lacunes quant à l'origine de certaines séries de gargoulettes.

L'atelier comprend donc une production relativement variée quant aux formes et aux argiles, puisque sont juxtaposées céramiques à pâte alluviale et céramiques à pâte calcaire dans les mêmes couches de rebuts. Néanmoins, les amphores paraissent sensiblement plus nombreuses que les autres catégories de céramique fine et commune.

11. Spencer-Bailey, *o.c.*, p. 16 et suiv., sous l'appellation *Late Roman Hermopolitan A* et *B*.

12. Bailey, in *Ashmunein (1980)*, BM Occas. Paper 37, 1982, p. 14.

13. Ce dépotoir est signalé par Bailey, *o.c.*, p. 14, pl. 1 *a*.

14. Ce type d'amphore est vraisemblablement identique à celui que publie Bailey, *o.c.*, pl. 35 *b*; dans une lettre du 27.12.84, D. Bailey nous avait indiqué que, de ce dépotoir fortement entaillé par les *sebbakhin*, « the main amphora form is the small, late, ribbed variety, rather than the tall, long-necked form. Many other pot shapes are included in the dump ».

Les ateliers d'Hermopolis sont d'une importance non négligeable [15], sans posséder néanmoins l'ampleur de ceux d'Antinoopolis. Ils assurent vraisemblablement une distribution régionale — on connaît peu d'exemples de cette amphore byzantine à fond renflé en dehors d'Ashmunein — fondée entre autres sur les ressources vinicoles (on trouve en effet des presses à vin dans la partie sud du site) [16]. Puisque le groupe des gargoulettes à pâte calcaire semble constituer une production caractéristique de cet atelier, dont des exemplaires similaires ont été trouvés aux Kellia, il faut donc en conclure que les débouchés commerciaux des ateliers d'Hermopolis Magna peuvent dépasser, dans certains cas, le cadre de la région.

2.1.3. Zawyet el-Maïetin (Fig. 14-17).

Deux zones d'ateliers ont été localisées.

— La plus étendue, sur plusieurs centaines de mètres du nord au sud, est située au sud de l'actuelle nécropole musulmane, entre la route et la falaise calcaire (fig. 14); les ateliers paraissent installés sur une nécropole.

L'ampleur des rejets d'ateliers augmente progressivement à mesure que l'on avance en direction du sud. On observe parfois des couches de tessons superposés se délitant fortement, ce qui constitue une des caractéristiques des céramiques incuites. Peu de céramiques importées se mêlent aux céramiques locales, à l'exception de céramique fine à marli d'Assouan, datée du Ve siècle, d'un plat de *Sigillée Claire D* (type 67 de Hayes, *LRP*, datée du Ve siècle), de quelques amphores dites palestiniennes ou « amphores-obus » (*Egloff 182-183*); on notera l'absence des amphores de Méditerranée orientale (*Late Amphora 1 = British II = Egloff 164*).

Parmi la céramique de fabrication locale, les amphores nilotiques brunes sont très abondantes; un type prédomine, existant en deux modules : le col haut, l'attache supérieure de l'anse fixée sur le rebord, l'attache inférieure à mi-col (fig. 15); l'épaule lisse, non carénée; la panse piriforme, marquée de stries en forme de tuiles; le fond pointu. Moins abondant, mais également attesté, apparaît également propre à ces ateliers un type d'amphore à fond pointu et à extrémité renflée.

Quant à la céramique fine, apparentée à celle du *groupe K*, elle est surtout connue sous deux formes : coupe à parois bien convexes, à collerette sous le rebord et engobée de rouge brillant (fig. 16); plat caréné à rebord déversé vers l'extérieur (fig. 17). La production des marmites concerne des séries à parois fines, généralement à col simple. Une catégorie non négligeable est constituée de jarres à col marqué, rebord en crochet, deux ressauts à la base du col.

— Une zone d'ateliers nettement plus au sud est située aux abords de la piste menant aux carrières de calcaire du ouâdî principal; l'étendue en est cependant limitée. Les ateliers se sont également installés sur une nécropole; la céramique de consommation voisine avec la céramique de production. On y trouve des exemplaires identiques à ceux de la grande zone d'ateliers situés plus au nord — même type d'amphore, céramique fine à collerette —, mais également une documentation

15. Il est tout à fait possible, malgré la réserve exprimée par E. Wipszycka dans *JJP* XVI-XVII, 1971, p. 219, à propos du P. Lond. III 994, qu'il ait existé quatorze fours appartenant à un même atelier de potiers et fonctionnant simultanément.

16. Bailey, *o.c.*, p. 11-19.

vraisemblablement plus tardive, dont certaines formes de la céramique d'Assouan (*Groupe O*), amphores de Méditerranée orientale (*Egloff 164*). Il existe également des céramiques à glaçure, dont quelques exemplairees de type *Fayoumi*.

Cet atelier semble comprendre des productions relativement variées, sans nette dominante pour telle ou telle catégorie de produits.

2.2. MEDAMUD.

Alors que le site de Medamud est bien connu pour ces activités de potiers, puisque des fours d'une taille et d'une structure relevant bien d'une industrie céramique d'importance notable ont été découverts lors des fouilles de Bisson de la Roque [17], nos examens n'ont pas abouti à la reconnaissance de la production locale, du moins en ce qui concerne les périodes qui nous intéressent; examinant plus particulièrement la zone située au sud-ouest du temple, où les dépotoirs d'ateliers occupent une surface plane et sont de très faible hauteur, on y trouve peu de tessons d'époque copte, sauf quelques fragments d'amphores brunes côtelées, qui ne présentent pas de cas de surcuisson. Ce qui semble appartenir à la production locale est un ensemble de céramiques à pâte calcaire, dont le type prédominant est constitué de jarres à fond arrondi et vraisemblablement sans anses; leur sont également associées des jattes à pâte également calcaire, pour lesquelles nous ne connaissons aucun parallèle parmi la céramique romaine tardive et byzantine; il s'agit vraisemblablement d'une production pré-ptolémaïque ou ptolémaïque [18].

2.3. LES ATELIERS DE LA RÉGION D'ESNA.

2.3.1. Secteur du temple.

Quelques traces d'activités de potiers sont visibles dans les coupes des énormes remblais qui entourent le temple. On y observe particulièrement dans l'angle sud-est une poche de cendres et des céramiques surcuites; il semble qu'une partie de la production a été consacrée à la fabrication d'amphores à col assez massif et court; le type de pâte ne paraît pas correspondre aux principales catégories connues à l'époque copto-byzantine; elle possède, entre autres, un dégraissant végétal abondant.

2.3.2. Environs d'Esna.

— *Deir el-Shohada.*

Une série de kôms peu élevés comprennent en surface des scories et des briques de fours. On remarque quelques céramiques importées, telles que l'amphore de Méditerranée orientale (*Late Amphora 1 = British II = Egloff 164*), des céramiques fines d'Afrique du Nord (*Late Roman B = Sigillée Claire D*) et de la céramique d'Assouan. Ce qui constitue, selon toute

17. *Médamoud* (1930), FIFAO 8/1, 1931, p. 22.

18. Les fours découverts en 1928 et en 1930 à Médamoud sont, d'après leur situation stratigraphique et leur matériel céramique, vraisemblablement antérieurs à la 19ᵉ dynastie.

vraisemblance, la production locale comprend de la céramique extrêmement grossière, à dégraissant végétal, non engobée, constituée de pichets, de jattes et d'écuelles. Il s'agit de modestes ateliers assurant les besoins courants de la consommation locale.

— *Deir el-Fakhuri* (Fig. 18).

Un kôm d'environ 50 × 30 m, situé à une dizaine de mètres du mur ouest du monastère, révèle l'emplacement d'un atelier (fig. 18). Cet atelier de taille modeste est également spécialisé dans la production de céramique grossière, dont la pâte de type alluvial comprend, entre autres particules, un abondant dégraissant végétal; jarres, assiettes et des jattes en constituent les groupes principaux. Des céramiques importées, dont les caractères morphologiques semblent indiquer une datation non antérieure aux VIe-VIIe siécles, s'y mêlent.

L'appellation actuelle du deir, دير الفاخوري « le monastère du potier » [19], n'est sans doute pas fortuite.

2.4. EDFOU (Fig. 19-20).

Les ateliers tardifs d'Edfou sont, parmi ceux que nous avons prospectés, les derniers en remontant la vallée du Nil à utiliser exclusivement des pâtes alluviales.

Les ateliers sont juchés sur le sommet du rempart ouest de la ville, formant un énorme kôm et où l'on observe encore nettement des traces de murs appartenant à la ville romaine tardive et byzantine. Les dépotoirs sont partiellement localisés sur les pentes du mur d'enceinte sous forme de vastes coulées répandues jusqu'à la base des pentes (fig. 19); quelques secteurs permettent d'observer des lentilles de cendres alternant avec des couches de céramiques (fig. 20).

La production locale comprend des amphores, de la céramique fine et des marmites; les amphores sont réparties en deux groupes : un groupe à pâte brune alluviale, apparenté à celui de Moyenne Égypte, dont le dégraissant végétal est plus abondant; un second groupe à pâte alluviale, mais dont la caractéristique majeure réside dans la présence d'un engobe externe rouge-rosé, ce qui est extrêmement rare pour les amphores; il pourrait s'agir d'une imitation de la pâte des amphores assouannaises, de couleur rose orangé comme l'ensemble des céramiques faites à partir des kaolinites de la région d'Assouan.

2.5. LES ATELIERS DE LA RÉGION D'ASSOUAN.

On rappellera brièvement que, depuis une quinzaine d'années, la connaissance des productions céramiques de la région d'Assouan a nettement progressé : découverte de sceaux en terre cuite à Éléphantine [20], reconnaissance de groupes de céramiques caractéristiques de cette région [21]; analyses

19. Sur les diverses appellations de Deir el-Fakhuri, Thimm, *Das christlich-koptische Ägypten in arabischer Zeit*, Beihefte zum TAVO, 41/2, p. 703-708. Le nom فاخوري signifie « potier », Dozy, *Supplément aux dictionnaires arabes* 2, p. 245.

20. Ulbert, *MDIAK* 27, 1971, p. 235-242.

21. Rodziewicz, *o.c.*, p. 56 et suiv.; Adams, *Ceramic Industries of Medieval Nubia* I-II, Kentucky 1986, p. 525 et suiv. et 538 et suiv.

des pâtes des céramiques de ce groupe exportées aux Kellia, mises en relation avec les gisements d'argile au nord d'Assouan [22]; existence d'un groupe de lampes dont les pâtes sont identiques à celles de la céramique d'Assouan [23]; enfin, la découverte de moules en terre cuite, provenant d'une des maisons tardives de la cour du grand temple de Khnoum, destinés à la fabrication de lampes, d'ampoules et de figurines [24].

Il restait encore à localiser plus précisément les ateliers eux-mêmes, dont les traces archéologiques n'avaient pas été repérées : « The actual kilns where the Aswan wares were produced have not been discovered. Their manufacture somewhere in the immediate vicinity of Aswan has been deduced from their overwhelming preponderance on the Island of Elephantine and in the neighboring Monastery of Saint Simeon » [25].

Le site d'Éléphantine, dont la concession appartient à l'Institut archéologique allemand du Caire, n'a été que rapidement examiné, à titre de repérage sommaire. Force est de constater les quelques éléments suivants, à la suite de notre prospection : dans la cour du grand temple, une des pièces de la partie sud, correspondant aux maisons tardives installées dans la cour du grand temple, a été convertie en four; les murs sont couverts d'une couche épaisse de vitrification [26]; sur le sol même, aux alentours, dans la cour, on remarque un grand nombre de petits fragments de céramiques nettement surcuits. À l'extérieur du temple de Khnoum, au sud, on remarque des traces très nettes de fours de potiers, et des couches de dépotoirs, visibles dans la stratigraphie, aux niveaux supérieurs, là où une coupe profonde a été effectuée lors de fouilles. Par ailleurs, les nombreux kôms situés au sud et au nord — là, ils sont partiellement recouverts par le village actuel — correspondent à des dépotoirs d'ateliers, puisqu'on y observe d'abondantes scories, des briques de fours et de nombreux surcuits de la céramique locale d'Assouan. C'est donc à Éléphantine même que sont localisés les ateliers d'époque byzantine les plus importants de cette région.

2.5.1. Le monastère de Saint-Siméon (Anba Hadra) et ses abords (Fig. 21-26).

Le monastère lui-même comprend un certain nombre de fours, dans la partie sud réservée aux installations domestiques; il s'y trouve entre autres des fours à pain, bien distincts des fours à céramique. On repère deux fours à céramique dans la partie basse de la zone méridionale, trois ou quatre dans la partie haute à ciel ouvert; ces installations artisanales à l'intérieur du monastère étaient déjà partiellement connues par la publication de Monneret de Villard [27]. Ce sont des fours cylindriques, comprenant une chambre de chauffe, une chambre de cuisson et un alandier; les parois internes sont fortement vitrifiées, vitrification qui apparaît en coupe malgré la présence d'un enduit appliqué postérieurement. On signalera que l'étage comprend également des installations destinées à la vinification, proches des salles de réception et de la cuisine.

22. Ballet-Picon, *l.c.*, p. 43-45.
23. Hayes, *Ancient Lamps ROM*, *o.c.*, p. 124-129, pl. 57-59.
24. Ballet-Mahmoud, *BIFAO* 87, 1987, p. 53-72.
25. Adams, *o.c.*, p. 525.
26. Cette pièce appartient à la maison T 32, Grossmann, *Elephantine II. Kirche und spätantike Hausanlagen im Chnumtempelhof*, AV 25, 1980, p. 61, n. 90, pl. 16 *a*, *c*, pour laquelle l'hypothèse d'un four de potier avait été suggérée.
27. *Description générale du monastère de Saint-Siméon à Aswân*, Milan 1927, p. 24, fig. 67-68.

Les tessons qui jonchent le sol aux abords de ces fours appartiennent au *groupe O*, une des principales catégories de la céramique d'Assouan; ce sont généralement des fragments de formes de petite taille, à parois fines, coupelles et bols; on note la permanence, dans les deux niveaux de ces installations, des bols à lèvre en léger crochet (*Egloff 35*) (fig. 22), le rebord externe plus foncé que le reste des parois; ces exemplaires présentent des marques de surcuisson, telles que la variété des colorations.

À l'extérieur du monastère, au nord-ouest, le sommet et la partie supérieure des pentes du ouâdî sont couverts de nombreuses scories, de briques de fours et d'une abondante céramique, dont des surcuits (fig. 23). Il s'agit essentiellement de céramique fine, en particulier de nombreuses assiettes de type *Egloff 33* (fig. 24) et de marmites. On note de fréquentes variations de couleurs sur un même tesson, de rouge orangé à jaune blanchâtre.

L'atelier, de moyenne importance, s'inscrit néanmoins dans la lignée des grandes installations d'Éléphantine. Il répond, au même titre que les autres ateliers proches des monastères, aux besoins de la consommation locale.

Vers le sud, à proximité du mausolée de l'Aga Khan et d'une nécropole romaine (fig. 25) [28], un autre atelier se signale par ses dépotoirs. Ses principales productions, amphores, bols convexes, plats de cuisson, datent par leurs formes du premier siècle de l'Empire (fig. 26); ici encore, ce sont des argiles locales de type kaolinite qui ont servi à la fabrication de ces céramiques assouannaises.

La découverte de l'atelier le plus ancien des céramiques de la région d'Assouan coïncide parfaitement avec l'attestation de récipients dits « Graeco-Roman Aswan Wares » [29] précédant les productions byzantines.

2.5.2. Nagʿ el-Hagar (Fig. 27-29) [30].

La zone des ateliers est située au sud du site, à l'extérieur et à l'intérieur de l'enceinte du camp militaire; la zone interne paraît mêlée à un niveau d'occupation domestique, contemporain du fonctionnement du camp, ou légèrement postérieur.

À l'extérieur du mur d'enceinte, au sud, un kôm de rejets de cuisson, d'environ 20 × 20 m, aux scories de très grande taille parfois (fig. 27); parmi la céramique de surface, caractérisée par quelques surcuits, spectaculaires les amphores y tiennent une place notable (fig. 28).

À l'intérieur de la zone délimitée par l'enceinte de l'installation militaire, plus précisément entre les thermes et le mur oriental, le sol est jonché de céramiques, de scories et de briques de four. Prédomine la céramique fine du *groupe O*, dont les variétés de formes sont quasi-illimitées; on

28. Cette nécropole et la céramique qui lui est associée, reconnue comme une variante ancienne de l'*Egyptian A* (= *Groupe O*), avaient déjà été signalées dans *MDIAK* 33, 1977, p. 96 et suiv.; par contre, les rebuts d'ateliers proprement dits qui attestent précisément la production de cette céramique d'époque impériale n'avaient alors pas été repérés.

29. Adams, *o.c.*, p. 526 et suiv.

30. Sur ce site, qui comprend un camp militaire situé à dix kilomètres au sud de Kôm Ombo, et qui est actuellement fouillé par l'organisation des Antiquités égyptiennes, Mohi ed-Din - Jaritz, *ASAE* 70, 1985, p. 21-31.

n'observe pas de séries ou de services. Les marmites, les jattes parfois de grande taille (fig. 29) sont présentes, et ainsi que quelques amphores. L'ensemble de cette production est caractérisée par la pâte locale rosâtre à fines inclusions minérales, issue des kaolonites extraites dans la région. Toutefois, il existe également une production marginale qui utilise les argiles alluviales pour la fabrication de briques et de quelques grands récipients.

Il s'agit donc d'un atelier important, mais secondaire par rapport à ceux d'Éléphantine. Le fait que les formes sont variées, chaque série représentée par un faible nombre d'exemplaires, semble un indice de production destinée à la demande locale et non à la diffusion. Les amphores répondent également à ce fonctionnement économique; leur diffusion pourrait être essentiellement locale.

* * *

Au terme de cette enquête, une typologie, voire une hiérarchisation des ateliers peuvent être esquissées.

De très gros ateliers assurent à la fois les besoins locaux et une distribution dans le reste de l'Égypte. Ils diffusent quelques types en grande quantité; c'est le cas lorsque la céramique fait fonction de contenant ou d'« emballage » — comme les amphores vinaires d'Antinoopolis —. Expédiées avec les amphores, quelques céramiques fines représentent alors un complément de transport ou cargaison; ainsi, la céramique du *groupe K* distribuée à Alexandrie et aux Kellia.

Il existe également d'importants ateliers exportant des céramiques fines. Les ateliers d'Assouan en représentent l'exemple le plus caractéristique; sans doute, cette céramique de qualité ne constitue pas l'objet même de l'échange; elle accompagne vraisemblablement des produits non céramiques, assouannais ou transitant par la première cataracte. Il faut probablement exclure le vin comme produit d'exportation; les amphores assouannaises ne constituent qu'une part infime de la production de ces ateliers; leur diffusion concerne presque exclusivement la région.

Des ateliers d'importance moyenne pour lesquels la zone de distribution reste circonscrite à la région; pourtant les dépotoirs sont abondants. Tels sont les ateliers d'Edfou et, dans une certaine mesure, Ashmunein/Hermopolis Magna et Nagʿ el-Hagar, si l'on compare cet atelier à ceux d'Éléphantine. Toutefois, les gargoulettes à pâte calcaire fabriquées à Ashmunein et trouvées aux Kellia attestent une diffusion de faible ampleur mais notable.

Des ateliers de taille modeste, installés pour les besoins d'un village ou d'une communauté monastique, qu'illustre l'atelier du Deir el-Fakhuri. Ainsi des monastères d'importance moyenne possèdent des ateliers de potiers destinés à répondre aux besoins de la consommation locale, sans but d'exportation. Dans ce cas, l'absence d'amphores dans la production locale indique clairement qu'il n'existe pas de débouché commercial prévu pour ce type d'atelier; la production locale concerne des récipients ordinaires, parfois même de facture grossière. Elle traduit simplement usages et besoins les plus courants et les plus immédiats.

Fig. 1. — Premiers dépotoirs de céramique bordant le dromos.

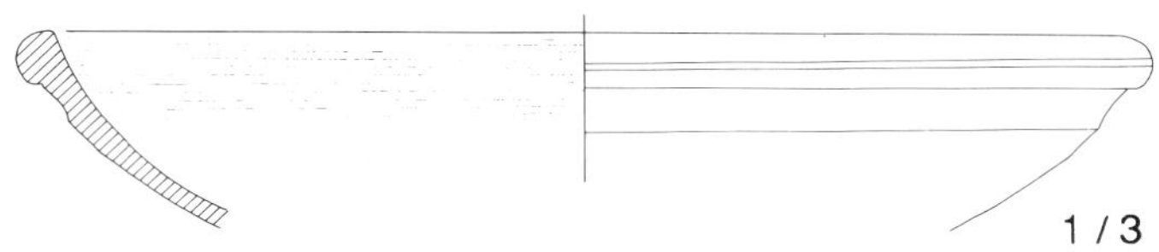

Fig. 2. — Céramique fine à pâte alluviale et engobe rouge brillant (*groupe* K).
Production des ateliers d'Antinoopolis.

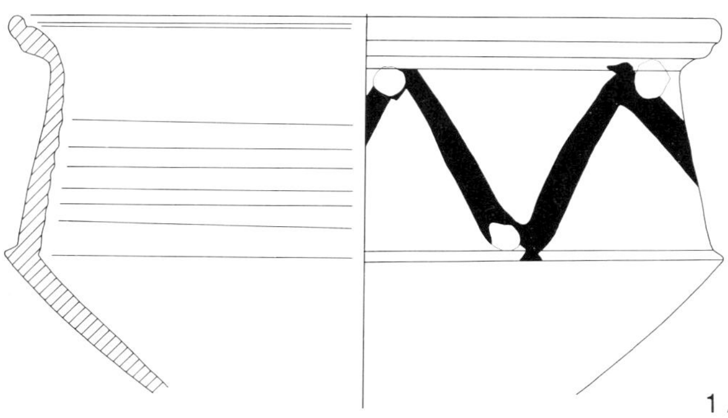

Fig. 3. — Jatte carénée à pâte alluviale, engobe rouge, décor peint brun-violet et blanc.
Production des ateliers d'Antinoopolis.

Fig. 4. — Dépotoirs orientaux proches de la nécropole musulmane.
Vue prise du nord.

Fig. 5. — Dépotoir oriental entaillé. Sur les pentes du kôm de déchets, ruissellement d'amphores brunes à pâte alluviale *Late Amphora 7*.

Fig. 6. — Dépotoir oriental entaillé. Détail des rebuts de fabrication, principalement des *Late Amphora 7*.

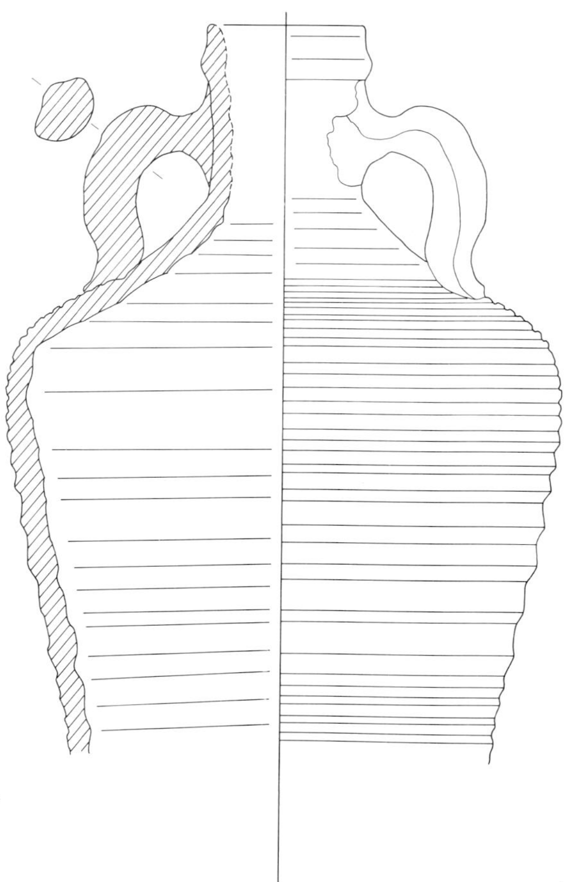

1 / 3

Fig. 7. — Un des types d'amphores brunes, à épaule arrondie, fabriqué dans ces ateliers.

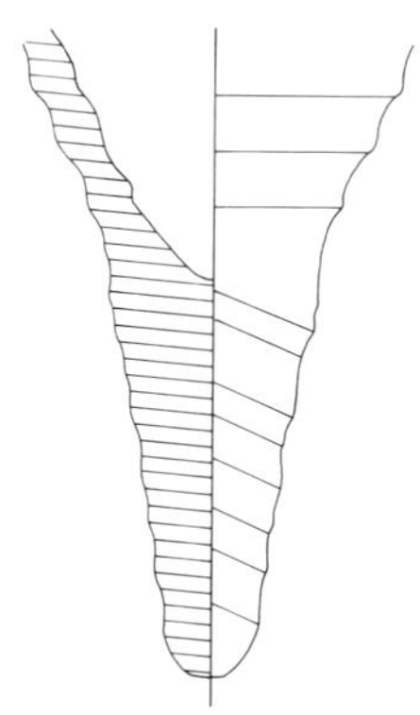

1 / 3

Fig. 8. — Fond d'amphore. *Late Amphora 7* produite dans ces ateliers.

Fig. 9. — Dépotoirs d'ateliers à l'est de la grande basilique, à proximité de la limite orientale du site. Vue prise de l'ouest.

Fig. 10. — Dépotoir d'atelier entaillé, situé à mi-distance entre la basilique et la limite orientale du site. Couche de cendres alternant avec les couches de ratés de cuisson.

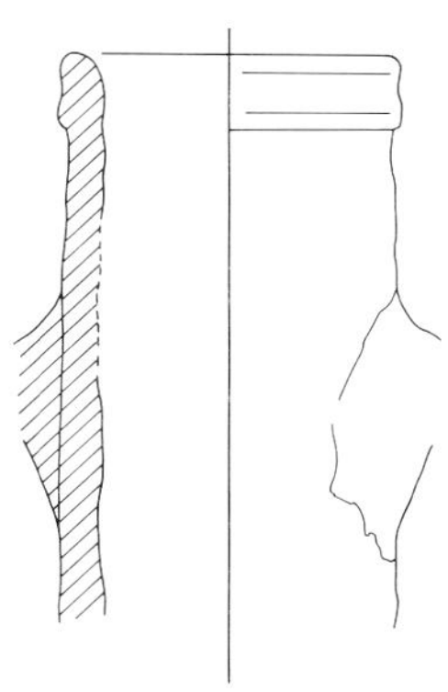

1 / 3

Fig. 11. — Col d'amphore à pâte alluviale. *Late Amphora 7*, produite dans cet atelier.

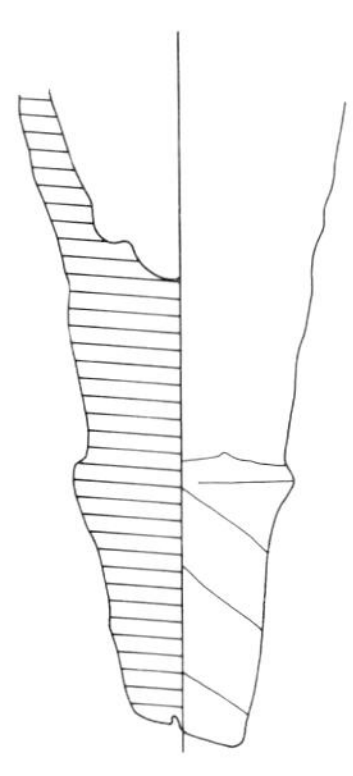

1 / 3

Fig. 12. — Fond d'amphore à pâte alluviale, à extrémité renflée. *Amphora 7* (?); production de l'atelier.

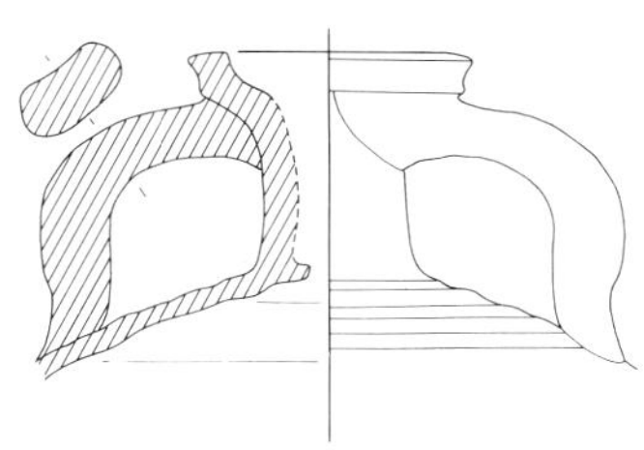

1 / 3

Fig. 13. — Haut de gargoulette à pâte calcaire, type *Egloff 199-200*. Production de l'atelier.

Fig. 14. — Vaste étendue des ateliers au sud de la nécropole musulmane. Vue prise du nord.

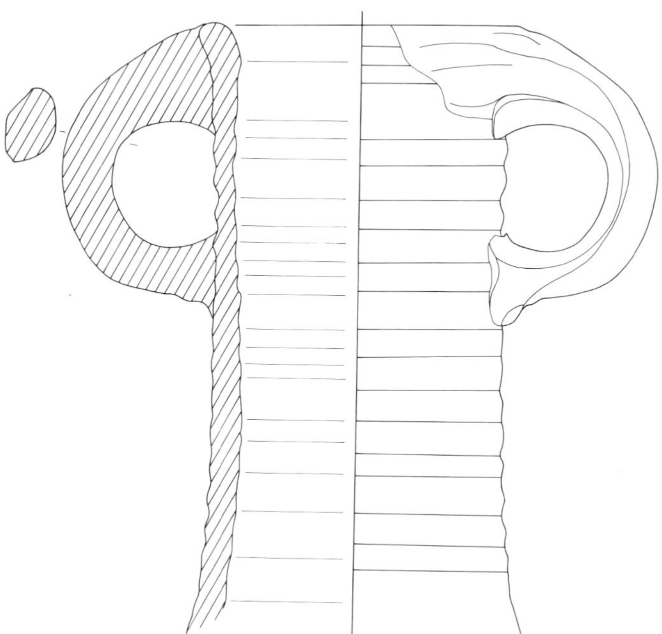

1 / 3

Fig. 15. — Haut d'amphore à pâte alluviale, à col large et côtelé, anses fixées à la partie supérieure de l'amphore; production de ces ateliers.

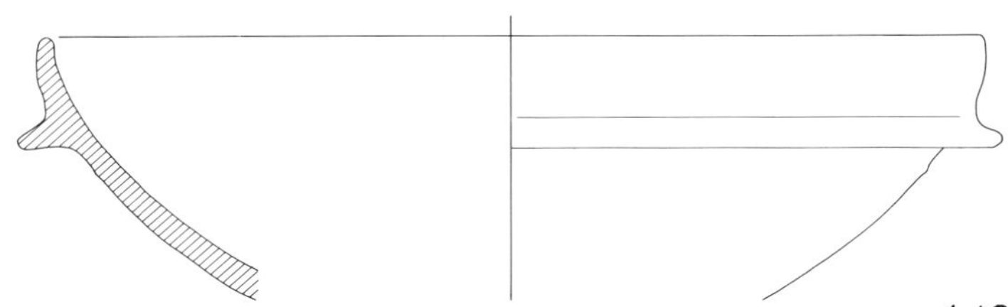

1 / 3

Fig. 16. — Céramique fine à pâte alluviale et à engobe rouge brillant (*groupe* K); production de ces ateliers.

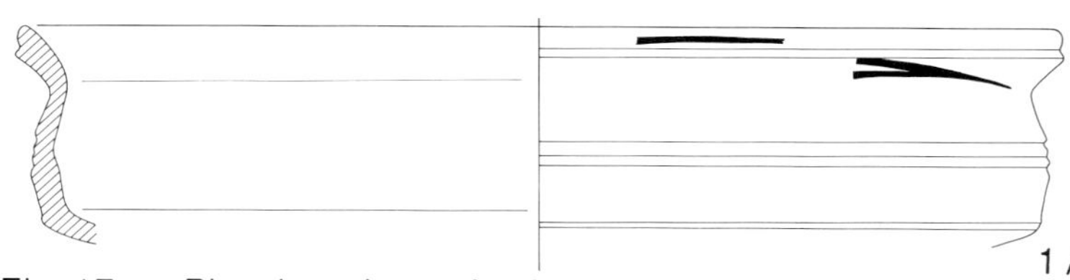

1 / 3

Fig. 17. — Plat de cuisson à pâte alluviale et à décor peint brun sommaire; production de ces ateliers.

Fig. 18. — Deir el-Fakhuri. Kôm de l'atelier situé à l'ouest du monastère. Vue prise de l'ouest.

Fig. 19. — Edfou. Dépotoirs d'ateliers juchés sur le sommet du rempart ouest de la ville.

Fig. 20. — Détail : couches de cendres et de ratés de cuisson.

Fig. 21. — Four de potier de la cour inférieure méridionale.

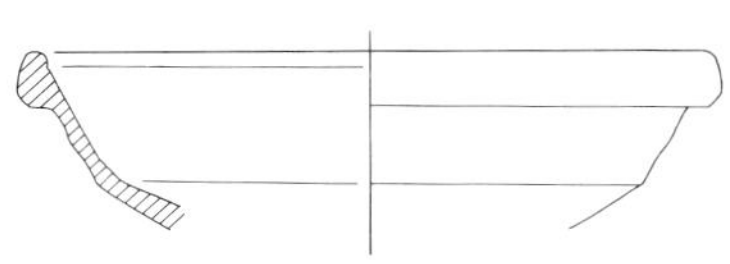

1 / 3

Fig. 22. — Bol du *groupe* O, type *Egloff 35*; production de l'atelier situé à l'intérieur du monastère.

Fig. 23. — Dépotoir de l'atelier nord-ouest, situé à l'extérieur du monastère.

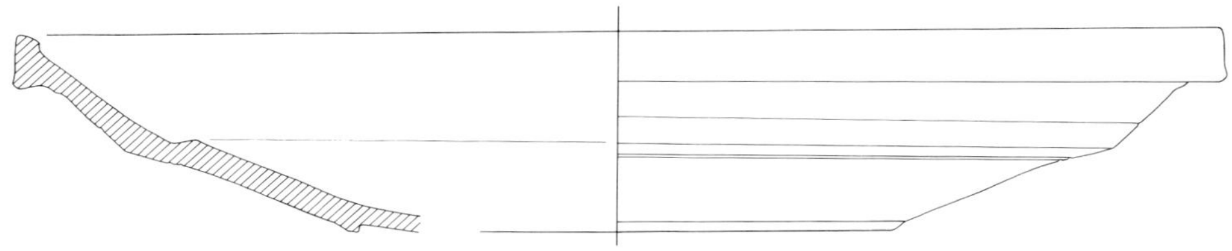

1 / 3

Fig. 24. — Assiette du *groupe* O, type *Egloff 33*; production de l'atelier.

Fig. 25. — Pentes partiellement couvertes de rebuts d'ateliers, aux abords du mausolée de l'Aga Khan et de la nécropole. Vue prise du ouâdî en direction du sud-ouest.

Fig. 26. — Détail : groupement artificiel des céramiques produites dans l'atelier d'époque impériale.

Fig. 27. — Kôm de l'atelier méridional, à l'extérieur du camp militaire.

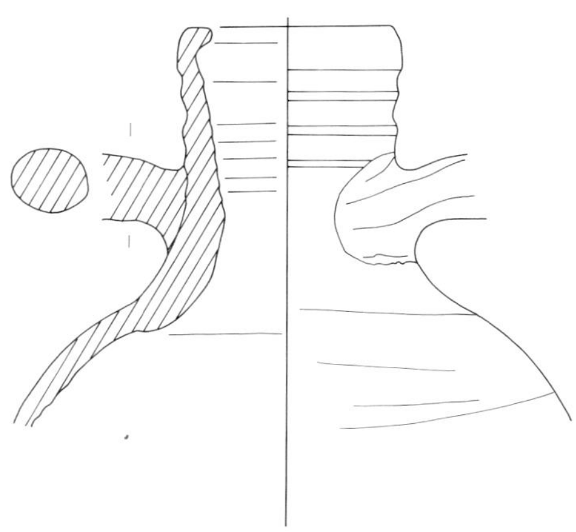

1 / 3

Fig. 28. — Amphore faite à partir des variétés de kaolinite; production de l'atelier méridional.

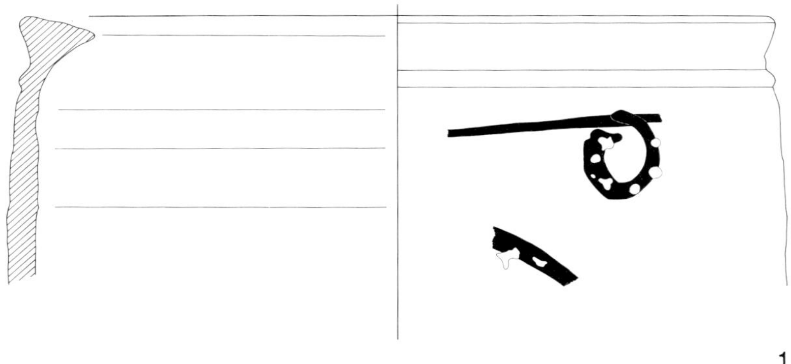

1 / 3

Fig. 29. — Jatte apparentée au *groupe* O, décor peint brun-violet et blanc; production de l'atelier situé à l'intérieur de l'enceinte.

ESSAI DE CLASSIFICATION DE LA CÉRAMIQUE DE TÔD

de la fin du VIIe siècle au début du XIIIe siècle ap. J.-C.

Geneviève PIERRAT

L'espace fouillé à Tôd depuis 1984 par la mission du Louvre est situé immédiatement au nord de la chapelle reposoir de barque de Thoutmosis III [1]. Le but de cette fouille est l'étude stratigraphique du *tell* urbain, à partir des fondations de la maison villageoise expropriée en 1982 [2].

La lecture des niveaux est rendue difficile par la pauvreté des architectures mises au jour : médiocres murs de briques crues effondrés ou pillés, rareté des vestiges de sols, et parce que la surface du chantier (150 m^2), par sa taille et son agencement en L, ne se prête pas à la vision d'un ensemble de maisons, pas même d'une maison entière. Par contre, le terrain offre une séquence céramique ininterrompue très riche, qu'il s'agisse des tessons des déblais dans les zones d'abandon ou des déchets domestiques rejetés dans les foyers ou le long des murs dans les zones habitées.

On constate que le matériel céramique évolue constamment, au fur et à mesure des niveaux d'occupation qui progressivement rehaussent les sols des maisons, comme à l'intérieur des épaisses strates d'abandon. Aucune rupture brutale n'interrompt un facies pour le remplacer par un autre, que le terrain soit construit ou non. La détermination des niveaux d'habitat et d'abandon n'est donc pas très significative pour cette étude. Elle permet toutefois de garantir l'évolution stratigraphique de la fouille, grâce à quelques sols qui scellent le terrain : pavements en briques cuites, sols enduits. Le tableau, page suivante, résume l'évolution de l'occupation des lieux.

L'organisation du travail nous a amenés à constituer des regroupements par type de pâte, pour plusieurs jours de fouille, qui se traduisent par autant de strates artificielles ne coïncidant pas parfaitement avec les niveaux réels d'occupation. Ce sont ces couches dont nous ferons état dans les lignes qui suivent et qui permettent de localiser une famille de poteries dans la verticalité du terrain.

Ce n'est qu'à partir de 1985, c'est-à-dire en dessous du niveau + 90 [3], que le matériel céramique fut l'objet d'une étude plus systématique. Entre + 90 et + 125, l'étude ne prenait en

1. Tôd est situé en Haute Égypte, à 25 kilomètres au sud de Louqsor, sur la rive droite. Le secteur considéré ici couvre une partie des carrés M 28, N 28 et N 29.

2. Grâce aux efforts de Mme Desroches-Noblecourt, alors directeur de la fouille; *BSFE* 93, p. 8.

3. Le niveau de référence des fouilles menées depuis 1979 est donné par le sol de la chapelle-reposoir de Thoutmosis III, situé à + 0,50 m au-dessus du niveau de la mer (altitude évaluée par M. Marcel Kurz, géomètre principal honoraire de l'Institut géographique national de Paris). Celui utilisé par Bisson de la Roque (*Tôd*, Le Caire 1937) était le seuil de granite de la première salle ptolémaïque du temple, à l'altitude + 0,06 m.

Voir « Principales abréviations bibliographiques, p. 204 ».

compte que les formes entières ou décorées. À + 125 apparut le premier ensemble de trouvailles non perturbé; au-dessus, le terrain était en partie bouleversé par les fondations de la maison moderne expropriée. Le niveau le plus bas atteint à l'issue de la mission de 1986, — 35, sert de limite inférieure au cadre de cette étude. La poursuite des fouilles en 1988 et, nous l'espérons, en 1989, clôturera cette recherche; à ce stade nous pourrons proposer une vision de l'ensemble de la céramique de Tôd depuis l'abandon du culte dans le temple pharaonique.

Dès maintenant, nous sommes à même de transcrire les premiers résultats sur un tableau (fig. 70) qui matérialise les positions respectives occupées par les poteries, regroupées en « familles », décrites ci-dessous. Dans la discussion finale, nous proposons de raccorder à cette chronologie relative une échelle de dates absolues, à la lumière des travaux effectués sur d'autres sites [4].

Ont été exclus de cette étude les pipes, sceaux, lampes et figurines, qui feront l'objet de publications séparées.

niveau \ carrés	M-N 28	N 29
+ 130		
+ 110	ABANDON	ABANDON
+ 90	— — — — — — — —	— — — — — — — —
+ 70	OCCUPATION	OCCUPATION
+ 50	——— sol ———	——— sol ———
+ 30	ABANDON	ABANDON
+ 10		
	— — — — — — — —	— — — — — — — —
— 10	OCCUPATION	OCCUPATION
— 30		
— 50	——— sols pavés ———	
— 70		——— sols enduits ———

4. C'est un plaisir pour moi de remercier ici Pascale Ballet et Guy Lecuyot, qui n'ont cessé de m'encourager et de me conseiller. La classification des différents types de pâtes proposée ici a été élaborée avec Guy Lecuyot et constitue la première étape d'un travail de publication en commun des céramiques des fouilles de Tôd antérieures à 1984; ces catégories de pâtes ont leur équivalent au musée du Louvre où elles peuvent être consultées. Je remercie aussi, pour les précieux avis qu'ils m'ont donnés, Marthe Bernus-Taylor, Guillermine Joël, Helen Jacquet et Alexander Kaczmarczyk, ainsi que Nathalie Perche pour ses conseils en dessin. Cette étude n'aurait pu être possible sans l'aimable collaboration sur place des inspecteurs de l'Organisation des Antiquités de l'Égypte, MM. Mohammed Sultan et Ahmed Sawney Schawky, et la coopération de tous les membres de l'équipe de fouille, dont j'ai souvent utilisé avec profit les observations sur les fiches. Je suis particulièrement redevable à Bernadette Letellier, directeur des fouilles du Louvre à Tôd, qui m'a octroyé toutes les facilités pour ce travail, et à Marie-Françoise de Rozières, qui a partagé le fastidieux tri quotidien sur le chantier. Les dessins et les encrages sont de Bernard Maurice, Nathalie Perche et Geneviève Pierrat. Les photographies sont de Jean-Luc Bovot et Geneviève Pierrat.

* * *

Le premier critère retenu pour le classement est la pâte. Nous distinguons trois grands types, chacun désigné par une lettre choisie pour des raisons mnémotechniques :

— **les pâtes L** à base de limon du Nil;

— **les pâtes M** sans doute à base de marnes;

— **les pâtes R** de couleur rose, à base d'argile d'Assouan [5];

auxquelles il convient d'ajouter quelques importations de l'étranger, les pâtes **E**. Quant aux poteries glaçurées, pâtes **G**, leurs différents matériaux seront présentés en même temps que les familles de ces poteries.

Les céramiques sont ensuite classées par famille, toutes les poteries d'une même famille partageant le même type de pâte, le même traitement technique général et un répertoire de formes et de décors communs. Les poteries isolées, qui ne prennent place dans aucune famille, sont classées par pâte, sous les chapitres « hors classement ».

PÂTES L (limoneuses)

A. Pâtes L à dégraissant végétal.

Couleur de la cassure. Les pâtes sont rouges, avec une infinité de variantes dans la gamme des brun rouge, des ocre rouge et des bruns plus ou moins clairs. On observe très souvent un cœur gris à noir, parfois cerné d'une zone violette.

Engobe. Si la surface est engobée, l'argile utilisée est généralement de la même couleur que la pâte. L'engobe est parfois plus clair : blanc cassé, brun clair, gris clair : 10 YR 8/4, 2,5 Y 8/3, 2,5 Y 7/2 [6].

Texture. La densité moyenne est due aux cavités laissées par le dégraissant végétal, brûlé lors de la cuisson. La taille et la répartition des particules végétales sont très variables; de manière générale, plus les parois sont épaisses, plus elles sont abondantes et de grande taille. Les cassures sont irrégulières et friables. Parmi les autres inclusions, il se trouve toujours au moins quelques petits grains de quartz (que nous appelons ici « sables »). On observe aussi des nodules blancs et, plus rarement, des

5. À propos de l'origine des argiles roses, le point le plus récent est fait dans l'article de Ballet et Picon, p. 43-48. À Assouan même, de « vastes exploitations souterraines d'argile » qui « se composent de lits alternants d'argile fine, rouge, grise et verte » ont été repérées par J. de Morgan auprès de la nécropole antique d'Assouan, sur la rive gauche; J. de Morgan, *Catalogue des monuments et inscriptions de l'Égypte antique* I, Vienne, 1894, p. 141 (cette référence méconnue m'a aimablement été communiquée par D. Benazeth).

6. Références au code Munsell. Le code de couleurs utilisé sur le terrain à cause de sa commodité d'emploi est celui de A. Cailleux, *Code des couleurs des sols*, paru aux éditions Boubée; il est accompagné d'une table de concordance avec le code Munsell.

particules rouge clair (oxyde de fer?), parfois aussi des particules noires (cendres ou charbon?). Des petits fragments de mica sont surtout visibles en surface.

***B.* Pâtes L sans dégraissant végétal.**

Couleur de la cassure. Elle est marron 5 YR 5/4, brun rouge ou rouge, présentant souvent la variation tripartite rouge-noir/gris-rouge, ou bipartite violet-gris. Une importante sous-catégorie présente une gamme plus claire de brun et brun rose : 5 YR 6/6, 2,5 YR 6/8, 2,5 YR 5/6, 10 R 6/4, essentiellement employée dans la famille Lp2.

Engobe. Quand il existe, sa couleur est généralement proche de la pâte. On observe souvent sur le col des jarres un badigeon clair : 5 YR 8/1, 2,5 YR 8/2.

Texture. Ces pâtes sont généralement denses. Les cassures sont relativement lisses. Les inclusions principales sont constituées de sables, en petite quantité, très souvent accompagnés de particules blanches et souvent aussi noires, ainsi que de minuscules fragments de mica, principalement visibles en surface; rarement, des inclusions de couleur rouge.

PÂTES M (marneuses)

Nous distinguons trois grands types de pâtes marneuses : M', M'' et M'''.

Pâtes M' : pâtes poreuses jaune verdâtre.

Couleur de la cassure. Ce type de pâte est identifiable à sa gamme de couleur spécifique très claire, dans les jaune verdâtre, ivoire, crème : 2,5 Y 8/3, 7,5 YR 7/4, 10 YR 7/4, parfois rosé : 2,5 YR 7/4, 2,5 YR 6/4, 5 YR 6/6.

Texture. Ces pâtes sont en outre caractérisées par leur très faible densité et leur extrême porosité. Elles contiennent toutes des sables de 0,5 à 2 mm : 2 à 15/cm^2, beaucoup de particules rouges de 0,2 à 2 mm : 4 à 10/cm^2, et des inclusions noires de 0,5 à 2,5 mm : 1 à 5/cm^2. Dans les tessons les plus anciens, entre — 35 et — 10, le sable est plus abondant que les particules rouges; plus tard, entre + 40 et + 90, c'est l'inverse. La réaction des cassures à l'acide chlorhydrique est parfois positive, parfois négative. On observe que dans les pâtes sans réaction, les particules rouges et noires tendent toutes deux vers une tonalité plus violacée.

Pâtes M'' : pâtes rouge clair à surface claire.

Elles ne peuvent, malgré leur couleur, appartenir à la catégorie L pour deux raisons.

Couleur de la cassure. Leur couleur rouge clair 10 R 5/8, 2,5 YR 5/8, 2,5 YR 4/6 ou rose 5 YR 6/3 prend en surface un ton plus clair, en l'absence d'engobe et par l'effet d'une transformation chimique : 2,5 Y 9/4, 2,5 Y 8/3, 2,5 YR 7/2, 10 YR 7/4.

Texture. Ces pâtes sont assez denses. Leurs constituants sont différents des pâtes L : essentiellement des nodules blancs ou gris (parfois à cœur noir, ou à cœur creux), souvent en quantité, de 0,2 à 1 mm : 1 à 10/cm^2. Lors des quelques essais que nous avons pratiqués, elles ne réagissaient pas à l'acide.

Pâtes M''' : pâtes beiges.

Couleur de la cassure. Elle se situe dans les bruns très clairs et les ocres rosés : 10 YR 7/4, 7,5 YR 7/4, 5 YR 6/4, 10 R 6/4, 2,5 YR 6/4. Le ton de la surface n'est pas vraiment différent, comme dans M'', mais légèrement plus clair.

Texture. Ces pâtes sont assez denses. Elles contiennent essentiellement des sables, bien calibrés de 0,5 à 1 mm : 15 à 20/cm^2, puis en seconde position, des particules rouges et grises, parfois rares, dans un cas abondantes : de 0,2 à 2 mm : 10/cm^2. Les échantillons traités ont réagi à l'acide.

PÂTES R (roses)

Couleur de la cassure. C'est leur couleur rose qui caractérise le mieux les pâtes R : 2,5 YR 6/4, 10 R 6/4, 2,5 YR 6/6 sont les plus fréquemment rencontrés; elle tourne parfois au beige rosé comme 7,5 YR 8/4.

Texture. Les pâtes R ont tendance à se déliter. Placées dans de mauvaises conditions de conservation, elles commencent par s'écailler puis éclatent comme un millefeuille. Elles contiennent généralement beaucoup de sable et de minuscules particules noires, et souvent des particules rouge clair. Les nodules blancs et les petits fragments de mica sont plus rares. C'est la seule catégorie de pâtes à laquelle on puisse assigner une origine : Assouan.

* * *

Afin de définir plus aisément les pâtes, nous leur avons assigné un chiffre entre I et V donnant un ordre de grandeur de leur granulométrie :

I = pâtes très fines et très denses, aux pores rares et minuscules, aux inclusions inférieures à 0,2 mm;

II = pâtes présentant peu de cavités, n'excédant pas 0,4 mm, aux inclusions de 0,2 à 0,4 mm, atteignant parfois 1 mm;

III = pâtes moyennes qui présentent quelques cavités, souvent dues au dégraissant végétal en négatif, et des inclusions de 0,5 à 1 mm, atteignant parfois 1,5 mm;

IV = pâtes grossières aux nombreuses cavités de 1 à 2 mm, aux inclusions de 1 à 1,5 mm fréquentes, jusqu'à 2 mm;

V = pâtes très grossières présentant de nombreuses cavités de plusieurs millimètres et des inclusions fréquemment supérieures à 3 mm.

PÂTES L

L 1. Récipients de cuisson en pâte L sans dégraissant végétal : marmites, pots, « plats » et couvercles.

Pâte L I à III — de — 35 à + 130 et plus — Fig. 1, 2 et 3.

Cette famille représente une grande partie (entre 15 et 30 %) des tessons trouvés. Ces poteries ont souvent noirci au feu pendant leur utilisation. La pâte ne contient pas (ou très peu) de dégraissant végétal. Le fond est généralement arrondi. La panse des marmites est plus ou moins globulaire. Le col est plus ou moins évasé; les profils que dessine ce petit col avec la panse sont l'objet de variations infinies. Le diamètre de l'ouverture s'inscrit entre 11 et 35 cm. On a trouvé proportionnellement peu d'anses. Toujours petites et peu proéminentes, au nombre de deux, placées près du bord, elles sont de trois types :

— anses verticales, joignant l'épaule au col;

— anses horizontales, placées juste sous le col;

— anses en bourrelet accolé à la panse, très peu saillantes, informes ou festonnées par enfoncements (fig. 1 *d*, et 2 *f*). Les quelques anses retrouvées permettent de constater que pots de cuisson (sans anses) et marmites (à anses) partagent les mêmes profils. Les « plats » de cuisson se remarquent par leurs formes ouvertes et basses (fig. 2). Des couvercles, on ne trouve généralement que les bords, souvent noircis (fig. 3).

Malgré l'abondance du matériel, il est difficile de distinguer une évolution chronologique des formes. Un type n'apparaît qu'au-dessus de + 40 : une marmite à panse lisse, col évasé et lèvre carrée (fig. 1 *a*); sa pâte contient un peu de dégraissant végétal, finement coupé. Les parois annelées sont largement majoritaires jusqu'à — 10; au-dessus de + 10, les parois lisses l'emportent en nombre. Les cols convexes (fig. 1 *c*, *f*, *k*), ainsi que les lèvres festonnées (fig. 1 *l*) sont fréquents jusqu'à — 10. Jusqu'à + 50, une partie de cette batterie de cuisine existe en option peinte. Il s'agit d'un décor sommaire et ample, réalisé avec un gros pinceau, en blanc, rarement en brun aubergine : rubans ondulés ou rangées de pois, sur l'épaule ou sur la lèvre.

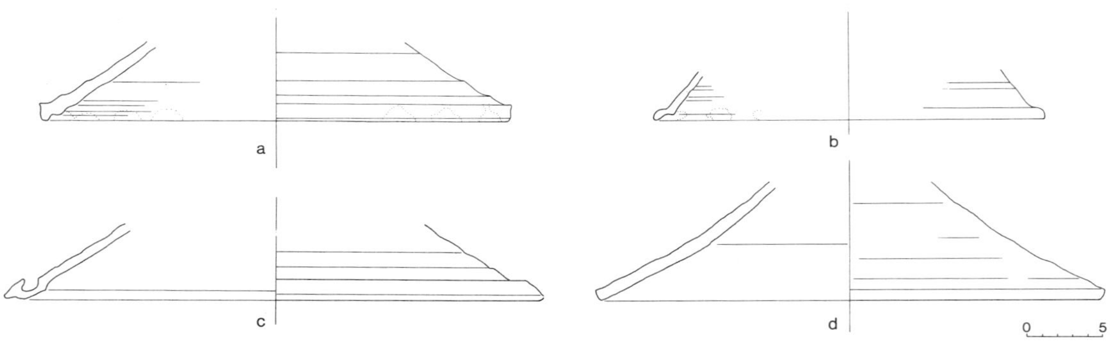

Fig. 1. — L 1. Couvercles en pâte L sans dégraissant végétal. De - 10 à + 40.

CONVENTIONS UTILISÉES POUR LES DESSINS

23	Diamètre en cm	■	Noir, brun ou aubergine
○	1 exemplaire de ce type	(pointillé)	Rouge
◑	5 exemplaires et plus de ce type	(cadre pointillé)	Limite d'une surface blanche

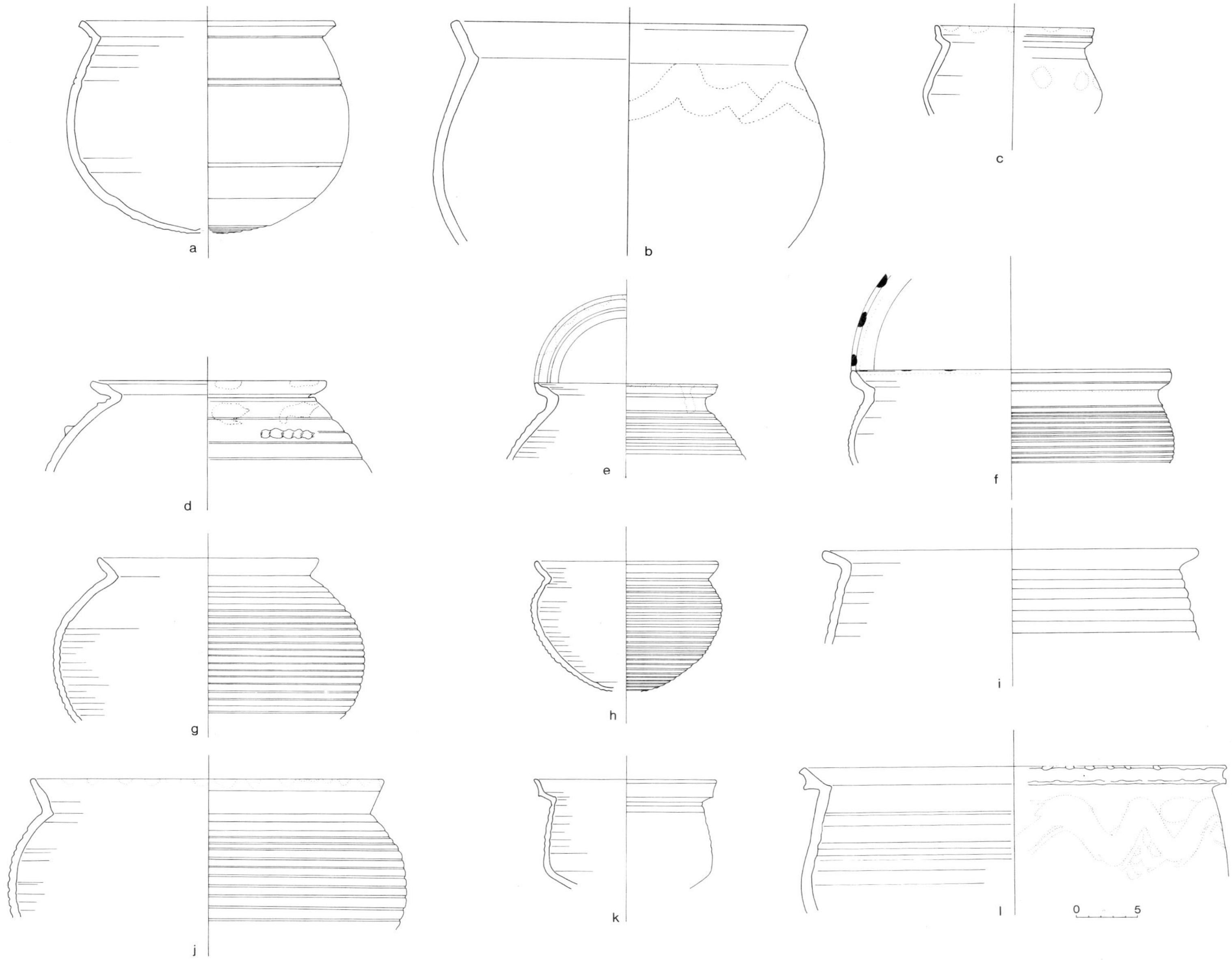

Fig. 2. — L 1. Marmites et pots de cuisson en pâte L sans dégraissant végétal.
a à *d* : au-dessus de + 40; *e*, *f* : - 10 à + 40; *g* à *l* : - 35 à - 10.

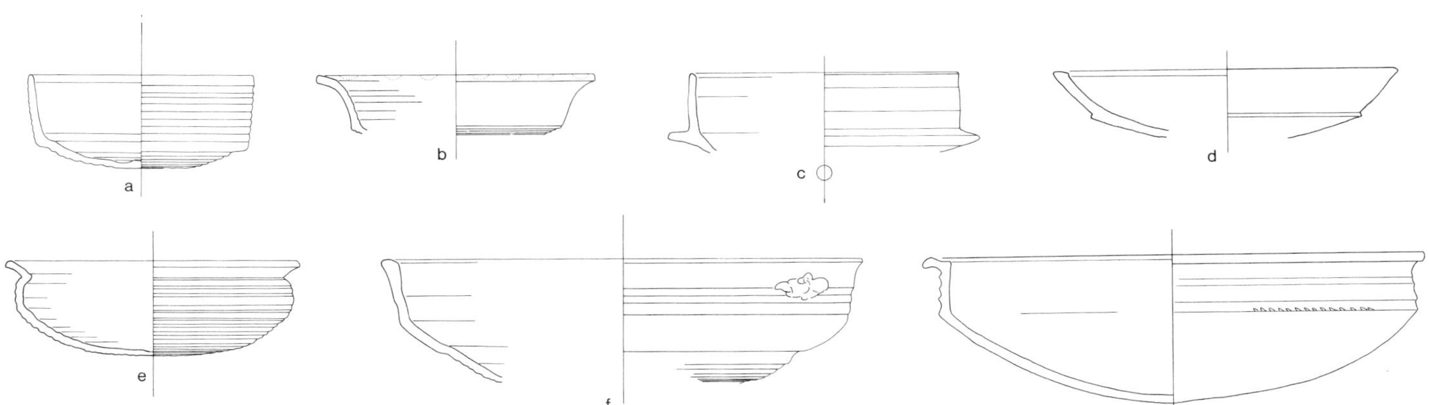

Fig. 3. — L 1. « Plats » de cuisson en pâte L sans dégraissant végétal. *b* à *h* (= SAE 922) : - 35 à - 10.

L 2. Amphores à pâte L brune et à parois côtelées.

Pâte L I — de — 35 à + 90 — Fig. 4.

Le terrain livre de très nombreux tessons de cette pâte très reconnaissable par sa couleur et sa texture, utilisée essentiellement pour la fabrication d'amphores [7]. Leur quantité diminue notablement avec le temps : à — 15, ils représentent 27 % des tessons exhumés, à + 50, 15,8 % et à + 80, 8,4 % seulement. Il s'agit d'une pâte brun chocolat : 5 YR 5/4, parfois à cœur ou à bordure grise, très dense et lourde, aux inclusions rares et fines [8]. Les amphores sont très souvent enduites à l'intérieur d'une résine destinée à les imperméabiliser [9]. Seuls les fonds et les cols sont conservés. Les fonds pointus sont plus ou moins carrés ou arrondis, plus ou moins pleins; ceux qui présentent une extrémité en bouton (fig. 4 *d*) disparaissent au-dessus de 0. Le col est tourné séparément, puis soudé à l'épaule, arrondie ou anguleuse (fig. 4 *a* et *b*). La surface de la panse est toujours fortement côtelée.

On n'a trouvé qu'un seul exemplaire, entre — 35 et — 15, d'un grand col d'amphore du type Egloff 172 [10] (fig. 4 *c*). À — 35, un tesson portait une inscription fragmentaire incisée avant cuisson.

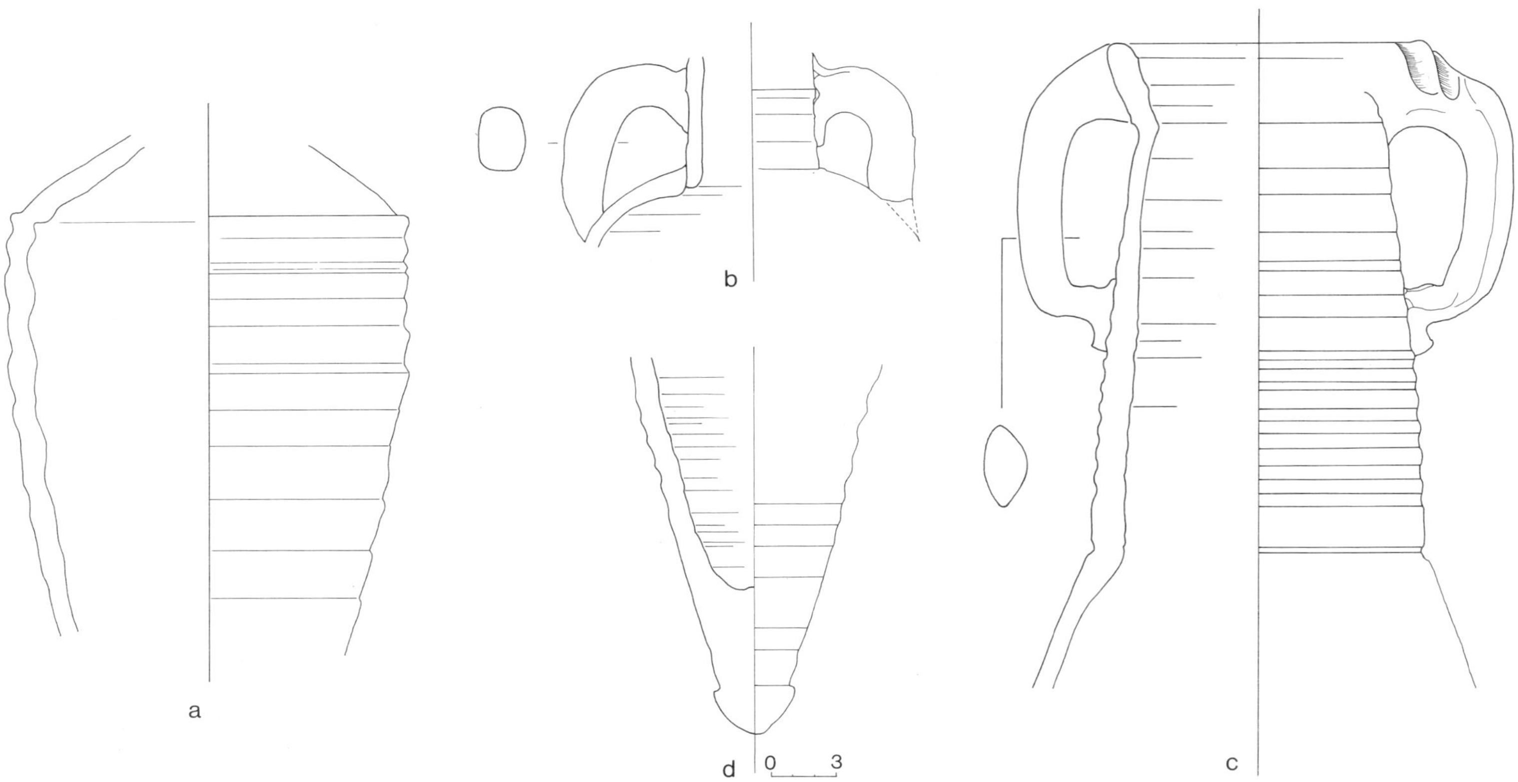

Fig. 4. — L 2. Amphores à pâte L brune et à parois côtelées. *a* : - 10 à + 40; *b*, *c*, *d* : - 35 à - 10.

7. Les autres catégories de cette étude qui pourraient être faites dans la même pâte sont : les godets L 6, la vaisselle fine de tradition sigillée L 7. À propos de leur lieu d'origine, voir Ballet et Picon, p. 38.

8. Du sable, inférieur à 0,5 mm, de 2 à 5/cm²; parfois des particules gris-noir inférieures à 0,5 mm, de 2 à 5/cm²; quelquefois beaucoup de micas fins.

9. Egloff, p. 42 et p. 112.

10. Egloff, p. 114 et pl. 59, 1.

L 3. Grosses bassines à fond plat, zirs, façonnés à la main.

Pâte LV — tous niveaux — Fig. 5 et 6.

Ces grands récipients à fond plat présentent des parois épaisses, supérieures à 2 cm, montées à la main. La pâte en est très grossière, très friable, ce qui rend les pièces impropres au transport. Les supports de zir relèvent de la même technique et du même esprit décoratif. Trois sortes d'ornements leur sont appliqués, parfois sur la même pièce : de gros bourrelets de plus de 1,5 cm de large, festonnés par enfoncement, parfois des pastilles; des incisions ondulées ou en zigzag; et de larges rubans de peinture blanche ou jaune clair.

Jusqu'à 0, les parois présentent parfois de légères et sommaires cannelures en biais (fig. 6 *c*). Au-dessous de — 10, les bourrelets sont souvent répartis en diagonales, formant des motifs de croix ou de zigzags (fig. 5).

Fig. 5.
L 3. Support de zir : - 25.

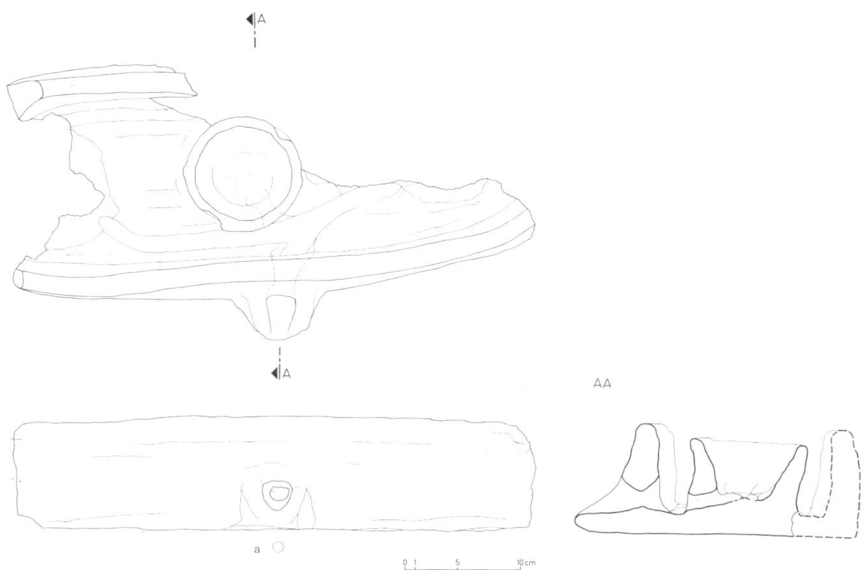

Fig. 6. — L 3. Grosses bassines à fond plat, façonnées à la main. *a* et *b* : supports de zir; *a* : + 20; *b* : - 30; *c* : de - 35 à - 10.

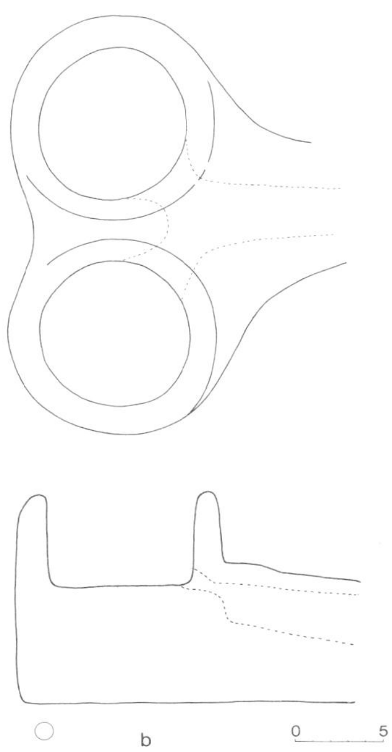

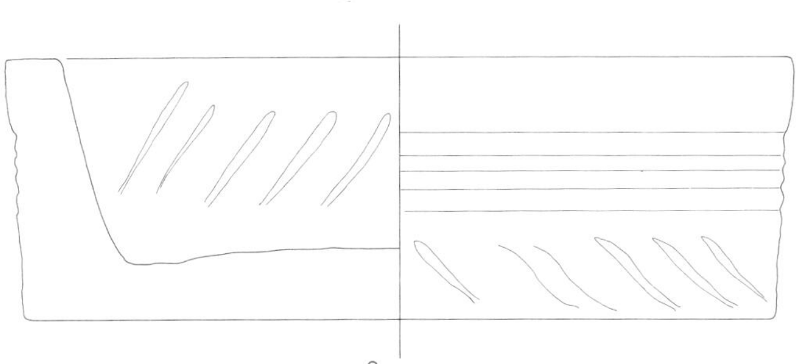

L 4. Pots de noria (roue hydraulique).

Pâte L III-IV — tous niveaux — Fig. 7.

L'abondance de fonds en bouton, caractéristiques de ces pots, retrouvés dans cette zone d'habitation laisse penser qu'ils étaient réutilisés pour des usages domestiques. En fait, ils possèdent les mêmes profils de panse que grand nombre de jarres L 16. À tous les niveaux, on note une grande variété de formes de boutons. On doit remarquer cependant, entre — 30 et + 10, des boutons bien modelés à couverte blanc cassé ou jaune verdâtre (2,5 Y 8/3) (fig. 7 *d*).

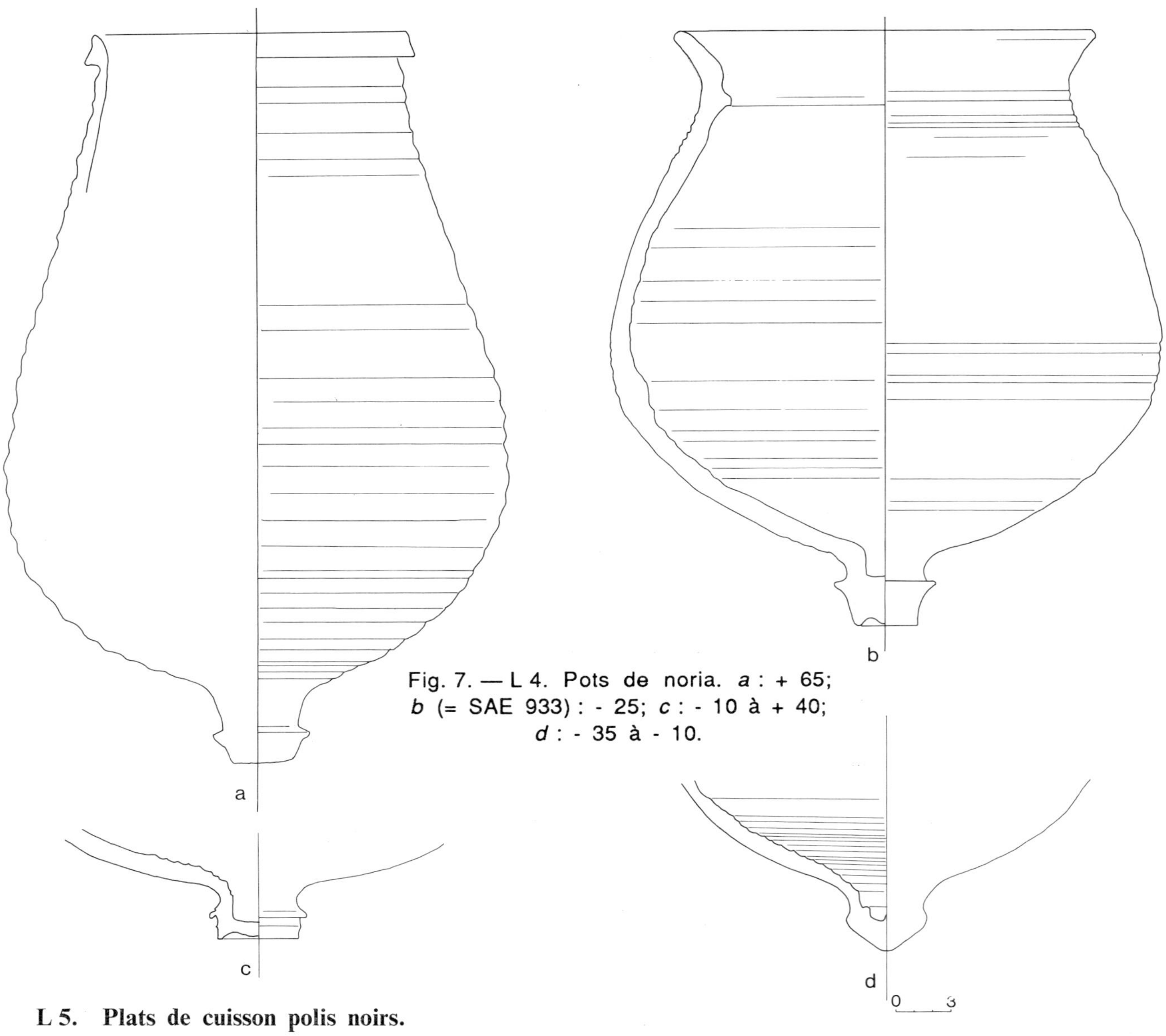

Fig. 7. — L 4. Pots de noria. *a* : + 65; *b* (= SAE 933) : - 25; *c* : - 10 à + 40; *d* : - 35 à - 10.

L 5. Plats de cuisson polis noirs.

Pâte L III — de — 35 à — 15 — Fig. 8.

Ils sont nettement antérieurs aux récipients de cuisson polis L 9 et L 10. Leur pâte contient beaucoup de dégraissant végétal fin. Sa cassure est toujours grise à cœur noir. Les profils sont irréguliers, comme ceux des vases montés à la main. Les lèvres sont légèrement amincies. Les surfaces intérieures et extérieures sont fortement polies, parfois en quadrillage. Il s'agit de coupelles et de bols, de diamètre compris entre 10 et 22 cm. Un tesson porte une petite anse horizontale.

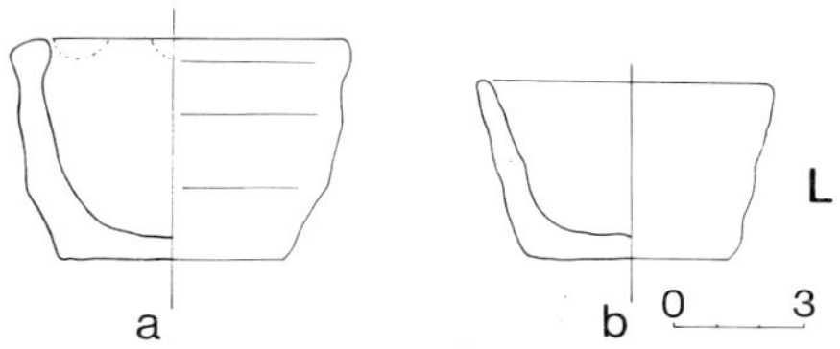

Fig. 9.
L 6. Lampes godets.

Fig. 8. — L 5. Plats de cuisson polis noirs.

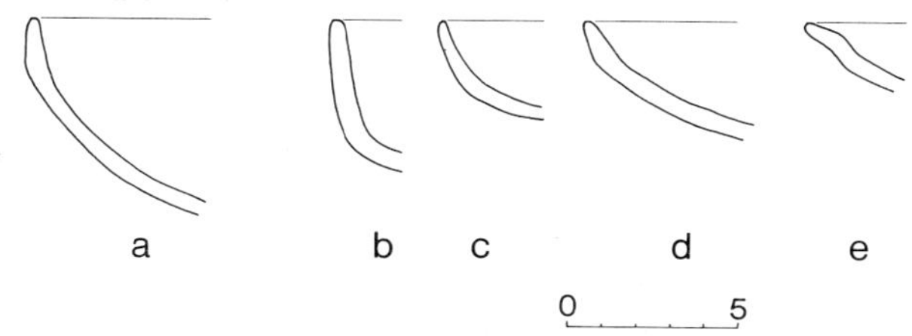

L 6. Lampes godets.

Pâte L I — de — 35 à + 40 — Fig. 9.

Ces petits godets à fond plat, au corps légèrement évasé, sont en pâte L sans dégraissant végétal, proche de celle des amphores L 2, mais de couleur plus rouge. Le diamètre de leur ouverture est compris entre 7 et 8 cm; cependant l'un d'eux mesure 3,5 cm. Ils portent le plus souvent des traces de feu, qui permettent de les identifier aux lampes mentionnées par Winlock au monastère d'Epiphanius [11].

L 7. Vaisselle de tradition sigillée en pâte L.

Pâte L II à III — de — 35 à + 50 — Fig. 10.

= Egyptian B de Hayes;
= sigillée égyptienne, groupe 2 de Egloff;
= groupe K de Rodziewicz;
= ERSW " C " de Myśliwiec.

Un petit nombre de tessons en pâte L empruntent les formes et les engobes des poteries de tradition sigillée. La couleur des pâtes se situe dans une vaste gamme de brun rouge. Elles présentent un aspect soit fin et assez dense, soit légèrement aéré avec de plus gros grains; elles contiennent peu d'inclusions [12]. Les engobes sont brillants, mais souvent usés. Ils se répartissent en deux gammes de couleurs : une palette de rouge et brun rouge foncé (plus sombres que les rouges orangés du *groupe O*, voir *infra*) : surtout 10 R 4/4, et aussi 2,5 YR 5/8, 7,5 R 4/4, 10 R 5/6, 2,5 YR 4/6, 5 YR 4/4; et une gamme de blanc crème et jaune abricot clair, similaire à celle du *groupe W* (voir *infra*) : 5 YR 8/1, 7,5 YR 8/6. Parmi les pseudo-sigillées en pâtes alluviales citées plus haut en référence, celles de Tôd ressemblent le plus à celles de Gourna décrites par Myśliwiec [13].

Cette catégorie tend à disparaître au-dessus de + 40. Au-delà, les rares tessons sont des fragments de coupes à parois évasées et lèvre repliée vers l'intérieur (fig. 10 *d*, *e*). Au niveau + 30, un exemplaire exceptionnel, couvert d'un engobe rouge clair, est estampé au fond d'une croix grecque potencée, réalisée avec une matrice semblable à l'une de celle utilisées pour décorer des vaisselles du *groupe O* (fig. 10 *b*).

11. Winlock, p. 88, fig. 38.

12. Du sable principalement, mais peu abondant, de 0,5 à 2 mm : de 1 à 3/cm^3; des nodules blancs de 0,2 à 1 mm, de 1 à 3/cm^2; des particules fines de mica de 0,1 à 0,2 mm : 1/cm^2; parfois un peu de fin dégraissant végétal. En ce qui concerne l'origine possible de cette production, voir Ballet et Picon, p. 40-41.

13. Myśliewic, p. 99.

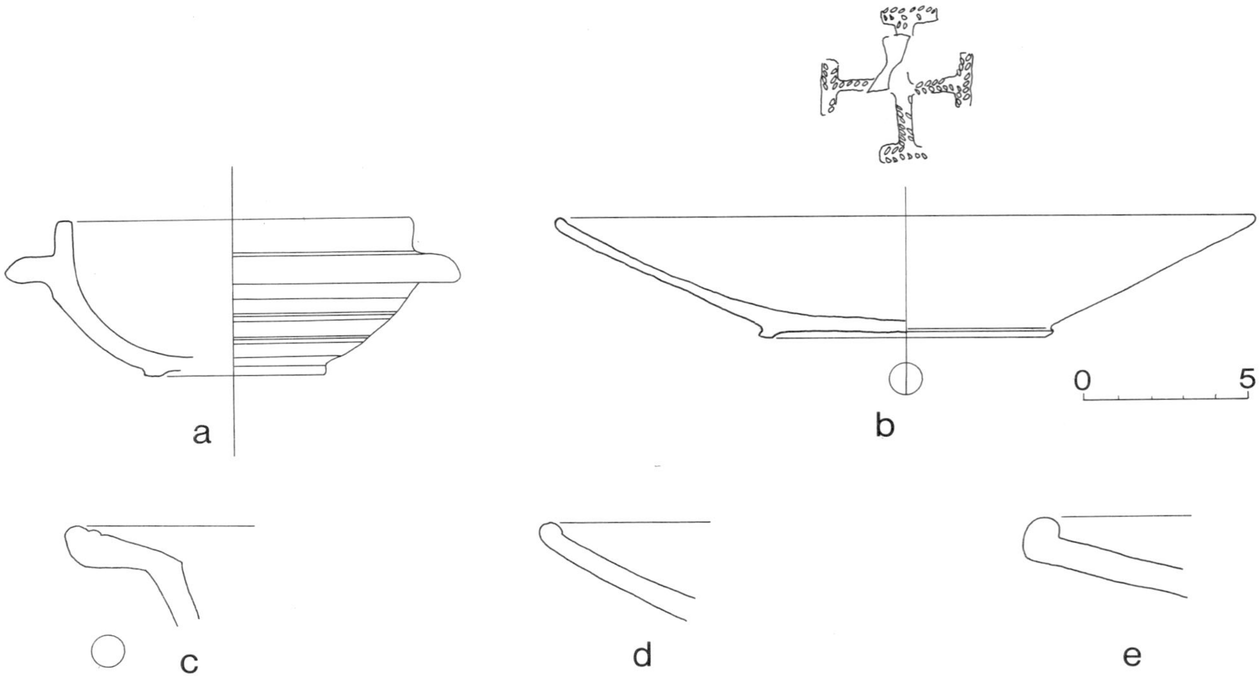

Fig. 10. — I 7. Vaisselle de tradition sigillée en pâte L. *a, b, c, e* : engobe rouge; *d* : engobe jaune. *a, c* : - 35 à - 10; *b* : + 20; *c, d* : - 10 à + 50.

L 8. Poteries à décor en triangles excisés.

Pâte L I ou III — de + 35 à + 60 — Fig. 11.

Les fragments de cette catégorie présentent une pâte L noire, parfois avec beaucoup de dégraissant végétal (fig. 11 *c*), parfois dense. Il s'agit de coupes et de gobelets. Un cône muni d'une anse est ajouré selon les mêmes motifs : s'agit-il d'un couvercle d'encensoir? (fig. 11 *d*). Cette famille est très limitée dans le temps [14].

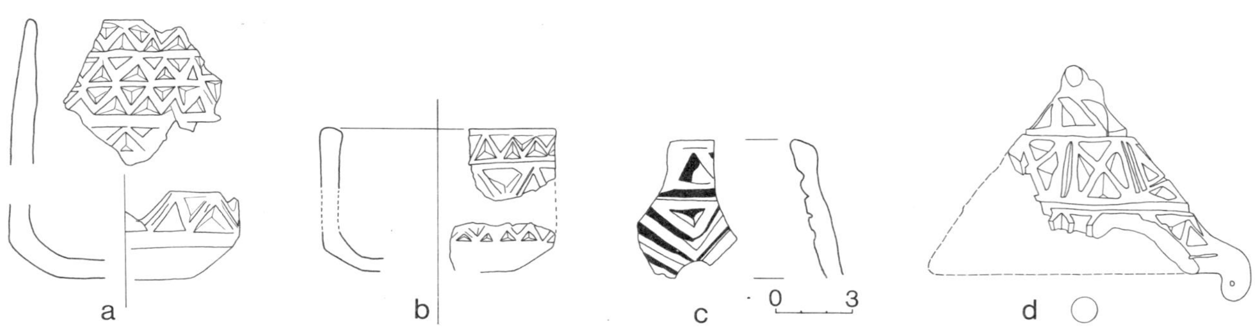

Fig. 11. — L 8. Poteries à décor en triangles excisés. *d* = SAE 891.

14. Sans doute un parallèle dans Frend, *JEA* 60, p. 58, n° *k* et fig. 14, daté par le contexte du XIe siècle; citons aussi une bouteille anthropomorphe à la technique décorative similaire, également en terre cuite noire, dans Wulff, *Altchristliche und mittelalterliche, byzantinische und italienische Bildwerke, Teil I : Altchristliche Bildwerke*, p. 283-284, n° 1490 et pl. 72. Un tesson du *groupe O* (voir *infra*, fig. 49 *g*), trouvé au niveau + 35, porte également un décor excisé en zigzag.

L 9. Récipients de cuisson polis à larges inclusions minérales.

Pâte L IV — de + 35 à + 130 — Fig. 12.

Ces récipients sont réalisés dans une pâte L grossière qui se distingue par de grosses particules minérales gris clair, supérieures au millimètre. Leurs surfaces sont polies, de couleur rose, mais généralement noircies au feu, sans doute lors de leur utilisation. Les quelques exemplaires trouvés sont des jattes ou des bols à fond aplati, aux parois apparemment montées à la main. Les poteries sont très lourdes et les parois épaisses, supérieures au centimètre. La lèvre est parfois ornée d'incisions régulièrement espacées (fig. 12 *a, b*). La surface extérieure dans la moitié inférieure est parfois raclée en tous sens (fig. 12 *b*) [15].

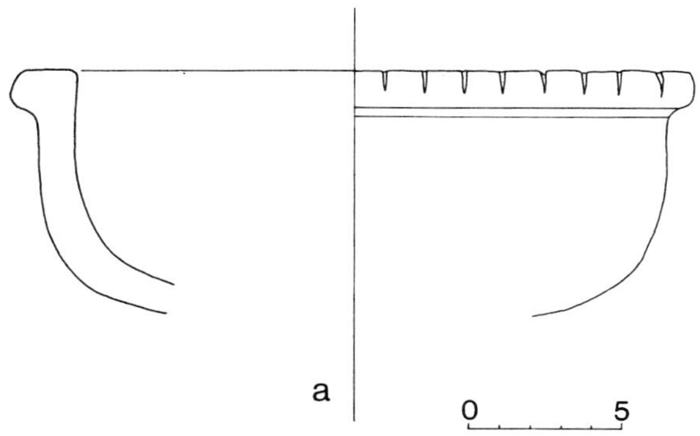

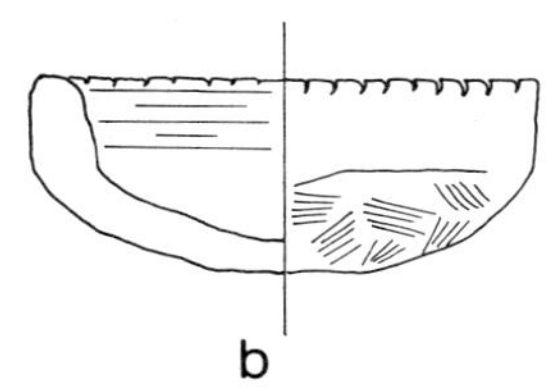

Fig. 12. — L 9. Récipients de cuisson polis à larges inclusions minérales.

L 10. Marmites modelées et polies, et autres formes, à décor d'enfoncements et d'incisions.

Pâte L IV — de + 60 à + 100 — Fig. 13 et 14.

Une catégorie de récipients de cuisson à la surface polie, fabriqués dans une pâte L (en général noircie à l'usage) contenant beaucoup de dégraissant végétal, présente un décor de rangées de petites cupules obtenues par enfoncement ou incision à la hauteur des anses (fig. 13 *a*). Ces anses sont des

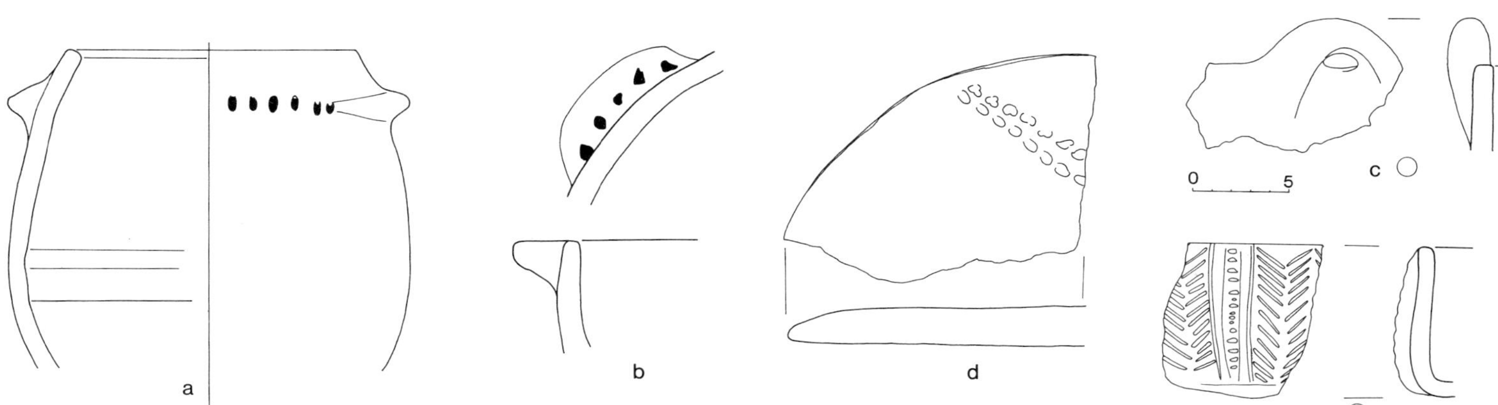

Fig. 13. — L 10. Poteries modelées et polies à décor d'enfoncements et d'incisions.

15. Les poteries L 9 rappellent par plusieurs traits différentes catégories définies par Adams pour le matériel nubien. Le traitement du décor en incisions fait songer à H 4 (Adams, *Ceramic Industries*, p. 426), et les morceaux minéraux gris aux particules de schiste que contiennent H 15 et H 16 (*ibidem*, p. 434). Les plats à four fabriqués actuellement à Hegaza, au sud de Qous, au débouché de la route du Ouâdî Hammamat, contiennent aussi une forte quantité de semblables morceaux gris.

protubérances oblongues et horizontales (fig. 13 *a*, *b*); dans un cas, il s'agit d'une « anse de panier » (fig. 13 *c*). Les diamètres d'ouverture sont compris entre 15 et 28 cm. Les parois semblent montées à la main.

Nous classons dans la même famille des couvercles plats épais, qui offrent les mêmes caractéristiques de pâte, de façonnage et de décor (fig. 13 *d*). Un bol fragmentaire noir, également poli, présente un décor incisé en arête de poisson et un bourrelet vertical marqué d'enfoncements (fig. 13 *e*).

On a également rattaché à cette catégorie un groupe semblable mais non poli, comprenant de gros couvercles plats, décorés de rangées de cupules ou de rainures, et dont l'anse est un tenon parallélépipède (fig. 14 *a* et *b*); deux exemplaires d'écuelles à fond plat et à anse unique en protubérance sur le bord, qui présentent des rangées de petites cavités sur l'anse et des lignes de zigzags incisées tout autour du corps (fig. 14 *d*). Des incisions grossières décorent un fond épais, sans dégraissant végétal, percé de part en part de deux cavités se croisant à angle droit; leur point de rencontre correspond au sommet d'un orifice central. L'intérieur noirci suggère une utilisation comme lampe ou encensoir (+ 77) (fig. 14 *c*) [16].

Nous avons été incités à regrouper ces différentes céramiques dans la même catégorie du fait de la similitude que leur décor présente avec H 8 de Adams [17].

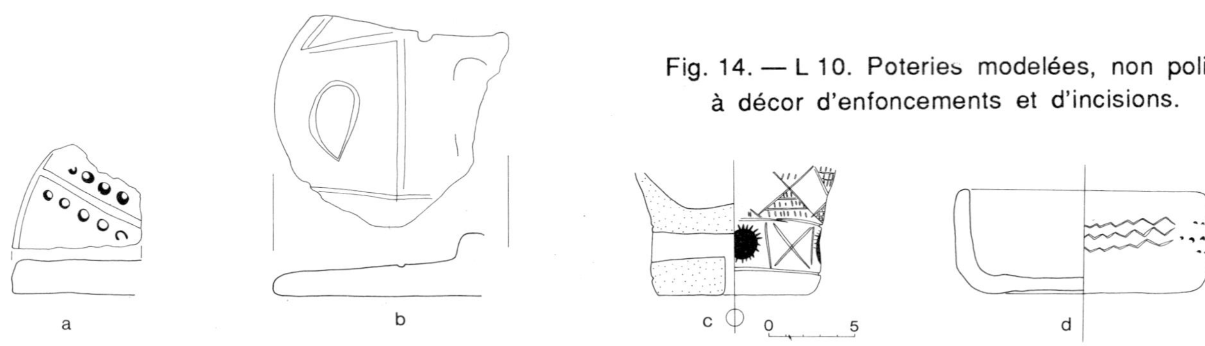

Fig. 14. — L 10. Poteries modelées, non polies, à décor d'enfoncements et d'incisions.

L 11. Vases fermés à carène basse.

Pâte L IV — + 65 à + 115 — Fig. 15.

Ces petits récipients, quoique limités en nombre, constituent une famille bien homogène par sa pâte (une L friable à dégraissant végétal, poreuse, non engobée), sa forme et sa taille (hauteur comprise entre 11 et 12 cm). Il se peut qu'ils aient tous été munis d'une anse unique.

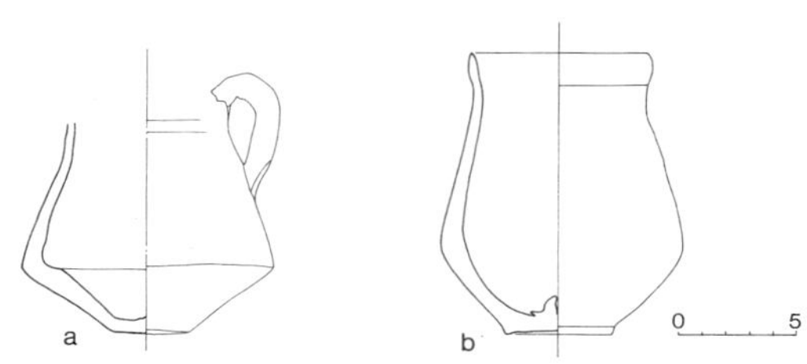

Fig. 15. — L 11. Vases fermés à carène basse.

16. Un fond de brûle-parfum fragmentaire conservé au musée national de Varsovie (inv. n° 235041 MN) également brûlé dans le fond, trouvé à Dongola dans un contexte postérieur au XIIIe siècle, présente un aménagement semblable de la base, mais son décor est peint.

17. Adams, *Ceramic Industries*, p. 432.

L 12. Canalisations.

Pâte L V — au-dessus de + 70 — Fig. 16.

Des éléments de canalisation fragmentaires ont été trouvés, hors contexte d'utilisation. L'épaisseur des parois est modulée pour répondre aux nécessités d'emboitage et d'écoulement. Un trou a été ménagé avant cuisson dans l'un d'eux.

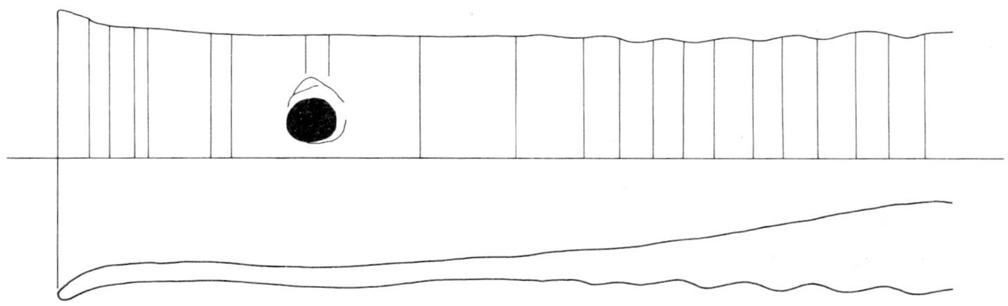

Fig. 16. — L 12. Élément de canalisation. 0 5

L 13. Hors classement : jarres et amphores diverses. Fig. 17.

Nous appelons par convention jarres tous les récipients de stockage à col, et amphores les jarres munies d'anses. Une couverte blanche orne souvent l'épaule jusqu'à l'intérieur du col. On observe des fragments de passoires en dessous du niveau + 40. L'amphore Egloff 187 est attestée par deux fragments entre + 10 et + 50 (fig. 17 *b*) [18]. Enfoui en partie dans le sol, maintenu calé en terre à 0, un très grand vase aux parois épaisses sans doute montées à la main, est décoré de bourrelets festonnés (comme en L 3), disposés en guirlandes sous l'ouverture (fig. 17 *e*).

18. Sa présence en Haute Égypte comble une lacune de la documentation Ballet et Picon, p. 40-41.

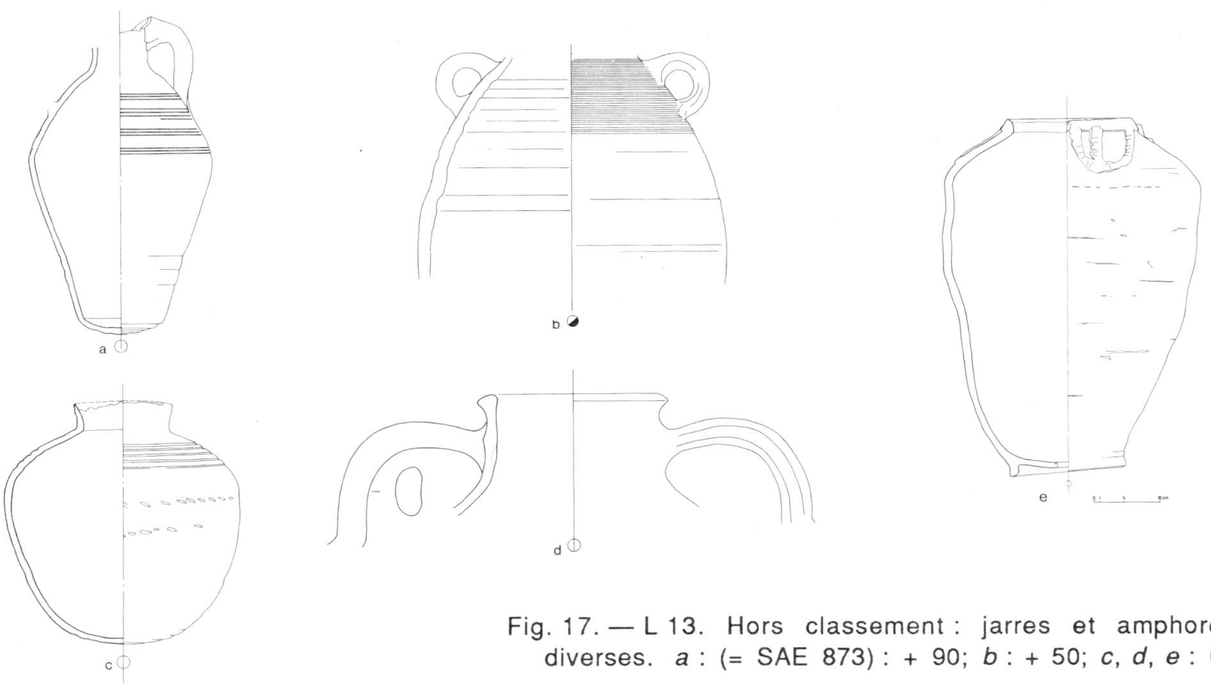

Fig. 17. — L 13. Hors classement : jarres et amphores diverses. *a* : (= SAE 873) : + 90; *b* : + 50; *c*, *d*, *e* : 0.

L 14. Hors classement : vases à eau divers. (Fig. 18).

Ces récipients de taille restreinte, au col étroit, éventuellement à anses, sont souvent munis d'un filtre à la hauteur du goulot dont les trous, larges (5 à 8 mm) ou étroits (1 à 2 mm), sont répartis irrégulièrement (fig. 18 *b*).

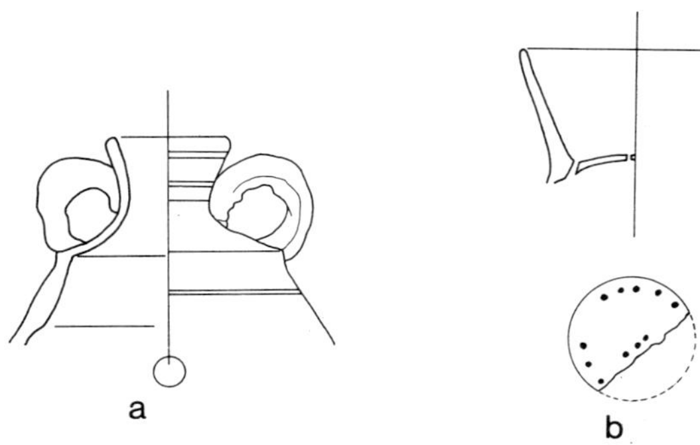

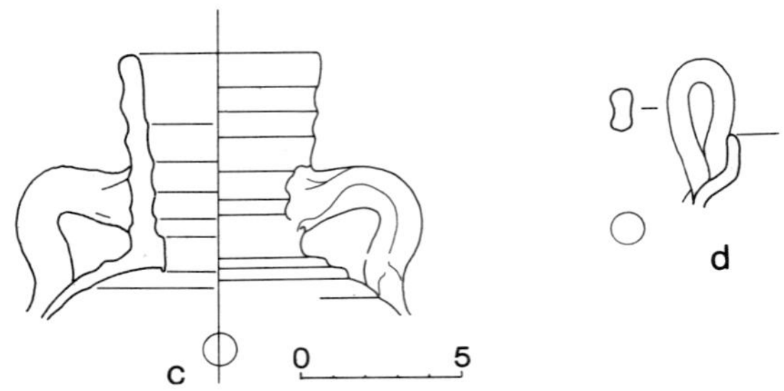

Fig. 18. — L 14. Hors classement : vases à eau divers. ***a*** **: + 40 à + 90;** ***b*** **: - 10 à + 40;** ***c, d*** **: - 35 à - 10.**

L 15. Hors classement : vases divers de forme ouverte. (Fig. 19).

On comprend ici des jattes à fond plat, parois évasées et bords en bourrelet, et de grands bols convexes divergents avec ou sans pied. Les lèvres étalées ou épaissies, ainsi que les lèvres festonnées par enfoncement, sont plus fréquentes sous le niveau + 40 (fig. 19 *g, h* et *d*). Une grande jatte à fond plat, montée au tour, est recouverte d'un engobe rouge clair (— 10) (fig. 19 *f*).

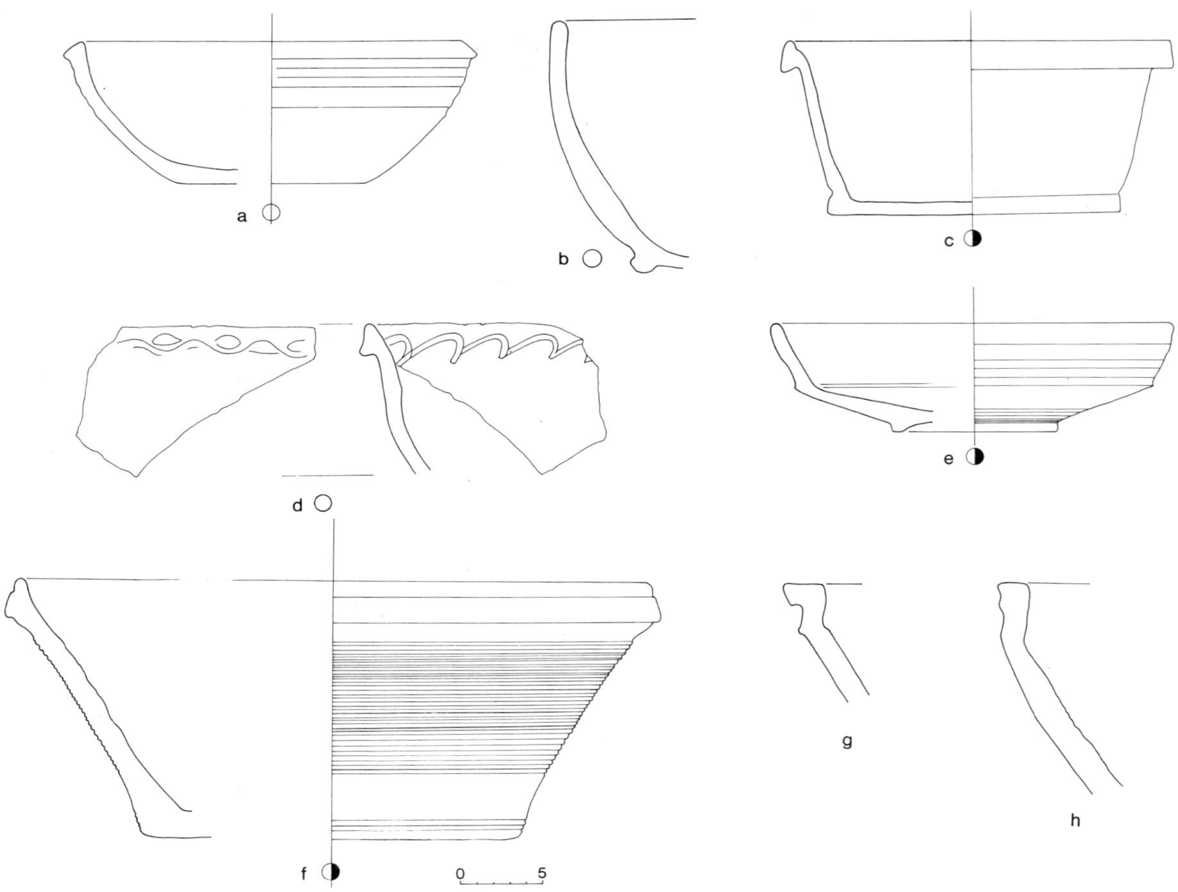

Fig. 19. — L 15. Hors classement : vases divers de forme ouverte. *a, b* : + 40 à + 90; *c, e, f, g, h* : - 35 à - 10; *d* : - 10 à + 40.

L 16. Hors classement : vases divers de forme convexe ou cylindrique. Fig. 20.

Un grand nombre de tessons témoignent de la présence de toutes sortes de grandes jarres à large ouverture (entre 16 et 40 cm). Au-dessus de + 40, on observe moins de lèvres amincies et en bourrelet que de lèvres larges, carrées ou aplaties, mais aussi de plus fréquentes empreintes de cordes, et des parois épaisses munies d'anses parallélépipédiques.

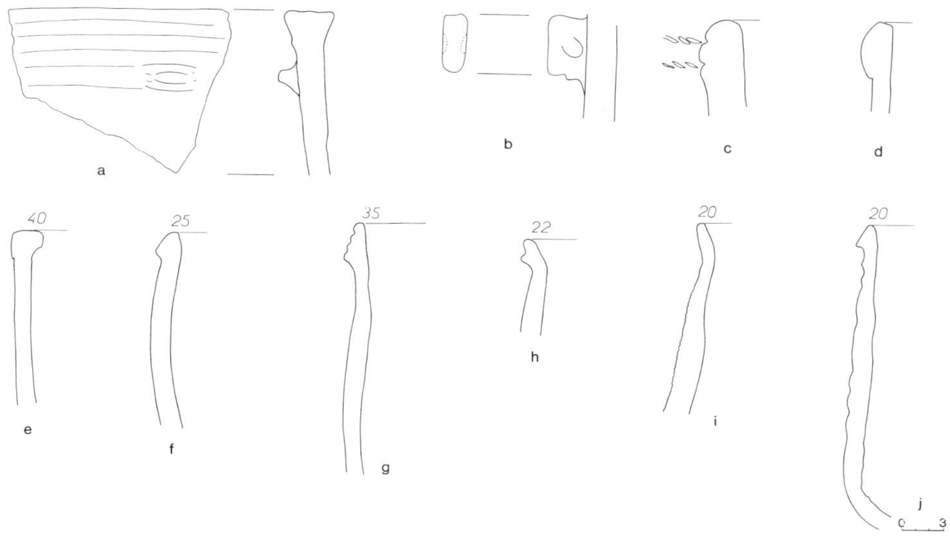

Fig. 20. — L 16. Hors classement : vases divers de forme convexe ou cylindrique. *a* à *d* : + 40 à + 90; *e* à *i* : - 10 à + 40; *j* : - 35 à - 10.

L 17. Hors classement : récipients divers. Fig. 21.

Ces différentes vaisselles ne trouvent place dans aucune des catégories précédentes. Le vase de la figure 21 *c* présente le même profil que les vases d'Assouan peints (cf. *infra*); sa panse porte un décor au peigne. Le décor de la figure 21 *a*, est excisé.

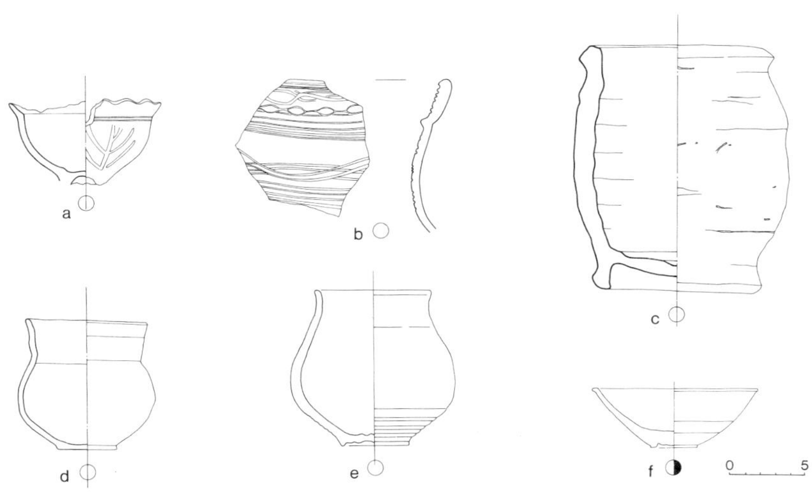

Fig. 21. — L 17. Hors classement : récipients divers. *a* (= SAE 851) : + 130; *b* (= SAE 849) : + 125; *c* : + 90 à + 130; *d* (= SAE 907), *e* : + 30; *f* : - 35 à - 10.

L 18. Hors classement : couvercles divers. Fig. 22.

Deux types de couvercles sont notables, outre ceux qui appartiennent à la famille L 1 (*supra*, p. 150). Entre + 40 et + 90, des couvercles en pâte L à dégraissant végétal, à bouton de préhension rond (fig. 22 *d*); au-dessus de + 90, des couvercles épais aux bords relevés (fig. 23 *a*, *b*, *c*).

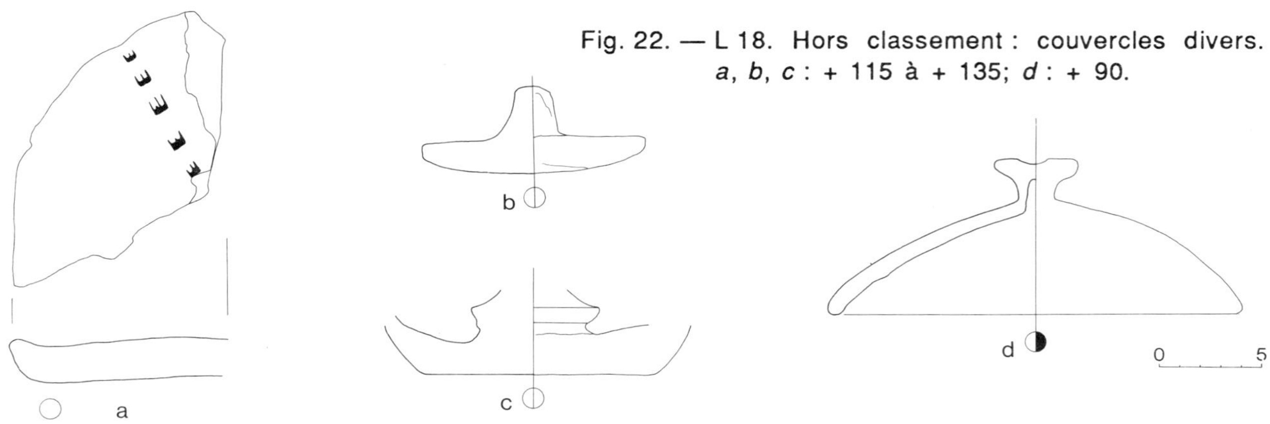

Fig. 22. — L 18. Hors classement : couvercles divers. *a*, *b*, *c* : + 115 à + 135; *d* : + 90.

L 19. Hors classement : aménagements spéciaux. Fig. 23.

— des supports de vases (fig. 23 *a*, *b*, *c* et sans doute *f*);
— deux pieds creux, présentent un fond percé et un trou dans la paroi même du pied (fig. 23 *e*) [19];
— une grosse poterie, ouverte en haut et en bas; le bord inférieur, percé de trous, a été usé après cuisson (fig. 23 *h*);
— un épais bec verseur surmonté d'une anse (fig. 23 *d*);
— des manches de « casseroles » (fig. 23 *g*).

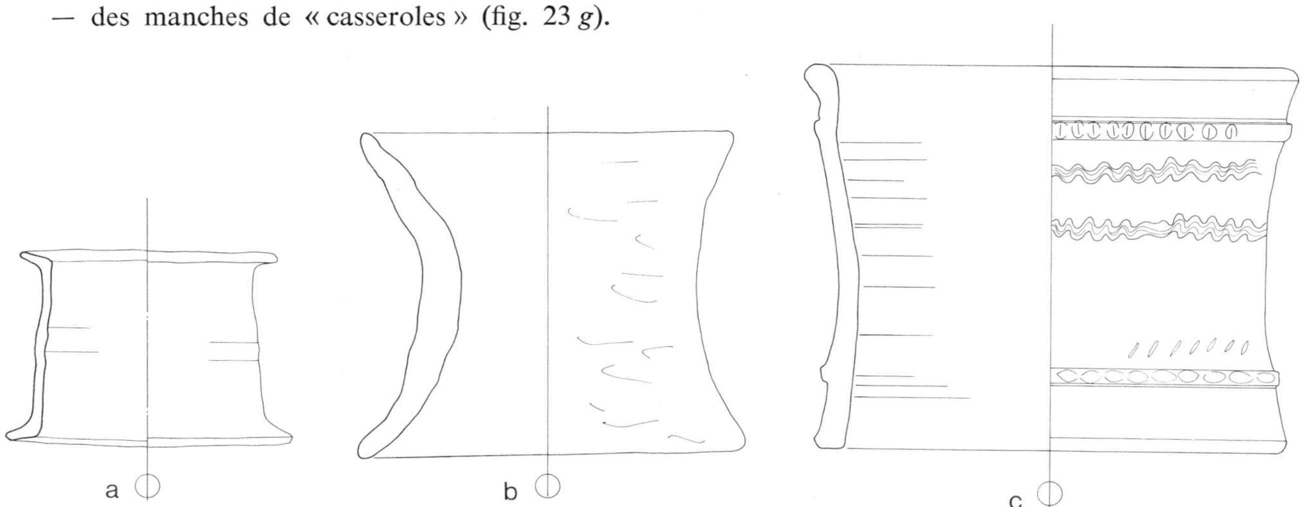

Fig. 23. — (à suivre)

19. Deux exemples assez proches dans Jacquet-Gordon, p. 26, pl. 229 : W 8 *a* et *b*, avec cette différence que leur fond n'est pas percé. Ceux de Tôd ne portent pas de traces de brûlure. Quant à notre figure 23 *f*, ce pourrait être un support : voir Winlock, fig. 48 A et B.

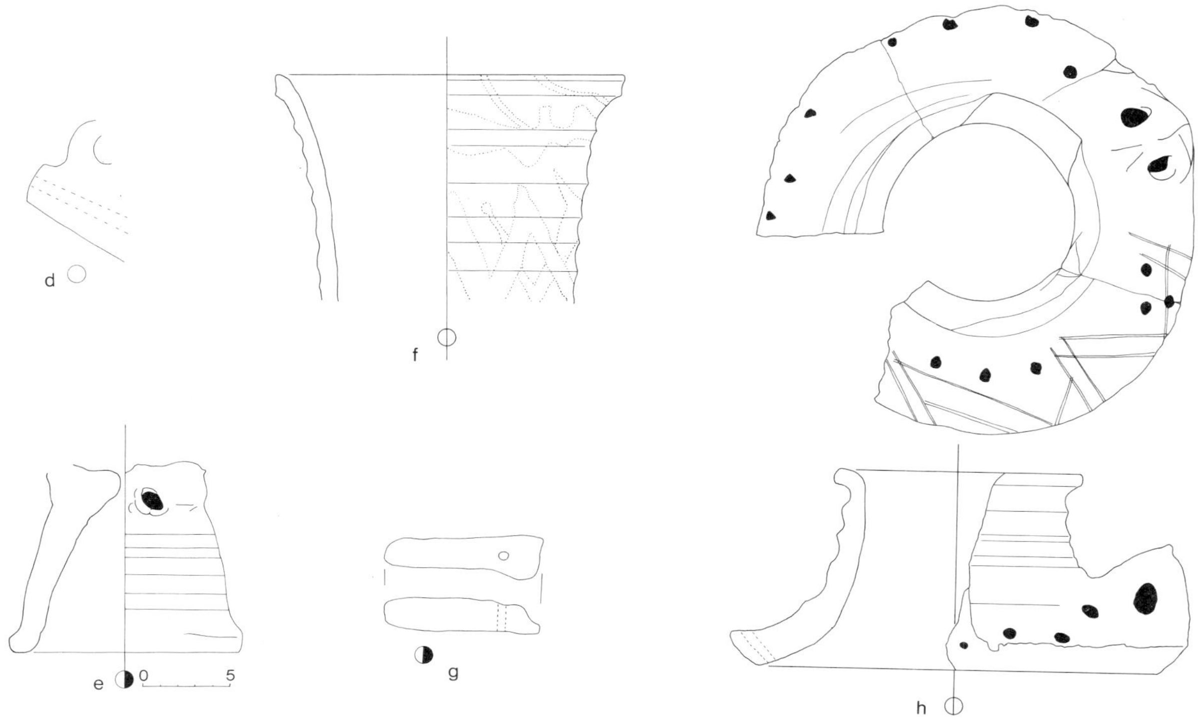

Fig. 23. — L 19. Hors classement : aménagements spéciaux. *a* : + 125; *c* : + 60; *b*, *d*, *e* : + 40 à + 90; *f*, *g* : + 10 à + 40; *h* : - 10.

L 20. Hors classement : fonds divers. Fig. 24.

On constate essentiellement une diversification des pieds au-dessus de + 40. Le pied annulaire du type des figures 24 *d* et *f*, est courant jusqu'au niveau + 40 (diamètre : 7 à 17 cm).

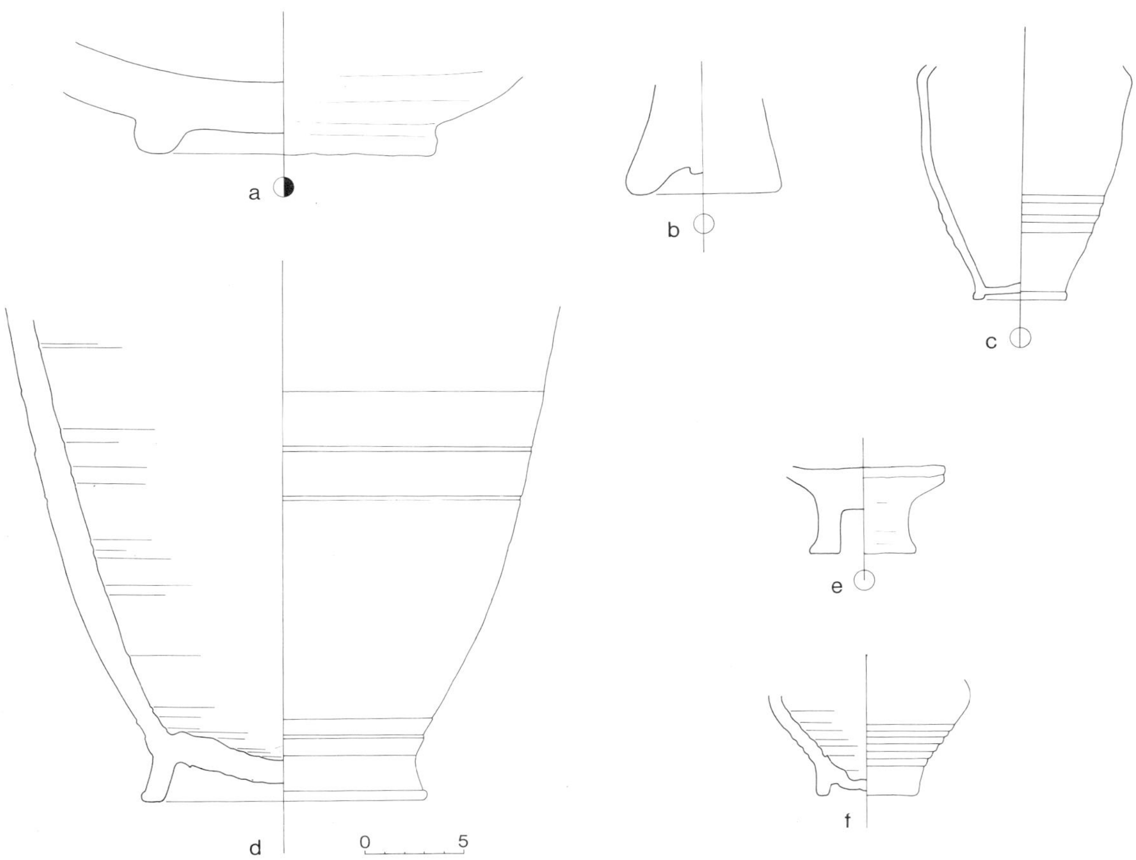

Fig. 24. — L 20. Hors classement : fonds divers. *a*, *b*, *c* : + 40 à + 90; *d*, *e* : - 10 à + 40; *f* : - 35 à - 10.

Lp 1. Poteries à décor peint sur fond coloré.

Pâte L III — de — 35 à + 90, forte diminution au-dessus de + 60 — Fig. 25, 26, 27.

Cette famille est caractérisée par un style de décor peint appliqué à un nombre limité de formes, qui lui sont généralement propres. Les pâtes contiennent d'ordinaire peu de dégraissant végétal, sauf dans les très grandes pièces. Le revêtement intérieur et extérieur est d'une couleur différente de la pâte, mettant en valeur le décor peint : rouge clair, rose tendant vers le saumon, ou jaune abricot (7,5 YR 8/6, 2,5 YR 6/8). Les motifs sont exécutés en brun aubergine, et sont souvent recouverts d'un large ruban de couleur blanche délavée qui les laisse transparaître. Le vocabulaire décoratif est restreint, mais permet des variations infinies : arcatures, festons, zigzags, ondulations de lignes simples ou doubles, éventuellement frangées de cils, ponctuées de gros points. Deux fragments portent des motifs figuratifs [20] : un poisson et une croix de Malte entourée de quadrupèdes (?), tous deux à + 5. Quelques fragments de panse présentent en outre de profondes cannelures excisées.

Ces décors sont appliqués sur deux formes principales :

— des vases à fond annulaire, corps ovoïde, col conique, lèvre en léger bourrelet (hauteur totale comprise entre 16 et 41 cm) (fig. 25); un exemplaire entier a été trouvé aussi haut que + 80 (fig. 25*a*);

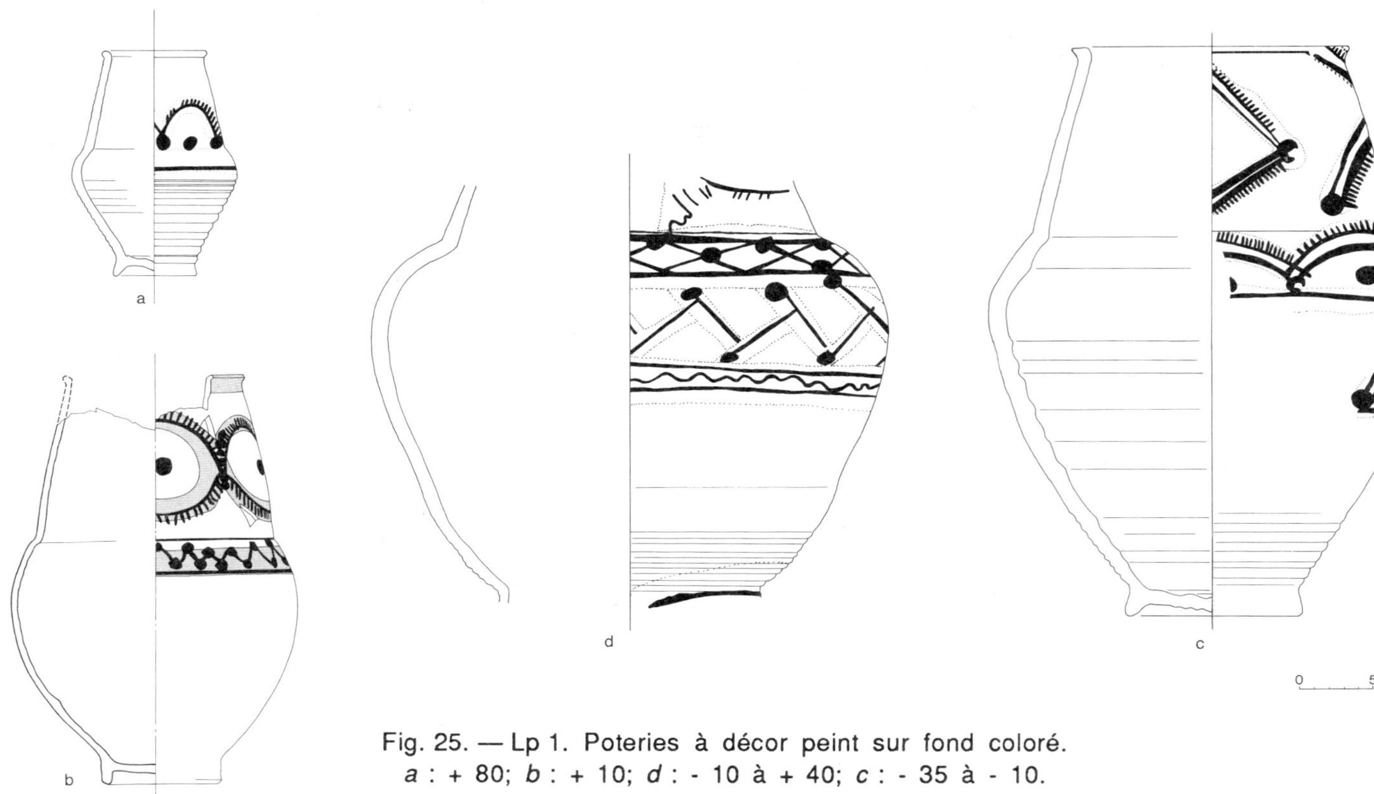

Fig. 25. — Lp 1. Poteries à décor peint sur fond coloré.
a : + 80; *b* : + 10; *d* : - 10 à + 40; *c* : - 35 à - 10.

20. Beaucoup d'autres exemples de décor figuratif ont été trouvés sur les poteries des fouilles de Tôd des années 1980 à 1983, qui seront publiées ultérieurement en collaboration avec G. Lecuyot.

— des calices à pied annulaire conique, au corps convexe et à lèvre en léger bourrelet (fig. 26*a*, *b*, *d*)[21].

D'autres formes semblent inspirées par celles des *groupes O* et *W* (cf. *infra*) (fig. 26*g*, *h*). Les bols des figures 26*i* et *j*, portent un revêtement de couleur jaune abricot et un décor de rubans rouge clair doublant les festons aubergine, semblables aux vaisselles du *groupe W* peint.

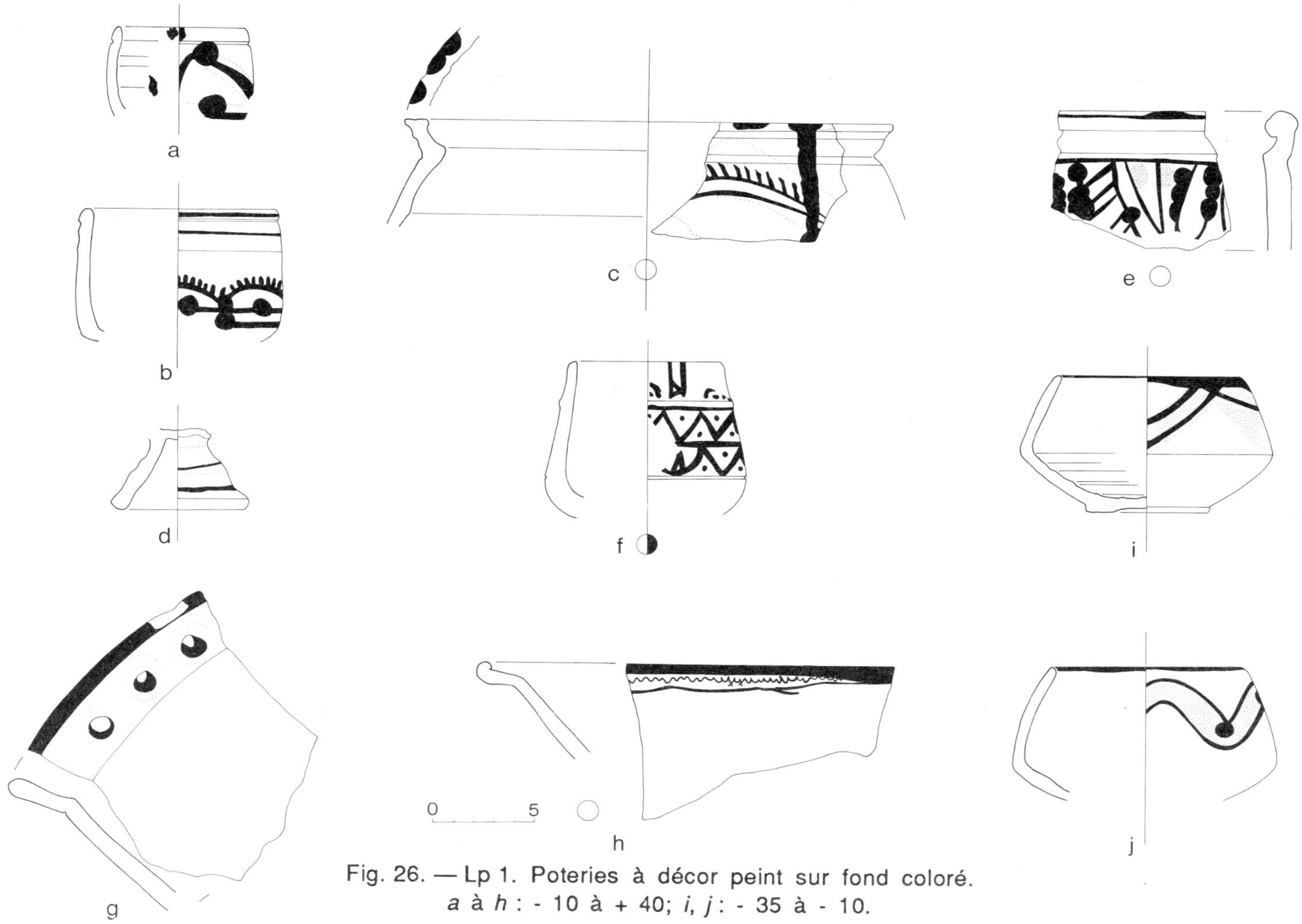

Fig. 26. — Lp 1. Poteries à décor peint sur fond coloré.
a à *h* : - 10 à + 40; *i*, *j* : - 35 à - 10.

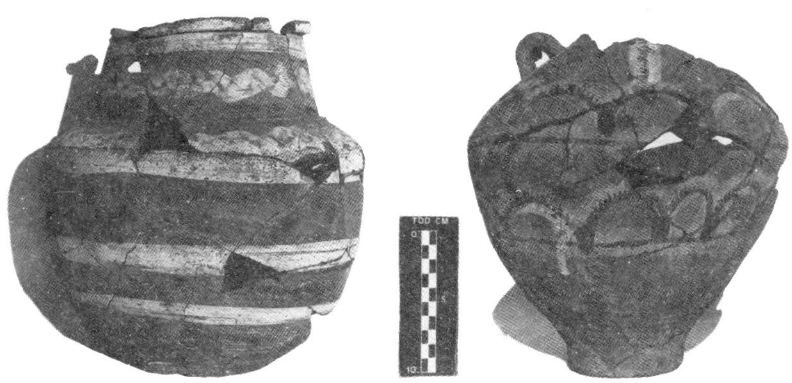

Fig. 27. — Lp 1. Poteries à décor peint sur fond coloré. *a*, *b* : 0.

21. Benazeth, *Rev. Louvre* 5/6, 1985, p. 416, fig. 23, 0 et p. 418, fig. 27, 0.

Lp 2. Poteries à décor peint sur engobe.

Pâte L II — de — 35 à + 40 — Fig. 28 et 29.

La surface de ces poteries est recouverte d'un engobe de même couleur que la pâte, ocre rouge. Le matériau est dense, sans dégraissant végétal. Une sous-catégorie, également dense, est de couleur plus rosée (2,5 YR 5/6, 10 R 6/4). Le décor, appliqué sur l'engobe, consiste en motifs aubergines dessinés au pinceau fin, souvent recouverts de larges bandes blanches qui les laissent transparaître : lignes ou groupes de stries sur la lèvre; lignes parallèles ceinturant la panse; pois blancs sur ruban aubergine ou ruban blanc sur pois aubergine, en lignes, zigzags, ondulations, arcatures, festons, entrelacs ou postes, entre lesquels s'insèrent parfois de gros pois blancs.

La forme la plus répandue est un grand bol à carène basse et lèvre en léger bourrelet, qui semble dérivée du *groupe O* (cf. *infra*) (fig. 29 *a, b, c, e, f*), comme le bord à collerette de la figure 28 *e*, et les incisions à la roulette de la figure 28 *f*[22]. Tout à fait unique, une sorte de marmite porte un décor monochrome brun aubergine d'inspiration végétale (fig. 28 *i*).

22. C'est tout particulièrement dans ces poteries que la pâte présente la variante de couleur plus rosée citée plus haut, tout en se différenciant bien de la pâte R. Peut-être est-ce là le résultat d'un mélange spécial, que nos méthodes de travail ne permettent pas de distinguer avec certitude.

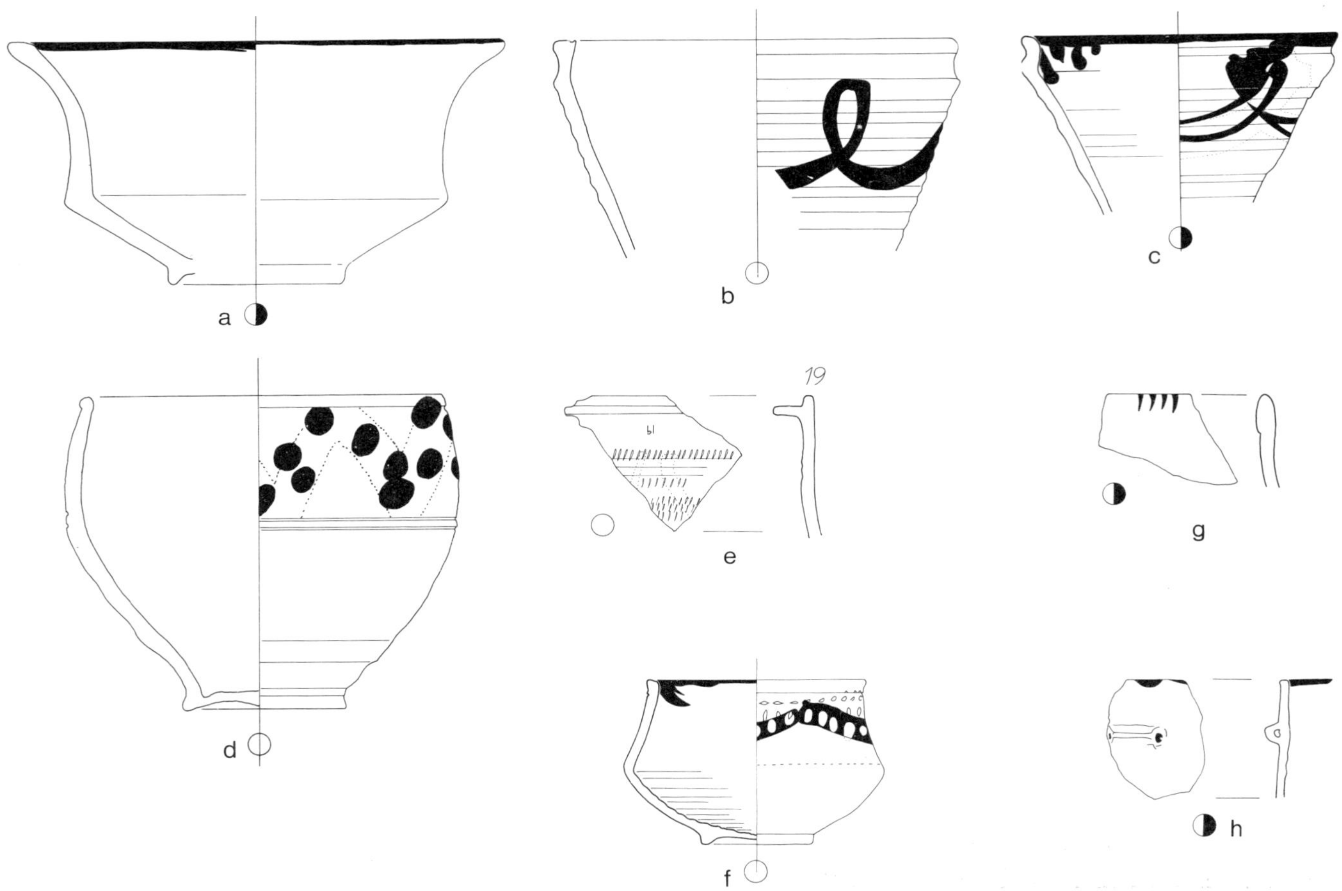

Fig. 28. — (à suivre)

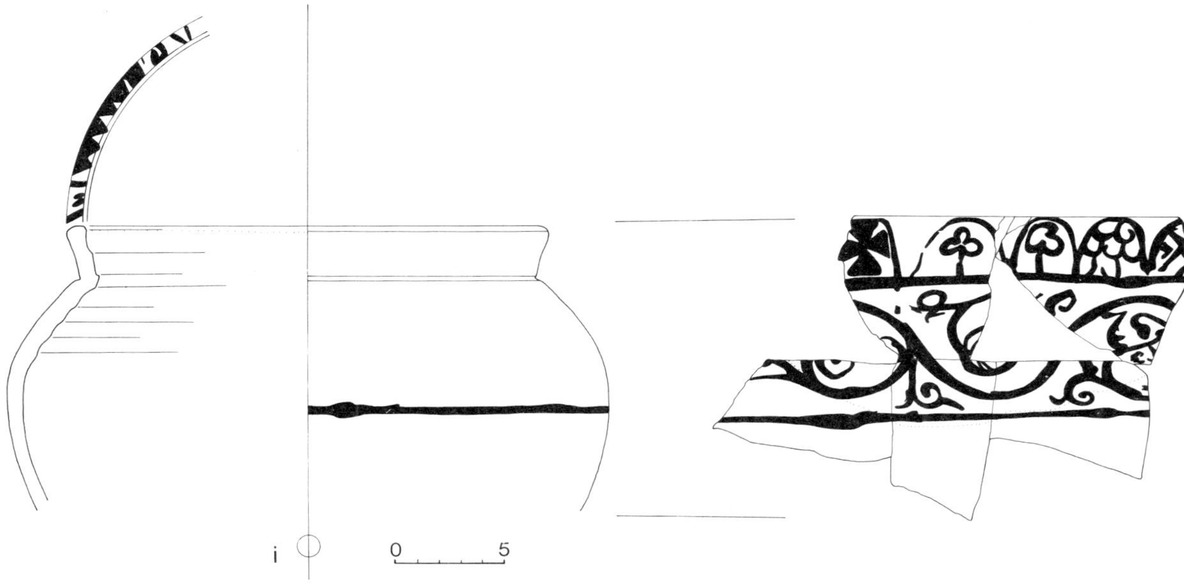

Fig. 28. — Lp 2. Poteries à décor peint sur engobe. *b* à *i* : - 35 à - 10; *a*, *j* : - 25.

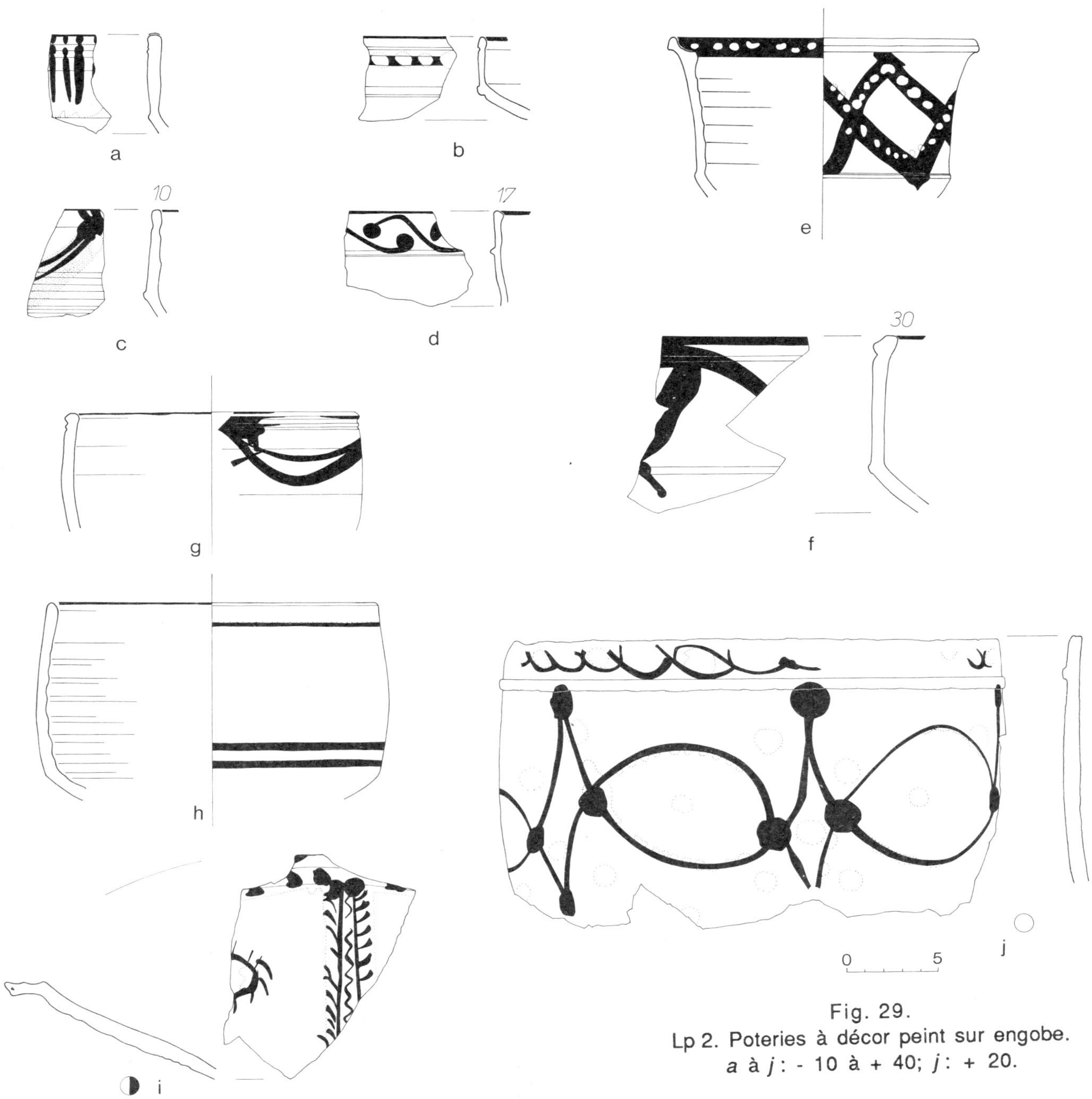

Fig. 29.
Lp 2. Poteries à décor peint sur engobe.
a à *j* : - 10 à + 40; *j* : + 20.

Lp 3. Grands vases ouverts à marli peint.

Pâte L IV — de — 35 à + 40 — Fig. 30.
= Myśliwiec 1523-1539.

Les vases de cette famille présentent des parois épaisses en pâte L à dégraissant végétal. Le décor est généralement limité au rebord intérieur : sur un fond brun clair ou blanc cassé sont dessinés en brun aubergine des festons, simples ou doubles, parfois ciliés, striés ou ornés de pois ou de quadrillages; souvent, un ruban blanc très délavé passe sur les festons.

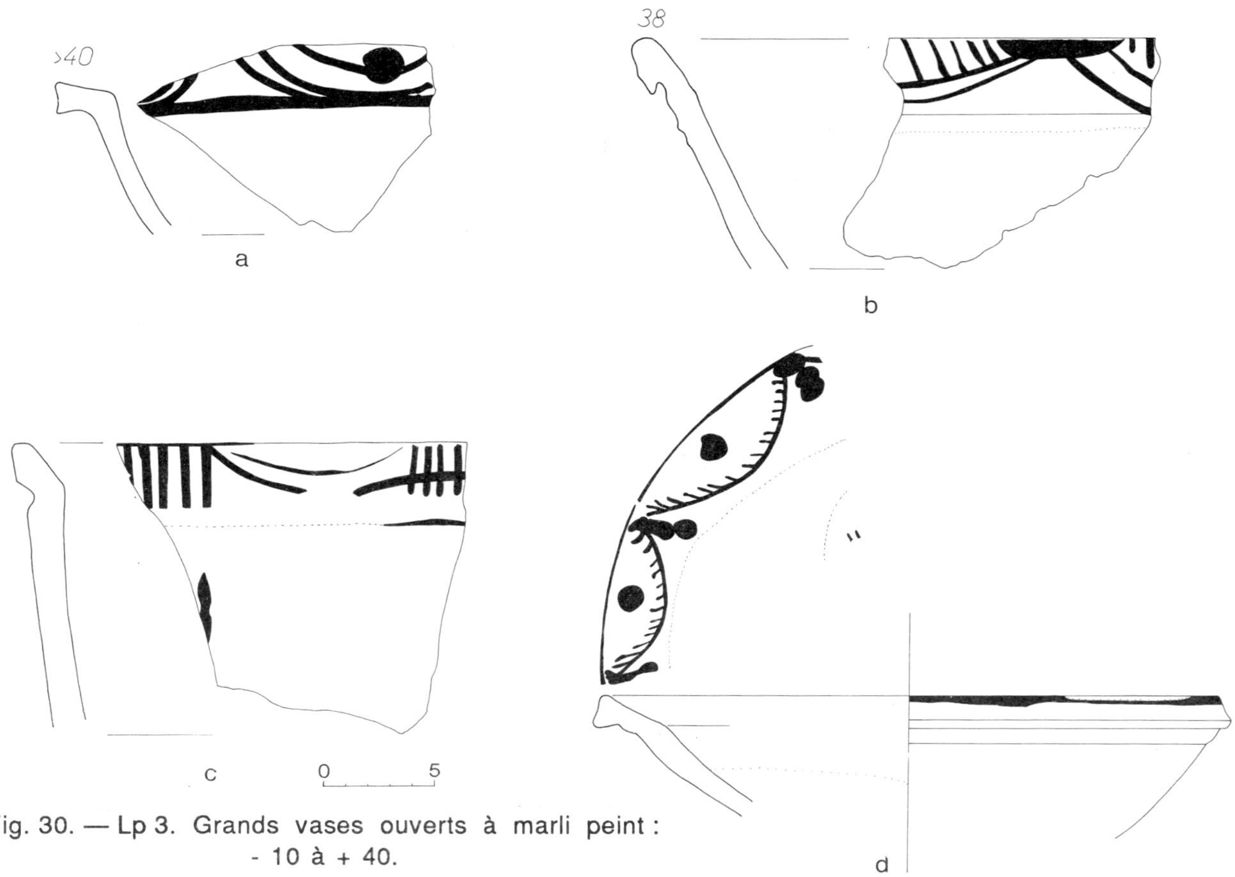

Fig. 30. — Lp 3. Grands vases ouverts à marli peint : - 10 à + 40.

Lp 4. Gobelets peints en pâte L à dégraissant végétal.

Pâte L IV — de + 40 à + 80 — Fig. 31.

La pâte de ces gobelets contient une grande quantité de dégraissant végétal. Ils sont caractérisés par des parois minces et presque cylindriques, une ouverture comprise entre 7,5 et 8,5 cm et un décor géométrique rouge sur fond blanc. La fragilité des parois et du revêtement étant grande, un seul gobelet est parvenu entier, mais son décor est quasiment effacé.

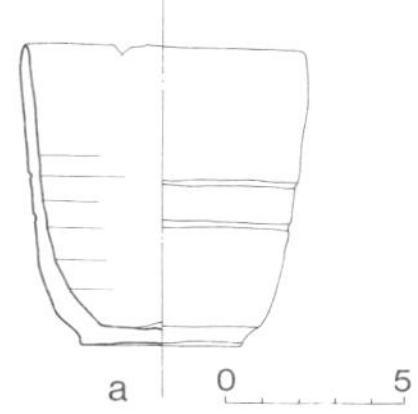

Fig. 31.
Lp 4. Gobelets peints en pâte L à dégraissant végétal. *a* = SAE 906.

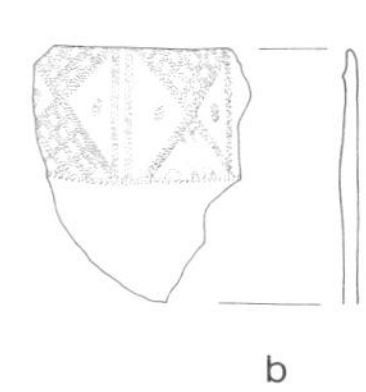

Lp 5. Écuelles polies et peintes sur fond rouge.

Pâte L III ou L IV — de + 60 à + 120 et plus — Fig. 32 et 33.

Ces écuelles aux parois épaisses (dépassant souvent 1,5 cm) probablement montées à la main, sont réalisées en pâte L grossière; la quantité de dégraissant végétal varie selon les pièces [23]. La surface est polie avant cuisson et un engobe rouge 2,5 YR 4/6, 2,5 YR 5/6 la recouvre (plus rarement rose). Le décor occupe l'intérieur de ces formes ouvertes (l'extérieur d'un seul exemplaire à bords rentrants), géométrique, de couleur brun aubergine foncé, parfois rehaussé de lignes blanc crème. Le diamètre des pièces est compris entre 20 et 25 cm. Lp 5 ressemble beaucoup à la catégorie H 7 de Adams [24], qu'il date entre 1350 et 1600 environ.

23. On y voit essentiellement des particules blanches de 1 à 2 mm : 1 à 2/cm^2; plus rarement du sable ou des particules noires de 1 mm : 1/cm^2. Dans un cas, la pâte présente des cavités très irrégulières, de 0,5 à 7 mm.

24. Adams, *Ceramic Industries*, p. 428-429, fig. 251-522, n° 20.

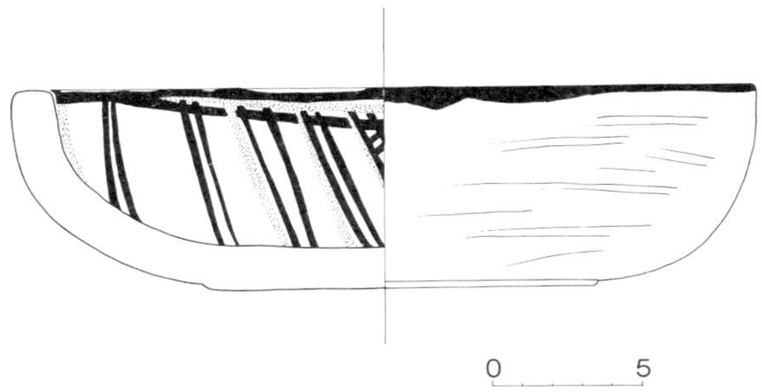

Fig. 32. — Lp 5. Écuelle polie et peinte à fond rouge.

Fig. 33. — Lp 5. Écuelles polies et peintes à fond rouge. (Éch. $^1/_2$)

Lp 6. Écuelles peintes à fond clair.

Pâte composite à base de L — de + 90 à + 160 — Fig. 34 et 35.
= Myśliwiec 2130-2145.

Cette famille présente un répertoire de formes et de décors proche de Lp 5, mais s'en distingue par sa pâte, presque sans dégraissant végétal, et son décor peint en ocre rouge sur fond rosé, ou en brun aubergine sur fond brun clair (10 YR 7/4), non poli. Les formes sont plus ouvertes que dans Lp 5, et le travail est moins soigné. L'extérieur des parois est souvent raclé. Cette famille est attestée à Gourna [25].

Lp 7. Décors peints sur couverte blanche.

Pâte L II — de — 35 à — 15.

Quelques rares tessons, dans les niveaux les plus anciens, portent un décor en spirale de couleur brun aubergine sur couverte blanc jaune. La pâte est rouge clair, la surface est annelée. Il pourrait s'agir de la même famille que les n°s 1715-1789 de Myśliwiec [26].

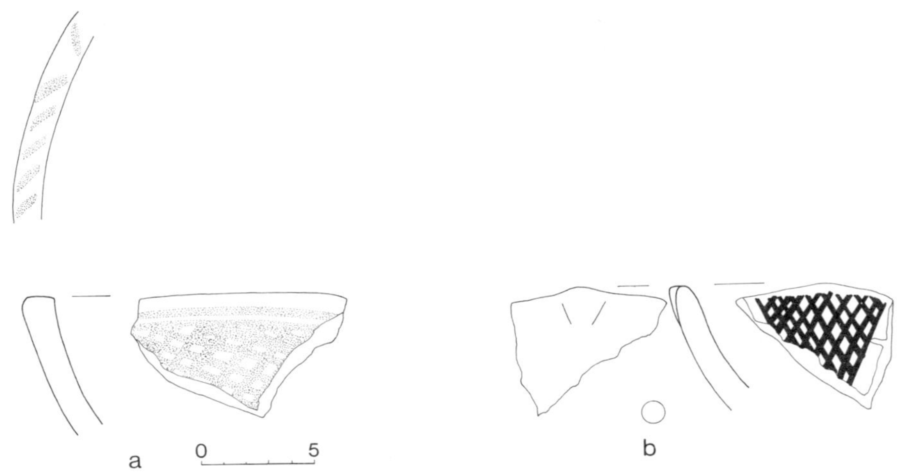

Fig. 34. — Lp 6. Écuelles peintes à fond clair.

Fig. 35. — Lp 6. Écuelles peintes à fond clair. (Éch. 1/2)

25. Myśliwiec, p. 174-176.

26. Myśliwiec, p. 143-146.

Lp 8. Vases peints imitant les vases peints d'Assouan.

Pâte L III à IV — de + 60 à + 100 — Fig. 36.

Attestée par trois tessons seulement, cette famille copie en pâte L les formes des vases d'Assouan à bourrelet sur le haut de la panse et le style de leur décor (cf. *infra*).

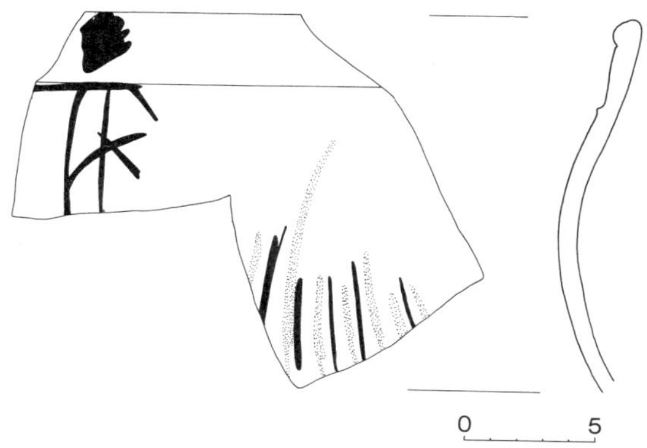

Fig. 36.
Lp 8. Vase peint imitant les vases d'Assouan peints.

PÂTES M

Poteries en pâte M'. Fig. 37, 38, 39, 40, 41.

Rarement trouvées intactes du fait de leur grande fragilité, ces poteries se répartissent essentiellement entre deux grandes catégories : les vases à eau [27] et les bols. Des fragments de lèvres et de pieds témoignent aussi de l'existence de plus grandes pièces. En ce qui concerne les vases à eau, c'est le filtre qui semble se différencier selon les strates : de + 40 à + 90, trous fins ovales, ou irréguliers (fig. 39 *a*, *d*) [28]; ou encore, caractéristiques de l'époque fatimide [29], découpés en compositions géométriques (+ 90) (fig. 39 *b*, *c*). Toujours entre + 40 et + 90, les cols sont fréquemment évasés et leurs parois amincies jusqu'à la lèvre; l'extérieur est parfois peint de losanges gris recouverts d'un quadrillage de la même couleur que la pâte (fig. 39 *g*).

On rencontre à tous les niveaux des bols à fines parois évasées et bord rentrant, à la surface côtelée, au diamètre d'ouverture compris entre 9,5 et 15 cm (fig. 37 *e*). Certaines lèvres épaisses portent un décor de festons enfoncés ou de bourrelets ondulés (fig. 37 *i*, *j*) [30]. On a trouvé entre — 10 et + 40 deux exemplaires de bacs doubles à fond plat. Les poteries M' ignorent généralement les décors peints; il convient de citer deux exceptions : un fragment de décor à pois et arcature aubergine, et un décor rayonnant d'un type unique (fig. 40).

27. Munis ou non d'anses, ils sont destinés à conserver l'eau fraîche.

28. Des filtres apparemment semblables ont été trouvés à Quseir al-Qadim : Whitcomb et Johnson, pl. 46 *d* et pl. 48 *a*; la gargoulette de la pl. 46 *a*, est proche de notre figure 39 *c*.

29. Scanlon, *Annales islamologiques* 9, fig. 11 *d* et *f*.

30. Voir les mêmes éléments de décor en pâte M''' fig. 43 *g*, *h*, *i*.

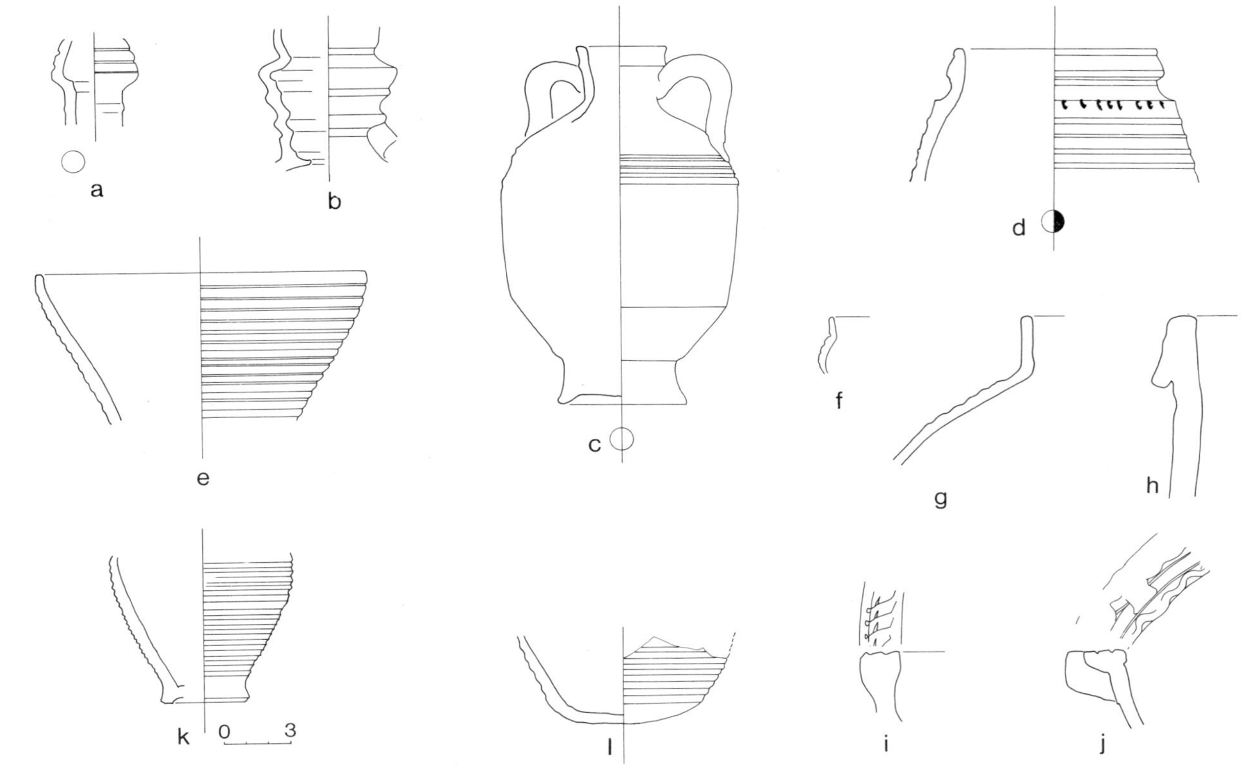

Fig. 37. — Pâtes M'. - 35 à - 10. *c* = SAE 943.

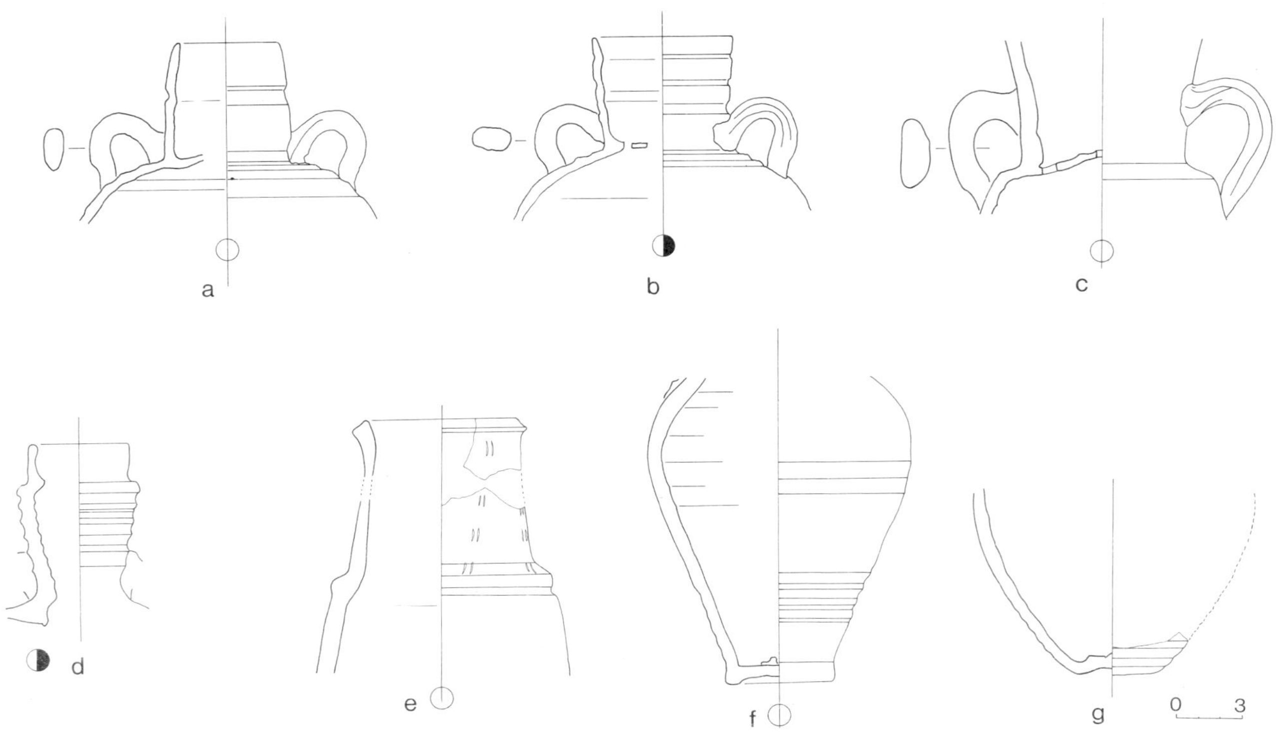

Fig. 38. — Pâtes M'. - 10 à + 40.

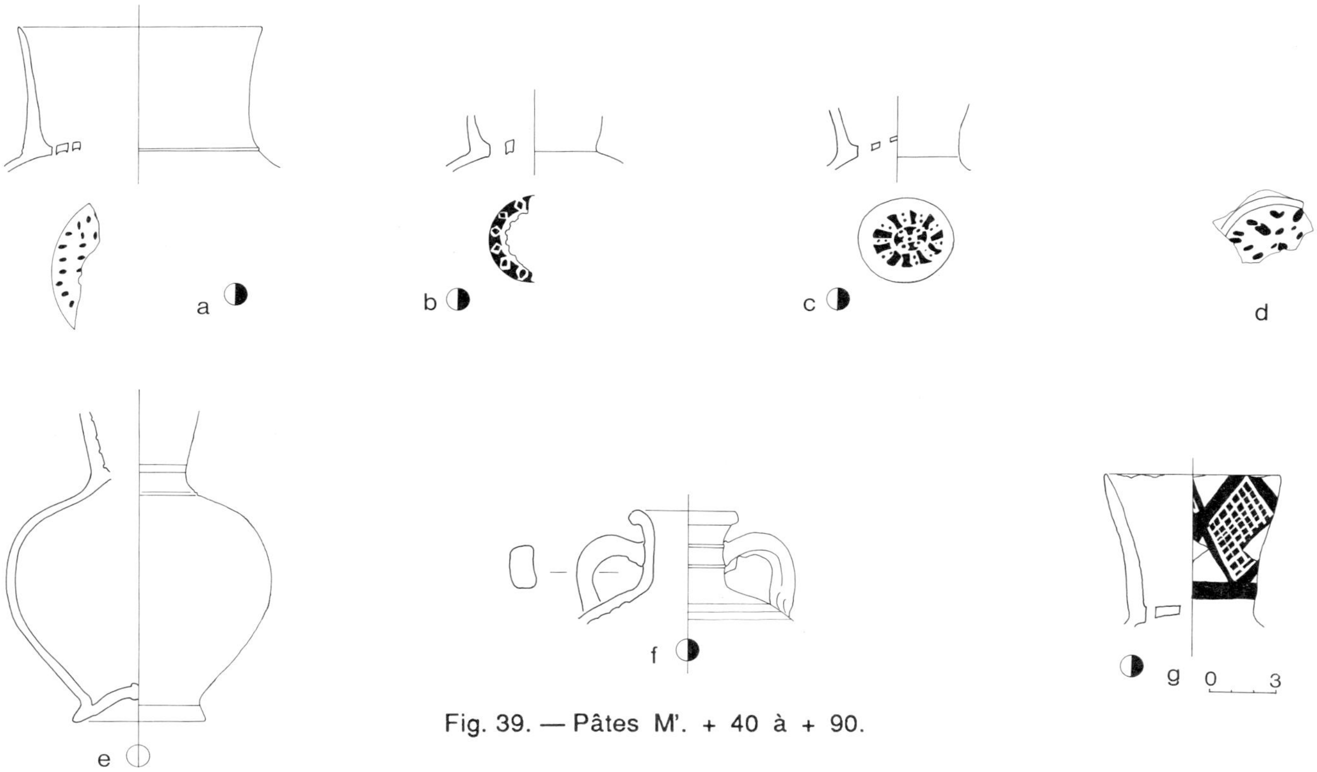

Fig. 39. — Pâtes M'. + 40 à + 90.

Fig. 40. — Pâtes M'. Vers + 50.
(Éch. $^{3}/_{4}$)

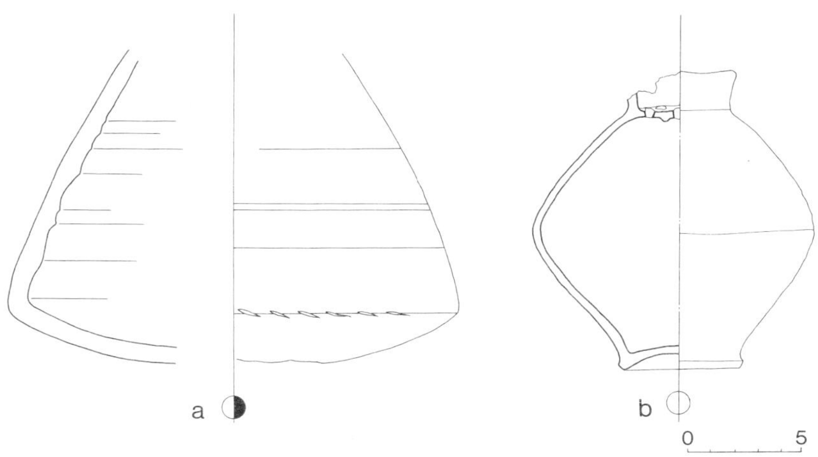

Fig. 41. — Pâtes M'. Au-dessus de + 90;
b = SAE 860.

Poteries en pâte M''. Fig. 42.

Les barillets de la figure 42, *a* apparaissent entre + 60 et + 160. On n'a recueilli que des cols et des fragments d'épaule; mais les courbures permettent de reconstituer une longueur deux fois plus grande que la largeur. Le col en bourrelet est façonné séparément puis soudé à la panse. La surface est peignée parallèlement à la petite largeur. C'est sans doute le type U 12 de Adams [31] très courant en Nubie après 1100 selon cet auteur (fig. 42*a*).

Hormis les barillets, on a trouvé quelques cols de jarres de diverses formes, sortis du terrain entre — 35 et — 10 (fig. 42*b, c, d*), et quelques tessons d'une épaisseur supérieure à 1,5 cm, au-dessus de + 40.

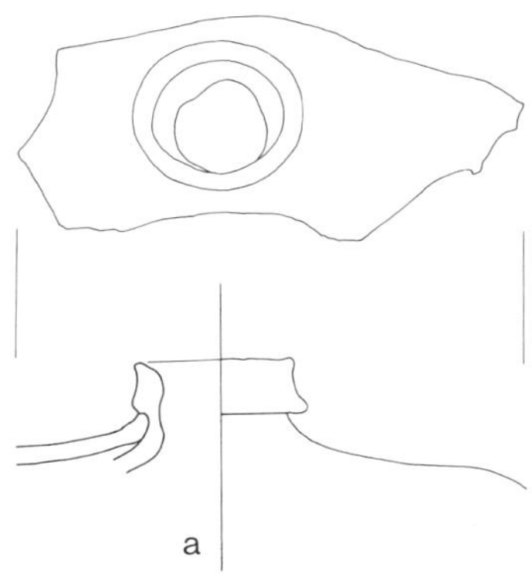

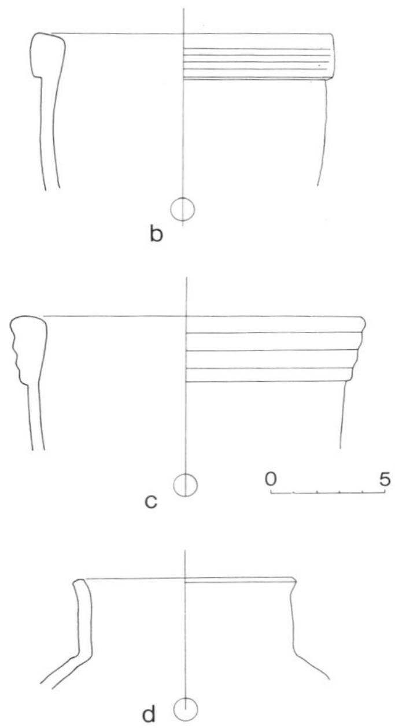

Fig. 42. — Pâtes M''. *a* : + 60 à + 160; *b, c, d* : - 35 à - 10.

Poteries en pâte M'''. Fig. 43.

Les formes rencontrées consistent en divers cols de jarres (fig. 43*a* à *f*), et bords à lèvre décorée par enfoncement et ondulation de la pâte avant séchage (fig. 43*g* et *h*). La quasi totalité des fragments provient des couches entre — 35 et — 10 [32].

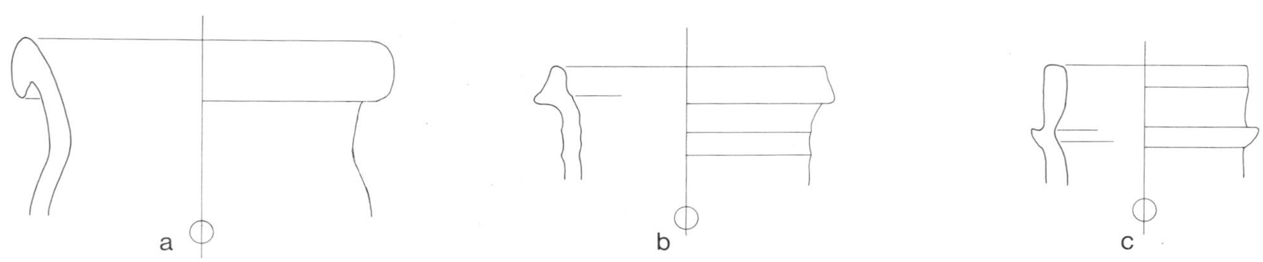

Fig. 43. — (à suivre)

31. Adams, *Ceramic Industries*, p. 573 et fig. 317; peut-être aussi Whitcomb et Johnson, pl. 36 *i*.

32. L'absence quasi totale de tessons en pâte M'' au-dessus de — 10 peut être due à un manque de perspicacité de notre part. Mais leurs quantités devaient être bien infimes puisque nous les avons clairement perçus comme un groupe à part sous le niveau — 10, bien qu'ils constituent un groupe numériquement très faible.

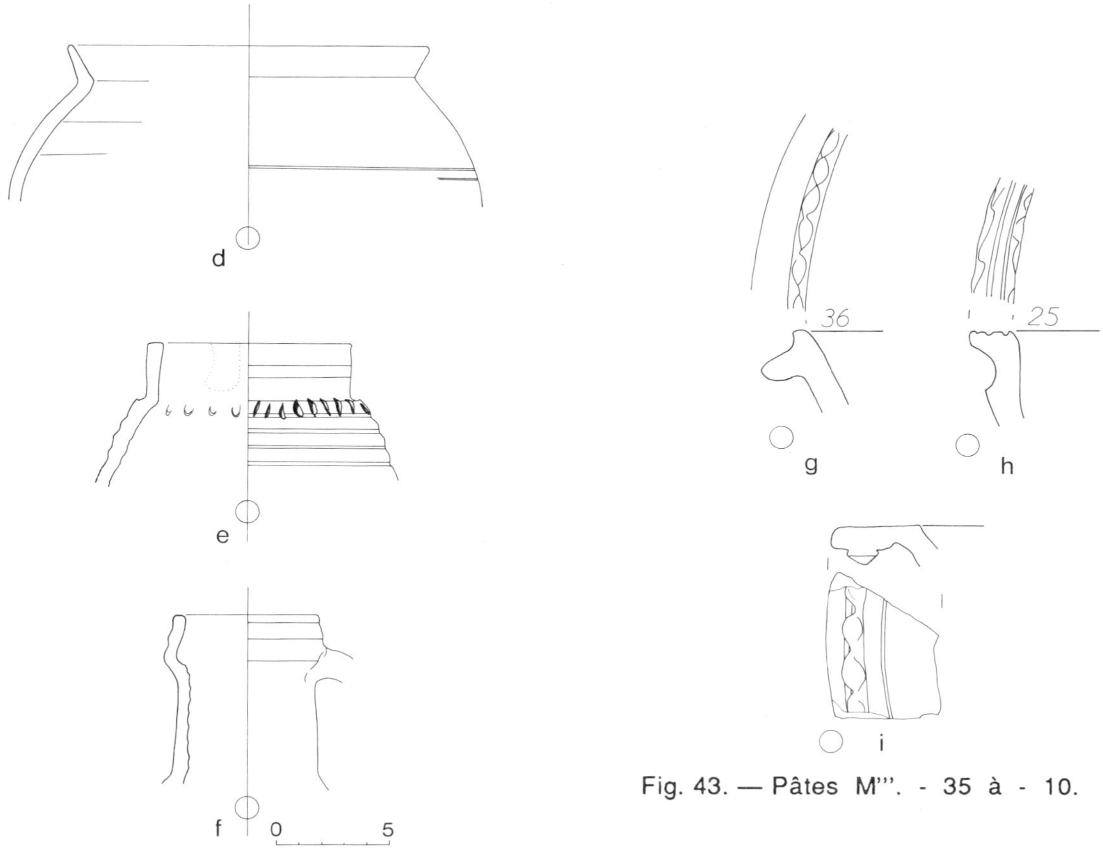

Fig. 43. — Pâtes M'''. - 35 à - 10.

Fig. 44. — Pâtes M. Décors en relief. (*d*, *e* : Éch. 1/3)

La surface des poteries faites dans les diverses pâtes M est parfois l'objet de décors en relief : décor au peigne (fig. 44 *b, d, e*) (= Myśliwiec 2157-2159), décor « griffé » (fig. 44 *a*) (= Myśliwiec 2154), motifs incisés avant la cuisson (fig. 44 *c*).

PÂTES R

« Sigillée » égyptienne des groupes O et W.

Pour cette catégorie importante, nous avons repris la terminologie que M. Rodziewicz a établie pour la céramique romaine tardive des fouilles d'Alexandrie [33]. Les *groupes O* et *W*, tous deux faits à partir de la pâte R, sont très abondamment représentés à Tôd, où ils constituent la principale vaisselle fine de tradition sigillée, surpassant largement les quelques exemplaires de la famille L 7. Les tessons sont identifiés à leur engobe plus ou moins brillant, parfois presque mat — peut-être à la suite de leur enfouissement —. Certains vases dont la forme n'appartient pas au répertoire des sigillées du monde romain ont été classés dans cette famille à cause de cet engobe (par exemple fig. 50 *f* et *g*).

33. Rodziewicz, *La Céramique romaine tardive d'Alexandrie*, Varsovie 1976.

GROUPE O.

Pâte R II — de — 35 à + 125; diminue fortement au-dessus de + 100 — Fig. 45 à 51.

= *Egyptian A* de Hayes
= *sigillée égyptienne*, groupe 1 de Egloff
= *Aswan group AII* de Adams
= *ERSW* « *A* » de Myśliwiec

La pâte et l'engobe. La couleur de la pâte est rose 2,5 YR 6/6; on rencontre aussi 5 YR 7/4, 2,5 YR 6/8, 2,5 YR 6/4, 5 YR 6/4, 5 YR 7/6, 2,5 YR 7/4. L'engobe légèrement brillant, plus épais à l'intérieur des coupes qu'à l'extérieur, est rouge clair à orangé : 10 R 5/8, 10 R 5/6, 2,5 YR 6/8, 2,5 YR 6/6, 5 YR 6/3, 5 YR 7/4. Beaucoup de coupes présentent un bord extérieur mat de couleur brun rouge 2,5 YR 4/6, 10 R 5/4, ou gris brun, d'aspect gréseux : 5 YR 5/4, 5 YR 5/3 [34]. La pâte est plutôt dense, bien homogène [35].

Les formes.

Formes attestées à tous les niveaux :

— bols à carène en bourrelet, diamètre d'ouverture de 10 à 25 cm = Egloff 39 (fig. 47*a* et *b*);
— coupes et bols à collerette sous la lèvre, diamètre de 9 à 30 cm = Egloff 36-37-38 (fig. 45);
— coupes et coupelles à lèvre en bourrelet, diamètre de 8 à 34 cm = Egloff 33-34-35 (fig. 46);
— grandes coupes à parois rectilignes et lèvre arrondie, diamètre de 18 à 27 cm (fig. 47 *c*);
— grands plats et coupes à lèvre en bourrelet, diamètre de 21 à plus de 40 cm = Hayes, *LRP*, 105, 106 et fig. 89*a* (fig. 48*a, b, c*);
— grandes coupes à rebord vertical concave, diamètre de 20 à plus de 40 cm (fig. 48*d*);
— grandes coupes à marli et lèvre épaissie ou en bourrelet, diamètre de 33 à 39 cm = Egloff 66 (fig. 48*e*);
— petits bols à lèvre étalée festonnée, diamètre de 9 à 13 cm (fig. 49*b*).

À tous ces niveaux, on observe des fonds décorés d'estampage, des guillochis [36], des incisions verticales faites avant la cuisson sur l'extérieur du bord ou sur la collerette.

Certaines formes ne sont attestées qu'à l'intérieur de fourchettes plus réduites :

— de — 35 à + 40 : estampages de croix grecques (fig. 45*c, d, f*) [37]; bouteilles piriformes (fig. 50*b*);
— de — 10 à + 40 : petits bols côtelés, diamètre 9,5 et 10 cm (fig. 49*c*); coupes carénées à bord évasé ou conique, diamètre d'environ 10 cm (fig. 47*e,f*); bols convexes à lèvre arrondie ou amincie,

34. Ce phénomène est présenté comme un effet de cuisson par Egloff; Egloff, p. 80.

35. Elle comporte quelquefois de minuscules pores qui l'aèrent légèrement; souvent des feuillets se dessinent parallèlement à la surface. La composition de la pâte, très variable jusqu'à + 50, semble s'uniformiser au-dessus : les différentes inclusions (sable, particules noires et rouges) sont en parts égales, d'une taille moyenne de 0,2 mm, de 1 à 5/cm^2. Il arrive qu'on aperçoive des nodules blancs atteignant 1 mm, jusqu'à 1/cm^2.

36. Sur le guillochage, voir Egloff, p. 62.

37. Comme celles publiées par Ulbert, *MDIAK* 27, 2, Abb. 3 *e*, *f*, *g* et *h*.

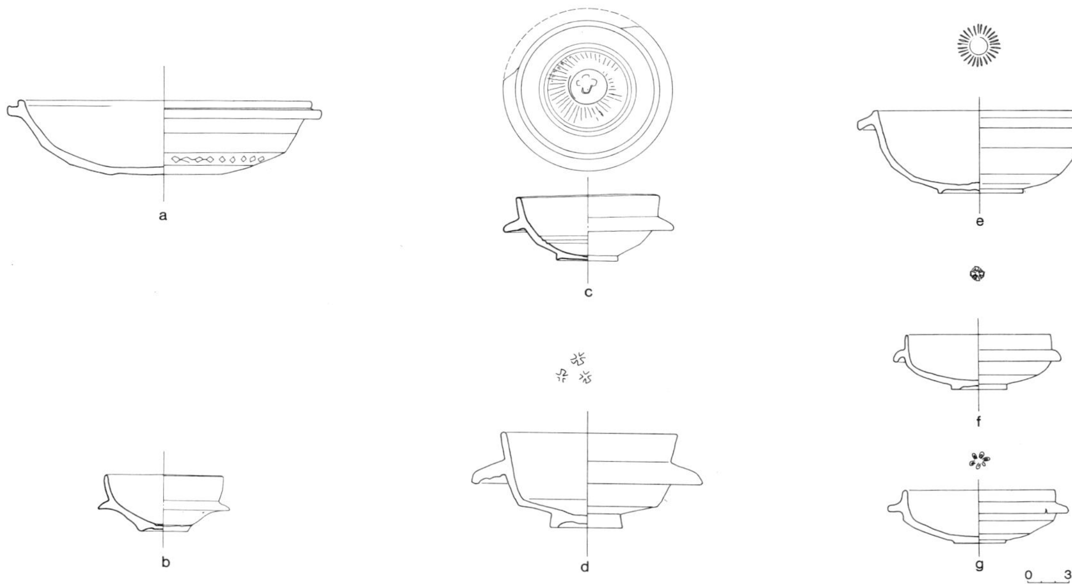

Fig. 45. — Pâtes R, groupe O. Bols et coupes à collerette.
a, *b* (= SAE 913) : + 50; *c* à *f* : - 10 à + 40; *h* : - 35 à - 10.

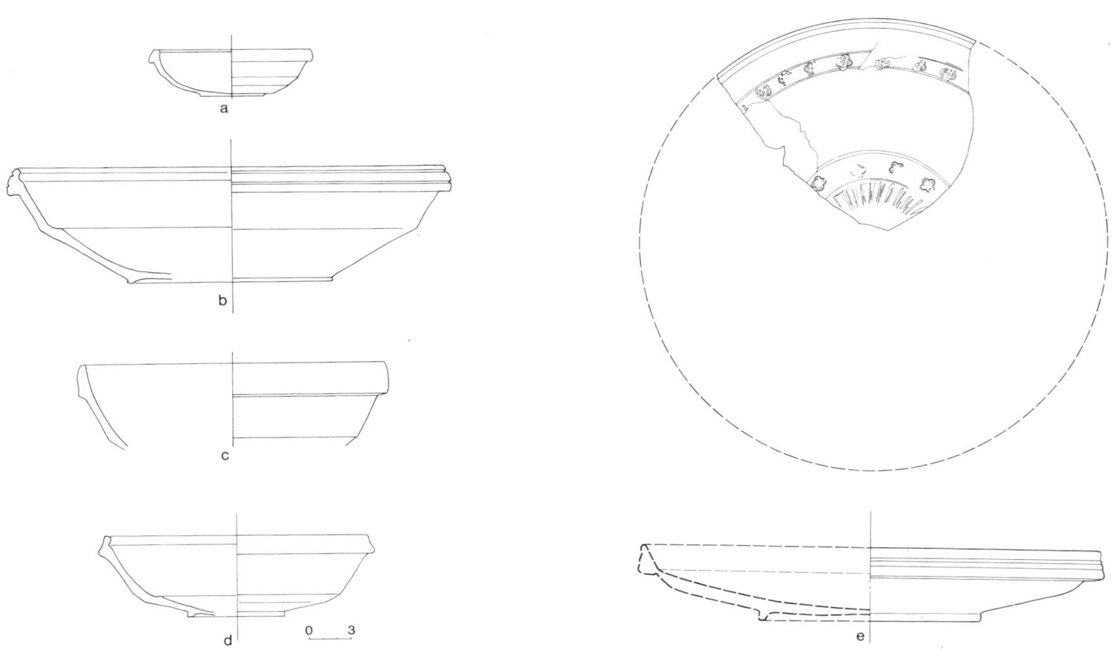

Fig. 46. — Pâtes R, groupe O. Coupes à bord en bourrelet.
a à *d* : - 10 à + 40; *e* : - 35 à - 10.

diamètre de 10 à 21 cm (fig. 47*d*) : flacons à épaule horizontale incisée (fig. 50 *f*, *g*)[38]; estampages sur l'extérieur des parois de coupes de diamètre 5 à 20 cm (fig. 49 *f*)[39]; estampage de croix latine (fig. 51 *f*)[40]; on observe une abondance particulière de petites coupes à bord en bourrelet, ainsi que d'estampages.

— de — 10 à + 60 : coupes à carène basse, à bord mat et gréseux, de couleur brun clair, diamètre de 16 à 20 cm (fig. 49 *a*)[41];

— à + 35, un tesson unique présente un décor excisé en zigzags, proche de la famille L 8 (fig. 49 *g*);

— de + 40 à + 90, quelques bols carénés à bord concave, diamètre de 25 à 30 cm (fig. 47 *g*); un bouton en relief, à l'extérieur d'un rebord convexe (fig. 49 *e*).

38. D'autres exemples de cette forme dans Hayes, *LRP*, fig. 96 *a*, et p. 395; *id.*, *ROM*, nos 117, 118 et 119, p. 25-26 et fig. 8 (seul le n° 118 appartient au *groupe O*); voir aussi Daressy, *ASAE* 12, p. 186, n° 13 et p. 187, fig. 4, ainsi que Myśliwiec, n° 2062.

39. Semblables aux estampages sur coupes en verre : Rodziewicz dans Krause, *Nubische Studien*, p. 377 et p. 378, fig. 4.

40. Ulbert, *MDIAK* 27, 2, Abb. 3 *a*, *b*, *c* et 1 *d*.

41. Une semblable dans Jacquet-Gordon, pl. 221 : E 10, pl. 191 : n° 6 et p. 80; c'est aussi la forme D 20 dans Adams, *Ceramic Industries*, p. 548, fig. 308.

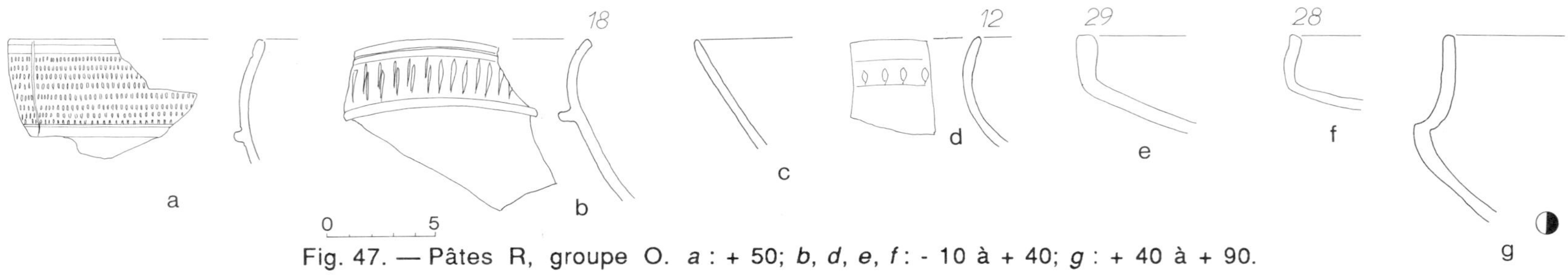

Fig. 47. — Pâtes R, groupe O. *a* : + 50; *b*, *d*, *e*, *f* : - 10 à + 40; *g* : + 40 à + 90.

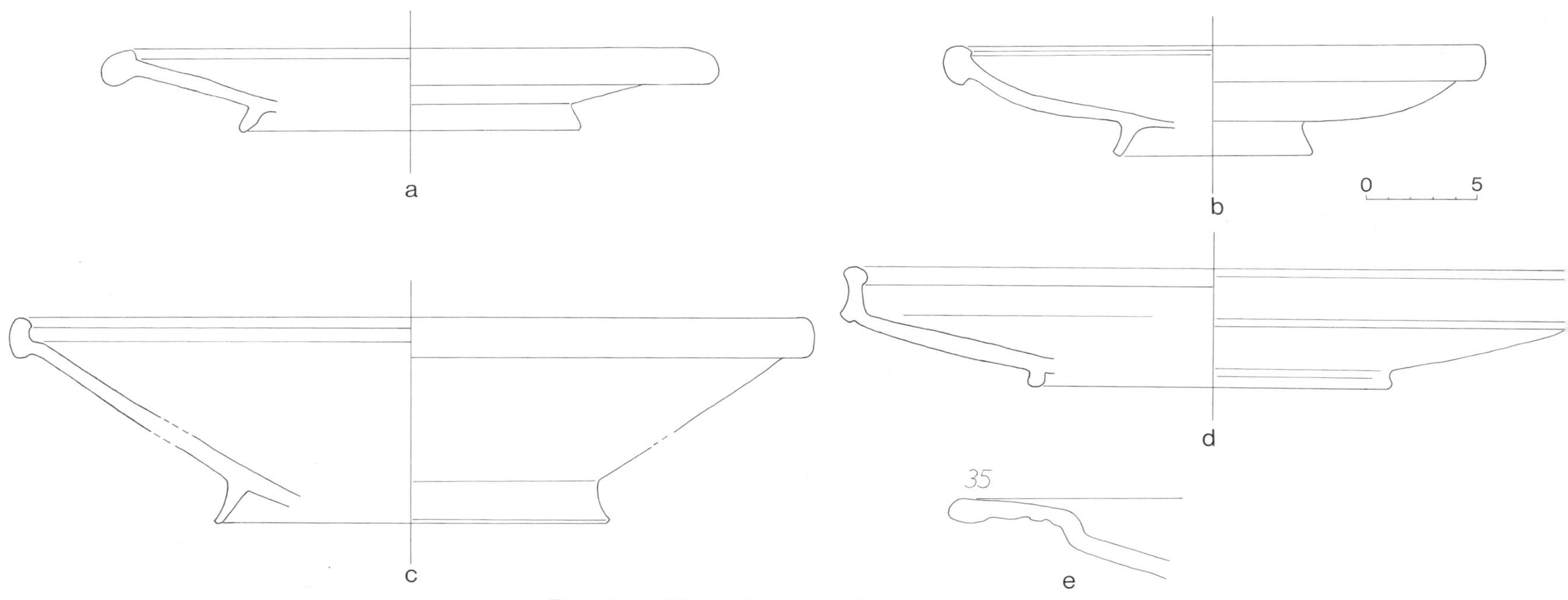

Fig. 48. — Pâtes R, groupe O. - 10 à + 40.

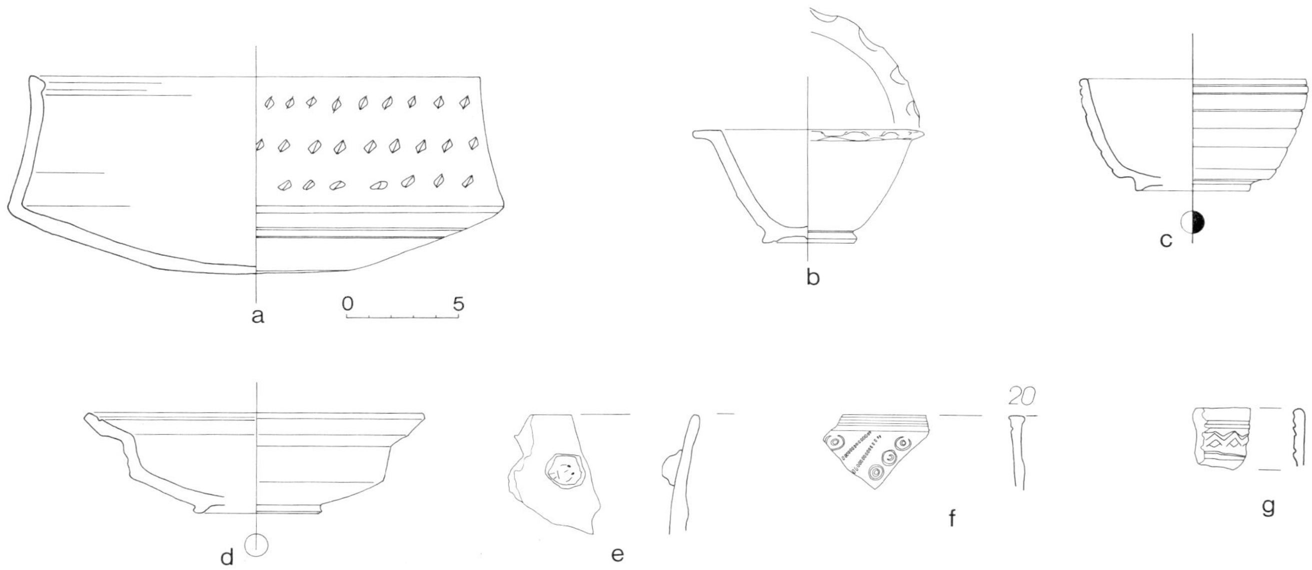

Fig. 49. — Pâtes R, groupe O. *a*, *f* : + 50; *b* (= SAE 895) : + 60; *c*, *d* : - 10 à + 40; *f*, *g* : + 35.

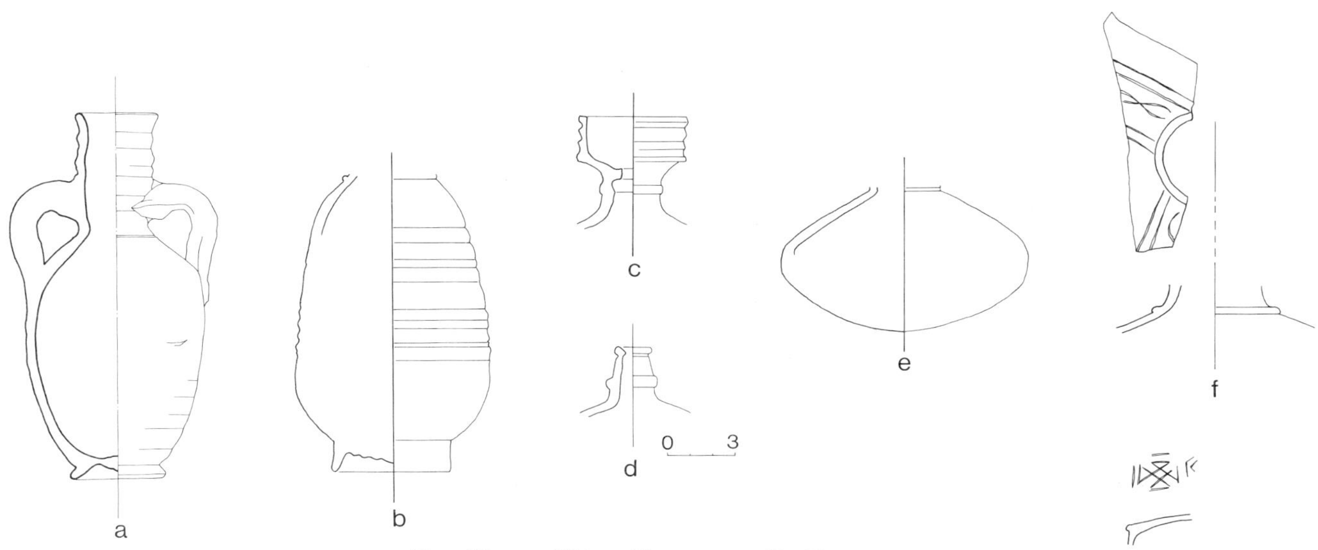

Fig. 50. — Pâtes R, groupe O. Flacons.

a : + 60; *c*, *d*, *f*, *g* : - 10 à + 40; *b* (= SAE 942) : - 20; *e* (= SAE 941) : - 30.

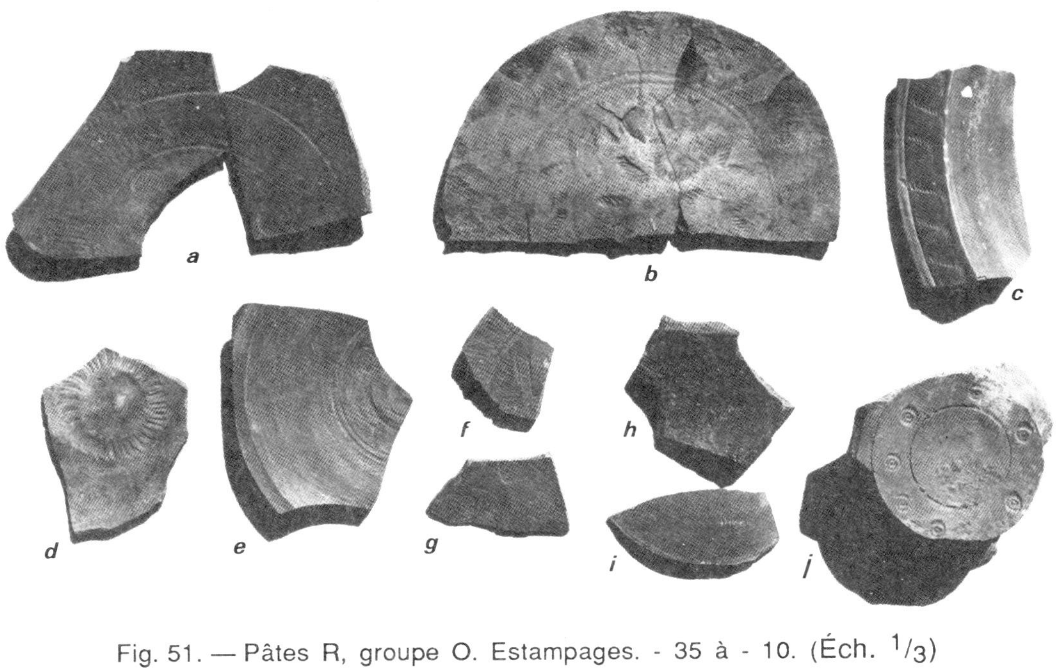

Fig. 51. — Pâtes R, groupe O. Estampages. - 35 à - 10. (Éch. 1/3)

GROUPE W

Pâte R II — de — 35 à + 100 — Fig. 52 et 53.

= *Ware 13* de Adams.

= *WSW* de Myśliwiec.

La pâte et l'engobe. La pâte semble être la même que celle du *groupe O* [42]. Le *groupe W* se distingue par la couleur de son engobe, située dans la palette des blancs, jaunes et oranges : 5 YR 8/1, 10 YR 8/3, 7,5 YR 8/4, 5 YR 8/3, 10 YR 8/4, 7,5 YR 7/4, 5 YR 7/8, 2,5 YR 7/8, 10 YR 7/6. L'engobe d'une même pièce présente souvent des variations de couleur; il est généralement plus clair et plus fin au revers. Un type de petits plats (fig. 53 *g*) offre un aspect gréseux et mat brun très clair [43].

Les formes.

Formes attestées à tous les niveaux :

— grands plats ou coupes à lèvre en bourrelet, diamètre de 28 à plus de 40 cm (fig. 53 *a, b*);

— coupes à bord en bourrelet, diamètre de 10 à 26 cm = Egloff 33-34-35 (fig. 52 *d*);

— coupes évasées à lèvre arrondie, diamètre de 18 à 27 cm = Egloff 63-64 (fig. 53 *h*).

Entre — 35 et + 40 : des coupes et coupelles évasées ou convexes divergentes à lèvre biseautée, diamètre de 12 à 29 cm (fig. 53 *c*); des coupelles carénées à bord conique, diamètre 13 à 14 cm (fig. 52 *i*); des coupes carénées à rebord évasé, diamètre de 13 à 17 cm (fig. 52 *h*).

Entre — 10 et + 40 : des bols à collerette, diamètre de 11 à 19 cm (fig. 52 *b*).

Comme dans le *groupe O*, les bords des coupes et des bols offrent souvent un aspect mat de couleur brun clair, ainsi que des incisions faites à cru. Si les guillochis sont aussi fréquents que dans le *groupe O*, les estampages sont beaucoup plus rares. À l'inverse du *groupe O*, les formes plates sont plus représentées que les formes creuses. Le répertoire formel est moins varié.

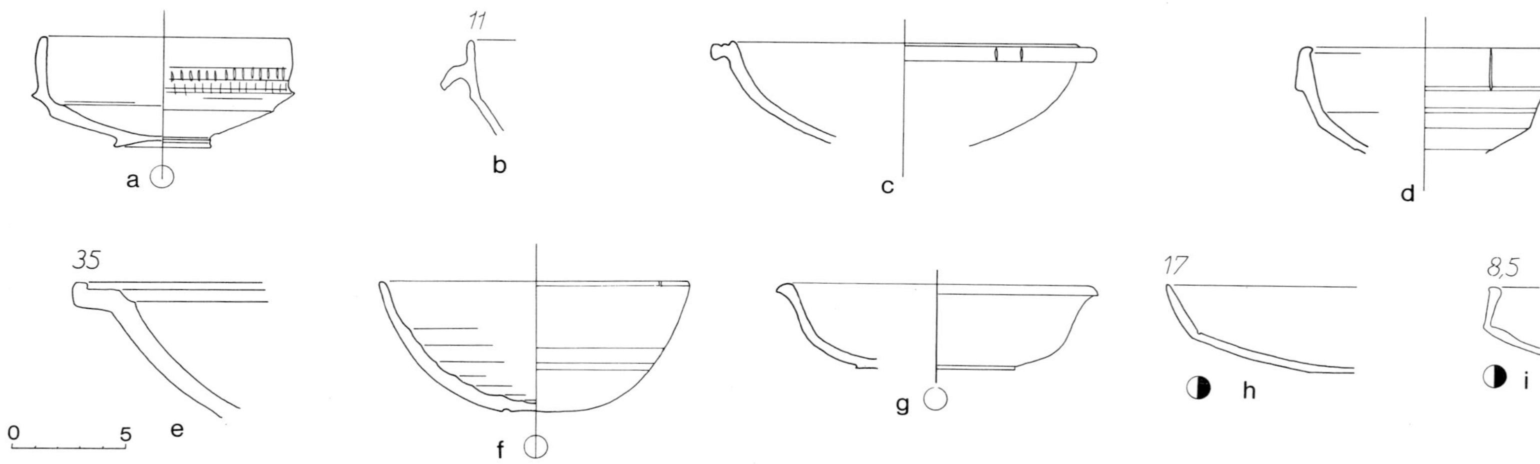

Fig. 52. — Pâtes R, groupe W. *a, b, c, e, h, i* : - 10 à + 40; *d, f* : - 35 à - 10.

42. L'aspect de la pâte est soit fin et dense, soit microporeux, toujours bien homogène, et souvent très feuilleté. La seule différence notable avec le *groupe O* est la présence moins systématique de particules rouges.

43. Probablement du même genre que Egloff n° 59 : Egloff, p. 85 et pl. 42, 2.

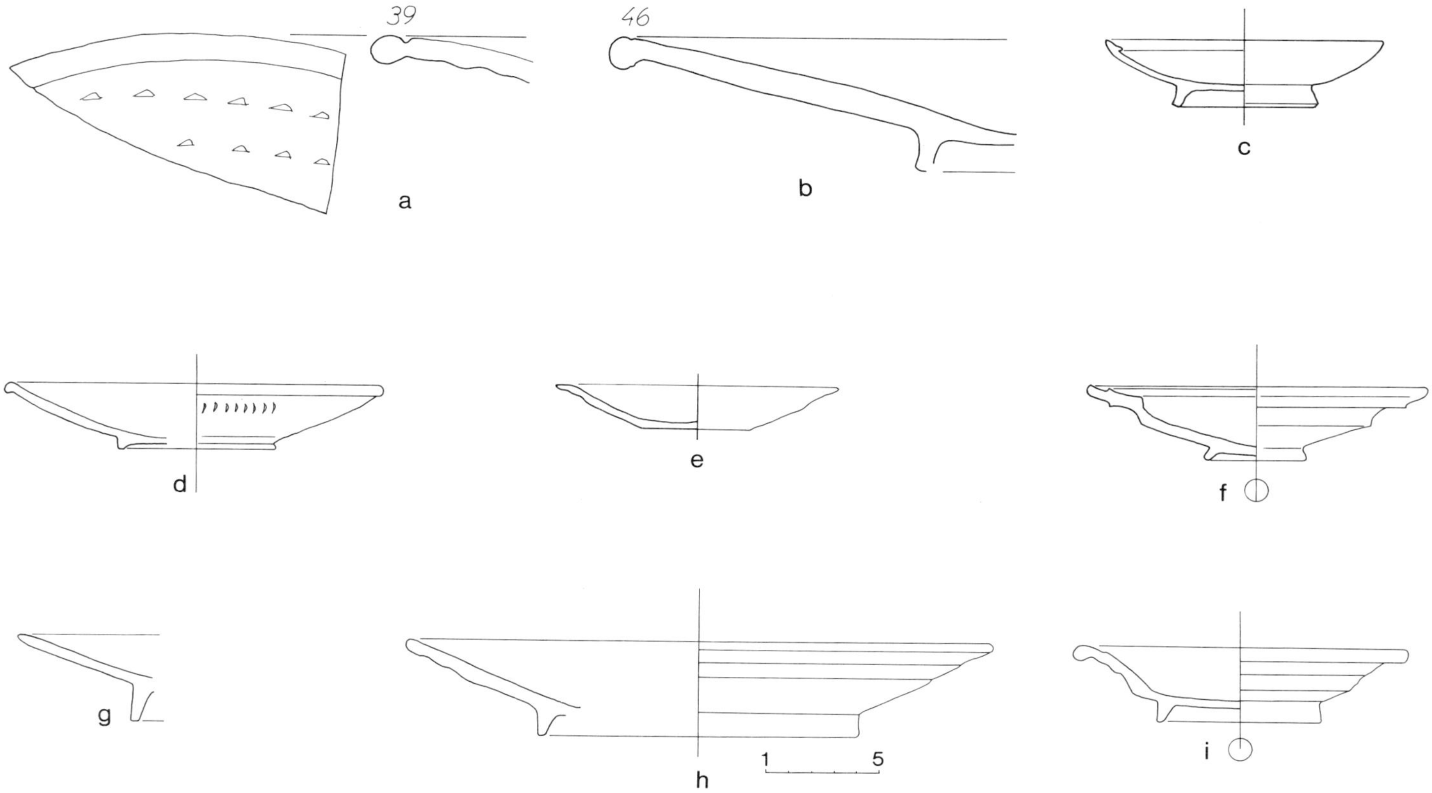

Fig. 53. — Pâtes R, groupe W. *a, d, e, f* : - 10 à + 40; *g, h, i* : - 35 à - 10; *b* : - 35.

GROUPE O PEINT (Op)

Pâte R II — de — 35 à + 100; les quantités diminuent au-dessus de + 50 — Fig. 54.

La pâte et l'engobe. Hormis l'absence de particules rouges dans tous les tessons examinés, rien ne distingue les pâtes de cette famille de celles du *groupe O.* L'ensemble de la pièce est recouvert de l'engobe qui caractérise le *groupe O,* sauf le bord supérieur qui porte une teinte plus sombre, brun rouge ou rouge foncé : 10 R 4/4, 2,5 YR 4/6, 7,5 R 5/6, en guise de fond pour les motifs peints.

Les formes. En nombre limité, plusieurs d'entre elles n'appartiennent pas au *groupe O.* La seule forme sûrement commune est le bol à carène en bourrelet (fig. 54 *a* à *d*). On constate par contre des similitudes avec certains représentants de la famille Lp 2 (fig. 54 *a, c, j*).

Les motifs. Ils sont peu variés et constants pour certaines formes :

— sur les coupes à carène en bourrelet (fig. 54 *a, b*) : ruban aubergine garni de pois blancs (ou plus rarement des pois aubergines sur ruban blanc), en ondulations, entrelacs, arcatures, festons, zigzags simples ou croisés, de gros pois blancs comblant les espaces ainsi délimités;

— sur toute sorte de formes (fig. 54 *c, e, f, l*) : festons doubles reliés de pois aubergines, parfois recouverts de blanc;

— sur les coupes carénées ou convexes (fig. 54 *g, h*) : taches aubergines, seules ou mêlées de taches blanches;

— sur les coupes évasées ou convexes (fig. 54 *d, i, j, k, m, n*) : fines lignes parallèles aubergines, sur la lèvre, au fond de coupes, doublées parfois de rubans blancs; simples rubans rouges parallèles au bord;

— sur des lèvres en bourrelet (fig. 54, *o*) : stries perpendiculaires à la lèvre, par groupes de trois ou quatre;

Guillochis et incisions à crus sont attestés sur les bords des coupes.

Le motif du ruban aubergine à pois blancs est présent à tous les niveaux entre — 35 et + 90 : les plus anciens sont disposés en ondulations croisées, les plus récents en zigzags croisés. Les festons sont attestés entre — 35 et + 40, de même que les taches et les fines lignes horizontales. Les bords peints en rouge apparaissent plus tard, entre — 10 et + 40, ainsi que les groupes de stries verticales sur la lèvre.

Le *groupe* O peint partage avec la famille Lp 2 une grande partie de ses formes et surtout de ses décors.

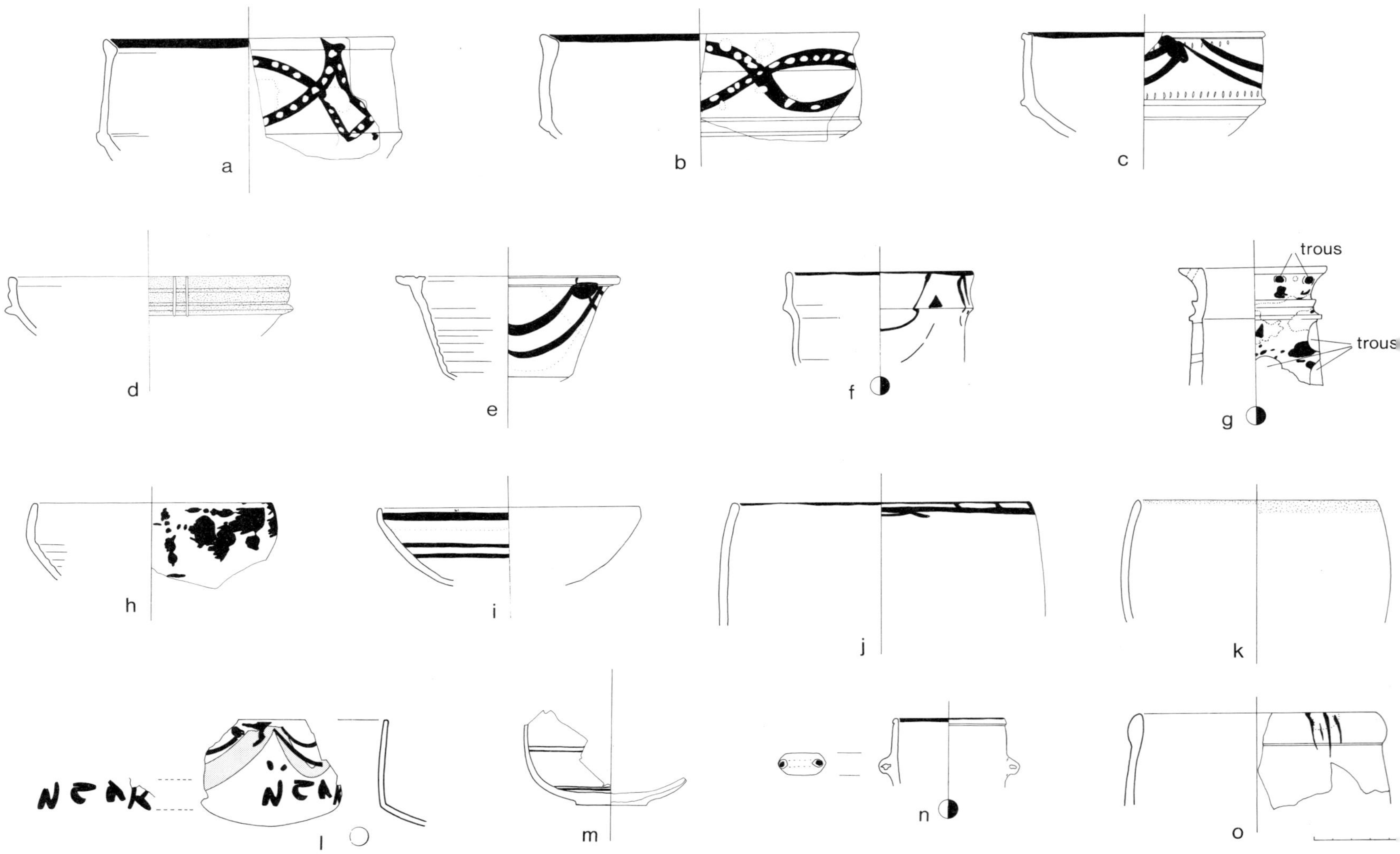

Fig. 54. — Pâtes R, groupe Op. *a, d, f, h, i, k, n, o* : - 10 à + 40; *b, c, e, g, j, m* : - 35 à - 10; *l* : - 10.

GROUPE W PEINT (Wp)

Pâte R II — de — 35 à + 100; diminue au-dessus de + 50 — Fig. 55 et 56.

La pâte et l'engobe. Ils sont semblables à ceux du *groupe W*. On remarque seulement, comme pour *O* peint, l'absence d'inclusions de couleur rouge.

Les formes. Cette famille comprend :

— de grandes coupes, avec ou sans marli = Egloff 66; le marli est plus ou moins évasé, sa surface souvent annelée (fig. 55 *a* à *g*);

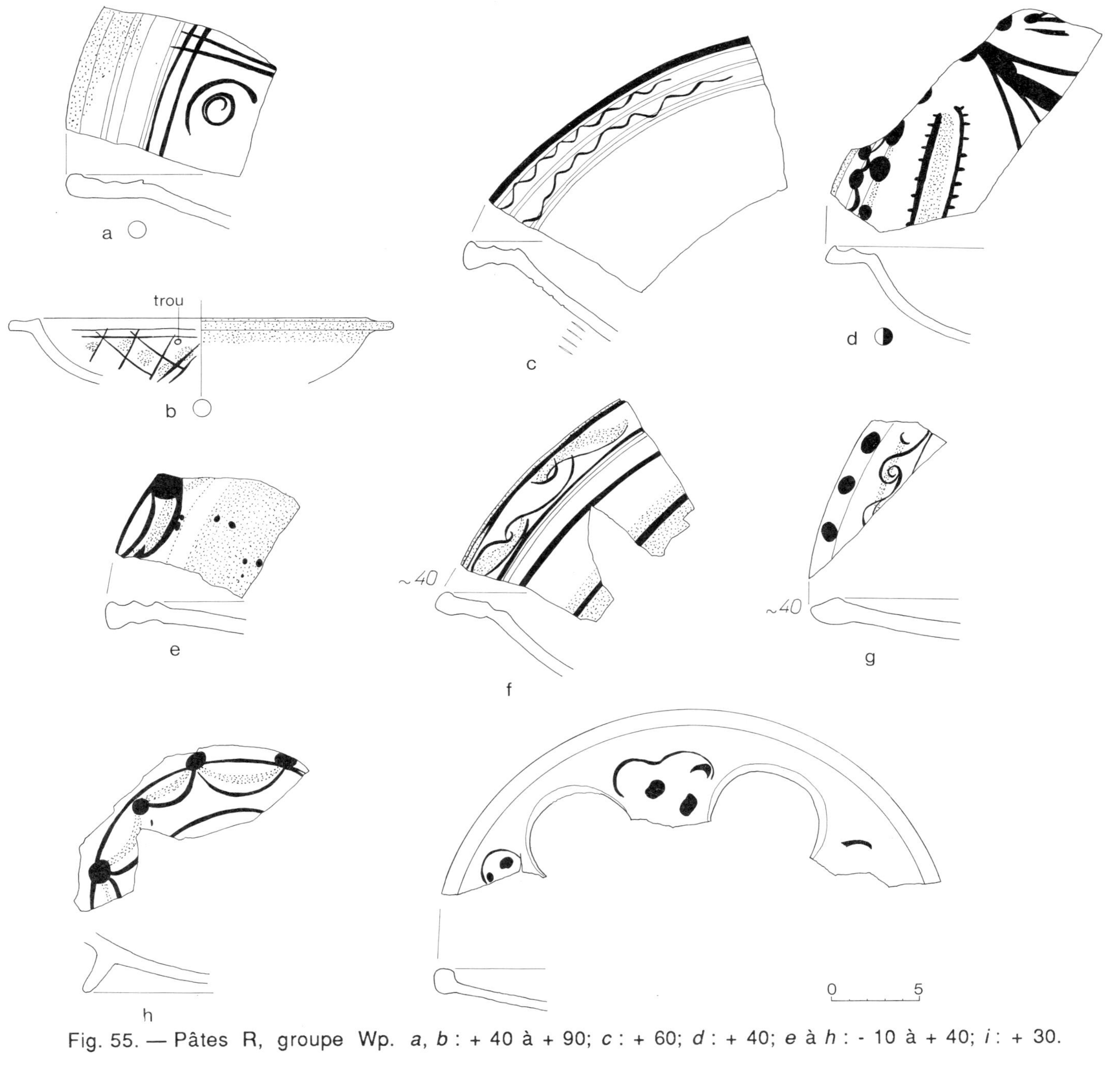

Fig. 55. — Pâtes R, groupe Wp. *a*, *b* : + 40 à + 90; *c* : + 60; *d* : + 40; *e* à *h* : - 10 à + 40; *i* : + 30.

— de grands plats à cupules (fig. 55 *i*);
— des bols à carène en bourrelet = Egloff 39;
— des bols carénés à corps haut cylindrique ou légèrement conique (fig. 56 *b*);
— des bols à carène basse, corps haut légèrement évasé et lèvre étalée et rainurée (fig. 56 *a*);
— des bols évasés à lèvre en léger bourrelet ou arrondie (fig. 56 *c, d, e*);
— des bols convexes (fig. 56 *f*).

Les motifs. Les marlis des grandes coupes sont peints avec quelques variations dans le temps :

— entre — 35 et au-delà de + 40, postes et torsades aubergines rehaussées de lignes ou de pois rouges; pois aubergines sur la lèvre (fig. 55 *f, g*);

— de — 10 à + 40, festons doubles aubergines rehaussés de blanc ou de rouge (parfois sur le fond); lèvre aubergine (fig. 55 *e*);

— au-dessus de + 40, lignes ondulées aubergines (fig. 55 *c*); le quadrillage et la spirale des figures 55 *a* et *b*, reflètent peut-être l'influence de la famille « Assouan peint » (cf. *infra*) contemporaine.

Les plats à cupules, tous trouvés entre — 10 et + 40, portent un décor de pois et de fleurs stylisées [44] (fig. 55 *i*). Festons et zigzags doubles aubergines, accompagnés de bandes rouges ou blanches et de guillochis, décorent les bols à carène en bourrelet, entre — 10 et + 40; sans les guillochis, ils ornent les bols évasés à lèvre étalée (fig. 56 *a*). De fines lignes parallèles aubergines, encadrant des ondulations, ou des rubans rouges ou blancs entourent des bols convexes [45] (fig. 56 *c* à *f*). Sur un bord de bol, des taches aubergines et rouges accompagnent une incision verticale faite avant cuisson.

44. Rutschowscaya, *Rev. Louvre* 5/6, 1985, p. 412-415, en particulier fig. 18.

45. Jacquet-Gordon, pl. 221, D 4, et p. 88.

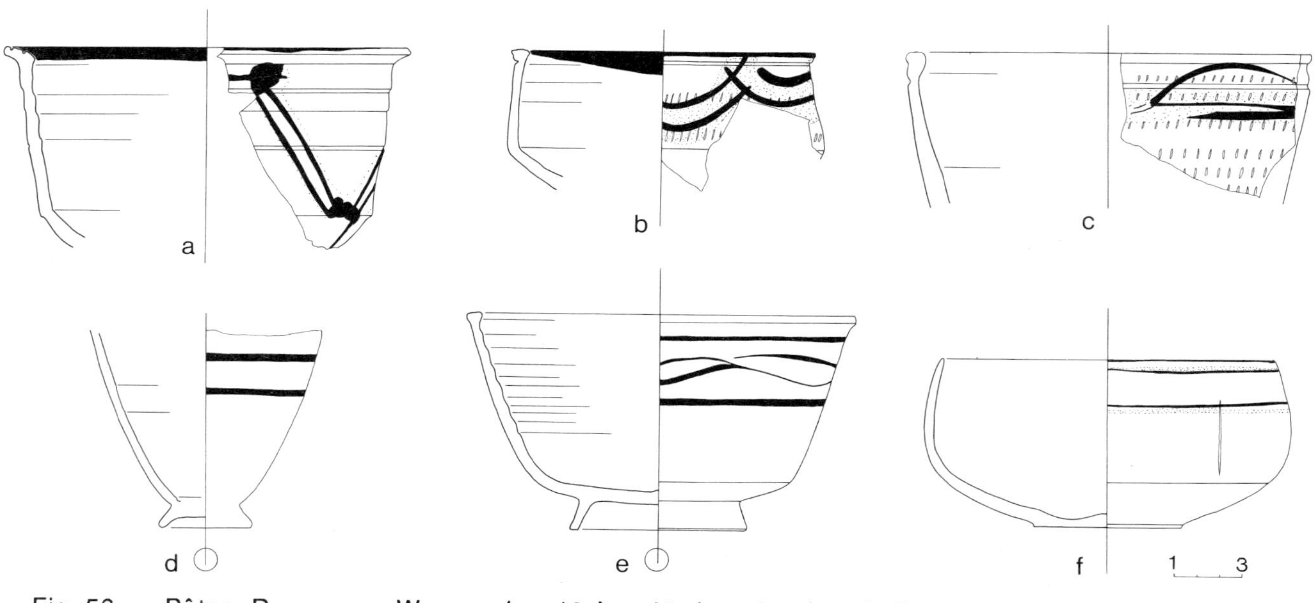

Fig. 56. — Pâtes R, groupe Wp. *a, d* : - 10 à + 40; *b* : - 25; *f* (= SAE 944) : - 30; *c, e* : - 35 à - 10.

* * *

Il était prévisible que Tôd, située à deux cents kilomètres seulement au nord d'Assouan, fût touchée par les produits des *groupes O* et *W*, qui furent exportés jusqu'à Alexandrie et en Nubie. Présents en masse dès — 35, ils demeurent abondants jusqu'à + 80 (4,58% des tessons exhumés à — 15, 4 % à + 50, 4,38 % à + 80)[46]. Leur nombre décroît ensuite rapidement; ils ne sont plus représentés que par quelques ultimes tessons dans les couches + 115 à + 125 (du *groupe O* seulement).

Deux remarques s'imposent à propos des *groupes Op* et *Wp*. La nature de leur pâte, marquée par l'absence de particules de couleur rouge, et l'existence de formes différentes de celles des *groupes O* et *W* suggèrent qu'ils pourraient être issus d'ateliers distincts. D'autre part, au contraire de *O* et *W*, ils ont été peu exportés dans le nord (Alexandrie, Fustat)[47].

POTERIES D'ASSOUAN NON PEINTES (A)

On a classé ici les vaisselles en pâte R non peintes, autres que celles de la tradition sigillée.

Récipients de cuisson.

Pâte R II — au-dessus de + 20 — Fig. 57.

Leur aspect gréseux gris brun est sans doute dû à leur cuisson répétée dans le foyer. Leur pâte est beige, dense, avec peu d'inclusions, essentiellement de fines particules noires et du sable en quantité. Plusieurs types de marmites et de pots s'échelonnent dans le temps :

— entre + 20 et + 60, des marmites à carène basse, panse légèrement conique, éventuellement ornée d'un bourrelet sur le haut de la panse et d'incisions verticales faites à cru[48], de diamètre d'ouverture compris entre 15 et 35 cm (fig. 57 *e, f, g*); leur pâte très dense et dure est recouverte d'un engobe brillant rouge foncé (2,5 YR 3/6, 10 R 4/3) sur l'extérieur, Adams classe ce type sous la référence U8 et le date de la période « terminal christian »[49].

— Entre + 75 et + 115, des marmites globulaires à petit col vertical et lèvre amincie ou biseautée (fig. 57 *c*) ou aplaties (fig. 57 *d*), munies d'anses en rubans torsadés, de diamètre d'ouverture compris entre 11 et 18 cm[50].

46. Ces pourcentages sont importants pour de la vaisselle fine, si l'on se souvient que la plus grande partie des tessons collectés proviennent des pots de cuisson, des amphores et des catégories les plus grossières.

47. Communication orale de W. Kubiak, mentionnant la rareté de ce matériel à Fustat.

48. Façon qu'elles partagent avec les *groupes O* et *W*.

49. Adams, *Ceramic Industries*, p. 549 et 553, fig. 309, nos 29 et 30; daté de 850 à la fin de l'époque chrétienne (vers 1250).

50. D'autres exemples à Quseir : Whitcomb et Johnson, pl. 45 *a*, pl. 47 *n*, et sans doute pl. 42 *m*.

— Entre + 90 et + 115, des pots de cuisson globulaires, dont le sommet de la panse s'épaissit et présente sur l'extérieur des rainures, à la lèvre épaissie, carrée ou biseautée vers l'intérieur; le diamètre de l'ouverture est compris entre 16,5 et 18,5 cm (fig. 57 *a, b*). L'intérieur peut être glaçuré : c'est alors la famille G 5 (cf. *infra*).

Sur des tessons en pâte R dure, on trouve des anses en ruban accolé, festonnées par enfoncement à intervalle régulier.

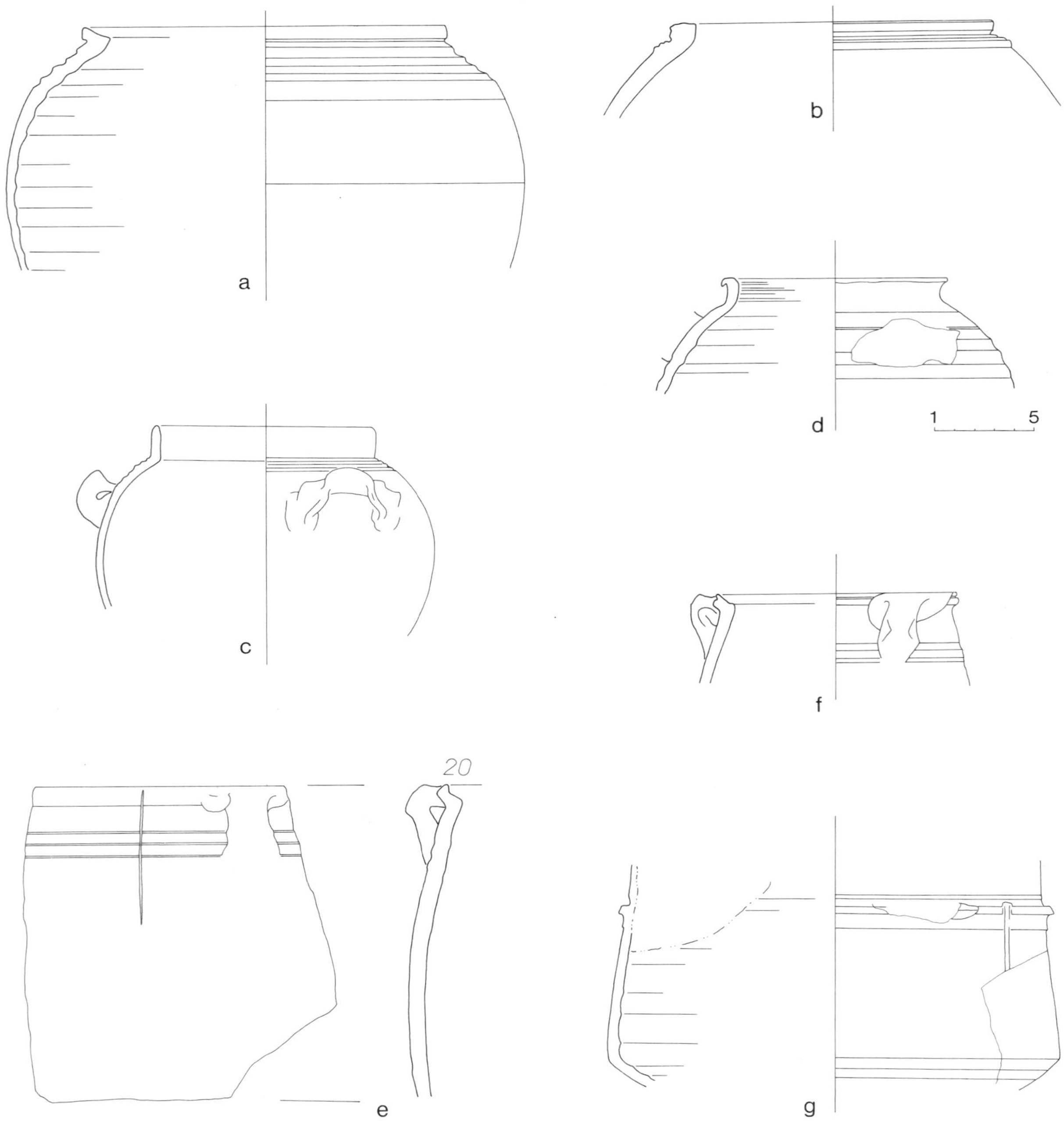

Fig. 57. — Pâtes R, poteries d'Assouan non peintes. Récipients de cuisson. *a, b* : + 90 à + 115; *c* : + 75 à + 115; *d* : + 35 à + 50; *e, f,* g : + 20 à + 60.

Jarres et amphores.

Pâte R II à R III — Fig. 58 et 59.

Entre — 35 et + 90, on trouve en quantité de hauts cols à épaisses parois fortement côtelées, lèvre en bourrelet, grosses anses à facettes ou même cannelées, ou bien grossièrement modelées et légèrement torsadées, d'ouverture comprise entre 7 et 9 cm (quelques exemplaires plus coniques ont une ouverture de 4 cm) [51]. Le col est tourné séparément, puis soudé à l'épaule. La pâte est dense, recouverte à l'extérieur d'un engobe rouge foncé (2,5 YR 4/6, 7,5 R 5/6) ou rouge clair (5 YR 7/6); jusqu'à + 35, il arrive qu'un large ruban ondulé orange clair ou blanc orne l'épaule (fig. 58 *a, b, c*).

Les autres types de cols rencontrés (fig. 58 *d, e, f*; 59 *a* et *b*) sont des cas isolés [52]; on observe souvent des anses bien rondes placées haut sur l'épaule (fig. 58 *d*; 59 *a* et *b*).

51. Benazeth, *Rev. Louvre* 5/6, 1985, p. 416, fig. 23 H et p. 417, fig. 26 H.

52. Peut-être une jarre proche de notre figure 59 *a*, à Quseir : Whitcomb et Johnson, pl. 48 *q*.

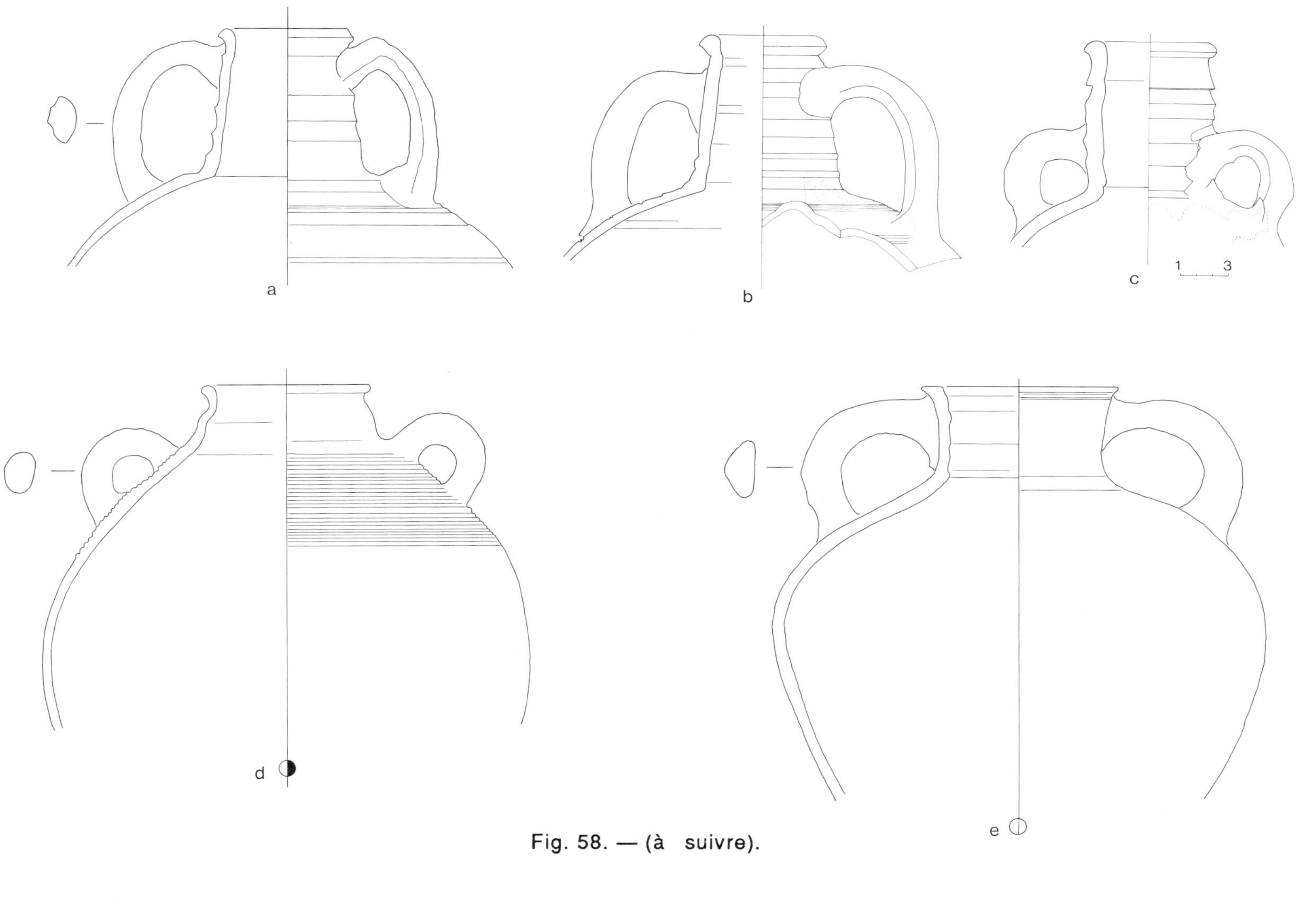

Fig. 58. — (à suivre).

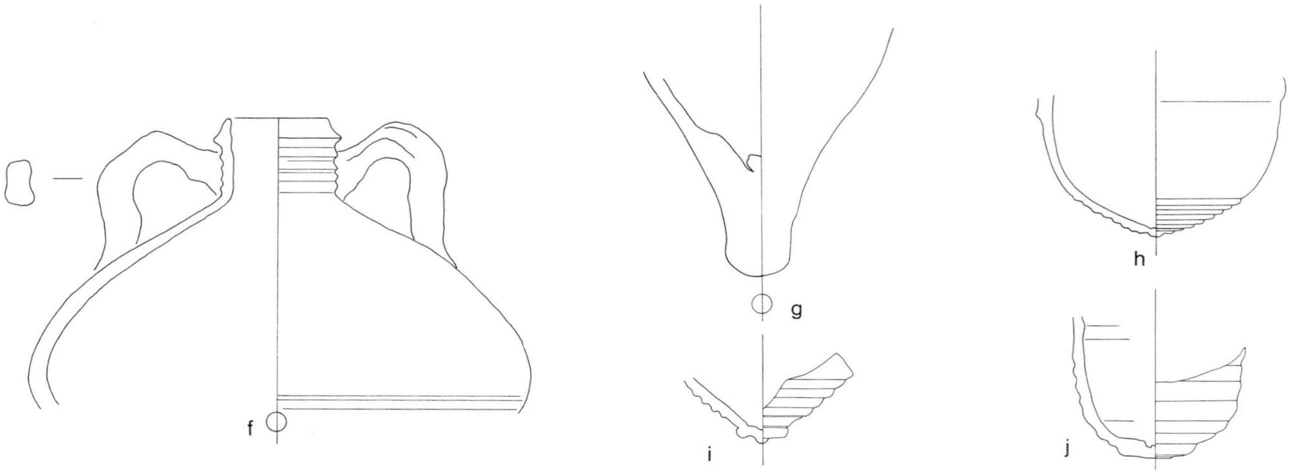

Fig. 58. — Pâtes R, poteries d'Assouan non peintes. Jarres et amphores.
a, *d*, *f*, *g*, *h* : - 10 à + 40; *b*, *c*, *i*, *j* : - 35 à - 10.

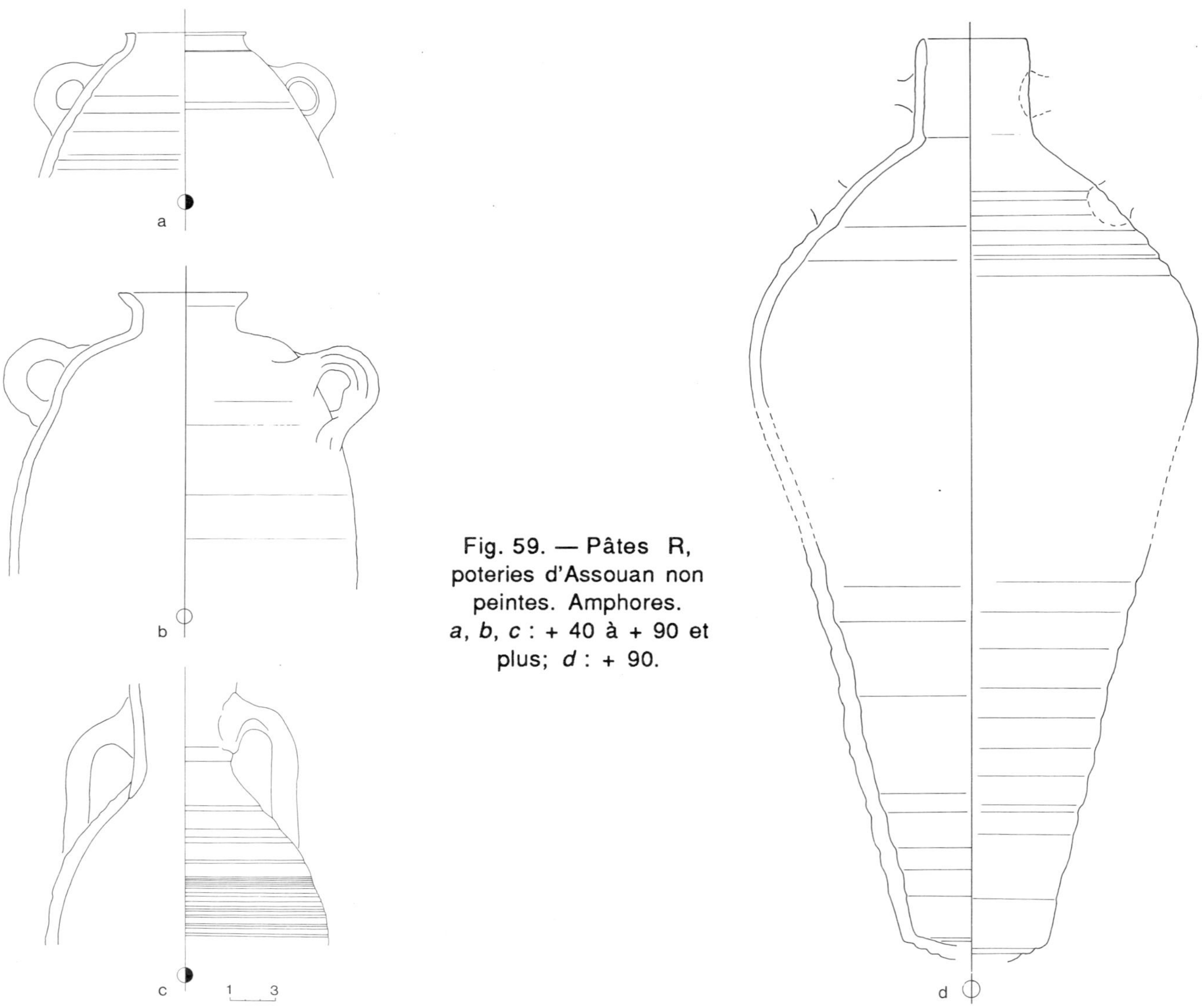

Fig. 59. — Pâtes R, poteries d'Assouan non peintes. Amphores.
a, *b*, *c* : + 40 à + 90 et plus; *d* : + 90.

Flacons et gobelets.

Pâte R II — Fig. 60 *a* à *e*.

Ces poteries de petite taille sont parfois peintes (cf. famille Ap, *infra*).

— Entre — 10 et + 70 : de petits flacons plutôt piriformes, engobés d'une couleur crème ou rose, n'excédant pas 8 cm de hauteur (fig. 60 *a* et *b*).

— Entre + 60 et + 75 : des gobelets à petit pied plat et corps cylindrique ou légèrement concave (fig. 60 *d* et *e*) [53].

Coupelles.

Pâte R II — de + 55 à + 95 — Fig. 60 *f*.

D'une hauteur d'environ 2 cm, elles mesurent entre 9 et 11 cm de diamètre, et portent souvent des traces de brûlures. Deux d'entre elles obturaient l'ouverture d'un pot de la famille « Assouan peint » (fig. 61 *a*).

Divers.

Des cols de vases à eau, munis de filtres, sont revêtus d'une couverte jaune clair (fig. 60 *g*). Un pot globulaire à col étroit, très lourd, présente une surface gréseuse semblable à une pâte R trop cuite (fig. 60 *h*). Peut-être s'agit-il d'un flacon à huile identique à ceux cités par Adams [54]. Un col de pichet est muni d'une surélévation de l'anse destinée à un couvercle pivotant dont on a trouvé par ailleurs des exemplaires (fig. 60 *i* et *j*). Un support de vase porte un décor ajouré en forme d'étoiles et de fentes (fig. 60 *k*) [55].

53. Voir des gobelets similaires dans Adams, *Evolution*, fig. 67, haut; et des flacons dans Mýsliwiec, n°s 2063-2065.

54. Adams, *Ceramic Industries*, fig. 311, P 34.

55. Un profil très semblable pour un autre support, non ajouré mais peint, dans Monneret de Villard, *La Nubia mediœvale*, t. 4, pl. 188, n° 40.

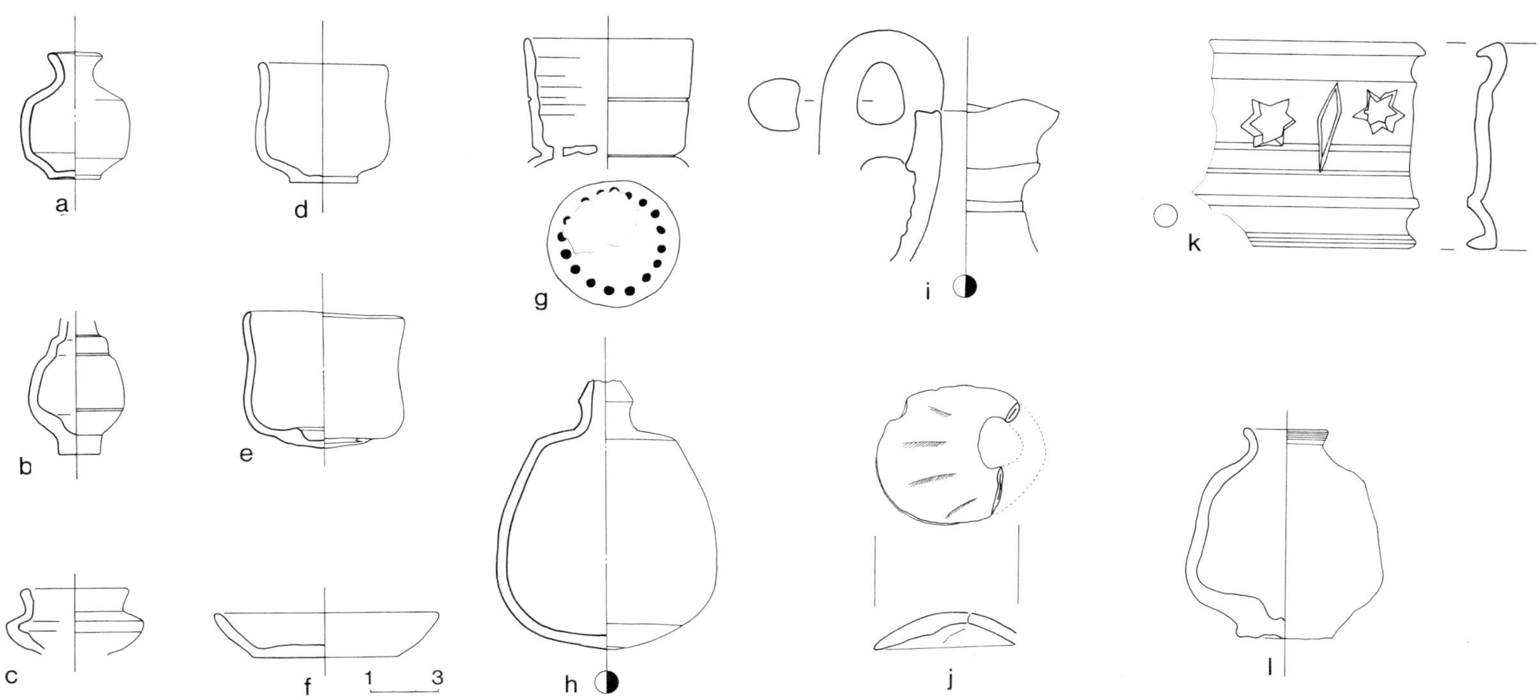

Fig. 60. — Pâtes R, poteries d'Assouan non peintes. *a*, *b* : - 10 à + 70; *c* : + 10; *d* (= SAE 872), *e* (= SAE 871) : + 75; *f* : + 65; *g* : + 90 à + 95; *h* (= SAE 878) : + 35 à + 50; *i*, *j*, *k*, *l* : - 10 à + 40.

POTERIES D'ASSOUAN PEINTES (Ap)

Pâte R II et R III — de + 40 à + 160; quelques tessons dès + 20 — Fig. 61 à 64.

Au-dessus de + 20 apparaissent les premiers témoins d'une famille de poteries décorées, définie par un ensemble de formes et de motifs résolument novateur par rapport à la vaisselle de tradition sigillée.

La pâte et l'engobe. Les vases à décor d'arceaux et de pois présentent une pâte rose ou beige rosé : 10 R 6/8, 7,5 YR 8/4, 10 R 7/3, 10 R 6/6. Plus tard, la pâte des vases à « arabesques » est brun rose : 2,5 YR 6/4, 2,5 YR 6/6, 2,5 YR 7/4. L'engobe est beige rosé plus ou moins clair : 7,5 YR 8/4, 7,5 YR 7/4, 5 YR 7/4.

Les formes. Les morphologies les plus caractéristiques sont des vases globulaires, à fond rond, plat ou en « cul de bouteille », à carène basse, à large ouverture, et souvent ornés d'un bourrelet quelques centimètres sous la lèvre (fig. 61 *a, b, c, d*). Les gobelets à pied plat et corps cylindrique ou légèrement concave sont très fréquents (fig. 61 *j*). Les profils sont souvent sinueux; quand il y a des anses, elles sont petites, rondes et bien formées.

Fig. 61.
Pâtes R, famille Ap. *a* (= SAE 857) : + 95; *b* : + 35 à + 50; *c* : + 20 à + 30; *d* (= SAE 902) : + 80; *e* : + 100; *f* : + 70; *g* : + 50; *h* : + 55; *i* (= SAE 912) : + 65; *j* (= SAE 875) : + 75.

Les motifs. Ils sont tracés au pinceau brun aubergine, et en partie colorés en rouge clair passé au pinceau plus large. Les lèvres sont souvent soulignées de rouge. L'exécution hâtive constitue une sorte de style. Le décor est organisé en frises ou en panneaux :

— en frises : ondulations, arcatures, postes, motifs d'inspiration végétale (?) (fig. 61 *a, b, f, g*; 62 *a, f, g*) entre + 40 et + 100; ou motifs géométriques évoquant de loin des « arabesques » (fig. 63 *c, f*) entre + 100 et + 160; plus simplement, une rangée de pois alternativement rouge et aubergine (fig. 61 *d*), de + 35 à + 80.

— en panneaux, parfois séparés par des frises « végétales », occupés de motifs floraux (?) (fig. 61 *h*; 62 *a, c, l*) de + 50 à + 95, ou animaux stylisés, portant colliers, au-dessus de + 60 (fig. 63 *g*)[56].

56. Un autre exemple d'oiseau à collier peint sur un vase de la même famille dans le catalogue de l'exposition *Früh-christliche und Koptische Kunst*, Wien 1964, n° 452, Städtische Galerie Liebighaus, Frankfurt/Main, Inv. Nr. M 480.

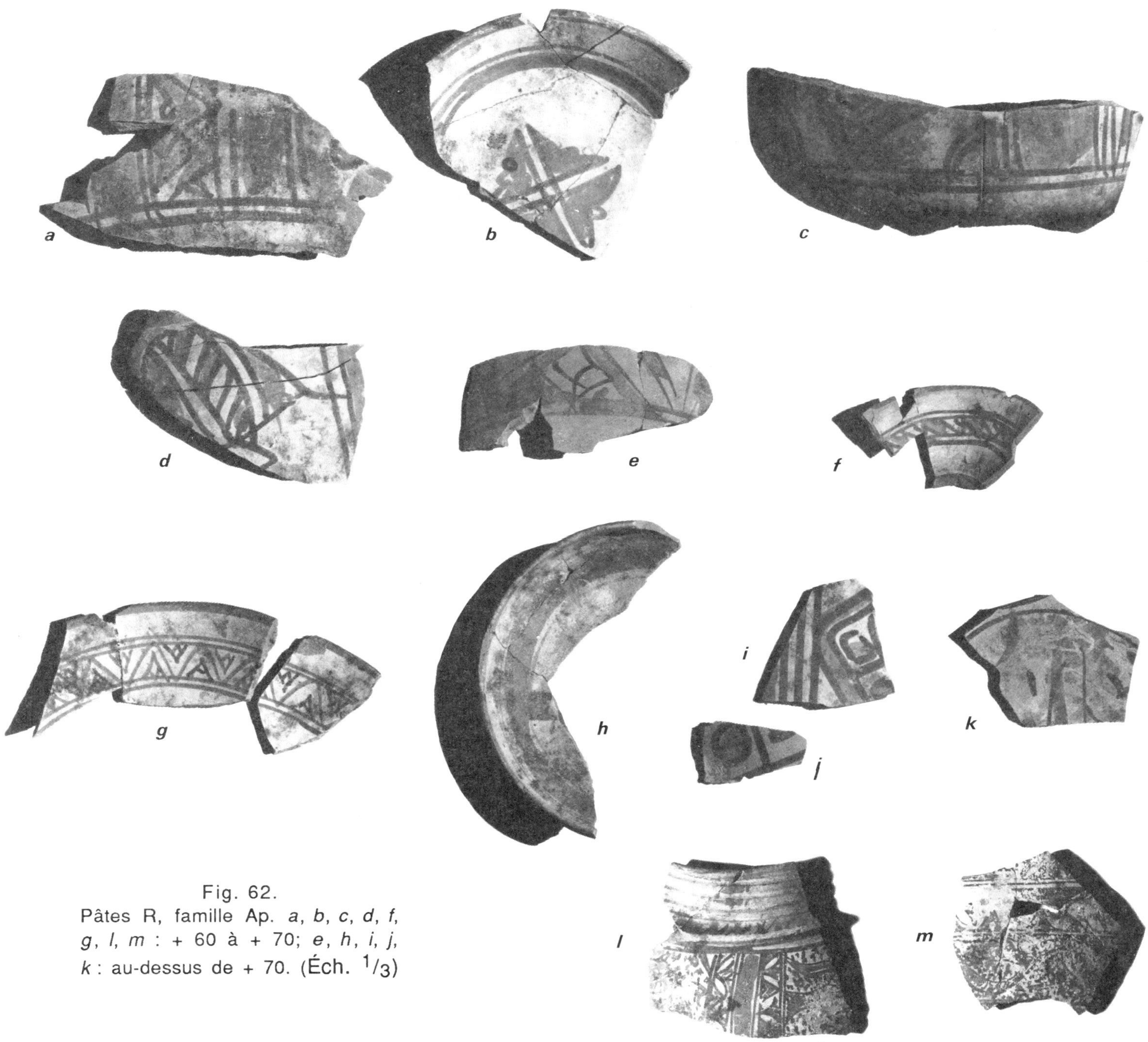

Fig. 62.
Pâtes R, famille Ap. *a, b, c, d, f, g, l, m* : + 60 à + 70; *e, h, i, j, k* : au-dessus de + 70. (Éch. 1/3)

Ce registre de formes et de décors correspond aux familles W 22 et W 12 d'Adams [57] qu'il date entre 750 et 1400, avec un maximum entre 950 et 1300 [58].

En marge de la famille Ap, il faut mentionner deux poteries en pâte R peintes dans des styles différents :

— à + 35 : un vase à carène basse, corps conique légèrement convexe et bourrelet sous la lèvre, à couverte extérieure rouge foncé (10 R 5/3), peint de motifs aubergines et blancs géométriques (fig. 64 *b*). Si la forme correspond à un type commun de la famille Ap, alors à ses débuts, le décor est plus proche de Lp 1 et Lp 2. Il appartient à la catégorie R 12 d'Adams, datée par cet auteur entre 850 et 950 [59];

— à + 125, un pot globulaire à engobe poli rouge porte un décor de lignes verticales accolées ou espacées, ornées d'arcatures serrées, de festons ou de stries (fig. 64 *a*) [60]. La lèvre est découpée irrégulièrement.

57. Adams, *Ceramic Industries*, p. 544 et p. 558-559, et p. 548, fig. 308, n°s 2, 4, 10, 12; p. 555, fig. 311, n°s 2, 10, 30, 32, 33. Le pied annulaire n'est pas un trait aussi fréquent à Tôd que ce qu'a remarqué Adams en Nubie (p. 558). À Tôd, la couleur rouge est toujours secondaire quand elle est utilisée avec le brun aubergine (ce qui n'est pas le cas de W 22, cf. Adams, *Ceramic Industries*, p. 552). Voir aussi Adams, *Evolution*, fig. 68. Un exemple également dans Trigger, *The Late Nubian dettlement at Arminna West*, New Haven and Philadelphia, 1967, p. 18, fig. 10, n° 4 et pl. 13 *g* (daté de la fin du XIIe siècle par le contexte des fouilles).

58. D'autres exemples à Quseir : Whitcomb et Johnson, pl. 39 *f*, 43 *f*, 45 *g*, 50 *n* et *m*.

59. Adams, *Ceramic Industries*, p. 551-552, et p. 548, fig. 307, n° 12.

60. Trigger, *o.c.*, p. 21, n° 11, et pl. 12 : un fragment porte un décor similaire, mais il est dans une pâte différente; daté par le contexte fin XIIe - XIIIe siècle.

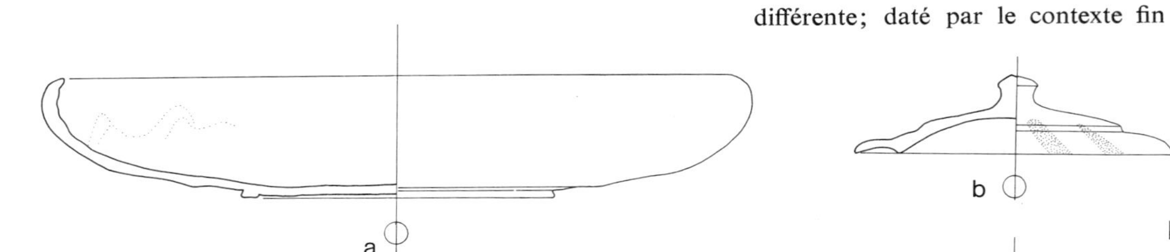

Fig. 63. — Pâtes R, famille Ap.
a : + 40 à + 90;
b : + 90;
c (= SAE 842),
d (= SAE 853),
f (= SAE 840) : + 125;
e (= SAE 839) : + 160;
g (= SAE 867) : + 115.

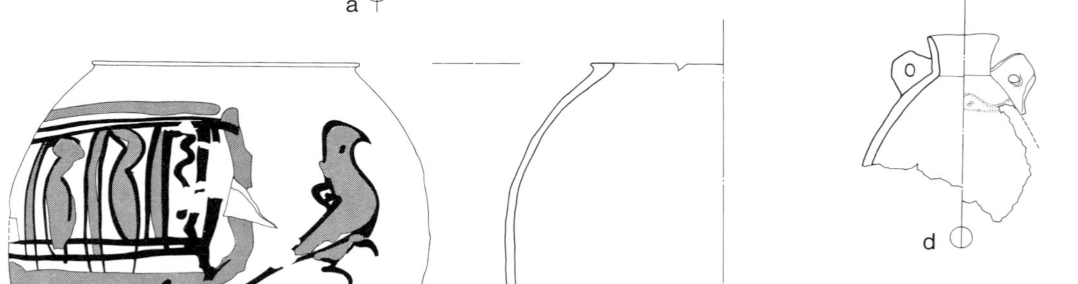

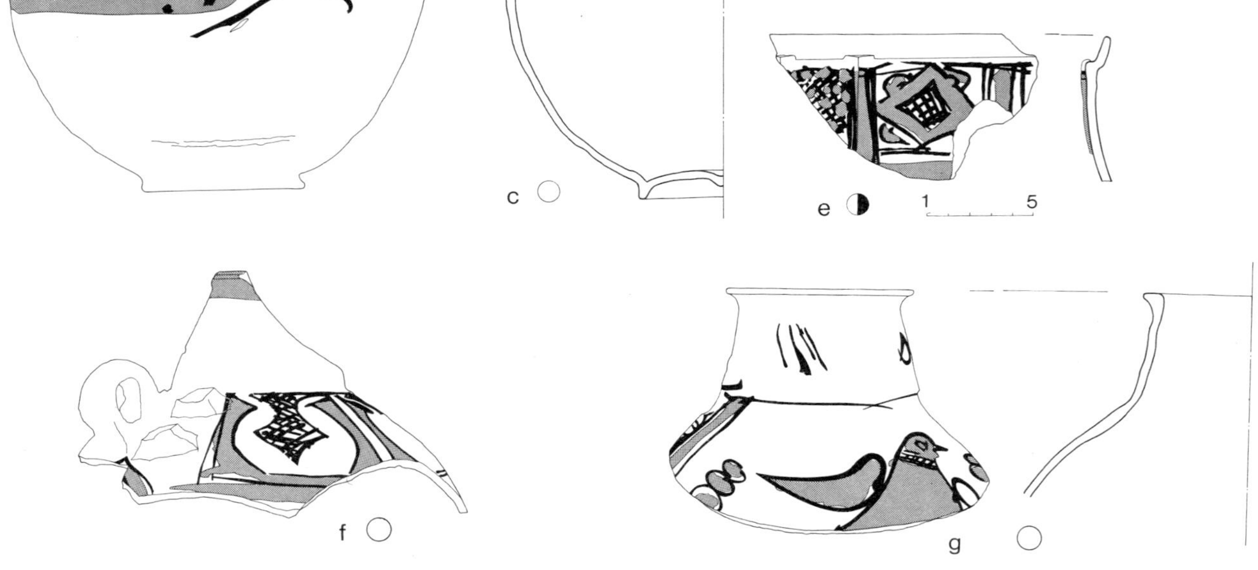

Fig. 64. — Pâtes R, poteries d'Assouan peintes. *a* : + 125; *b* : + 35.

PÂTES E

Poteries importées

Amphore Egloff 164.

La trouvaille d'un fragment de ces amphores connues [61] au niveau + 50 semble témoigner de leur présence tardive à Tôd.

Sigillée d'Afrique du Nord.

Les deux seuls témoins de sigillée africaine ont été trouvés dans les couches les plus anciennes, sans doute à la suite d'une utilisation secondaire : conservation d'un élément décoratif pour le premier, réutilisation comme support d'écriture pour le second :

— à — 25 : petit fragment d'un marli de grand plat du type Hayes 56 (fig. 65 *a*) [62] portant deux médaillons moulés en relief : un buste couronné par deux victoires dans l'un et le fragment d'un quadrige [63] dans l'autre; la pâte est orange rosé 5 YR 6/3, extrêmement dense. Hayes date cette forme entre 360 et 430, et le décor du IVe siécle [64];

— à — 20 : un *ostracon* grec très effacé, sur un fragment de coupe (fig. 65 *b*); la pâte est dense et homogène, rouge 10 R 5/6 à 2,5 YR 4/6; l'engobe brillant est rouge clair : 2,5 YR 4/6 [65].

61. Egloff, p. 112, n° 164; pl. 19 : 5, 6 *c*, 7 *d* et pl. 54 : 4; voir aussi Jacquet-Gordon, pl. 227, P 8 et P 9, et p. 14, ainsi que Quibell, pl. 48, n° 3. Sur la question de l'origine égyptienne ou non de cette amphore, le point a été fait récemment par Ballet et Picon, p. 21-24.

62. Hayes, *LRP*, p. 74, fig. 13.

63. La succession de ces deux médaillons se trouve sur le plat rectangulaire publié dans l'*Enciclopedia dell'Arte Antica, Atlante delle forme ceramicha, I : Ceramica fine romana del bacino mediterraneo*, sous la direction de Giovanni Pugliese Carratelli, Rome, 1981, pl. 146, n° 1; autres exemples du premier médaillon trouvés à Tiddis, Algérie : *o.c.*, pl. 80, n°s 3 et 4, et p. 165.

64. Hayes, *LRP*, p. 91 (à propos du décor) et p. 291 (pour la forme et la matière).

65. Rodziewicz, *o.c.*, p. 31-34. Je remercie M. Meyza pour son avis.

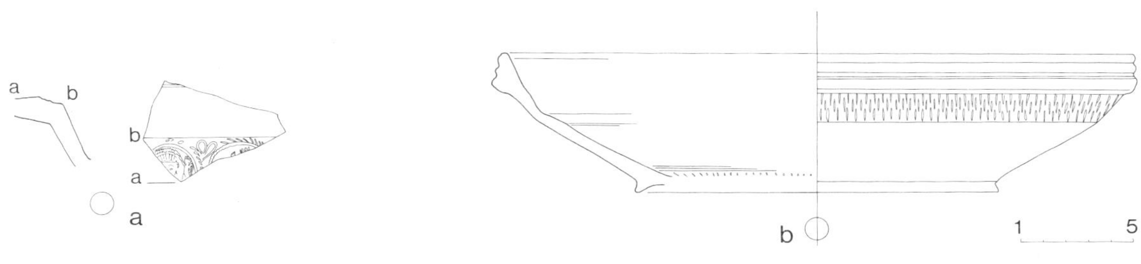

Fig. 65. — Pâtes I, poteries importées. *a* : - 25; *b* : - 20.

POTERIES G (Glaçurées)

Les pâtes des poteries glaçurées ne s'inscrivent pas dans les catégories définies pour les autres céramiques. De plus, l'étude de ces vaisselles mène rapidement à les regrouper en familles possédant en commun formes, décors et pâtes. C'est pourquoi, dans les lignes qui suivent, les références G 1, G 2, etc. correspondent à la fois à un type de pâte et à un ensemble de formes et de décors qui s'est révélé lui être toujours associé [66].

G 1. Pâtes beige rosé glaçurées.

Premiers échantillons dès + 20, en grand nombre de + 80 à + 160 — Fig. 66.

La couleur de la pâte, beige rosé, est plus ou moins claire : 5 YR 6/4, 2,5 YR 6/4, 10 R 6/4, 5 YR 7/4, 2,5 YR 6/2, 5 YR 6/3, 2,5 YR 5/6, 7,5 YR 7/4. Sa texture est légèrement poreuse, et de composition extrêmement variable [67]. La glaçure est généralement très usée. Sur un fond vert ou bleu, parfois brun très clair ou blanchâtre, ont été tracées négligemment des arabesques en brun foncé ou noir. La glaçure ne recouvre pas le revers, mais déborde de la lèvre sur l'extérieur sur un

66. En l'absence de spécialiste sur le terrain lors des premières missions, nous nous sommes appliquée à classer nous-même les céramiques glaçurées. Les indications de dates utilisées dans la discussion finale ont été données pour la plupart par Mme Guillermine Joël, chargée de mission à la section islamique du département des antiquités orientales du Louvre. Entre-temps, elle a bien voulu se charger de l'étude de l'ensemble du matériel glaçuré trouvé à Tôd depuis le début des fouilles, dont elle livrera ultérieurement les résultats. Il nous a semblé cependant indispensable d'inclure ces familles de poteries dans le tableau récapitulatif global et donc d'en présenter ici la typologie que nous avons élaborée avec nos moyens de débutante.

67. On y trouve du sable de 0,5 mm, de 1 à 3/cm^2, mais pas toujours; parfois quelques petites particules ou zones noires, de 0,5 à 2 mm; quoique pas systématiquement présentes, les inclusions les plus fréquentes sont les particules rouges de 0,2 à 3 mm, d'occasionnelles à 4/cm^2.

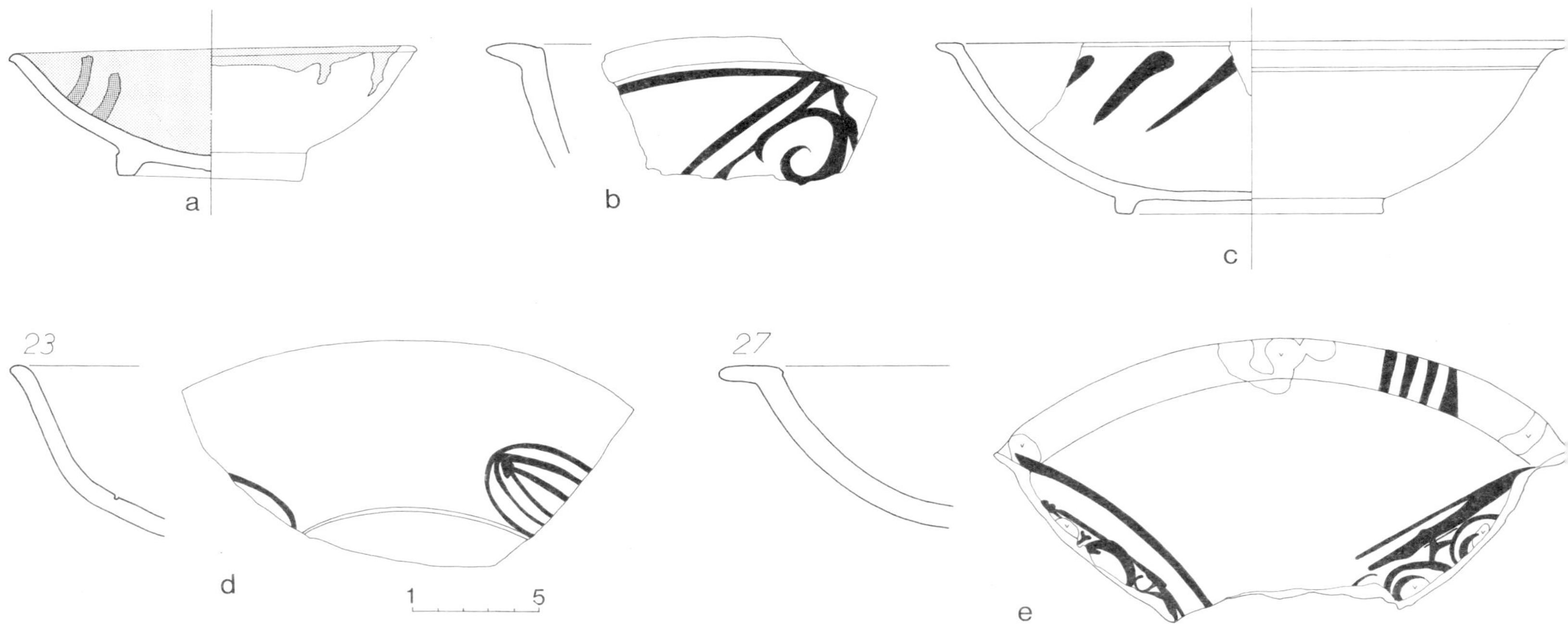

Fig. 66. — G 1, pâtes beige rosé glaçurées. *a* (= SAE 844) : + 125; *b*, *d* : + 90; *c* : au-dessus de + 90; *e* (= SAE 874) : + 80.

ou deux centimètres [68]. Les parois sont épaisses, dépassant souvent le centimètre. Les formes consistent en grandes coupes à fond annulaire épais et petit marli, de diamètre compris entre 25 et 30 cm, et en petits bols à lèvre amincie d'environ 15 cm de diamètre. À + 115 ont été trouvées des lèvres festonnées. Cette famille est la plus importante en nombre des familles glaçurées. Elle représente 0,17 % de l'ensemble du matériel céramique au niveau + 50, et atteint 0,58 % à + 80. On en trouve déjà deux échantillons entre + 20 et + 40.

G 2. **Pâtes blanches glaçurées.** (Fig. 67).

G 2 *a* : de + 20 à + 40, et jusqu'à + 60.
G 2 *b* : de + 40 à + 90;
G 2 *c* : de + 80 à + 130 et plus;
G 2 *d* : de + 90 à + 130 et plus.

Ces pâtes sont reconnaissables à leur couleur blanche ou jaune très clair : 2,5 Y 9/6, 2,5 Y 9/4, 10 YR 8/3, parfois plus brune : 7,5 YR 8/4, 7,5 YR 7/4.

G 2 a : Un petit nombre de tessons fins, fragments de lèvres évasées et amincies, couverts d'une glaçure blanche opaque et brillante 5 Y 8/1, apparaissent entre + 20 et + 40, avec quelques ultimes représentants jusqu'à + 60. L'émail blanc s'est couvert, lors de son séjour en terre, de concrétions brunes qui adhèrent fortement à la surface. La pâte est dense et peu poreuse, laissant voir peu d'inclusions [69].

G 2 b : Deux fragments à décor lustré ont été trouvés. À + 40, un petit morceau d'une coupe à fond blanc opaque, de profil et de pâte semblables à G 2 *a*, et décor vert pâle à reflets métalliques. À + 90, un fond orné sur une glaçure blanche de poissons peints en brun à reflets métalliques et vert sans reflet; la pâte est gris beige 7,5 YR 6/2, très homogène et peu poreuse (fig. 67 *c*) [70].

68. L'ensemble de ces caractéristiques ressemble beaucoup à la description faite par Adams de G 3 : Adams, *Evolution*, p. 121 et *id.*, *Ceramic Industries*, p. 594-595.

69. Parfois un peu de sable fin ou une particule noire; dans un cas, du sable de 0,2 mm : $5/cm^2$.

70. Elle contient parfois du sable de 0,5 mm. Un décor similaire sur une pièce du musée national de la céramique de Sèvres = MNC 22484^{37}, est cité dans le mémoire de l'École du Louvre de G. Joël, non publié : *Catalogue raisonné des céramiques du monde iranien jusqu'au XIe siècle et du Proche-Orient arabe jusqu'au milieu du XIIe siècle au musée national de la céramique de Sèvres*, n° 157; l'auteur mentionne d'autres exemples au musée de Faenza.

a

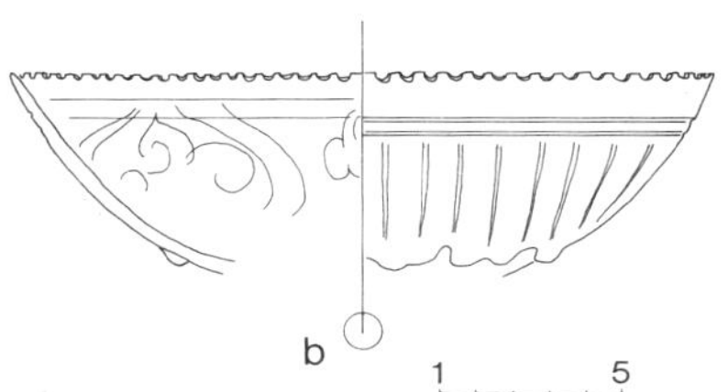

b

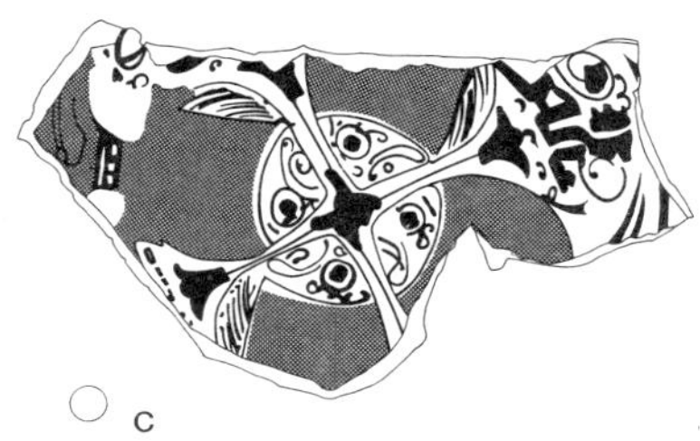

c

Fig. 67. — G 2, pâtes blanches glaçurées. G 2 c : *a* (= SAE 841) : + 125; *b* : (= SAE 899) : + 85; G 2 b : *c* (= SAE 900) : + 90.

G 2 *c* : Il s'agit d'une série assez nombreuse de petits tessons aux parois inférieures ou égales à 5 mm, au décor incisé sous glaçure monochrome (« sgraffito »). La gamme des couleurs est riche : aux bruns, jaunes et verts qui recouvrent aussi G 3 s'ajoutent des bleus vifs, des turquoises, des verts foncés, des violets et des blancs. La pâte est un peu brillante, d'aspect cristallin, et légèrement poreuse; on y distingue de fines particules noires. De + 80 jusqu'au-delà de + 130 [71].

G 2 *d* : Cette série de tessons aux parois épaisses, parfois supérieures à 8 mm, est attestée entre + 90 et au-delà de + 130, avec quelques rares exemplaires entre + 40 et + 90. La glaçure est bien conservée, brillante, de couleur bleu ciel, turquoise ou vert vif.

G 3. Pâtes ocre glaçurées.

De + 40 à + 90 — Fig. 68.

Ces échantillons glaçurés en pâte ocre apparaissent à partir du niveau + 40, c'est-à-dire peu après les plus anciens tessons glaçurés trouvés à Tôd.

G 3 *a* : Les premiers échantillons, entre + 40 et + 60, se révèlent à l'examen différents de leurs successeurs. La pâte est dense, de couleur 2,5 YR 5/6, 5 YR 5/6 [72]. Les glaçures, opaques, se détachent aisément de leur support : elles sont colorées en vert ou blanc.

G 3 *b* : au-dessus de + 60 et jusqu'à la disparition de cette famille à + 90, la pâte ocre (5 YR 6/3, 5 YR 6/6, 2,5 YR 5/6, 5 YR 6/4, 2,5 YR 6/4) est poreuse [73]. Les glaçures sont translucides, colorées, et posées semble-t-il sur un fond mat clair; ainsi un tesson à glaçure vert vif laisse paraître dans ses zones déglaçurées un fond mat jaune clair (5 Y 9/8). La palette est moutarde, caramel, brun, jaune-vert, vert kaki, vert vif (« pré ») et vert foncé. On rencontre des coulures ou des pois, par exemple brun sur fond caramel clair (2,5 Y 6/8). Le revers est toujours glaçuré, jusqu'au pied, d'une couche plus mince que l'intérieur. Le matériel consiste en petits bols de diamètre compris entre 10 et 13 cm, et de coupes à marli d'un diamètre de 25 cm environ. Les bols sont décorés de coulures ou de pois, tandis que les coupes sont uniformément glaçurées en vert clair ou jaune clair.

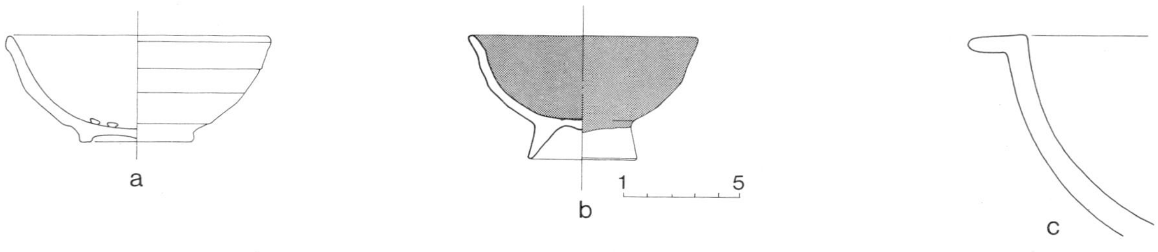

Fig. 68. — G 3, pâtes ocres glaçurées. *a* (= SAE 877) : + 85; *b* (= SAE 897), *c* : + 75.

71. Un parallèle à notre figure 67 *b*, au musée de Sèvres : G. Joël, *o.c.*, n° 251 = MNC 24947G1.

72. Elle contient un peu de sable de 0,3 mm : de 1 à 2/cm^2, et des zones grises de 0,2 à 1 mm : de 1 à 2/cm^2; une fois on y voit du mica, une autre fois quelques points blancs de 0,2 mm.

73. Car elle contient occasionnellement du dégraissant végétal (jusqu'à 20 % dans un cas); on y voit en outre des sables, en proportion inverse du dégraissant végétal, et aussi des particules noires : 0,25 mm : 2 à 3/cm^2; dans un cas, des nodules blancs.

G 4. Pâtes brun rouge glaçurées.

De + 90 à + 130 et plus; quelques exemplaires de + 60 à + 90.

Cette famille est caractérisée par la couleur de sa pâte brun rouge foncé « chocolat » : 10 R 4/4, 2,5 YR 4/6, 2,5 YR 4/4, 2,5 YR 3/4. Les glaçures, si elles ne sont pas détachées de leur support, ont gardé leur brillance. Les couleurs les plus employées sont le jaune moutarde, le brun caramel, le brun foncé et le vert vif. Les parois sont épaisses, souvent supérieures au centimètre. Ne nous sont parvenus que des fragments des bords et des fonds, ou bien des morceaux de la carène caractéristique des grosses coupes d'époque mamelouke. Le décor est soit incisé sous glaçure [74], soit peint à l'engobe, de motifs jaunes sur fond brun, parfois délimités par des incisions [75]. Dans les niveaux supérieurs à + 90, qui constituent la principale couche où cette famille est présente, elle représente des quantités bien moindres que G 1.

K. Zagørska a attiré notre attention sur la distinction qu'il convient de faire entre des tessons à pâte dense, fine, qui pourraient être d'origine chypriote ou byzantine, et qui seraient les plus anciens [76], et d'autres à pâte alluviale grossière, qui leur seraient postérieurs et propres à l'époque mamelouke. Seule cette distinction permet d'expliquer la présence de G 4 dans des niveaux (+ 80, + 90) caractérisés par ailleurs par du matériel fatimide (cf. *supra*).

G 5. Récipients de cuisson glaçurés.

De + 80 à + 100 — Fig. 69 *a* et *b*.

Les formes et les pâtes de ces récipients sont semblables à celles des marmites en pâte R décrites plus haut. La glaçure, d'une couleur jaune moutarde 10 YR 5/8, est toujours posée à l'intérieur, de façon clairement utilitaire et non décorative [77].

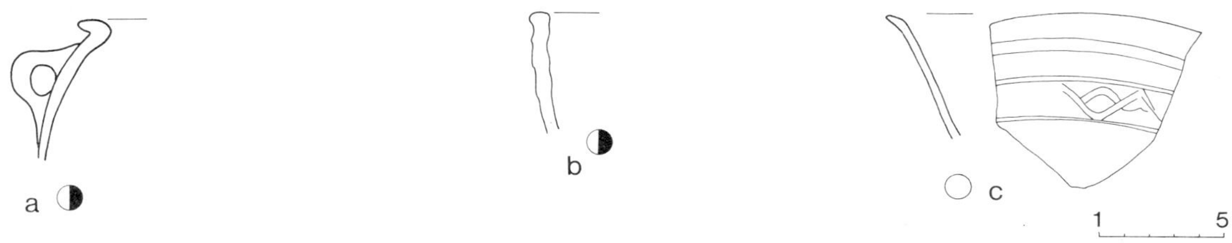

Fig. 69. — G 5, récipients de cuisson glaçurés : *a*, *b*; G 6, pâtes roses glaçurées : *c* : + 90 à + 100.

74. L'ensemble de ces caractères permet d'identifier ce groupe avec G 4 d'Adams : Adams, *Ceramic Industries*, p. 595-597.

75. C'est le cas de la coupe de Tôd publiée par C. Décobert et R.-P. Gayraud, *Annales islamologiques* 18, p. 95-104, pl. 8-10.

76. Les tessons examinés en dessous de + 90 étaient d'une pâte plutôt dense, avec peu d'inclusions visibles : des sables de 0,5 mm, tous les 1 ou 2 cm^2; souvent des taches noires; dans un cas, beaucoup de nodules blancs de 0,2 à 0,5 mm : 5/cm^2; et, dans un autre fragment, de minuscules micas.

77. Sans doute un cas de marmite glaçurée semblable à Quseir : Whitcomb et Johnson, pl. 42 *f*.

G 6. Autres pâtes roses glaçurées.

De + 15 à + 35; de + 90 à + 100.

Hormis les exemplaires de G 5, deux tessons en pâte rose glaçurée ont été trouvés à deux niveaux très différents :

— entre + 15 et + 35, parmi les premiers tessons glaçurés, un fragment de fond plat d'un diamètre d'environ 8 cm. La composition [78] et l'aspect de la pâte rose (2,5 YR 6/4) sont similaires aux pâtes R. La glaçure est vert foncé, bien conservée et très brillante, mais effacée au revers. Selon G. Scanlon, qui a eu l'amabilité d'examiner le tesson, il présente de grandes similitudes avec la famille baptisée par Rodziewicz « céramique copte émaillée » (= Engemann « underglazed slip painted ware »), c'est-à-dire des vaisselles fines de même pâte et forme que le *groupe O*, glaçurées [79]. Mais l'examen de la coupe [80] n'a pas révélé la couverte blanche ou rouge sous-jacente qui est une marque de cette famille, héritée de la tradition sigillée. Il convient donc de placer ce fragment dans une catégorie de productions différente de celles attestées à Alexandrie et Abou Mina aux VIIIe et IXe siècles.

— Entre + 90 et + 100, un fragment de coupe aux parois fines en pâte dense rose [81] porte une glaçure blanche opaque, sur laquelle on distingue encore un motif décoratif très effacé : une ondulation entre deux lignes horizontales parallèles. Ce décor n'est pas sans rappeler le vocabulaire ornemental de la famille Ap contemporaine (fig. 69 *c*).

* * *

DISCUSSION SUR LA CHRONOLOGIE (Fig. 70).

La plupart des strates considérées ici ne bénéficient pas d'éléments de datation intrinsèques, comme des *ostraca* ou des pièces de monnaie. Ces documents n'apparaissent que rarement, dans les couches les plus anciennes. Seule la comparaison de certaines catégories du matériel céramique avec celui trouvé dans d'autres sites permet de proposer une échelle de datation. On ne saurait prendre le tableau récapitulatif ci-joint (fig. 70) comme la transcription d'un terrain idéal, dans lequel les niveaux comtemporains seraient parfaitement horizontaux; on se rappelle qu'un ensemble de sols dallés en relation les uns avec les autres est situé à des niveaux aussi différents que — 70 et — 30, il est vrai après avoir subi des déformations dues aux racines des arbres et à la pression du *kôm*. Une grande prudence s'impose donc. Il est indéniable cependant qu'une évolution se dégage au fil des niveaux, dont nous devons tirer le maximum d'informations, d'autant que la

78. Elle contient des petits grains de sable blond ou rose de 0,2 à 0,5 mm : 10/cm^2, des morceaux gris-noir d'environ 0,3 mm : 5/cm^2, et des fragments de mica de 0,2 à 0,3 mm : environ 4/cm^2.

79. Rodziewicz, *ET* 10, p. 337-345, et Engemann, « Early Islamic Glazed Pottery of the Eighth Century A.D. from the Excavations at Abu Mina », colloque de Nieborow (Pologne), septembre 1988 (sous presse).

80. Examen réalisé par le Laboratoire de Recherche des Musées de France par les soins de MM. Querré et Leclaire.

81. Contenant du sable de 0,5 mm : 5/cm^2, et parfois des particules rouges.

comparaison avec le matériel d'autres sites archéologiques y prend place de façon cohérente [82].

Dans les couches inférieures, entre — 35 et — 10, les groupes Op et Wp sont présents en quantité. Les formes de certaines vaisselles du groupe Op sont datées par Egloff aux Kellia du début du VIIIe siècle (Egloff 39). Les grands plats du groupe Wp (Egloff 66) sont attestés dans la seconde moitié du VIIe siècle et la première moitié du VIIIe siècle aux Kellia, mais sont absents d'une couche datée du VIe siècle à Éléphantine [83]. Dans ces conditions, il convient de penser que les deux fragments de sigillée d'Afrique du Nord (fig. 65 *b* et *c*) ont été rejetés tardivement dans la couche — 20 à — 15, à la suite d'une utilisation secondaire comme *ostracon* pour l'un, et de la conservation exceptionnelle d'un décor qui a su retenir l'attention pour l'autre.

Entre + 20 et + 40, plusieurs petits tessons de bords fins à lèvre évasée et amincie, en pâte blanche à glaçure blanche (G 2 *a*) se rattachent, selon G. Joël, à des productions connues au IXe siècle. Entre + 20 et + 60, la série des marmites en pâte R à engobe rouge, à carène basse et corps convexe ou conique (fig. 57 *e, f, g*) pourrait relever de la famille U 8 d'Adams, datée selon cet auteur entre 850 et 1000. À + 35, un vase typique de R 12 d'Adams nous situe dans la même tranche de dates (fig. 64 *b*).

Ce n'est qu'à partir de + 80 que les témoins de l'époque fatimide (969-1171) se multiplient et perdurent au moins jusqu'à + 125, niveau de la trouvaille d'une coupe complète du type « sgraffito » (fig. 67 *a*) attribuée par G. Joël à l'extrême fin de l'époque fatimide, voire un peu après, aux alentours de 1200. Ces témoins consistent en tessons de céramique « sgraffito » G 2 *c* et en filtres de gargoulettes à décor géométrique (fig. 39 *b* et *c*).

Ces indices, mis bout à bout, permettent de brosser le tableau suivant :

	+ 125	vers 1200
+ 80	+ 90	époque fatimide, vers 1000-1100 (?)
	+ 60	vers 1000
	+ 40	vers 900
	+ 20	vers 800
— 35 à	— 10	après 650, jusqu'à 750 ou plus tard.

Le tableau récapitulatif (fig. 70) met en valeur l'apparition, aux niveaux + 35 et + 60, de plusieurs nouvelles familles. À + 35, les récipients de cuisson à grosses inclusions minérales L 9, dont les décors et la technique rappellent des familles nubiennes décrites par Adams (H 4, H 15, H 16). À + 60, les marmites modelées et polies L 10, semblables à H 8 d'Adams, qu'il date entre 1000 et 1250, et les écuelles polies et peintes Lp 5, aux caractéristiques très proches de H 7 d'Adams, avec quelques différences cependant (le décor exclusivement intérieur y est commun) [84]. Ces trois

82. À la différence des Kellia et des maisons construites sur les restes du temple d'Éléphantine (cf. Grimm, *MDIAK* 31, 1, p. 70), les tessons réutilisés dans les murs ou les briques crues elles-mêmes sont rares; handicap peut-être pour la datation des murs, mais qui évite la « remontée » systématique des tessons due à l'écroulement des murs après l'abandon des bâtiments.

83. Gempeler, *MDIAK* 32, p. 111-112, et Adams W 3, daté de 650 à 850 environ, cf. Adams, *Ceramic Industries*, p. 544.

84. Différences dans le décor, différences dans la position chronologique : peut-on voir en Lp 5 une famille cousine, ancêtre septentrionale de Adams H 7?

Fig. 70. — Tableau récapitulatif.

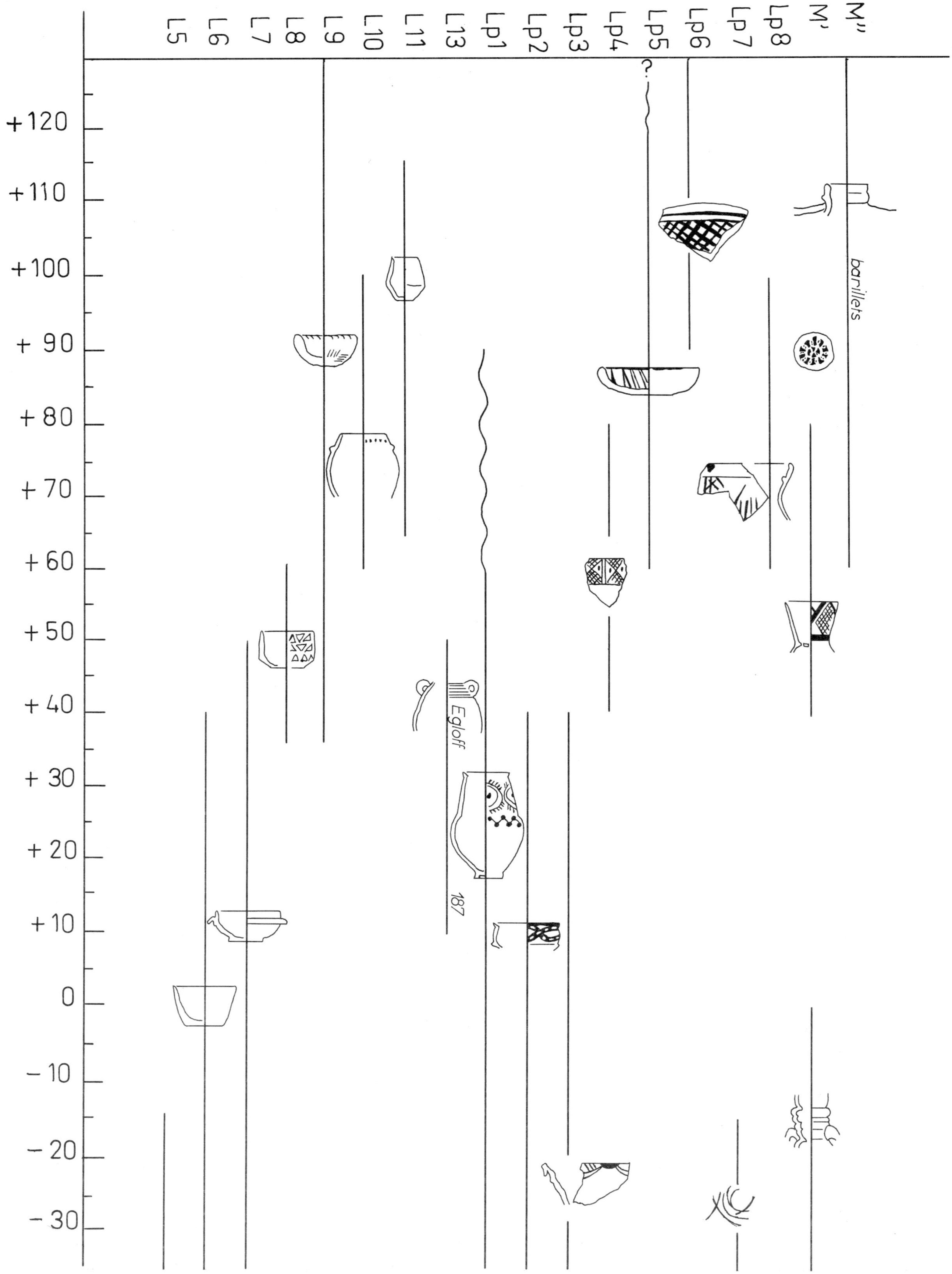

G6
G5
G4
G3
G2c
G2b
G2a
G1
I
Ass.p
Ass.
Ass.
Ass.
Ass.
Ass.
gr.Wp
gr.Op
gr.W
gr.O
Egloff 164

familles de poteries montées à la main sans l'aide du tour, qui présentent tant d'affinités avec des productions domestiques nubiennes, n'ont pu apparaître à Tôd que du fait de l'installation sur place de populations nubiennes [85].

D'autres familles font leur apparition à la même époque : à + 35, les poteries à décor excisé L 8, très semblables à un gobelet trouvé dans une église nubienne (cf. n. 14); à + 60, les barillets en pâte M'' (fig. 42 *a*), semblables à Adams U 12; à + 65, les petits vases à carène basse L 11; à + 40, les gobelets peints Lp 4 et les cols de gargoulettes en pâte M' peints (fig. 39 *g*). Les couches + 35 à + 40 et + 60 à + 65 sont donc bien contemporaines d'un afflux de nouveautés. Or, toujours à + 35 et + 40, se multiplient les produits du nouveau style de vaisselle peinte d'Assouan : d'abord un vase de R 12 d'Adams à + 35 (vers 850-950 selon cet auteur), puis la famille W 12 d'Adams, présente depuis + 20, qui devient courante à partir de + 40 (datée par Adams à partir de 750, et principalement entre 950 et 1300) [86].

Tout se passe comme si les mêmes causes avaient les mêmes effets, à Assouan comme à Tôd : l'arrivée de Nubiens à la fin du IXe siècle et dans le courant du Xe siècle (en plusieurs vagues?) aurait donné une nouvelle impulsion aux ateliers de potiers. Cette immigration n'a pas provoqué de rupture brutale avec le passé. La famille Lp 1, si caractéristique des couches coptes tardives depuis la seconde moitié du VIIe siècle, continue à être fabriquée, en plus faibles quantités à partir de + 60 (vers 1000 ?), mais jusque dans le courant de l'époque fatimide. Par contre, Lp 2 s'interrompt; un de ses derniers représentants (fig. 29 *j*) présente d'ailleurs une forme semblable aux vases à bourrelet sous la lèvre de la famille Ap, ou de R 12 d'Adams (fig. 61*a*; 64 *b*). Il est vrai que Lp 2 présentait bien des similitudes déjà avec une autre famille d'Assouan, le groupe Op, dont la présence diminue considérablement, ainsi que celle de Wp, à partir de + 50 (vers 950?); sans doute est-ce là une conséquence de l'expansion contemporaine de Ap.

Ces populations nubiennes immigrées aux IXe et Xe siècles semblent avoir fait souche avec succès à Tôd, car plusieurs des nouvelles familles de céramiques qu'ils introduisirent demeurent attestées jusqu'en pleine époque fatimide : L 9, L 10, Lp 5. L 9 dure très longtemps; de nos jours encore, les potiers de Hegaza, près de Qous, à l'entrée de la route qui mène de la vallée à Qoseir, utilisent une technique très semblable. L 8 disparaît vers + 60 (vers 1000?), L 10 vers + 100 (fin du XIe - début du XIIe siècle?). Lp 5 se raréfie vers + 120 (vers 1200).

La famille Lp 6, qui ne serait pas nubienne, apparaît à + 90 (fin du XIe siècle?), ressemblant fort à un dérivé de Lp 5; elle dure bien au-delà de l'époque fatimide. Myśliwiec en a repéré à Gourna, en l'absence de tout matériel « nubien ». On peut voir là la confirmation que les familles de style nubien sont bien restées attachées à un certain type de population, qui n'avait pas gagné le village installé auprès du temple de Gourna.

Un autre fait remarquable que met en valeur le tableau est l'extraordinaire durée des *groupes O* et *W*. Le *groupe O* est attesté en quantité jusqu'à + 100 (vers 1100?) et ses derniers tessons le

85. Ces invasions nubiennes sont mentionnées par W.Y. Adams, *JEA* 51, p. 169; *id.*, *Nubia, Corridor to Africa*, p. 455-456.

86. Ces dates sont incompatibles avec celles (fin VIe - début VIIe siècle) attribuées aux fragments trouvés à Éléphantine, cf. Grimm, *MDIAK* 31, 1, p. 78, fig. 14 *a* et p. 79, fig. 16 *a* et *b*.

représentent au niveau + 125 (vers 1200)[87]. Le *groupe W* semble avoir définitivement disparu au-dessus de + 100. On se rapportera au catalogue pour évaluer les durées de chaque type; ainsi les formes limitées entre — 10 et + 40 prendraient-elles place entre 750 et 900 : ce serait le cas par exemple des plats à cupules de Wp.

De même les marmites, jarres, amphores et petits flacons en pâte R non peints passent le cap des immigrations nubiennes sans s'en ressentir. Cependant de nouvelles formes de jarres en pâte R apparaissent à + 40, qui offrent des affinités morphologiques avec le nouveau style peint Ap (fig. 58 *d*; 59 *b*). Pendant l'époque fatimide, on fabrique en pâte R des marmites globulaires dont certaines sont émaillées à l'intérieur (G 5). À + 125, des formes nouvelles se manifestent dans la famille Ap, associées à des motifs peints qui semblent en partie influencés par l'art islamique (fig. 63 *f*).

Tôd aurait connu les vaisselles glaçurées dès le IXe siècle. Entre + 40 et + 90, la famille G 3 à pâte ocre couvrirait le Xe siècle et la première moitié du XIe siècle. Des exemplaires des beaux produits lustrés fatimides ont atteint le site.

Il convient de remarquer la présence des amphores Egloff 187 entre + 10 et + 50, c'est-à-dire au cours du IXe siècle, voire dans la première moitié du Xe siècle[88]; d'un fragment d'amphore Egloff 164 aussi haut que + 50 (il est vrai isolé), peut-être dans le courant du Xe siècle; d'une amphore Egloff 172 (également isolée) entre — 35 et — 15, c'est-à-dire entre 650 et 750 environ, fait étonnant pour un type attesté au plus tard jusqu'au Ve siècle aux Kellia.

On peut s'interroger enfin sur la rareté des produits Op et Wp, abondants à Tôd, dans les grandes villes du Nord, Alexandrie, Fustat, qui pourtant importaient en quantité les vaisselles des *groupes O* et *W*.

87. Les *groupes O* et *W* sont attestés jusqu'au Xe siècle à Fustat (Kubiak et Scanlon, *JARCE* 10, p. 15, n. 19) et jusqu'au XIIIe siècle en Nubie selon Adams (*Ceramic Industries*, p. 558).

88. Ballet, in *Le site monastique copte des Kellia. Sourses historiques et explorations archéologiques*, *Actes du colloque de Genève*, *1984*, MSAC, 1986, p. 302 et n. 25.

* * *

PRINCIPALES ABRÉVIATIONS BIBLIOGRAPHIQUES
utilisées dans le texte.

Adams, *Ceramic Industries* = W.Y. Adams, *Ceramic Industries of Medieval Nubia*, Parts I and II, University Press of Kentucky, 1986.

Adams, *Evolution* = W.Y. Adams, « The Evolution of Christian Nubian Pottery », dans : E. Dinkler, *Kunst und Geschichte Nubiens in chrislicher Zeit*, Recklinghausen 1970.

Ballet et Picon = P. Ballet et M. Picon, « Recherches préliminaires sur les origines de la céramique des Kellia », dans *Cahiers de la céramique égyptienne* 1, Le Caire 1987.

Egloff = M. Egloff, *Kellia. La Poterie copte. Quatre siècles d'artisanat et d'échanges en Basse-Égypte*, Recherches suisses d'archéologie copte, III, Georg, Genève 1977.

Hayes, *LRP* = J.W. Hayes, *Late Roman Pottery — A Catalogue of Roman Fine Wares*, Londres 1972.

Hayes, *ROM* = J.W. Hayes, *Roman Pottery in the Royal Ontario Museum*, Toronto 1976.

Jacquet-Gordon = H. Jacquet-Gordon, *Les Ermitages chrétiens du désert d'Esna* III, *Céramique et objets*, Le Caire 1972.

Myśliwiec = K. Myśliwiec, *Keramik und Kleinfunde aus der Grabung im Tempel Sethos' I. in Gurna*, Mainz-am-Rhein 1987.

Quibell = J.E. Quibell, *Excavations at Saqqara* IV (1908-1909, 1909-1019). *The Monastery of Apa Jeremias*, Le Caire 1912.

Rodziewicz = M. Rodziewicz, *La Céramique romaine tardive d'Alexandrie*, Varsovie 1976.

Whitcomb et Johnson = D.S. Whitcomb et J.H. Johnson, *Quseir al-Qadim 1978, Preliminary Report*, Le Caire 1979.

Winlock = H.E. Winlock et W.E. Crum, *The Monastery of Epiphanius at Thebes*. T. I : *The Archaeological Material. The Literary Material*, New-York 1926.

ISLAMIC GLAZED POTTERY FROM ASHMUNEIN
A PRELIMINARY NOTE

Donald M. BAILEY

During the excavations, from 1982 to the present year, of the British Museum Expedition to Hermopolis Magna, a certain amount of Arab-period pottery has been found. As much of the Late Roman and early Arab levels have been removed over most of the site by the activities of *sebbakh*-diggers, probably since medieval times and certainly from the eighteenth century onwards, few structures related to this pottery have been found, most of it coming from pits dug from the lost upper levels into earlier layers; the quantity has been comparatively small. A certain amount has been published in the last four of the six preliminary reports [1], and more has been found during the two subsequent seasons, for which preliminary reports are not to be published. This short paper brings together the examples of glazed wares that have so far come to light; the remainder of the Islamic material will be included in the final report on the post-Pharaonic pottery.

All the material is fragmentary, no complete glazed vessels having been found. As mentioned above, most of the sherds excavated come from pits or wells, but a few were located in the topsoil and the deep, often undifferentiated, levels which accumulated over the public buildings in the city's sacred area that were destroyed at the end of paganism : it was through these levels that the pits and wells were cut. In a very few cases datable material found in the same context as a glazed sherd helps to suggest a date range, usually very wide, for that sherd : most of the dates put forward here are tentative and uncertain.

CATALOGUE

The vessels are all illustrated in the Figures at half actual size. The conventions used for decorative details are : black = black and dark brown; hatched lines rising right = red and brown; hatched lines rising left = blue and turquoise; horizontal hatching = green. Some of the patterns are shown more hard-edged than they actually are on the vessel. The colours of plain wares are not indicated but are described in the catalogue entries. All glazes are vitreous.

Fayyumi Ware.

Five sherds of this long-lived polychrome ware were found; it was made in Egypt from the later 8th century for many hundred years [2]. The technique of the Ashmunein fragments do not reflect

1. References in the *Catalogue* and elsewhere to these preliminary reports are abbreviated :

Ashmunein (1982) : A.J. Spencer, D.M. Bailey and A. Burnett, *Ashmunein* (1982), London 1983.

Ashmunein (1983) : A.J. Spencer, D.M. Bailey and W.V. Davies, *Ashmunein* (1983), London 1984.

Ashmunein (1984) : A.J. Spencer and D.M. Bailey, *Ashmunein* (1984), London 1985.

Ashmunein (1985) : A.J. Spencer and D.M. Bailey, *Ashmunein* (1985), London 1986.

2. H. Philon, *Benaki Museum, Athens : Early Islamic Ceramics*, Athens 1980, p. 36-39 : Fayyum Wares,

the earliest examples, where the white tin glaze is very evident and patterns of a turquoise colour can be formally arranged : a ninth to tenth- century date for most of them is likely. Four of the sherds are described and illustrated here; the fifth, from the same context as 15 below, was too small for its shape and diameter to be recovered.

1. D. 18.0 cm.
Large fragment of a deep bowl with a plain rim and foot-ring. Brown clay, glazed inside, with curving lines of green, white and black [3]. The shape is near Fayyumi Ware bowls in the Benaki Museum [4] and from Fostat [5], the last dated to the 10th century. For the decoration, compare a bowl in Athens [6]. From the South Pit in B 10 : *Ashmunein* (1982), 4, 20, 24; Fig. 19, 4; Pl. 7 *d*.

2. D. 18.0 cm.
Bowl-sherd. Cream clay, glazed inside, with a curving black line on a blue-green background; the white glaze is hidden. From Well 4, adjacent to the western obelisk of the Sphinx Gate; found in 1988 and not previously published.

3. D. 25.0 cm.
Sherd from a bowl with a slightly everted rim. Narrow groove on exterior, below the rim. Cream clay, glazed inside, with patterns of black and green. Fayyumi Ware bowls somewhat like this in shape are in the Benaki Museum [7].
From Well 4, adjacent to the western obelisk of the Sphinx Gate; found in 1988 and not previously published.

4. D. 24.0 cm.
Sherd from a shallow bowl with a slightly everted rim. Pink clay with a buff surface. Glazed inside, with patterns in green and brown.
From the topsoil in A 10 : *Ashmunein* (1984), 31; Fig. 38, 1.

Other decorated wares.

Four of the five bowls described under this heading are decorated with patterns or splashes of colour; 5 and 7 have two colours in addition to the ground or body colour and 6 and 8 have one colour. The fifth sherd, 9, is decorated in the sgraffiato technique.

5. D. 30.0 cm.
Sherd from a shallow bowl with an everted rim. Fine yellow-buff clay with a grey glaze and underglaze patterns in red and brown inside and out. The shape is near that of a 13th to early 15th century bowl from Quseir al-Qadim [8], but the Ashmunein bowl is probably much earlier, dating between about AD 900 and 1100.
From a pit in the north-west corner of ES 3 : *Ashmunein* (1984), 40; Fig. 52, 1.

Second Group; P. Ballet, in *MSAC*, « Le site monastique copte des Kellia », 1986, p. 303. Philon dates the appearance of Fayyumi Ware to the 10th/11th century, but see the Discussion at the end of this paper.

3. Fabric description, drawing (except for the internal decoration) and photograph by A.J. Spencer : the object was found after I left the site in 1982 and I have not myself seen it.

4. Philon, *o.c.*, p. 44, fig. 80 and 47, fig. 89.

5. Scanlon, *JARCE* 13, 1976, p. 87, fig. 17 *b*.

6. Philon, *o.c.*, p. 49, fig. 95.

7. *Ibidem*, p. 48, figs. 94 and 41, fig. 73.

8. D.S. Whitcomb and J.H. Johnson, *Quseir al-Qadim 1978*, Cairo 1979, pl. 47 *f*.

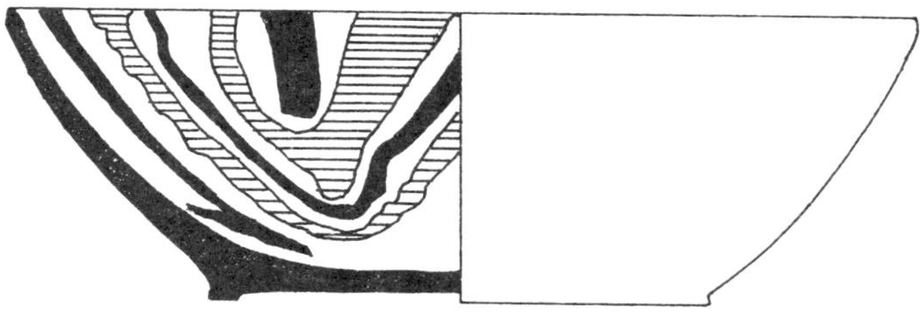

1

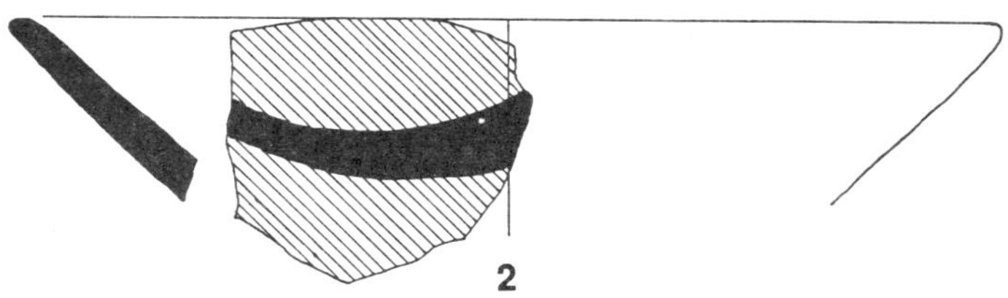

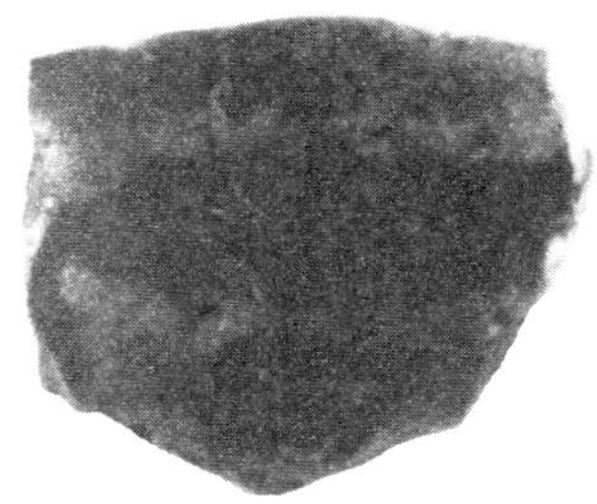

2

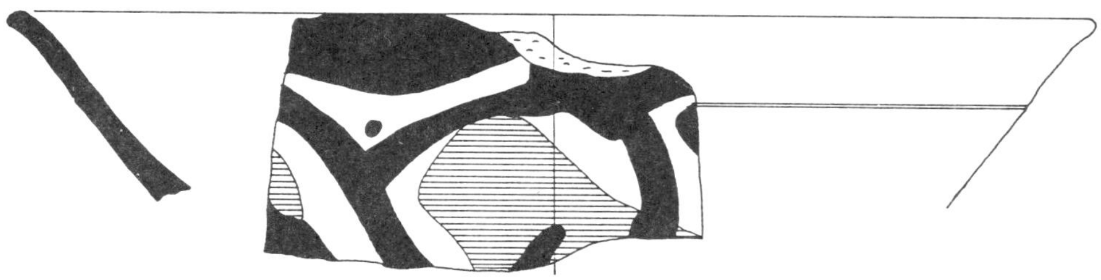

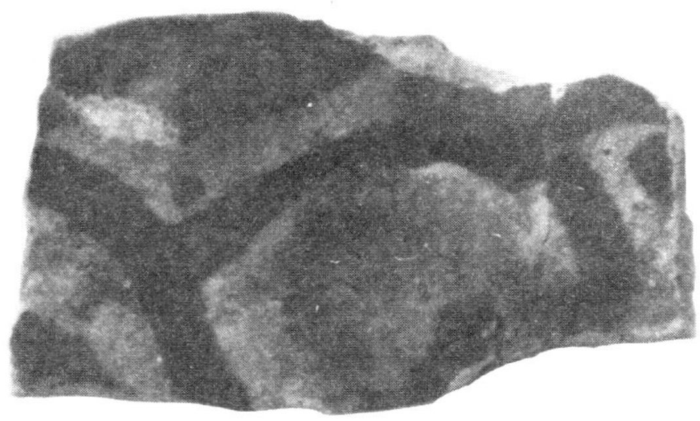

3

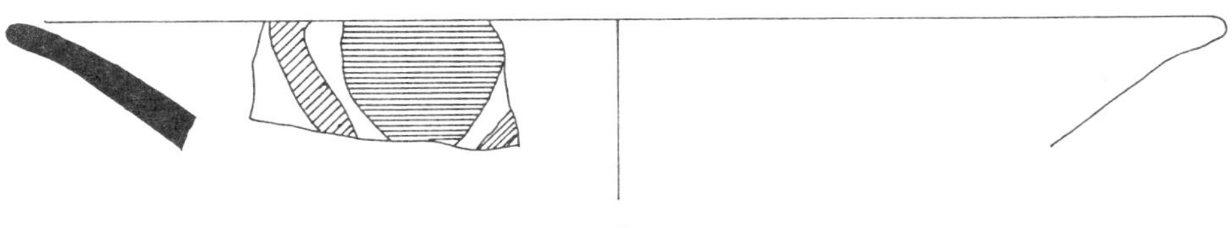

4

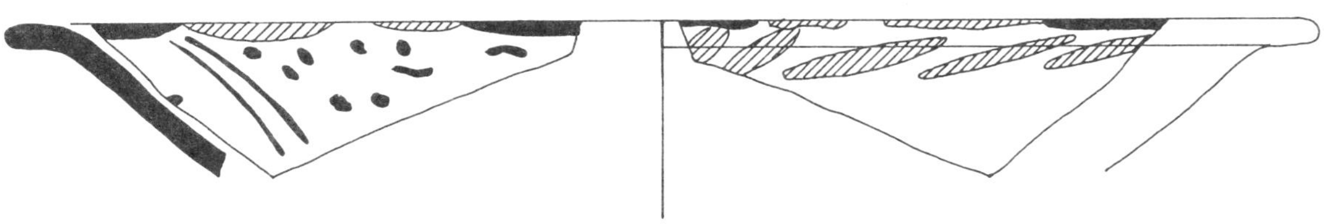

5

6. D. circa 28.0 cm.
Sherd from a shallow bowl with a slightly everted rim. Coarse buff clay with an opaque white glaze inside and out; streaks of turquoise blue colour inside.
From the Central Pit in B 12 : *Ashmunein* (1984), 32; Fig. 39, 1.
An unillustrated sherd close to this in shape, but undecorated, also comes from the same pit. It is 29.0 cm in diameter, in a coarse buff clay, with a white glaze with a turquoise tinge : *Ashmunein* (1984), 32.

7. D. 21.0 cm.
Sherd from a bowl with a necked everted rim. Coarse pink clay with a thin green glaze on the outside; a thicker green glaze on the inside covers green and brown splodges.
From the Central Pit in B 12 : *Ashmunein* (1984), 32; Fig. 39, 3.

8. D. 39.0 cm.
Sherd from a large bowl with an everted, overhanging rim. Rivet hole for repair. Hard pink clay, with green glaze on the rim, and a buff glaze with green streaks inside and out.
From deposits overlying and adjacent to a column drum of the Great Tetrastylon; found in 1988 and not previously published.

9. D. 28.0 cm.
Sherd from a shallow bowl of Sgraffiato Ware of Egyptian manufacture, with an everted rim; narrow groove inside, just below the rim, with incised or impressed curved grooves inside, executed before the glaze was applied. Buff clay, coarse at the break, with a streaky white and olive-green glaze inside and out. Egyptian Sgraffiato Ware of this form and fabric has been dated to the 11th and 12th centuries AD [9], but it probably occurs before AD 1000. However, the shape and technique, but not the same glaze, is found on a 13th to early 15th-century bowl from Quseir al-Qadim [10], but an earlier dating for our example is more likely. These Egyptian versions may be based on Syrian bowls of the 9th and 10th centuries, such as those found in some quantity at Al-Mina, probably copied from Tang pottery [11].
From a large pit at the western end of the Roman Temple Test-Trench : *Ashmunein* (1985), 36; Fig. 34, 6.

Plain glazed wares - bowls

Fourteen bowl fragments are illustrated under this section. Although described as plain, some of the vessels are streaked in colour below the glaze, but in an indeterminate fashion and not deliberately patterned.

10. D. 31.0 cm.
Sherd from a bowl with a wide, everted rim, a chamfered carination outside and a step within the body. Buff clay, with a thick brown-yellow glaze inside and a thin greenish glaze outside.

9. Philon, *o.c.*, p. 263; Musée de l'art arabe du Caire, *La Céramique égyptienne de l'époque musulmane*, Basel 1922, pls 60-64.

10. Whitcomb and Johnson, *o.c.*, pl. 38 *e*.

11. Lane, *Archaeologia* 87, 1938, p. 34-37.

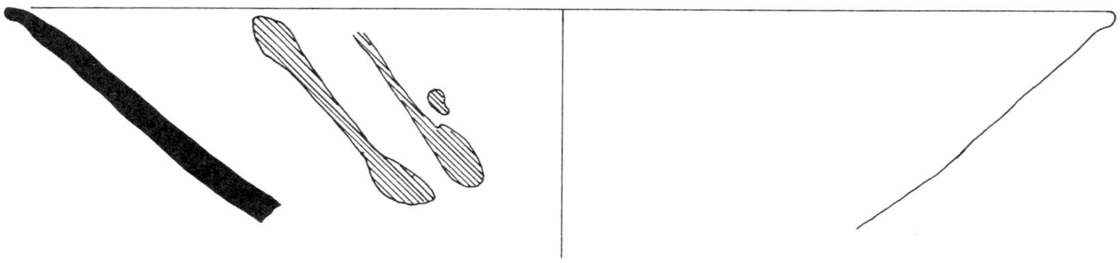

6

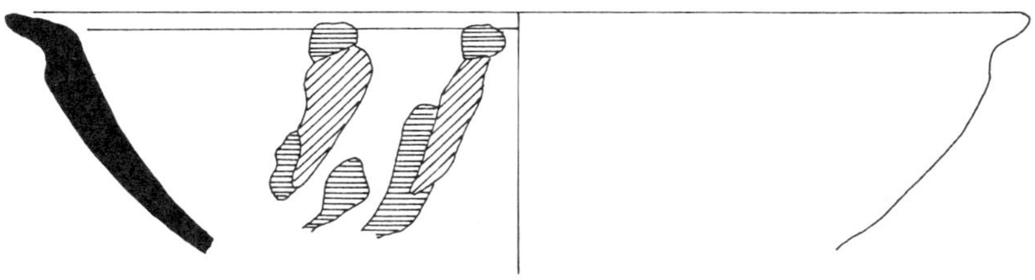

7

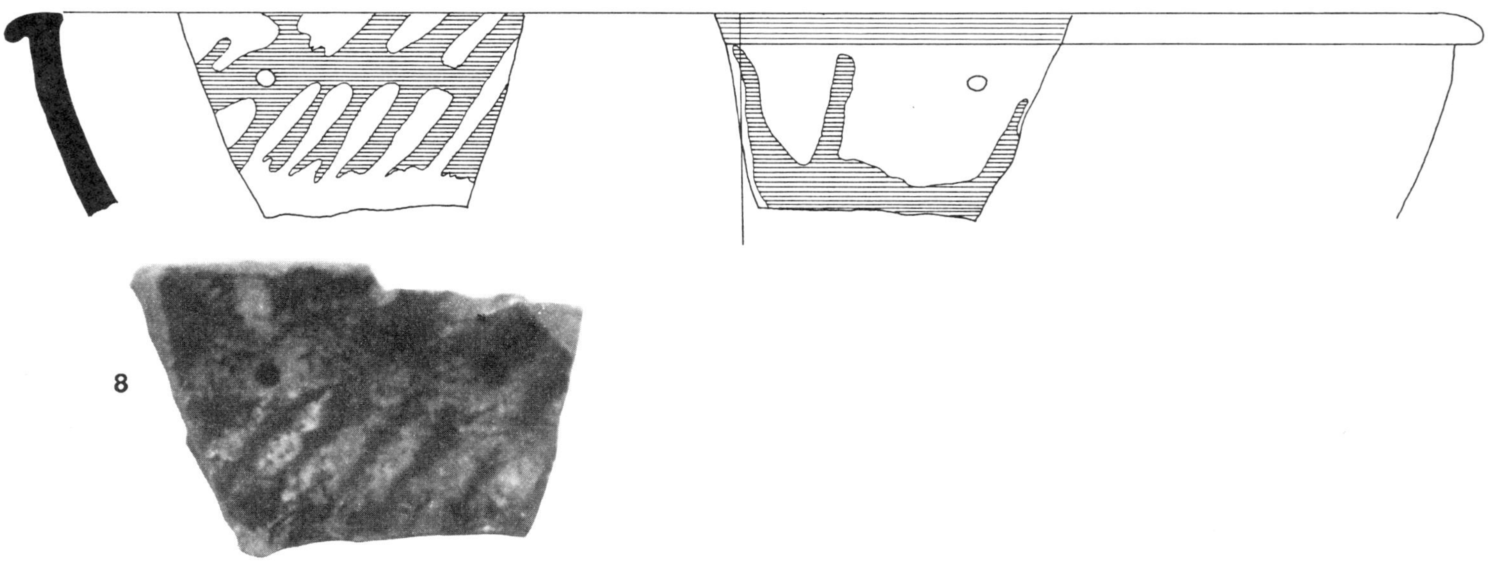

8

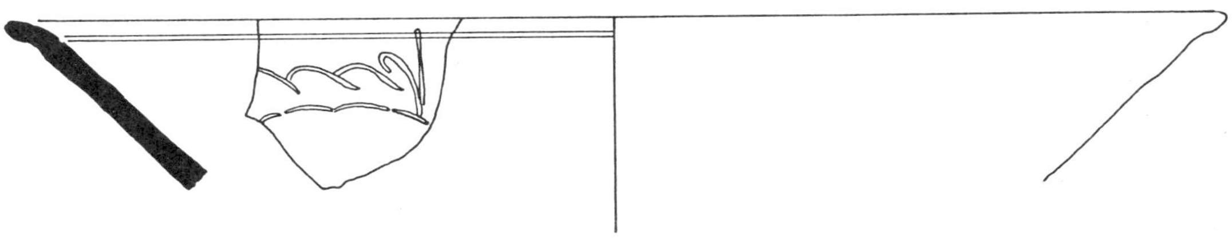

9

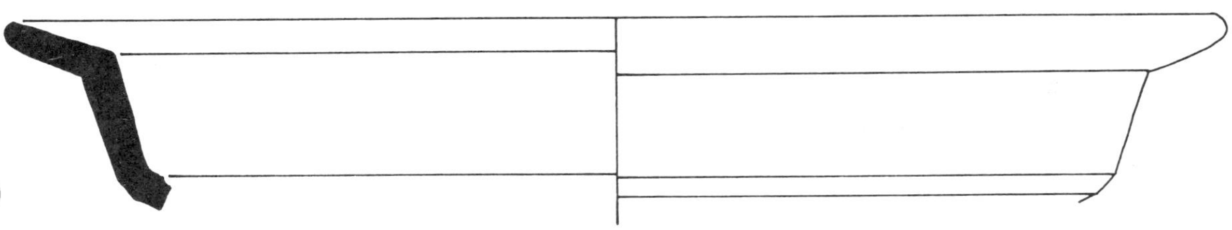

10

Compare a somewhat similar vessel from Quseir al-Qadim on the Red Sea coast, found in a context of about 1300-1400; perhaps more relevant is a 9th-10th-century bowl from Fostat [12].
From the topsoil in Area B : *Ashmunein* (1983), 26-7; Fig. 25, 1.

11. D. 24.0 cm.
Sherd from a bowl with concave rim. Pale buff clay, with a blue-green glaze inside and out.
From the topsoil in Area B : *Ashmunein* (1983), 26; Fig. 25, 2.

12. D. 24.0 cm.
Sherd from a bowl with an everted rim. Pale buff clay, with a turquoise-blue glaze inside and a pinkish buff glaze outside. This shape is very long-lived, including examples in the Benaki Museum of the 10th to 12th century [13] and 13th to early 15th-century examples from Quseir al-Qadim [14]. The shape may have been introduced in Egypt by the ninth century AD.
From the topsoil in Area B : *Ashmunein* (1983), 26-7; Fig. 25, 3.

Other unillustrated sherds close to this shape come from Ashmunein. One is of a pale yellow clay, with a green glaze inside and out, and comes from the topsoil in A 10 : *Ashmunein* (1984), 31; the other, with a turquoise glaze, comes from the fill on the west side of the east wall of the Roman temple near the Sphinx Gate, found in 1987 and unpublished.

13. D. 30.0 cm.
Sherd from a large shallow bowl with a slightly everted rim. Buff clay, coarse at the break, but with a smooth surface. Pale turquoise-blue glaze inside and out.
From a small pit in the upper fill of the north extension of Trench A 11 : *Ashmunein* (1985), 35; Fig. 30, 8.

14. D. 25.0 cm.
Sherd from a shallow bowl with a slightly everted rim. Buff clay, coarse at the break, but with a smooth surface. Olive-green to turquoise glaze inside and out. For shape, compare the decorated bowl 6 above, from the Central Pit in B 12.
From a large pit at the western end of the Roman Temple Test-Trench : *Ashmunein* (1985), 36; Fig.

15. D. 20.0 cm.
Sherd from a shallow bowl with an everted rim. Coarse, pale buff clay, with a turquoise glaze inside and out, thicker on the inside and over the rim than on the outside.
From a sondage at the south end of the Roman temple near the Sphinx Gate; found in 1987 and not previously published.

12. D.S. Whitcomb and J.H. Johnson, *Quseir al-Qadim 1980*, Malibu 1982, pl. 33 *bb*; Scanlon, *JARCE* 21, 1984, p. 26, fig. 43.

13. Philon, *o.c.*, p. 52, fig. 106.

14. D.S. Whitcomb and J.H. Johnson, *Quseir al-Qadim 1978*, Cairo 1979, pls 39 *c*, 42 *a*, 47 *e-f*.

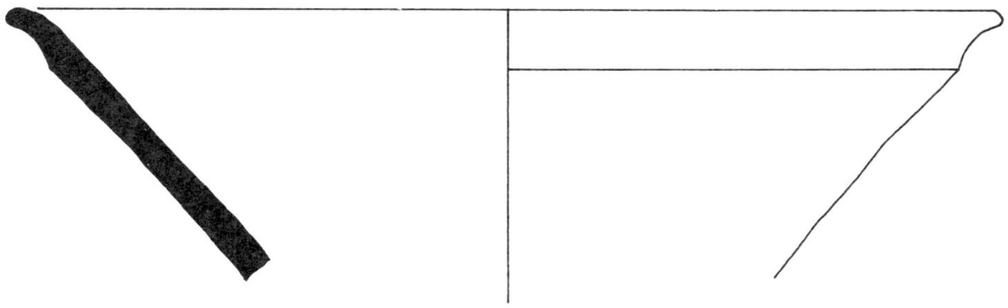

11

12

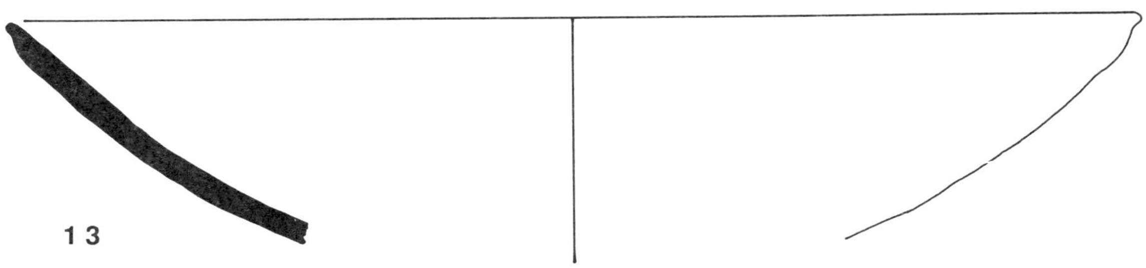

13

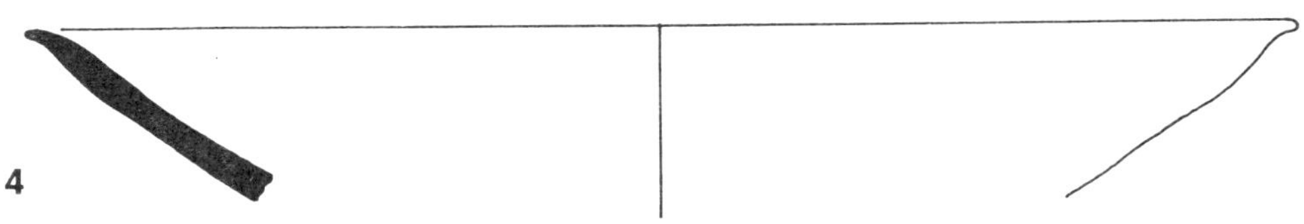

14

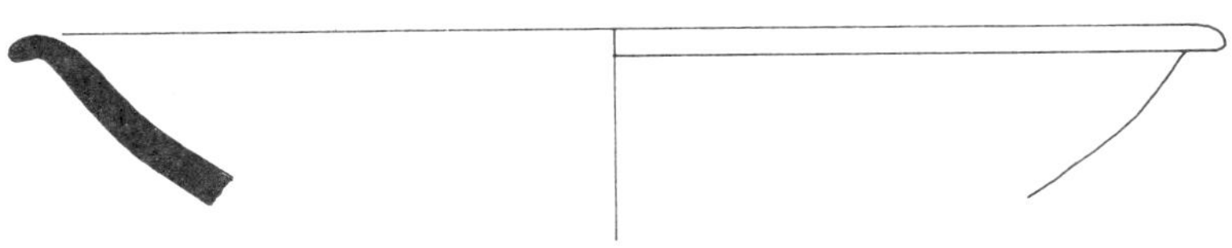

15

16. D. 10.0 cm.
Sherd from a small bowl with an everted rim and a base-ring. Buff-pink clay, with a blue-green glaze inside and a patchy buff and yellow-brown glaze outside. A 10th to 12th-century Fayyumi Ware bowl in Athens is near this in shape [15], but this could be dated too late.
From Well 4, adjacent to the western obelisk of the Sphinx Gate; found in 1988 and not previously published.

17. D. 11.0 cm.
Sherd from a small bowl with a slightly everted rim, near 16 above. Coarse buff clay with a pale turquoise glaze inside and out.
From the Central Pit in B 12 : *Ashmunein* (1984), 32; Fig. 39, 2.

18. D. 12.5 cm.
Sherd from a small bowl with a slightly everted rim and a turned base, slightly concave below. Buff clay with a blue-green glaze on the inside and runs of the same colour on the outside. A Fayyumi Ware bowl in the Benaki Museum, given a 10th to 12th-century AD date [16], is not unlike this in shape.
From the South Pit in B 10 : *Ashmunein* (1983), 50; Fig. 27, 3.

19. D. 11.5 cm.
Sherd from a small bowl with a slightly everted rim, horizontally fluted exterior, and a low, wide base-ring. Coarse buff clay, with an overall dark brown glaze, more carefully applied on the inside than on the outside.
From the Central Pit in B 12 : *Ashmunein* (1984), 32; Fig. 39, 4.
Also from this pit comes a sherd from a similar bowl, not illustrated. It is of coarse buff clay, with a pale green glaze inside and a thick green glaze on the outside lip, with white glaze below it : *Ashmunein* (1984), 32.
A base-ring similar to that of 19 but probably from a larger bowl also comes from the Central Pit in B 12; it is of coarse buff clay, with a yellow-brown glaze inside, and is unillustrated : *Ashmunein* (1984), 32.

20. D. : not recoverable (fragment too small).
Bowl-sherd. Hard pink clay, with a greenish-blue glaze inside and a bright green glaze outside.
From a brick-lined pit over the Dromos of Hermes : *Ashmunein* (1983), 28; Fig. 26, 2.

21. D. of base 11.4 cm.
Lower body-sherd of a large bowl with a low-placed carination and a high base-ring. Coarse pink clay with a buff surface; dark green glaze inside and yellow glaze outside.
From the Central Pit in B 12 : *Ashmunein* (1984), 32; Fig. 39, 5.

22. D. of base 8.0 cm.
Lower body-sherd of a bowl with a base-ring. Buff clay, with a blue-green glaze on the inside only.
From the South Pit in B 10 : *Ashmunein* (1983), 50; Fig. 27, 4.

15. Philon, *o.c.*, p. 50, fig. 98. — 16. *Ibidem*, p. 50, fig. 100.

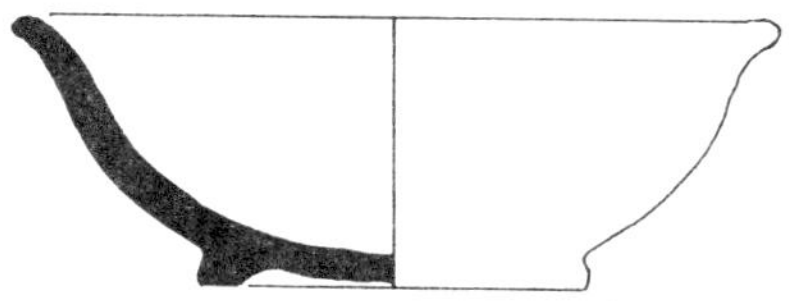

16

17

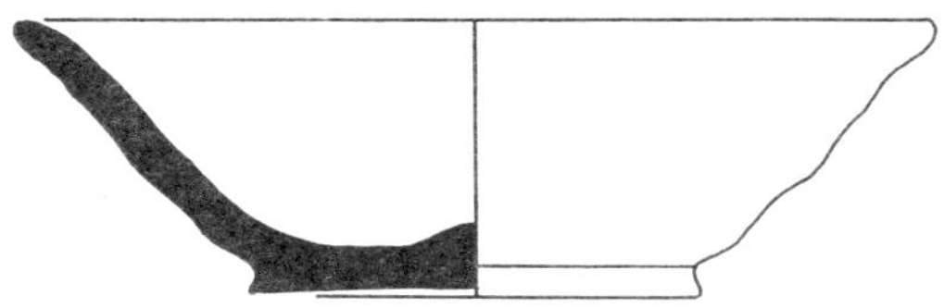

18

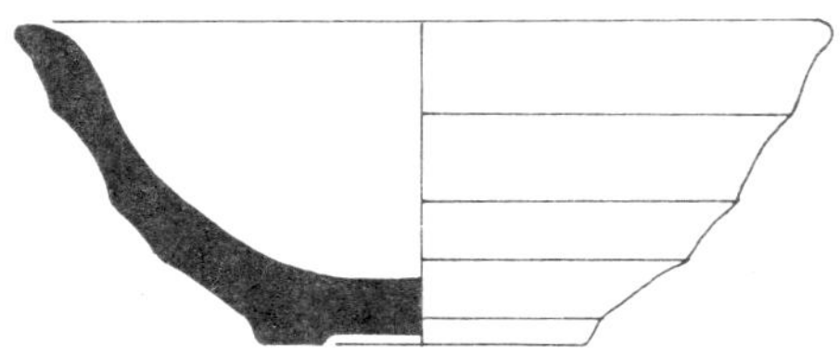

19

20

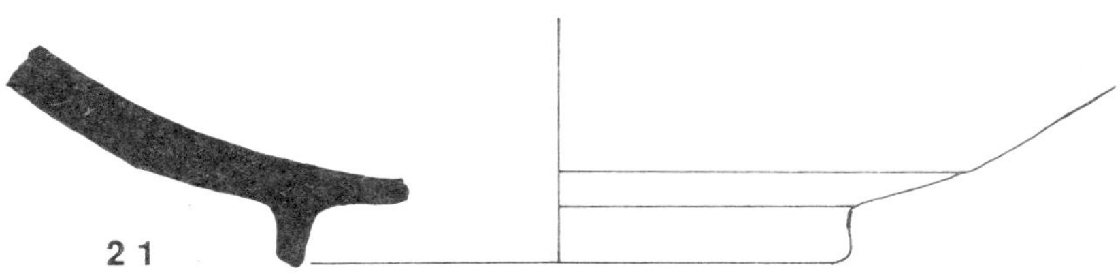

21

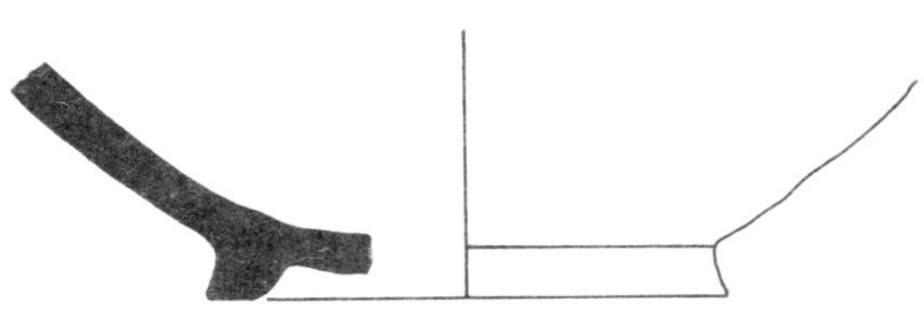

22

23. D. of base 13.2 cm.
Lower body-sherd of a large bowl with a base-ring. Pale yellow clay, with a white glaze inside and out.
From the brick-lined pit in B 7 : *Ashmunein* (1982), 3; Fig. 15, 3.

Plain glazed wares jars.

Four vessels fall into this category, a globular jar, a deep, handled jar with a flat rim, and two jar-bases.

24. D. of body 11.0 cm.
Sherd from a globular jar with an everted rim and heavy finger-grooves inside. Coarse buff clay, with a grey-white glaze outside and a white glaze with green areas within.
From the Central Pit in B 12 : *Ashmunein* (1984), 32; Fig. 39, 6.

25. D. 18.0 cm.
Sherd from a deep jar or chamber-pot with a wide, almost flat, everted rim, with one vertical handle of cylindrical section surviving, here restored with two handles. Buff clay, with buff glaze inside and green glaze outside.
From Well 4, adjacent to the western obelisk of the Sphinx Gate; found in 1988 and not previously published.

26. D. of base 12.0 cm.
Lower body-sherd of a jar, with finger-grooves inside. Buff clay, with a blue-green glaze inside and out.
From the same context as 25 above.

27. D. of base 8.0 cm.
Lower body-sherd of a jar. Cream clay, with yellow-brown glaze inside and a patchy olive-green glaze outside.
From the same context as 25 and 26 above.

Miscellaneous and undiagnostic glazed sherds.

In addition to the few unillustrated sherds described above in the introduction to Fayyumi Ware and with 6, 12 and 19, other glazed sherds of the Arab period can be mentioned :

Ashmunien (1982), 4; *Ashmunein* (1983), 50 : body-sherds of white-glazed bowls from the South Pit in B 10.

Ashmunein (1984), 32; small body-sherd in a coarse buff clay, with a rich ginger-brown glaze on both sides, from the Central Pit in B 12.

Ashmunein (1984), 33 : a few nondescript glazed body-sherds from a pit exposed during the excavation of the Komasterion Test-Trench.

Ashmunein (1985), 36 : several undiagnostic glazed body-sherds from a large pit at the western end of the Roman Temple Test-Trench.

Found in 1988 and unpublished : several undiagnostic body-sherds from deposits overlying and adjacent to a column-drum of the Great Tetrastylon.

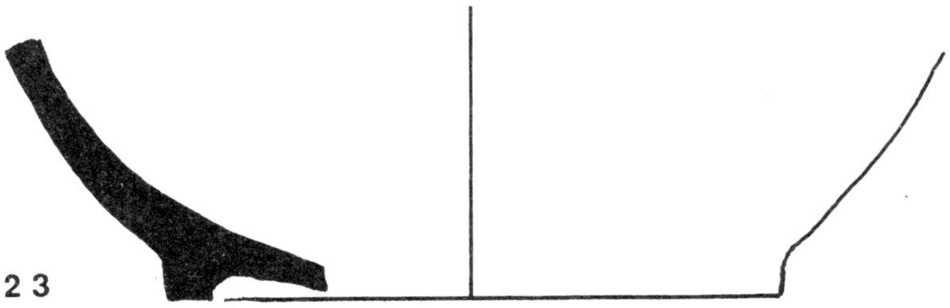

23

24

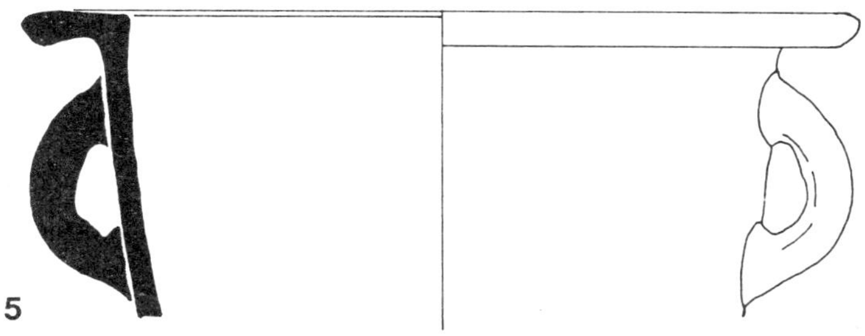

25

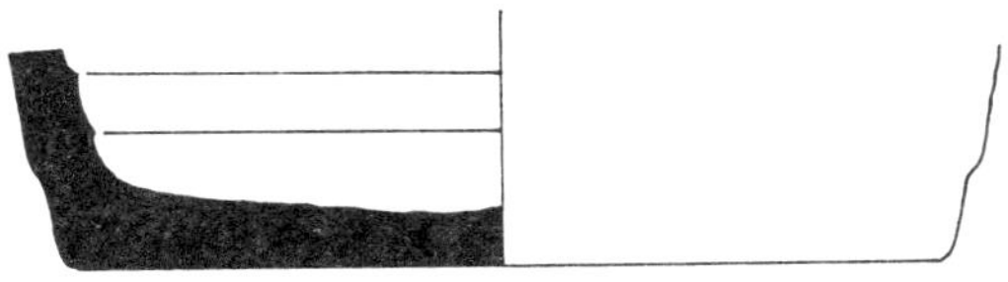

26

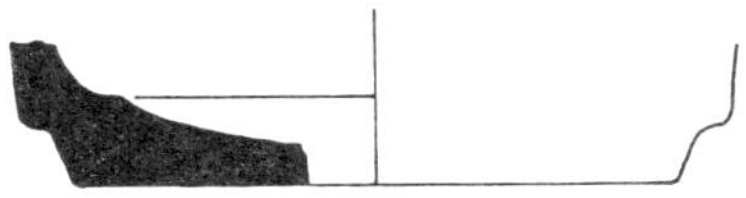

27

CONTEXTS

The material described above comes from various contexts, some more useful than others for chronological pointers, but in no case is close dating possible. They are listed in order of discovery. For the positions of the various excavated areas (B 7, A 10 etc.) see *Ashmunein* (1984), Figs. 1 and 11; A.J. Spencer, *Excavations at El-Ashmunein* 2. *The temple Area,* London 1980, pl. 2 and 16.

1982 Brick-lined pit in B 7 : **23.** Found with painted pitchers, coarseware amphorae, plain bowls, Red Slip Ware bowls, a wheelmade lamp and glass vessels, all of Egyptian manufacture (*Ashmunein* (1982), 2-3, 23; Figs. 11-16). An 8th-century date for the deposition of this material is likely : it is unfortunate that so little survives of the glazed vessel N° **23,** as it is from such an early context.

1982 The South Pit in B 10 : **1, 18, 22,** and undiagnostic white-glazed body-sherds. Found with a wheelmade lamp, a large cup of Aswan Medieval White Ware, a small pitcher, a baggy amphora, a small glass bottle, and a bone handle (*Ashmunein* (1982), 4, 24; Fig. 19; *Ashmunein* (1983), 50; Fig. 27). The Aswan cup and the Fayyumi Ware bowl No. **1** suggest a date for this pit in the 9th to 11th-centuries AD [17], and the plain glazed bowl **18** could well be of the same date.

1983 Topsoil in Area B : **10, 11,** and **12.** No dating evidence.

1983 Brick-lined pit through the fill above the Dromos of Hermes : **20.** Found with bowl and pitcher fragments, including Egyptian Red Slip A and B Wares, and with glass cups (*Ashmunein* (1983), 27-8; Fig. 26). Probably of the same date, the 8th century, as the adjacent and similar pit in B 7, mentioned above. Again, as with **23,** it is unfortunate that this early fragment of glazed ware should be so small and undiagnostic.

1984 Topsoil in A 10 : **4,** and an unillustrated bowl-sherd near **12.** No dating evidence.

1984 The Central Pit in B 12 : **6, 7, 17, 19, 21, 24,** unillustrated sherds near **6** and **19,** and a brown-glazed body-sherd; found with a mouldmade lamp (*Ashmunein* (1984), 32; Fig. 39). Only a wide 10th to 12th-century date can be suggested.

1984 Pit in the north-west corner of ES 3: **5.** Found with a bronze ring and a sherd of Aswan Medieval White Ware (*Ashmunein* (1984), 40, Fig. 52). Probably deposited in the 10th century AD, or in the 11th.

1984 Pit in the Komasterion Test-Trench : glazed body sherds (*Ashmunein* (1984), 33). No dating evidence.

17. W.Y. Adams, *Ceramic Industries of Medieval Nubia* 2, Lexington 1986, p. 558-559, suggests a time-span of at least AD 950 to 1400 for the production of Aswan Medieval White Ware; in Nubia its greatest period of importation was between AD 950 and 1100, and I suspect that the date given above, of the 10th century to the 11th, to the Ashmunein examples is fairly correct for those pieces.

1985 Small pit in the upper fill of the north extension of Trench A 11 : **13.** Found with a coarseware amphora, baggy amphorae, fine-ware jars, painted pitchers, glass bowls, etc., all Egyptian except for a residual sherd of African Red Slip Ware (*Ashmunein* (1985), 35-36, Figs. 28-31). Probably 8th to 9th century AD.

1985 The western pit in the test-trench examining the Roman temple near the Sphinx Gate : **9, 14,** and undiagnostic glazed body-sherds. Found with a very mixed group of material of varying dates (*Ashmunein* (1985), 36-37; Figs. 32-34); the pit may have been dug in the 10-11th centuries AD.

1987 A sondage (not yet published) at the south end of the Roman temple near the Sphinx Gate, the layer below the topsoil : **15,** an unillustrated Fayyumi Ware fragment, and an undiagnostic glazed body-sherd. Found with a mixed group of Late Roman pottery and early Arab period wares and glass, including a sherd of Aswan Medieval White Ware : possibly contaminated with dumped material from the 1938-1939 Hildesheim Expedition's work. No dating evidence.

1987 A fill (not yet published) on the west side of the east wall of the Roman temple near the Sphinx Gate [18] : A sherd similar to **12.** No dating evidence.

1988 Well 4 (not yet fully excavated, and unpublished), adjacent to the western obelisk of the Sphinx Gate [19] : **2, 3, 16, 25, 26** and **27.** Found with much unglazed Arab-period pottery, painted pitcher fragments and a sherd of Aswan Medieval White Ware. Probably 9th-11th century. Some slight contamination of this context may have occurred when the 1938-1939 Hildesheim Expedition cut through the upper levels of the eastern side of this well, and during the subsequent collapse of the wall of their trench.

1988 Deposits overlying and adjacent to a column-drum (not yet published) of the Great Tetrastylon [20] : **8,** and undiagnostic glazed body-sherds. No dating evidence.

DISCUSSION

As mentioned in the introduction, all dates given are wide and tentative, a reflection of the lack of archaeological information available for early Arab period glazed pottery in Egypt, particularly for plain, undecorated bowls. Such dates as can be extracted for the material from Ashmunein are given in the contexts listed above. I had the good fortune to attend, in late August 1988, the conference held at Nieberow in Poland, organised by Wlodzimierz Godlewski, on the subject of the

18. The work carried out on his temple in 1987 and 1988 does not bear out my suggestions in Ashmunein (1985), p. 22-23, that the building had a curved rear and was the « Apsis » mentioned in the papyri : it appears to be of peripteral hexastyle construction.

19. For the Sphinx Gate and its obelisks, see Roeder, *MDIAK* 9, 1940, p. 54, fig. 2, and *Ashmunein* (1985), fig. 54.

20. For the Great Tetrastylon, see *Ashmunein* (1983), p. 45-46, and M. Henig and A. King, eds, *Pagan Gods and Shrines of the Roman Empire*, Oxford 1986, p. 236. The column-drum from this monument was noticed in 1987 and excavated in 1988.

Late Roman, Coptic, early Islamic and Nubian pottery of the Nile Valley. From papers and discussions, concerning particularly the work of George Scanlon and Wladydlaw Kubiak at Fostat and of Josef Engemann at Abu Mena, it became clear that many of the traditional dates for Fayyumi Ware and for Sgraffiato Ware as exemplified in the Benaki Museum catalogue of Philon were too late, by more than two centuries in some cases. I was thus saved from many errors of dating in the material here presented. The Fayyumi Ware polychrome bowls **1** to **4,** of the 9th to 10th centuries, are the most securely dated of the glazed wares found (but not very secure, as this ware was made in many varieties for several hundred years); they are perhaps of use more to date the contexts at Ashmunein in which they were found than these contexts are of use to refine the dating of the vessels. Thus, Fayyumi Ware and Adam's similarly long-lived Aswan Medieval White Ware are the main but exceedingly blunt dating tools used here for the Islamic period material at Ashmunein. It may be that in time some of the coarse pottery found, such as the baggy amphorae, and perhaps the glass, may yield closer dating than is now possible, but I suspect that it is a folorn hope.

The decorated bowls **5** to **9** and the plain bowls **10** to **23** have little intrinsically to date them. In many cases the shape can be seen over a very long period of time; for example, **5, 9** and **12,** which could be as early as the 10th or 11th centuries, have basically the same forms as bowls found at Quseir al-Qadim that could be as late as the early 15th century, and such simple shapes as many of our bowls exhibit could have been made over an even greater period of time. However, the Sgraffiato Ware bowl **9** is very likely to be of the 10th century, and most of the other bowls in the sequence **5** to **23** probably fall within the 10th to 12th century. There are some earlier glazed bowls from Ashmunein : the base-sherd **23** comes from a pit with Egyptian wine-amphorae which may be no later than the 8th century, and a similar pit had the rim-fragment **20.** Both these pits had painted pitchers of the same type, as did that which contained the bowl **13,** for which an 8th or 9th century date is thus posited. Similar painted pitcher fragments come from the well, probably of the 9th to 11th centuries, in which were found **2, 3, 16, 26** and **27.** Sherds **10** and **12,** from the topsoil, may be later than the bulk of the other plain bowls, as vessels not unlike them come from 14th to early 15th century contexts at Quseir al-Qadim. The four jars **24** to **27** are likely to be of the 10th to 11th centuries, the last three possibly later than **24,** which is probably based upon a Chinese jar-shape of the late 10th century.

Thus the few excavated vitreous-glaze-ware sherds of the Arab period from Ashmunein are presented here as a preliminary note. Further work may refine the chronology, but such wares are long-lived. There seem to be no imports amongst the fragments found : all of them appear to be of Egyptian manufacture. Where in Egypt they were made is not known; even the Fayyumi wares could have been made in more than one centre. No examples of the Arab-period ‘ Coptic ’ glazed wares, probably of Aswan origin, which Rodziewicz recognized at Alexandria [21], have been identified, but most of the Islamic contexts at Ashmunein are too late for those particular wares, which may, in any case, have been *glazed* in Alexandria and not sent very far afield.

21. Rodziewicz, *ET* 10, 1978, 337-345; *BSAC* 25, 1983, p. 73-75.

ADDENDA

At the time the above material was written and submitted for publication in *CCE* it was thought that the 1989 excavations at Ashmunein might yield a significant amount of similar material, material which would be combined with that already found and described in this paper, to subsequently appear in a Final Report on the pottery from Ashmunein. In the event, very little Islamic glazed pottery was found, and no more excavation at the site is intended. It seems best to add here the few items found to present a full picture of the glazed wares of the Arab period from the British Museum's excavations at Ashmunein. All the new pieces come from Well 4, adjacent to the western obelisk of the Sphinx Gate, excavation of which was commenced in 1988, and a 9th to 11th century date is likely, although the form of the wine-amphorae found at these lower levels may indicate that the well was being filled up in the 8th century. The vitreous-glazed material found in 1988 consits of items **2, 3, 16, 25, 26** and **27** above. No comparanda for the 1989 pottery have been sought in this brief addendum.

28. D. of rim 9.4 cm., H. 13.0 cm. (Fig. 7).
Jar with a slightly everted rim and a rounded base; two grooves encircle the shoulder. Coarse red clay with white grits; the exterior is covered with a poor green glaze, with reserved patches under the base. There are runs and spots of glaze inside.

29. D. of rim 20.0 cm. (Fig. 7).
Sherd from a bowl with an incurving rim. Hard pink (Aswan?) clay with an olive-green glaze inside and out.

Miscellaneous glazed sherds.

In addition to the above, two base-sherds were found, probably from jars as **26** and **27** above (the bases were not turned as base-rings as are those of most bowls). Both are of a hard pink clay, probably from Aswan; one has an olive-green glaze inside, the other a yellow glaze. Neither was of sufficient size to merit illustration.

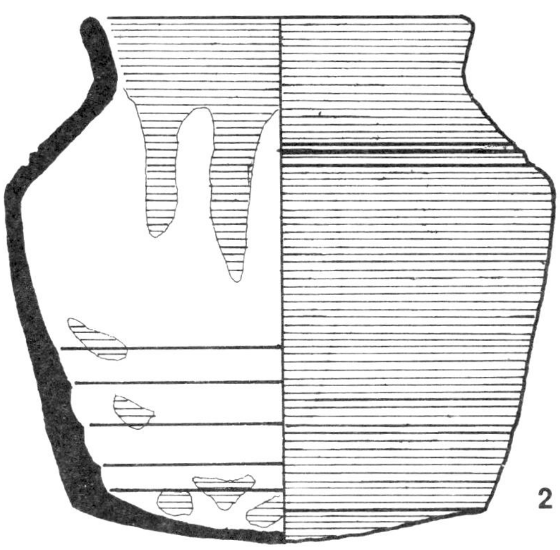

28

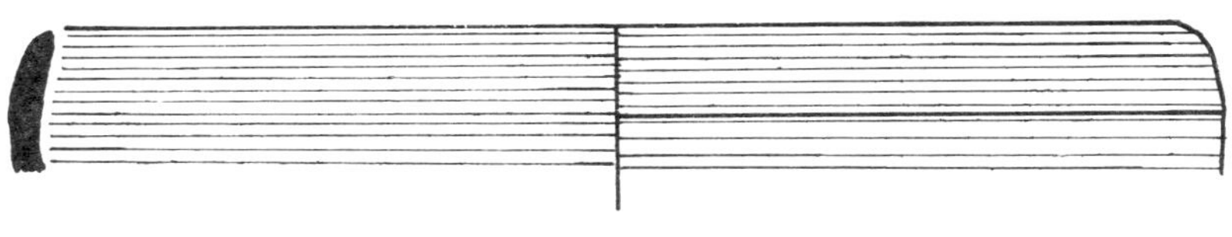

29

Ministère de l'Éducation nationale, Paris. — Publication de l'Institut français d'archéologie orientale, octobre 1989.
Dépôt légal : juillet 1991; numéro d'éditeur et d'imprimeur IF 711/5[90].

Les *Cahiers de la céramique* 1991. (*CCE* 2).
En vente sous la référence IF 711.

AU CAIRE : à l'IFAO, 37 shareh El-Cheikh Aly Youssef (Mounira).
[B.P. Qasr El-ʿAyni n° 11562.] Tél. : (20.2) 354 82 45

À PARIS :

– À la Librairie de l'Imprimerie nationale,
27 rue de la Convention, 75732 Paris Cedex 15. Tél. : /1/40 58 32 76

– Ventes directes et ventes libraires : 2 rue Paul-Hervieu, Paris 15e.
(métro Javel-André Citroën).

* La Librairie accepte les commandes pour tous pays.